本成果得到中国人民大学"统筹支持一流大学和一流学科建设"经费支持。

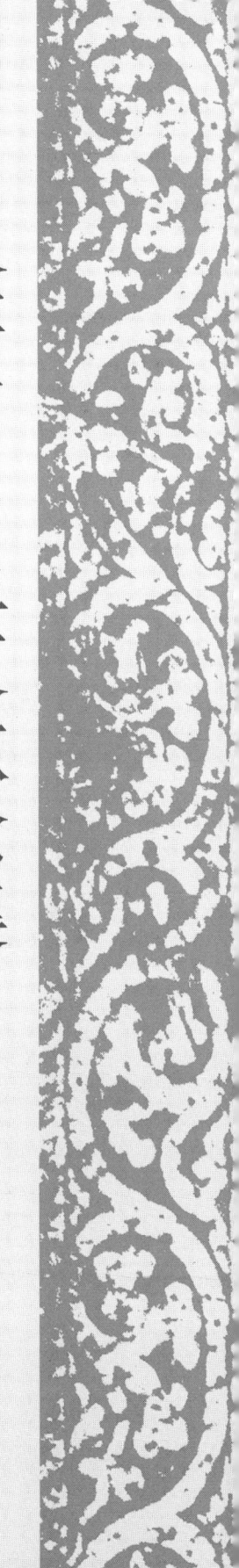

汉字与出土文献论集

王贵元 ◎ 著

中国社会科学出版社

图书在版编目(CIP)数据

汉字与出土文献论集/王贵元著.—北京：中国社会科学出版社，2016.10
ISBN 978-7-5161-9351-8

Ⅰ.①汉… Ⅱ.①王… Ⅲ.①汉字－古文字学－文集②古文献学－中国－文集　Ⅳ.①H121-53②G256.1-53

中国版本图书馆 CIP 数据核字(2016)第 273803 号

出 版 人	赵剑英
责任编辑	任　明
责任校对	冯英爽
责任印制	何　艳

出　　版	中国社会科学出版社
社　　址	北京鼓楼西大街甲 158 号
邮　　编	100720
网　　址	http://www.csspw.cn
发 行 部	010-84083685
门 市 部	010-84029450
经　　销	新华书店及其他书店

印刷装订	北京市兴怀印刷厂
版　　次	2016 年 10 月第 1 版
印　　次	2016 年 10 月第 1 次印刷

开　　本	710×1000　1/16
印　　张	26
插　　页	2
字　　数	418 千字
定　　价	75.00 元

凡购买中国社会科学出版社图书，如有质量问题请与本社营销中心联系调换
电话：010-84083683
版权所有　侵权必究

目　录

汉字发展史的几个核心问题 ………………………………………（1）
汉字构形系统及其发展阶段 …………………………………………（19）
汉字演变的历史我们还很陌生 ………………………………………（29）
汉字形体结构的体系性转换 …………………………………………（38）
汉字形体演化的动因与机制 …………………………………………（52）
汉字笔画系统形成的过程与机制 ……………………………………（66）
汉字部首的形成过程与机制 …………………………………………（82）
汉字古今转化的机制——词符化 ……………………………………（98）
"隶变"问题新探 ………………………………………………………（117）
汉语同源字（词）意义关系研究 ……………………………………（126）
现代汉字字形三论 ……………………………………………………（136）
出土文献文字的整理 …………………………………………………（144）
简帛文献用字研究 ……………………………………………………（159）
汉墓帛书字形辨析三则 ………………………………………………（169）
马王堆帛书文字考释 …………………………………………………（173）
马王堆帛书文字拾零 …………………………………………………（179）
《说文解字》版本考评 ………………………………………………（184）
对《说文解字》的四大误解 …………………………………………（196）
《说文解字》新证 ……………………………………………………（209）
张家山汉简与《说文解字》合证
　　——《说文解字校笺》补遗 ……………………………………（212）
《说文》释义新考 ……………………………………………………（216）
《说文》古文与楚简文字合证 ………………………………………（221）
《说文解字》中的"词"
　　——中国最早的词类划分理论探微 ……………………………（229）

《说文解字》与同源字探索 …………………………………………（239）
"物"字本义辨 ……………………………………………………（252）
吐鲁番出土古注本《急就篇》研究 ……………………………（256）
从出土文献看汉语词汇研究的问题与前景 ……………………（265）
释汉简中的"木关"及"关戻" …………………………………（290）
释汉简中的"行胜"与"常韦" …………………………………（296）
秦简字词考释四则 ………………………………………………（303）
张家山汉简字词释读考辨 ………………………………………（307）
沅陵虎溪山一号汉墓竹简字词考释 ……………………………（313）
马王堆一号汉墓竹简字词考释 …………………………………（317）
马王堆一号汉墓竹简的"牒" …………………………………（321）
马王堆三号汉墓竹简字词考释 …………………………………（325）
安徽天长汉墓木牍初探 …………………………………………（334）
周家台秦墓简牍释读补正 ………………………………………（342）
读孔家坡汉简札记 ………………………………………………（350）
谢家桥一号汉墓《告地策》字词考释 …………………………（362）
广西贵县罗泊湾一号汉墓木牍字词考释 ………………………（366）
《上博五》札记二则 ……………………………………………（374）
"十二生肖"来源新考 …………………………………………（376）
《诗经·鱼丽》中的"偕" ……………………………………（381）
战国竹简遣策的物量表示法与量词 ……………………………（384）
汉代简牍遣策的物量表示法和量词 ……………………………（395）
后记 ………………………………………………………………（409）

汉字发展史的几个核心问题

一 汉字发展阶段和形体特征

整个汉字发展史可分为古文字阶段和今文字阶段两个阶段，这一点前人已有过大致说明。启功先生说："我们看从大汶口瓦器上一些类似文字的符号，到后世还沿用来仿写的古文、小篆，都是笔画以线为主，笔画轨迹以圆势为主。而自秦代粗刻的诏版渐有直笔画、方转折的刻法。秦律更是点划不避方扁，笔画轨迹以方为主。这种写法，沿习直到今天，因此我们不妨以'篆类'来称秦隶以前的字体，以'隶类'来称秦隶以后的字体。即至今天所用的楷书以至宋体字，仍是隶类演变出来的。"① 唐兰先生说："但是一般说起来，古文字跟近代文字有很大的不同，古文字是'篆'，近代文字是'隶'跟'草'。"② 陈梦家先生说："篆书为古代文字的结束，隶书为近代文字的开始。"③ 吴世昌先生说："隶书之兴，实为中国文字变迁史上一大事，上承籀篆，下启正楷。"④ 古文字阶段字形构造的依据是物象，今文字阶段字形构造的依据是词的音义。古今字形的转变其核心动力就是构形依据由物象到词的音义的转换。⑤

（一）象形、亚象形及其阶段

从字形形体特征看，古文字阶段字形经历了由象形到亚象形的过渡，

---

① 启功：《古代字体论稿》，文物出版社1999年版，第27—28页。
② 唐兰：《中国文字学》，上海古籍出版社1979年版，第163页。
③ 陈梦家：《中国文字学》，中华书局2006年版，第165页。
④ 吴世昌：《罗音室学术论著》，社会科学文献出版社1998年版，第622页。
⑤ 王贵元：《汉字形体演化的动因与机制》，《语文研究》2010年第3期。

今文字阶段字形经历了由隶体到楷体的过渡。

发展阶段	古文字阶段		今文字阶段	
构形依据	物象		词的音义	
形体特征	象形	亚象形	隶体	楷体

象形是形体完全依据物象构造，是物象的真实反映。如"女"字，商代金文作、西周早期金文作，象女子端坐形，与出土古代女子端坐像相同。

又如"王"字，商代金文作、西周早期金文作，像锋刃向下的斧头形，与出土古代斧钺相同。

又如"光"字，商代金文作、西周早期金文作，像坐人举灯形，与出土古代人形座灯相同。古代贵族宴会，应有专人掌灯。

亚象形是形体表面上象形，即还是篆体，实质上已不能完全反映物象，是表物象形体向表音义形体过渡时期的形体。象形与亚象形字形比较如下：

楷体	象形	亚象形
女		
王		
光		

以上亚象形形体虽然仍是篆体，仍是象形的体态，但"女"形已看不出端坐女子的形象，"王"形已看不出斧钺形象，"光"形已看不出人形灯的形象。

章太炎先生曾将象形形体比拟为工笔画和写意画两种，说："象形之字，虽云'画成其物'，然古文、小篆，又有不同。古文象形，如今工笔画；小篆象形，如今写意画。考之仪器，龟字作🐢，鸡字作🐓，环字作⊙，宛然象其物色。小篆马字作馬，牛字作半，犬字作犬，鸟字作鳥，鱼字作魚，虽大致略似，惟能得其梗概。"① 古文在小篆前，太炎先生所引金文为西周以前字形，小篆是典型的亚象形形体，象形形体前后有差异的认识实肇始于太炎先生。

到亚象形字体阶段，字形表示物象的观念已经动摇，已在向字形表示词的音义的认识过渡，但是字形是人们日常使用之物，截然变化会对交流产生阻隔，所以字形变化以渐进的方式进行。

那么，汉字形体系统从什么时期开始由象形进入亚象形呢？今以"王"、"女"、"光"三字形体发展为例加以了解。需要说明的是，字形抽查容易片面，所以我们是以相关阶段现有的所有字形为依据分析的，字形材料依据中国人民大学博士论文陶曲勇《西周金文构形研究》所附《西周金文分期字形全表》、杨秀恩《春秋金文字形全表及构形研究》、樊俊利《战国金文字形全表及构形研究》。以上字形表收录了 2010 年（含 2010 年）以前现存所有西周、春秋、战国金文字形。受篇幅影响，本文字表稍有删节，全部字形及出处详见上述各论文。

"王"字：

西周早期	
西周中期	
西周晚期	
春秋时期	

---

① 章太炎：《论语言文字之学》，《国粹学报》1906 年第 24 期。

西周晚期"王"字形体发生了明显变化，主要是字形下部的重要象形标志斧刃变为一横，使整个字形已不能反映斧钺形象。

"女"字：

西周早期	
西周中期	
西周晚期	
春秋时期	

"女"字形体到西周晚期表示坐形女子的腿部变短、变直，使整个字形失去了坐女形象。

"光"字：

西周早期	
西周中期	
西周晚期	
春秋时期	

"光"字上部本是灯盏形象，由于灯盏盘内要放点燃物，所以下沿呈上弯之势，但到西周晚期，已全部变为下倾，完全失去了本形特征。

受字形传承中书写传统和识字习惯的强大世袭力量影响，字形的变化应晚于字形认知观念的变化，早期认知观念的变化首先表现在象形性强且字形复杂的形体上，透过这些字形可以发现字形观念变化的迹象，从而确定其他字形已是不含实质内容的徒有虚名的象形，即亚象形。

从整体看，汉字形体在西周晚期开始进入亚象形，但有些字形如"正"、"屯"、"冬"等在西周晚期仍有很多字形作、、，春秋时期圆点才变为一横，所以，亚象形形体的形成定在春秋时期比较妥当。

从象形到亚象形最重要的标志是字形中圆点和实体块的消失，圆点和实体块是象物性的重要表现，到春秋时期这一形态大多被线条取代。

例如：

楷体	西周	春秋
天		
王		
祜		
士		
屯		
单		
正		
终		
戎		

增添义符和声符派生新字是汉字构形依据转向词的音义的重要表现，与西周文字相比，春秋时期出现了很多增加义符表示相同词义的形体，这也从另一方面说明春秋文字形体已进入亚象形阶段。例如：

楷体	西周	春秋	说明
璋			增玉旁
宪			增心旁
姓			增女、亻旁
诺			增言旁
郑			增邑旁
鄧			增邑旁
粱			增米旁
鑾			增金旁

部首的形成也是字形音义化的重要标志，春秋时期字形与西周的相比，许多字形偏旁位置已经单一化、固定化。例如：

楷体	西周	春秋
锺		
祀		
谏		
璜		
妫		
妘		

当然，上述分析只是就现有材料做出的，由于材料限制，不一定完全符合实际状况。

由于整个汉字发展史形似一条长河，处于自然渐进的发展过程中，所以阶段性的演变没有截然的界线。因此对汉字发展史的阶段性划分只能是大致结论。也不能只据个别个体来判断，要依据多数情况断定。前期会出现个别先行者，后期则可能有仿古行为。

（二）隶体、楷体及其阶段

隶体是打破篆体，建立以词的音义为依据的新的字形体系时期的字体。其标志是对篆体的改造，方式有弯笔拉直、圆形变方、逆笔顺写等。隶体初期篆貌犹存，到后期篆体成分已基本不存，彻底完成了对篆体的改造并建立了新的基础体系。西汉初期的马王堆帛书字形是典型的隶体初期字形，学术界称其为"古隶"，到东汉碑刻字形，篆体成分已基本消失。

楷体	西周金文	马王堆帛书	东汉碑刻
神			
福			

续表

楷体	西周金文	马王堆帛书	东汉碑刻
逆			
莫			
番			
告			
丧			
述			

隶体的形成时期也就是"隶变"的开始时期，对于"隶变"产生的时期，学术界有战国中晚期和战国中期两说，从我们对战国全部金文字形的分析看，当在战国晚期。下面是"君"、"里"、"五"三字的战国中期和晚期字形对比：

君	战国中期	
	战国晚期	
里	战国中期	
	战国晚期	
五	战国中期	
	战国晚期	

可以看出，战国晚期和战国中期形体有明显差异，战国晚期形体出现了普遍的圆形变方形、连笔分拆重组、弯笔拉直等现象。所以，隶体的形成时期定在战国晚期是符合实际的。战国中期还有大量铸铭存在，如平夜君成戈和戟、噩君启车节等，战国晚期铜器铭辞则全面改用刻写，这也是促使隶体形成的重要外因。但同是刻铭，中期为篆体，如中山王器，晚期则少见。

楷体是以词的音义为依据的新的字形体系建立后逐渐调整完善时期的字体。调整完善既包括笔画的抉择和完善，也包括部件形体、结构的抉择和完善，但主要是笔画的固定和完善，其中笔画和结构的美观也是衡量因素。唐开成石经是典型的楷体，其与东汉碑刻字形对比如下：

楷体	隶体（东汉曹全碑）	楷体（唐开成石经）
诸		
子		
离		
风		

隶体时期汉字构形系统的主要任务是以新的书写形式打破篆体，楷体时期汉字构形系统的任务则是完善新的形体系统。东汉时期的字形篆体成分已基本消失，所以隶体与楷体的分界定在东汉末年比较妥当。① 整体上看，商代、西周汉字形体为象形形体，春秋至战国中期为亚象形形体，战国后期至东汉为隶体，三国以后为楷体。

形体特征	象形	亚象形	隶体	楷体
历史时代	商至西周	春秋至战国中期	战国后期至东汉	三国以后

二 多途探索与结构平衡

（一）多途探索

多途探索指字形在打破篆体建立新的形体系统的过程中，同一原件采用多种方式进行改造，处于寻求最佳新形式的探索过程中。在多途探索中起主导作用的是书写便捷。多途探索贯穿于战国晚期隶变开始到现代汉字形成的整个过程中，但其主导时期是隶变开始到字形中篆体成分彻底消失时期。篆体成分的完全消失表明新的字形体系已初步形成。

多途探索的理论形成于大量出土文献文字形体的分析过程，对汉字发

---

① 王贵元：《隶变问题新探》，《暨南学报》2011 年第 3 期。

展史的研究至关重要。以前学术界对隶变后汉字形体的分析多是以《说文》篆体或后代定型楷体为标准，凡不符合标准者便视为俗字或讹字，结果是正好相反，把正规形变现象当成了不符合正常形变的现象。这实际上是没有认识到隶变既是对前有篆体字系的整体改造过程，也是新的汉字体系的建立过程。把正常的甚至是处于主流地位的汉字形体变化归于俗字、讹字，会致使汉字体系性调整及相应个体变化的机制、动因、规律等被掩盖、被割裂。在方向性、主导性偏误的前提下，有关汉字发展史的具体研究及汉字形体的分析自然难以准确、全面。

多途探索可细分为笔画、构件和结构三个方面。

1. 笔画

隶变后的字形由于表示的是抽象的词的音义，篆体时期字形一点一画皆是物象反映的性质已经改变。隶变后的字形趋于符号化，是以单字形体整体（独体），或以直接构件（组成单字形体的一级构件）组合体（合体）来表示功能，因此，单字形体内部或直接构件形体内部的构成不再重要，这就导致了笔画的无指向性改造，只以便捷为原则。小篆字系中同一构件无论出现在字形的什么位置形体都一样，而在隶体、楷体中同一构件在字的不同位置可能会以不同的形体显现。

下面是隶体对篆体 ∪ 的多途改造：

篆体形体	例字	改造形体	例字（马王堆帛书）
∪	余	一	余
	音	∨	音
	辛	⊔	辛
	襌	╱	襌
	清	∨	清
	賣	∥	賣
	親	∨	親
	屯	⌣	屯
	生	一	生
	半	丷	半

下面是隶体对篆体 ∩ 的多途改造：

篆体形体	例字	改造形体	例字（马王堆帛书）
∩	天	一	天
	律		津
	美		美
	帝	八	帝
	木		木
	業	丨丨	業
	囧		囧
	帝	几	帝
	粉		粉

下面是隶体对篆体 朩 的多途改造：

篆体形体	例字	改造形体	例字（马王堆帛书）
朩	天	人	天
	美		美
	吉	十	吉
	余		朱
	支	十	支
	壴		壴

2. 构件

在多途探索中，有些是以独立构件整体改造形式进行的。其中有的是构件形体本身的改写，有的则是依据形体相近的特点换用常见构件。这种现象反映了隶体、楷体字系中直接构件成为主要形体区别标志的特征。下面是对篆体构件𦥑的改造形式：

篆体形体	改造形体	例字（马王堆帛书）	小篆
𦥑	六	興	𦥑
		長	𦥑
		英	𦥑
	艹	芋	𦥑
		羊	𦥑
		苑	𦥑
		異	𦥑
	大	吳	𦥑
	大	昊	𦥑
		美	𦥑
		巽	𦥑
	八	容	𦥑

下面是"畏"、"老"、"陰"三字形体的构件改造：

楷体	小篆	马王堆帛书
畏	畏	畏 畏 畏
老	老	老 老 老
陰	陰	陰 陰 陰 陰 陰

马王堆帛书中，"畏"字第一个形体改造成了从鬼从止，战国晚期楚

简即有此形。第二形下部为"止"的草写，第三形的变化则走的是另外一条路子，即形体类化，与"良"等字下部趋同：

楷体	西周	春秋	战国	小篆	西汉
食					
良					
長					

以上"畏"、"食"、"良"、"長"等字篆体下部皆不同，隶变后有了相同的写法，是类化的结果。其中"良"字属正常笔画化，其他几字属类化。

"老"字隶变后也有"匕"与"止"的不同形变途径，"陰"字右旁则有"虫"、"口"等变化。

敦煌遗书中，"總"写作恖、惚、捴等，字形如下：

小篆	敦煌遗书
總	総 惚 㧾 惣 捴

几个字形，除"糸"变"扌"外，皆是"悤"的变形。悤，西周金文作，容庚先生《金文编》："悤，从◆在心上，示心之多遽悤悤也。《说文》云：'从心囱'，囱当是◆之变形。又云'囱亦声'，乃由指事而变为形声矣。"①《说文·囱部》："悤，多遽悤悤也。从心、囱，囱亦聲。"西汉马王堆帛书"悤"作，同金文字形，把心上的◆换成声符"囱"显然时间比较晚。《说文·囱部》："囱，在牆曰牖，在屋曰囱。象形。窗，或从穴。""悤"在隶变过程中变出"忽"和"怂"等变体。《六书正讹·东韵》："悤，俗作忽、怂。"《字汇·心部》："怂，与悤同。"《集韵·东韵》："忽，古作悤，俗作怂。"《正字通·心部》："悤，隶作忽。"从"公"显然是声符的换用，而"匆"、"勿"、"田"当是

---

① 容庚：《金文编》，中华书局1985年版，第692页。

"囟"的书写改造,其变化皆源于"囟"的形体复杂和构字功能低下。

今"匆匆"的"匆"是"囟"的发展形体,囟可借为悤,《说文通训定声》"窗"下:"字亦作牎,又误作匆……假借为悤,《说文》勿篆说解云'遽称勿勿',按借匆为悤,又误匆为勿耳。"

3. 结构

结构的多途探索包括独体构件化和合体黏合、构件位置方向变化等。如"更"字:

战国金文、陶文	小篆	西汉马王堆帛书

"更"本从丙从攴,是合体字,马王堆帛书出现了黏合形体。

下面是字形构件位置的多途探索:

楷体	小篆	西汉马王堆帛书
葆		
然		
聖		
制		

(二) 结构平衡

结构平衡指字形系统进行的新标准下的自我调整和完善,是新体系内部的调整。结构平衡贯穿于整个汉字新体系建立过程中,但主导时期是在改造篆体的过程基本完成后。调整的主导者是结构,包括单字形体结构、词汇结构和字系结构。结构平衡充分利用了多途,哪途合适用哪途。

1. 单字结构平衡

单字形体结构在完善过程中有构件功能及构意、形体整体尺寸、形体美观、形体稳定感等要求。

楷体	小篆	西汉马王堆帛书	敦煌遗书
數			

马王堆帛书"數"字"女"旁在字形正中下部或右下部，处于探索中。《敦煌俗字典》收"数"17个字形，"女"位置皆同例字，应为结构平衡结果。

楷体	小篆	西汉马王堆帛书	敦煌遗书
魏			

马王堆帛书"魏"字的构件"山"在字形正中下部或右下部，处于探索中。敦煌遗书字形结构单一化，同小篆。

2. 词汇结构平衡

汉语词汇系统的完善和发展，前期主要通过字形的发展来实现，后期主要通过双音化组合的方式来实现。通过字形的发展来实现词汇系统的完善和发展有三种途径：一是在原字形基础上增加新的表义或表音构件，产生新的字形，分担原字的功能，产生新词；二是新造字形表示新词；三是把原本属于异写或异构的形体固定为不同的形体，分担原本由一个字形承担的词义，产生新词。

楷体	战国	小篆	西汉马王堆帛书
陳 陣			
柰 奈			

"陳"字形体的右旁"東"篆体下部弯笔隶变时或改造成一撇一捺，或改造成一横，如马王堆帛书字形，本是同一字形的异写形体，功能没有区别。后受词汇结构的驱动，使"阵"独立成字，分担"陈"的部分职能，产生了新的词。

"柰"本是果之一种，故从"木"。"木"旁处于上下结构字形的上部时，为避免字形整体过于竖长，往往向扁平方向发展，如同样情形的"李"字：

小篆	西汉马王堆帛书
杢	夲 夲 夲 夲 夲

马王堆帛书中"柰"、"李"上部的"木"都有写成"大"的，属于"木"的异写形体，也就是"奈"本是"柰"的异写形体，后受词汇发展的驱动，"奈"成为独立形体，分担了"柰"的"奈何"义。

3. 字系结构（单字形体之间）平衡

单字形体在多途探索的框架下依据一定的原则发展，有时会形成与其他字形偶然同形的现象，不同的词使用相同的书写符号，这是字形系统不允许的，必然要做出调整。

楷体	西周	战国
弋	十 弋	十 弋 杙 弋

早期"弋"字形体下部有一圆点，如前面所说，随着汉字系统对字形中圆点的改造，圆点改为一横，结果是与"戈"字形体偶同，字系结构只好再次调整"弋"字形体为"弋"，以与"戈"区别。

楷体	小篆	居延汉简	东汉碑刻
生	㞢	生 生	生 生

"生"字篆体上弯部分隶变时或改为一撇一横，或改为一横，改为一横者与"主"字形体相同，所以字系结构后来选择了一撇一横的"生"。

三 共生式发展与替代式发展

共生式发展与替代式发展是字形体系建立过程中的两种重要发展模式。共生式发展指源于同一形体的不同变体同时流传与发展，也包括旧形与新形的同时流传。替代式发展指旧形发展出新形后不再流传，新形替代旧形使用。隶变后，在汉字新体系的建立过程中，共生式发展是常态，而替代式发展并不多见。

下面是马王堆帛书中含有构件"止"的部分形体：

楷体	小篆	西汉马王堆帛书
趌		
發		
前		
逆		
走		
起		
提		
齒		

分析这些字形中"止"的不同写法，可以发现它们有明显的先后传承关系，大致可分为两个序列，如下表：

楷体	小篆	西汉马王堆帛书
止		

所以，共时呈现的变体群蕴含着历时性的先后承继序列，可以通过共时变体群的分析总结其形体演变的脉络和规律。疑难字的考释关键是构件的确认，是否是俗讹形体，当以是否符合形体演变序列为标准，形体共生式发展规律对上述两类研究都具有重要价值。

异写、异构形体的生命力往往超出我们的想象，以后代共时系统的视角认为是后世的俗体、讹体的许多字形，实际上是前代字形正常演变形体的传承，属形体共生式发展现象，并非俗讹，可以依据其产生时期的形变特征发现形变的脉络。例如敦煌遗书中以"亻"为偏旁的字"亻"常写作三点，如"得"写作， 这一写法并非新创，在汉代已比较普遍，武威汉简的"復"、"徐"、"後"等都有这种写法。它并不是"彳"与"氵"的混用,而是"彳"的变体,比较下表中同一字形的异写形体,就可以发现其形成脉络,它实际是"彳"的正常写法"彳"后两笔进一步断开产生的。

楷体	武威汉简	小篆
復		復
徐		徐
得		得
後		後

"学"字敦煌遗书中有上从"文"下从"子"的写法,敦煌写本《正名要录》"學"下注李,曰:"右正行者正体,脚注讹俗。"① 这一写法实际上是将"爻"改为"文","爻"变"文"汉代即已出现:

楷体	敦煌遗书	汉代简帛碑刻	小篆
學	孛	马王堆帛书 东汉碑刻	學

"爻"变"文"虽有形体上的依据,但当是一种顺应形体演变的有意作为,"文"表示学习的内容和对象。所以从"文"从"子"这一形体是"学"字省体,而非讹俗体。

楷体	敦煌遗书	汉代简帛	小篆
德	德	马王堆帛书	德
復	復	马王堆帛书	復
生	生	居延汉简	生
老	老	马王堆帛书	老
美	美	马王堆帛书	美

---

① 《正名要录完整图版》,黄征《敦煌俗字典》,上海教育出版社2005年版,第587页。

上表中敦煌遗书字体皆是汉代形体的承继，其中"德"、"復"、"老"属于构件换用，"生"、"美"如前所述，是篆体上弯形体的拉直和下弯形体分为一撇一捺。

　　传统的文字研究往往立足于断代系统分析字形现象，汉字形体演变以共生式发展为主的规律提醒我们，即使是断代研究，历时的追索也必不可少。同时，字形差异现象只有在发生时期，其动因、机制才容易看清。

（原载《中国语文》2013 年第 1 期）

汉字构形系统及其发展阶段

一 汉字构形系统分析

（一）汉字构形系统的研究方法及原理

汉字在象形字发展到一定数量之后，便不再走象形发展的道路，而是以原有象形字为基础原件，采用相互组合和层层组合的方式创造新形，这既是适应汉语语言特点而形成的创字方式，也是最方便书写和识读的经济科学的方式。这种以有限的基础构件构成无数汉字的构字方式，其构形若不具备严密的系统性，是很难做到的。在甲骨文阶段，基础构字成分数量大，参构字量少，功能低，结构简单，虽其构形已初具系统规模，但很不成熟。后期汉字在层次组合可以无限增殖的前提下，使基础构字成分功能相同者并而为一，限制其数量的发展，从而达到了利用有规律的层次组合关系发展字形的目的，充分显示了构形的系统性。所以用系统分析的方法分析汉字构形，既是必要的，也是符合汉字实际的。

汉字构形系统是指处在相互联系之中、具有特定形体和功能的各构字成分所构成的整体。构形系统的核心是构字成分及其联系。构字成分指单字的构成成分，我们称作构件，这是构形系统的要素。构件之间的联系是构形系统的结构。构形系统的要素与结构在对单字的整体观察中难以明了，只有在循单字构成的历程逆向拆分后方可获得，因而单字形体的拆分是构形系统研究的重要内容。下面以"馫"字为例，说明拆分过程及所用术语。

"馫"字义为"香气"（《现代汉语词典》），首先可以拆分为"麻"与"香"，"麻"为表音字符，"香"为表义字符，这是"馫"字结构的第一层，"麻"与"香"即为一级构件。再向下"麻"又可拆分为"广"与"林"，"香"又可拆分为"禾"与"曰"，"林"还可拆分为"木"

与"木",由此形成二层、三层和二级、三级构件。在多级构件中,每一级构件都仅对其上一级构件的构成起直接作用,如在"䴷"字中,三级构件"木"仅是二级构件"林"的直接构成者,二级构件"广"、"林"、"禾"、"曰"仅是一级构件"麻"、"香"的直接构成者(这时三级构件"木"已无直接作用),所以就单字形体来说,多级构件中只有一级构件是直接构字成分,其他级别的构件皆是间接构字成分,前者我们称为直接构件,后者我们称间接构件。综上,"䴷"字的构成如下表:

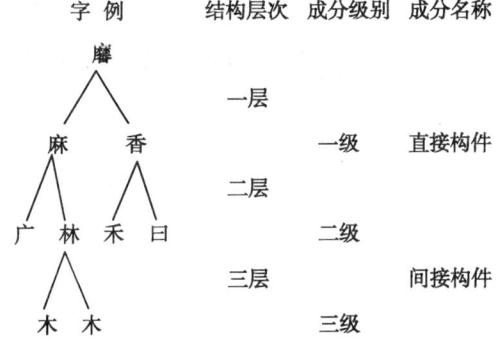

(二)构形要素

1. 形素

形素是依据汉字的组合特点,从汉字字符系统中离析出来的、具有独立构形功能的最小形体成分。如上例中处于"䴷"字拆分终端的"广"、"木"、"禾"、"曰"即为形素。形素之间的区别特征分两个方面:一是形体,二是构形功能。构形功能指形素在字形造意中所起的作用。在对确定范围的个体字符进行穷尽性拆分后,便会获得形素群。

2. 形位

形位是依据功能同异原则,从形素中归纳出来的可区别构形功能的最小形体单位,是汉字构形的基本元素。形位是抽象单位,它实际上指的是具有相同构形功能的形素群,但是在汉字构形系统的分析和描写中,它是作为一个形体单位来运用的。形位依可否独用分为成字形位和非字形位两类:成字形位指有义有音,可以独立使用的形位,从使用角度来说,这部分形位也即是单字;非字形位指有独立构字功能,但不能独立使用,只在构字中出现的形位。

3. 直接构件

直接构件是直接构成单字形体的一级构形要素，是在考虑构字意图及形体来源的前提下，对合体字拆分后形成的最大构字成分。如"麻"与"香"是直接构成"麿"字的构件，为直接构件。

直接构件视其内部形体组成成分的多寡分为单形位构件和复形位构件：单形位构件指由一个形位构成的构件；复形位构件指由两个或两个以上形位组成的构件。

（三）构形结构

1. 构形层次——结构纵向分析

构形层次是指构形过程的等级性结构形式，它是结构的纵向形式。以"骑"字为例，整个形体的构形过程与层次如下：

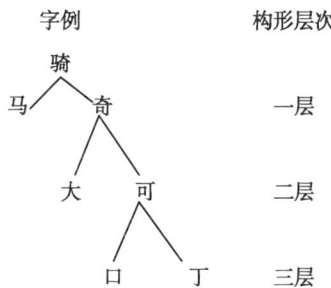

"骑"的构成起始于"口"与"丁"的组合，在整个形体构成中这是最低层次的组合，其后是在前一组合基础上的高一层次的组合，即"大"与"可"的组合，再其后是在前两次组合基础上的更高一层的组合，即"马"与"奇"的组合，这就是"骑"的构形过程，整个过程经过三次组合而完成，形成等级性的三层结构形式。

就构形系统来说，结构层次包括形体层次和功能层次两方面内容。形体层次是可视知的，属表层结构，功能层次是不可视知的，属深层结构。

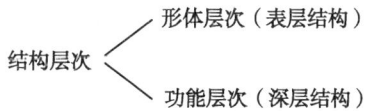

（1）形体层次及层次的包容关系

形体层次是因字而异的，同一形体可以出现在层次的各个级别中，如形体"口",在"呼"字中出现在一层,在"拾"字中出现在二层,在"骑"字中还出现在三层,同时"口"也可单独构成独体字"口"。这说明层次与要素形体本身没有关系,即要素形体本身没有层次分类,这种现象我们称其为一形多位,位指层次。

从"骑"字的拆分可以看出,形体层次的升级是形体成分不断增加的过程,形体各层间的关系是包容关系,即单字形体是一级构件形体相加之和,一级构件是同系(构成自身者)二级构件形体相加之和,二级构件是同系三级构件形体相加之和。由于层次间是包容关系,所以处于各层终端的形位(构成同一字的所有形位)都可出现在单字形体中,也就是说,虽然增加了一个单字形体,但形位的数量并未增加,这一定程度上体现了汉字构形的科学性和系统性。

（2）功能层次及层次的生成关系

功能层次是指构件功能的组合层次,它是与形体层次相应的。

与形体层次间的关系相反,功能层次间的关系是生成关系,所谓生成是指功能的组合不是组合成分的简单相加,而是创造出一个内涵远远超出原组合成分的新的功能,如"休",从人从木,在形体层次上,"休"就是它的组合成分"木"与"人"相加之和,而在功能层次上,"人"、"树"与"息止"却没有必然联系。功能层次间的生成关系所形成的功能组合的特点是：新功能一经产生,旧功能即刻消失,虽然有时旧功能会部分地保留在新功能中,但由于总体关系的不相同,并不能影响新功能的新生性。

2. 组合模式——结构横向分析

组合模式是指要素的组合类型,是结构的横向联系。如前举"骑"的构形,组合模式为"马"与"奇"、"大"与"可"、"口"与"丁"的结合方式,而前面所说的构形层次则是指"马"与"奇"二者与"骑"、"大"与"可"二者与"奇"等的组合层次关系。

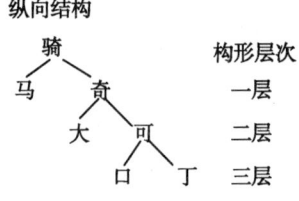

结构的横向联系,即组合模式,也存在形体和功能两个方面。

（1）形体组合方式

形体组合方式是要素组合时形体上的联系形式。汉字形体组合方式约有四种：

a. 并列　是组合成分形体分别排列的组合方式。

b. 围包　是某一构件形体把另一构件形体围包起来的组合方式，多为象形性形体。

c. 交合　是构件形体交叉穿合的组合方式。

d. 叠合　指两个构件相邻笔画重叠，即两个构件共用某些笔画的组合方式。

（2）功能组合模式

功能组合类型是指构件组合时的功能结合形式，它是汉字构形时对构件功能不同选择所形成的结果。

就总体而言，构件功能的选择与形体的选择不是等同的，这根源于同一构件可有不同功能而不同构件可表相同功能，如构件"人"，在"休"字中，选择的是它的表义功能，而在"认"字中，选择的是它的表音功能。同时，由于不同构件可有相同相关功能，而汉字构字首重功能的组合，所以才出现声符互换及意义相近相关形符互换的现象。另外，字形发展中的构件形体累增现象，许多也是由于原件功能淡化或消失，需强化功能而形成的。由此可见，功能组合是汉字构字的杠杆，杠杆是稳定的，而形体往往可因其功能的相关而游动。

在了解功能组合模式前，须先明了构件的功能种类。构件的功能是指构件在被构字中所起的作用。汉字构件的功能共有四种：第一是表形，表形是在构意中仅仅表示一种客观形体。如构件"田"，在"果"字中表示果实形，在"胃"字中表示胃形。构件的表形功能源于汉字早期构字的象形性，是构件最原始的功能。后期字形中表形功能的构件虽有些形体已不再象形，但表示客观形体的功能未变，这是因为表形功能的构件在字形发展过程中始终没有进化为独用形体，因而它不能单独表义，如在"果"字中，"田"虽表示完整的果实形，但只和"木"组合起来的"果"才能表示"果"的意义，"田"不能单独表示"果"的意义，也就是说，"田"的作用只能到表形为止，不能进入表意层次。具有表形功能的构件都是非字构件，这类构件的功能和形体是相应的。

构件的第二种功能是表义，第三种功能是表音。由于独用形体可以单独表词，因而它便兼有了表义与表音的功能，又由于汉字脱离象形构字以后，采用的是选择现有形体层层组合的方式构字的，因而表义与表音功能就成了构件的主要功能。具有表音和表义功能的构件都是成字，同一构件形体在此字中表音，在彼字中表义，所以，成字构件形体和功能是不完全相应的。

构件的第四种功能是纯表符，这是隶书之后随着直接构件形体的变化而出现的新的构件功能。纯表符构件为非字构件，其形体和功能是相应的。

构件形体分类与功能关系如下：

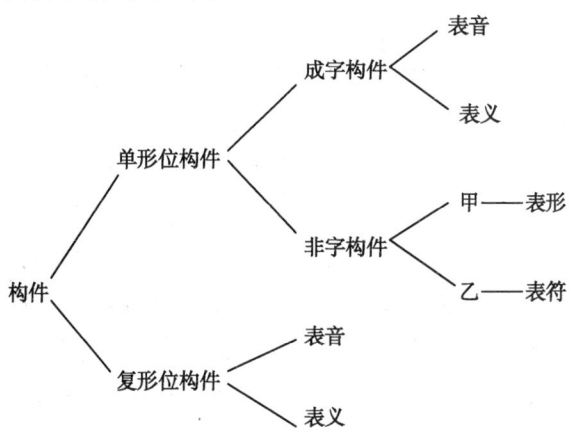

由于汉字构形是选用现有的单字形体进行的，所以作为构件的形体，特别是组合形体，同时也就是独立使用的单字形体，这样，功能组合类型是可以全部体现在直接构件的组合这一层次的，所以对合体字直接构件组合进行分析归纳，即可获得汉字的构形模式。汉字构形模式有六种：

a. 会形合成。即表形功能与表形功能的组合，其中有两个直接构件者，也有三个或三个以上者。

b. 音义合成。即表义功能与表音功能的组合（含兼声字）。其中多数是一个表义构件与一个表音构件的组合，也有少数为一个表音构件与数个表义构件及两个表音构件与两个表义构件组合者。

c. 会义合成。即表义功能与表义功能的组合，其中有两个直接构件者，也有三个及三个以上者。

d. 形义合成。即表形功能与表义功能的组合，表形者为非字直接构件，表义者为成字直接构件。

　　e. 符义合成。即纯表符功能与表义功能的组合。
　　f. 形音义合成。即表形功能、表音功能与表义功能的组合。
　　g. 符音合成。即纯表符功能与表音功能的组合。

二　汉字构形系统的发展阶段

　　随着汉字使用的延续，其构形一直处在不断调整和完善的过程中。汉字构形的调整和完善主要体现在构形的要素和结构两个方面，两个方面的共时稳定和历时演变，造就了汉字历史发展的阶段性，因此，可以说汉字的历史发展实质上是其构形的发展。甲骨文处在汉字发展的初期，其构形具有浓厚的图画意味，形体无论是独体还是合体，大多是物象的描绘，故其构形成分形体不固定，组合关系简单。随着构形成分通过同化、类化的手段完成定形、定量的过程，汉字构形系统才正式形成，其后，汉字构形系统在结构方面由平面组合发展为层次组合、象形结构转化为音义、会义结构，在构形要素方面，要素功能由表形发展为表音、表义，要素形体最终也由象形转化成了音义符号。汉字构形系统要素与结构的每一次演化都有其深刻的内在原因，整个发展过程是环环相扣的。

（一）基础构形元素的定形和定量

　　甲骨文除少量的指事符号和加表音成分的形声字外，皆为全面的象形字，所谓全面，是说不仅独体是象形的，而且合体中各个成分的形体及其组合结构都是象形的，这是图画现象遗留的表现，所以说结构的象形性是早期汉字即甲骨文的本质特点。与结构的象形相应，构字成分的绘形及单字整体的构形，因为面对的是客观事物和现象，要形象地描绘它们，所以表示同一事物或现象的形体便会各式各样，逼真勾勒，随意而定。如甲骨文表示人体的形体，或有头或无头，或有脚或无脚，或跪或站，或正面或侧面，不一而足。同是表示与行走有关的意义，或选"止"，或选"彳"，或选"行"，或"彳"、"止"同用等。这种现象造成了汉字形体的不稳定，增加了识读的困难。这种现象的改变是通过构形要素的同化和类化来完成的。同化是指没有区别意义的同物象形体归整为一个形体，从字形发展看，一般是沿用独用的形体，而其他形体被淘汰。类化是指同一字形选用构件的类一化。同化是基础构形元素定形的过程，类化则与同化相配合，促使基础构形元素向定量发展，这是因为在构件的类一过程中，存在构件构义的分工问题，有些形体虽表示的是同一物象，但构义分工不同，便可并存，有些虽表示的是不同现象，但已是重复，便可淘汰。汉字基础构形元素的定形定量，使所有单字形体趋于固定、严整，使汉字构形趋于严密，是汉字构形系统成熟的标志，这一阶段是在西周、春秋金文时期完成的。

（二）从平面组合到层次组合

在汉字基础构形元素定形定量的过程中，人们对于字形构件形体的认识实际上已经部分地发生了变化，即由原来的构件形体仅是表示物象变成了既表示物象又表示语言中词的音和义。这根源于独体象形字可单独表词。独体象形字可以单独表词，便使其形体具有了音和义，也就是说，它除了具有表示物象（即表形）的功能外，还具有了表示语言中词的音和义的功能。如此，可以单独使用的形体出现在合体象形形体中时，其表音义的功能也便带入，认识到这一点是汉字基础构形元素彻底完成定形定量过程的前提，也是后来用表音义的合体字构造新的合体字的前提。汉字基础构形元素定形定量之后，汉字便以原有的构形元素及由构形元素组成的单字形体为构字成分，来构造新的字形。以现有的合体字形体为构字成分来构成新的字形，新字形必然具有了结构上的层次，因此，到用现有的包括合体的形体构字的阶段，说明汉字已正式走上了层次组合的构形阶段，这与汉语词汇的发展道路是相同的，汉语词汇的发展也是在单音节词发展到一定数量之后，便走由单音节词组合而成的多音节词，特别是双音节词发展的道路，虽然发展有先后（汉字构形发展在前，词汇发展在后），但都是汉民族同一思维模式的反映。汉字层次组合构形方式的形成，使以有限的基本形体构造无限汉字成为可能，充分体现了汉字构形的科学性和系统性，在汉字构形发展中具有划时代的意义。

（三）从象形组合为主到音义、会义组合为主

以层次组合的构形方式创造新字，表明此时的构件形体虽仍是象形的，但不是以物象的身份参与构字，而是以词的音义的身份来参与构字，同时，原有的象形组合的形体受形位同化、类化及层次组合构形方式的影

响，其构件形体也会由物象的载体转化为词的音义的载体，构件或以表音功能构字，或以表义功能构字，自然汉字构形也便由象形组合发展为音义、会义组合。汉字组合模式由象形转化为音义、会义之后，本来组合模式只能有两种存在，构字中功能的选择也只能在音与义之间进行，但是由于原有字形中的象形构件并未都进化为成字构件，所以功能组合中的表形成分仍不会消失。

在象形组合的阶段，汉字表示词，是通过物象的设计来实现的，到音义、会义组合阶段，汉字直接进行词的音义的构造，这是汉字形体本身象形性消失的根本原因。

（四）形体由象形到音义符号

汉字组合结构基本发展为音义和会义组合之后，构件形体的象形性便退居到了次要的地位，有的甚至已失去了存在的价值，因为这时的形体表示的是音和义，而不是物象。但是由象形结构到音义和会义结构的发展是一个逐步改造的过程。因为结构类型是逐步转化的，所以构件形体的象形性也随其作用的逐步消失而降低，事实上，战国时期的许多形体，表面上虽仍是象形的体态，实际上已不再真象物形了，小篆更是这样。这就产生了一个矛盾：即字形的象形功能本来已大大降低了，或者说必要的象形价值已经失去了，但要依照象形的体式费时费力地描画，这一矛盾在字形基本完成结构类型的转化后，是必定要解决的，这是汉字形体由象形到音义符号、由"篆（描画）"变为"写（笔画化）"的内在原因。战国时期，诸侯力政，不统于王，固有的尊崇观念（包括对文字）消失殆尽，秦兼天下，庶务繁忙，促成了字形的彻底转化，隶书便由此产生了。

自汉代以来，人们一直把隶书的产生仅归于社会需要，实际上仅说了隶变的外因。

汉字形体由象形到音义符号的转化，遵循的最重要原则是便于书写，就总体说，象形到音义符号的转化，是同一形体样式在书写方式不同的情景下的转化，所以两个阶段的形体是可以对应的。虽然随着形体样式的转化，构形系统对基础构形元素及个别字形进行了调整，但比较而言，仅是微变。因此，象形到音义符号的转化，是使形体与词之间失去了象形的中间环节，或者说是失去了附加的联系纽带，但是固定的形与固定的音义的凝结关系并未改变。

（五）构形理据的变化

汉字的构形理据指汉字构形的因由。在构形发展的初期，构形成分及其关系都具有象物性，所以单字构形的理据反映在两个方面，一方面是构件形体，另一方面是构件之间的关系，也就是结构。独体形体的构形理据就是前人所说的一点一画之意。到构形发展的中期，结构的理据形式由物象的反映转化为音义组合关系，构形形体的表形功能虽退到次要地位，形体的象形性也大大降低，但象物性依然存在，故总体上讲，形体仍有理据可言。当汉字形体由象形转化为音义符号后，构件形体上的理据便基本上不复存在了，但是汉字仍然存在理据，那就是结构，也就是构件间的关系，这种关系包括横向的组合关系和纵向的层次关系。因为音义符号虽然失去了物象的依托和限定，但它是在一定原则下的有规律的转化，它的形体是固定的，与音义的结合也是固定的，所以汉字构件的组合并不是随意的，而是其功能有机结合的结果，构件必须能够参与整字音义的构成，才能成为整字的构件（隶书中出现了纯符形体，有的甚至传入楷书中，但这是极个别的，是自然发展的汉字系统不可避免的），因此汉字形体失去象形性后，仍存在理据。

以上分析说明，汉字在古文字阶段，结构上有象形组合到音义、会义组合的转换过程，形体上有象形到象形性降低的发展过程，后期形体的象形可称为亚象形。到隶书阶段，汉字音义、会义的组合结构未变，固定的形与固定的音义凝结（或者说相统一）模式未变，所变者仅是构件形体由象形到音义符号的转化，隶变的实质即在于此，古今文字的差异也在于此。以不同时期汉字主体特征为划分原则，汉字构形的历史发展阶段如下表：

时期 分类方式	初期（甲骨文、西周春秋金文）	中期（战国文字、小篆）	后期（隶书以后）
组合结构	象形组合	音义、会义组合	音义、会义组合
构建形体	象形	亚象形	音义符号
构形理据	形体、结构的象物性	形体的部分象物性、音义组合关系	音义组合关系

（原载《中国人民大学学报》1999年第1期）

汉字演变的历史我们还很陌生

汉字从古至今的发展就体系而言，可划分为两大有本质区别的阶段，其分段的标志是隶书的全面形成。隶书形成之前，物象是字形系统的支配者，故字形构件及字形结构皆以象形为根本。在字形描绘对象由物象转换为词的音义的核心力量的支配下，隶书逐渐形成，从此，汉字便开始了以表达词的音义为标准的漫长的新体系建立历程。

字形体系由象形到音义符号的转化是一个整体性的系统工程，由于不是集权规约，而是在约定俗成的方式下进行的，就形成了两个特点：一是时间漫长，从战国中后期一直到现代汉字的形成；二是变化多端，歧象蜂起。这一过程是汉字构形系统在新的基点上，整体性寻找新的系统格局的探索过程，它的演化发展体现在汉字的实际使用过程中。但我们的汉字知识、汉字理论多是建立在传世文献的印制时代汉字基础上，印制时代的汉字文献是以后期字形对实际使用的多代复杂字形的全面类化，它只是一个共时系统，以它研究汉字发展史自然于理不通。从各代出土文献（包括传世碑刻和敦煌遗书等）看，秦汉以后，汉字在实际使用中，存在着自然演化的、丰富复杂的、既多途探索又系统自我调节的发展历程，而对此我们还相当陌生。近年来，敦煌遗书、各代碑刻文字的研究流行起来，但我们对隶书以后汉字的发展过程依然陌生，其主要原因是往往把隶书以后汉字普遍的、主体的、正当的汉字形体演化现象，看作"不规范的"、"不合法的"、"流行于民间的"、"底层社会使用的"、"浅近的"民俗现象，近年来冠名"俗字"的研究异常多见，即是明证。事实是在秦汉魏晋简牍碑刻，到南北朝、隋唐、明代的碑刻遗书中，上层官府公文、经典著作、名家法帖，甚至皇帝亲笔，"并皆俗字满纸"[①] 现象的普遍和不分

---

① 黄征：《敦煌俗字无处不在》，见《敦煌俗字典·前言》，上海教育出版社2005年版。

阶层场合，恰恰说明它是一种正规的、主体的、合法的汉字自然演化现象，目为"俗"乃是误解。其实称"俗"不称"俗"倒不是问题的关键，关键是它有导向作用，如果看作主体的汉字形体演化现象，就需从汉字形体系统发展的角度研究其演化规律、机制、动因等，而把它看作不规范的浅近现象，则往往会以一个"讹"字了结，现在的俗字分析多类于后者。

在历代碑刻及敦煌遗书中，以"弋"为构件的字其"弋"常写作"戈"，如"代"写作"伐"、"式"写作"戎"等，研究者多定性为讹误。如顾蔼吉《隶辨》："式从'弋'，或作'戎'，皆讹从'戈'。"① 欧昌俊先生等《六朝唐五代石刻俗字研究》："代，《说文·人部》：'代，更也。从人，弋声。'《北魏孙秋生等造像碑》'大伐太和七年'、《唐卫义妻高氏墓志》'虑年伐湮远陵谷有迁'，其中'代'作'伐'，这是其声符'弋'受'戈'字形体的影响而误增一撇。"② 又说："式，《说文·工部》：'式，法也。从工，弋声。'《北魏皇甫驎墓志》'戎扬名贤'、《北魏邢峦妻元纯陀墓志》'儿女戎遵'、《北魏元诲墓志》'戎扬烋烈'、《北魏穆绍墓志》'联官仰戎'、《北魏元肃墓志》'天子戎瞻'、《东魏高湛墓志》'戎光往烈'、《东魏闾伯升及妻元仲英墓志》'戎铭玄石'、《隋李则墓志》'戎瞻往行'、《隋张涛妻礼氏墓志》'戎昭茂实'、《隋苟君妻宋玉艳墓志》'戎镌不朽'、《唐张药墓志》'戎图玄石'、《唐杨君妻孙氏墓志》'戎镌不朽'、《唐张洺墓志》'戎树风声'、《唐陈君妻王氏墓志》'戎播遗芳'，其中'式'作'戎'，这是其声符'弋'受'戈'字形体的影响而误增一撇。"③ 黄征先生《敦煌俗字典》："敦煌写本'代'、'伐'二字多有相乱之例，具有'趋向'倾向（皆作'伐'），绝非偶然。"④

按，"弋"字西周金文字形如下：

弋 曶鼎	弋 㲄方鼎

---

① 顾蔼吉：《隶辨》，中华书局1986年版，第235页。
② 欧昌俊、李海霞：《六朝唐五代石刻俗字研究》，巴蜀书社2004年版，第65页。
③ 同上书，第67页。
④ 黄征：《敦煌俗字典》，上海教育出版社2005年版，第73页。

张振林先生说过:"西周后期出现用短画代替圆点的苗头……在春秋时期和战国时期,这些字的粗圆点,即普遍为横画所代替。"① 实际上这是汉字构形系统自我调节的原则之一,即将字形中的圆点逐步淘汰,"十"、"土"、"廿"、"卅"等字都经历了由圆点变一横的过程。

"十"字:

	西周小臣守簋
	西周小臣守簋
	战国鄂君启舟节
	《郭店楚墓竹简·性自命出》简38
	《信阳楚简》简2—05
	《上海博物馆藏战国楚竹书一·容成氏》简14

"土"字:

	西周盂鼎
	《上海博物馆藏战国楚竹书二·从政甲篇》简2
	《上海博物馆藏战国楚竹书二·子羔》简3
	《楚帛书·乙篇》行7
	《上海博物馆藏战国楚竹书一·缁衣》简8

"廿"字:

---

① 张振林:《试论铜器铭文形式上的时代标记》,《古文字研究》第五辑,中华书局1981年版,第67页。

	西周大盂鼎
	西周颂鼎
	战国曾姬无恤壶
	战国鄂君启车节
	《郭店楚墓竹简·唐虞之道》简25

"卅"字：

	西周毛公鼎
	《包山楚简》简107
	《上海博物馆藏战国楚竹书二·容成氏》简17

从战国竹简字形看，战国时期圆点与一横处于交替过程中，呈新旧并现的状态，"弋"字楚简有用圆点者：

	《郭店楚墓竹简·唐虞之道》简12
	《郭店楚墓竹简·唐虞之道》简18
	《上海博物馆藏战国楚竹书五·鲍叔牙与隰朋之谏》简1
	《上海博物馆藏战国楚竹书五·鲍叔牙与隰朋之谏》简2

有稍加变化者（从下二例可以发现圆点的取消盖因于快速书写的目的）：

	《郭店楚墓竹简·唐虞之道》简9
	《郭店楚墓竹简·唐虞之道》简17

有已变成一横者：

✲	《上海博物馆藏战国楚竹书一·缁衣》简 2
✲	《上海博物馆藏战国楚竹书二·容成氏》简 50
✲	《上海博物馆藏战国楚竹书五·姑成家父》简 10
✲	《上海博物馆藏战国楚竹书六·用曰》简 4
✲	《楚帛书·乙篇》行 11
✲	《楚帛书·甲篇》行 4

作为构件，"弋"也处于相同状态，如"貣"字：

✲	《包山楚简》简 150	✲	《包山楚简》简 115
✲	《包山楚简》简 114	✲	《包山楚简》简 116
✲	《包山楚简》简 108	✲	《包山楚简》简 117

另外，战国楚简"代"字已写作"伐"、"式"字已写作"弑"：

✲	《包山楚简》简 61
✲	《上海博物馆藏战国楚竹书一·缁衣》简 8

可以看出，无论是独用还是构字，"弋"的圆点有的已经用一横取代，与同时期"戈"字的一撇有明显不同，楚简"戈"字形体如下：

✲	《郭店楚墓竹简·唐虞之道》简 13
✲	《五里牌楚简》简 7
✲	《信阳楚简》简 2—028
✲	《曾侯乙墓竹简》简 61

"戈"字下部是一撇而非一横。后代因便于书写的缘故,"弋"之一横也变成了一撇,导致与"戈"同形,所以"代"写作"伐"、"式"写作"或"等,其字形中的"戈"乃"弋"的自然演化体,或者说是"弋"的变体,与兵器的"戈"字毫无关系。汉字构形系统依统一的演变规则演变,即圆点变一横,没想到出现了偶同现象,只好再进行调整,最终是选用了"弋"的无圆点、一横形体。

在历代碑刻及敦煌遗书中,"生"及以"生"为构件的字其"生"常写作"主",敦煌遗书中"生"字或写作主,或写作生,① 《六朝唐五代石刻俗字研究》中举了从北魏到唐石刻中"姓"写作"妵"、"性"写作"忄主"的大量例子,认为:"其中'姓'作'妵',其声符'生'少刻了一撇。"② "其中'性'作'忄主',其声符'生'少刻了一撇。"③ 其实这种现象汉代已很常见,作"生"的例如:

生 曹全碑	生 张迁碑
女生 西狭颂	妵 袁博碑
生 《居延汉简甲乙编》甲图版拾肆72	

作"主"的例如:

女主 曹全碑	忄主 曹全碑	女主 礼器碑
主 《居延汉简甲乙编》乙图版贰柒零508.9		

它事实上是汉字构形系统在对圆形笔道改造时采取的两种不同措施,原字形体系中的"凵",隶变后不允许再存在,改造的方式是二途并行:

---

① 黄征:《敦煌俗字典》,上海教育出版社2005年版,第361页。
② 欧昌俊、李海霞:《六朝唐五代石刻俗字研究》,巴蜀书社2004年版,第96页。
③ 同上书,第97页。

同类字形都有这种状态，如"牛"字及以"牛"为构件的字，"牛"原作 ᐪ，改造后有如下二形：

牛 《居延汉简甲乙编》乙图版壹壹零 154.4

牛 《居延汉简甲乙编》乙图版壹捌伍 250.19

以"牛"为构件的字亦同：

牡	牡 《居延汉简甲乙编》乙图版壹贰壹 169.10
牝	牝 《居延汉简甲乙编》甲图版壹陆零 2218
牢	牢 《居延汉简甲乙编》甲图版柒贰 920
告	告 《居延汉简甲乙编》甲图版壹柒捌 2532B
告	告 《居延汉简甲乙编》甲图版叁贰 255
朱	朱 《居延汉简甲乙编》乙图版壹贰零 166.10
朱	朱 《居延汉简甲乙编》乙图版壹壹伍 159.2

所以，"生"之作"丰"、"姓"之作"姓"、"性"之作"怔"等，都是汉字形体转变过程中的新形探索方式，是汉字演化的正常途径，只不过是现代汉字最终定型时选择了"生"而未选择"丰"罢了，而在此之前，并无谁正谁俗的区分，因为那时谁最终取胜尚没有定论（如"東"、"木"、"未"、"橐"、"聲"、"禾"、"秉"、"兼"、"束"、"麥"、"穀"、"鼓"、"朝"、"手"等就是一横最终取胜），从使用量来看，反倒是"丰"更占上风。

在历代碑刻及敦煌遗书中，"步"及以"步"为构件的字其"步"常写作"步"，例如：

步		汉衡方碑
陟		汉孔宙碑

　　《六朝唐五代石刻俗字研究》中列举了各代用"步"作"步"的例子，如《东魏元湛墓志》"送日骋步"、《唐麻姑仙坛记》"时闻步虚钟磬之音"、《后唐孙拙墓志》"尚以天步多艰"等。对于"步"写作"步"，《汉语大字典》"步"下曰："'步'的讹字。"《正字通·止部》："步，俗从少作步，非。"《康熙字典·止部》引《俗书正讹》："从少，反止也。从少，非。"《六朝唐五代石刻俗字研究》则进一步分析说"'步'作'步'，这是'步'字下部'屮'受'少'字形体的影响而误增一点"。①按，"步"字古隶和小篆形体如下：

步 《流沙坠简·屯戍丛残》图版五第一简

步 《马王堆汉墓帛书（肆）·养生方》195 行

步 《说文》小篆

　　我们认为，"步"与"步"都是前期"步"字形体的演进体，其不同缘于对"屮"竖左弯笔改造方式的不同：

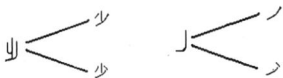

　　"步"作"步"，与"少"毫无关系，也许正是担心与多少的"少"扯上关系，才最终选用了"步"。

　　在古隶开始的汉字构形系统的大调整过程中，不可避免地会出现混乱因素，但绝大多数现象是在书写便捷原则作用下有限度、成规律的变化，如"∪"与"丿"等弯笔的改造，就遵循着断开或拉直两种方式进行，应当说这两种方式呈现的现象，并无主次之别，也无对错之差，更无正俗之分。

---

① 欧昌俊、李海霞：《六朝唐五代石刻俗字研究》，巴蜀书社 2004 年版，第 66 页。

参考文献

[1] 河南省文物研究所：《信阳楚墓》，文物出版社 1986 年版。

[2] 湖北省荆沙铁路考古队：《包山楚简》，文物出版社 1991 年版。

[3] 湖北省博物馆：《曾侯乙墓》，文物出版社 1989 年版。

[4] 荆门市博物馆：《郭店楚墓竹简》，文物出版社 1998 年版。

[5] 罗振玉、王国维：《流沙坠简》，中华书局 1993 年版。

[6] 马承源主编：《上海博物馆藏战国楚竹书》（一），上海古籍出版社 2001 年版。

[7]《上海博物馆藏战国楚竹书》（二），上海古籍出版社 2001 年版。

[8]《上海博物馆藏战国楚竹书》（五），上海古籍出版社 2001 年版。

[9]《上海博物馆藏战国楚竹书》（六），上海古籍出版社 2001 年版。

[10] 马王堆汉墓帛书整理小组：《马王堆汉墓帛书（肆）》，文物出版社 1985 年版。

[11] 饶宗颐、曾宪通：《楚地出土文献三种研究》，中华书局 1993 年版。

[12] 商承祚：《战国楚竹简汇编》，齐鲁书社 1995 年版。

[13] 中国社会科学院考古研究所：《居延汉简甲乙编》，中华书局 1980 年版。

（原载《学术研究》2011 年第 2 期）

汉字形体结构的体系性转换

汉字字形结构指的是汉字构件功能的组合形式，如象形、指事、会意和形声等，① 字形在发展过程中，由于构件黏合、增加、减省等致使字形结构发生变化，这是我们已经知道的现象。但是汉字中大量存在的是构件不发生变化而字形结构发生了转换，也就是说后期汉字字形结构的主体是在原形体构成成分不变的情况下转化形成的，这一点学界迄今认识不足。

一　图像绘制与音义组合

汉字字形结构的解释，特别是早期汉字字形结构的解释，涉及字形结构的认定和各类结构的比重，也涉及字形结构是平面结构还是层次结构及层级数的认定和分类比重，还涉及汉字性质的阶段性认定及汉字发展史的研究等，是汉字研究中的重要问题。就现有研究成果看，早期汉字中甲骨文的此类研究成果丰厚，各家研究的结论虽然不同，但存在一个共同的倾向，就是以后代汉字的字形结构来类推前代汉字字形，后期是会意字或形声字，那么推到早期也是会意字或形声字，并未注意到前后期汉字形体结构的转化问题。

汉字形体演化经历了由表示物象到表示词的音义的发展阶段，② 我们认为，字形表示物象时期，汉字形体的构造方式主要是图像绘制，是依据物象来绘制字形，在字形上体现出物象，它所形成的是象形形体。而字形直接表示词的音义时期，汉字形体的构造方式是音义组合，是以表示词的音和义的构件组合成单字，它所形成的是会意和形声形体。图像绘制是早

---

① 独体象形依据王宁先生的说法属于"全功能零合成字"，见《汉字构形学讲座》，上海教育出版社2002年版，第58页。
② 王贵元：《汉字形体演化的动因与机制》，《语文研究》2010年第3期。

期汉字的构形方式，音义组合是后期汉字的构形方式。音义组合不必多言，图像绘制如"渔"，甲骨文有如下形体：

第一个形体像鱼口含钓绳，第二个形体像手拿钓竿钓鱼，第三个形体像一手拉网捕鱼，第四个形体像上下两手拉网捕鱼，第五个形体像鱼被钓出水面。"渔"，《说文》"捕鱼也"，甲骨文字形皆是捕鱼图像的绘制，为合体象形字。正因为是绘制图像，所以可以任选图像成分，唯一标准是让人知道图像含义。"渔"字《说文》解释为会意字，那是对词符化后形体的解释，以甲骨文前四个形体例之，第五个形体虽然和后期形体构件一样，但在甲骨文时期无疑是合体象形。再如"执"，甲骨文有如下形体：

字形像一个人戴着手铐，双手在手铐之中，是逮捕罪犯图像的绘制，为合体象形，而《说文》解释为会意兼形声，《说文·幸部》："执，捕罪人也。从丮，从幸，幸亦声。"此字小篆形体如下：

小篆形体中表示人形与手铐的成分已经不再象形，且人手已然脱离了手铐，所以《说文》的解释并不为错。

在早期字形中，有些看似毫无疑问的形声字，实际上是由于图像绘制的情形不明而造成的，比如"祀"字，甲骨文形体如下：

从构件与结构看，与后期字形无别，《说文·示部》："祀，祭无已也。从示，巳声。禩，祀或从异。"那么甲骨文是否也是形声字呢？实际不然。古代祭祀祖先时，为了触发祭祀者的情感，会从晚辈中选择长得最像祖先的小儿，由大人举在头顶代替祖先充当祭祀对象，"祀"中的"巳"即表示这一小儿，传世文献中称作"尸"，《仪礼·士虞礼》："祝延尸。"郑玄注："尸，主也。孝子之祭不见亲之形象，心无所系，立尸而主意焉。"《礼记·曲礼》："孙可以为王父尸。"《仪礼·特牲礼》郑玄注："尸，所祭者之孙也。"徐中舒主编《甲骨文字典》对此有详细解释，"从示从㔾，㔾之初形当为𠙶，𠙶为祭祀时象征神主之小儿，亦即后世讹变之'尸'字，古代祭礼'祝迎尸'时为'立尸'，即举尸于成人头上，

🧍、🧍字即举子（尸）于人头表祭祀之义，乃最初之祀字，🧍又讹变为 🧍、🧍等形，或又省🧍形，只用 🧍 或 🧍 代🧍。"① "祀"之异体作"禩"，商代甲骨文和金文"異"有如下形体：

其形正像大人高举小儿形，"祀"只是简化形体。"巳"、"異"加"示"没有会意意蕴，只是增加了一个同类图像，就同甲骨文表移动的字形有时既有"彳"又有"止"一样，所以"祀"在早期为合体象形字。

在早期汉字形体结构分析中，是象形还是会意也易出现分歧。在早期汉字形体中，有些形体的构形有方向、位置的要求，象形性明显，如下列三字：

各	
役	
殷	

上述三字甲骨文形体多样，但构件的方向、位置很固定，"各"都是脚对入口，脚尖向内，表示来到。"役"形体中的手拿工具都是在人的背后，本义是役使。"殷"是敲击乐器，不论乐器在左还是在右，敲击工具都是向着乐器。可以想象，这些字形如果是会意，那么由于构件表示的是"谊（义）"，② 而不是物象，就不需要有位置、方向的规定。有位置、方向的要求，正说明这些形体是物象的描绘，为象形形体。以此类推，在早期汉字形体中，如"明"、"名"等构件间没有位置、方向要求的字形，也应是象形形体，只是事理物象上没有这种要求而已。所以，有方向、位置规定和无方向、位置规定是物象的差别，而非文字构形的差别，就构形来说，都是象形。汉字的象形构形方式能量无限，动作可以静态化，无形可以有形化。

---

① 徐中舒：《甲骨文字典》，四川辞书出版社 2006 年版，第 19 页。
② 《说文·叙》："会意者，比类合谊，以见指撝。"段玉裁注："先郑《周礼注》曰，今人用'义'，古人用'谊'。谊者本字，义者叚借字。"

早期汉字形体是图像的描绘，为象形形体，其实前辈学者早已有过说明，只是并未被重视，如姚孝遂先生说："无论是甲骨文也好，金文也好，就这些文字符号的来源来说，是客观事物的图像，是象形文字。"①又说"从甲骨文字的形体结构来看，毫无疑问，它是来源于客观事物的图像，有许多符号尽管已经线条化和简单化了，但人们还仍然可以看出它是从某一事物的图像发展而来的。"②

二　图像补充与音义参构

早期汉字多有一个字形的不同形体多构件、少构件的情况，如"御"字甲骨文有如下形体：

在形体结构分析中，一般会将增加构件的形体分析为增加形符，从而认定整个形体为形声字。事实上，早期汉字选取构形成分有一定随意性是常态，首先，我们很难区分构形成分多的形体在前，还是构形成分少的形体在前，因而也就无法确定是增加还是减少。从动态的角度看，更多的情况是根本没有增加和减少的关系，而是同时造就的不同形体。其次，即使是增加了构形成分，也不一定增加的就是形符或声符，就早期汉字而言，增加的更多是图像成分，所以必须区分图像补充与音义参构两种现象。图像补充是指表示物象的形体中增加表物象成分，以使物象显示更加明白易晓，它所形成的是合体象形形体。如甲骨文"莫"有下属形体：

《说文·茻部》："莫，日且冥也。从日在茻中。"上述前八个形体除"日"外，或为"屮"，或为"木"，或为"禾"，数量各不相同，绘制日落图像的迹象非常明显，都应是图像绘制形体。我们不能说三"屮"形体比两"屮"形体多了一"屮"、四"屮"四"木"形体比两"屮"两

---

① 姚孝遂：《古汉字的形体结构及其发展阶段》，《古文字研究》第四辑，中华书局1980年版，第15页。

② 同上书，第11页。

"木"形体多了两"屮"两"木",就成了形声字。后两个形体中的"隹"有可能是后增的,但"隹"是短尾鸟,鸟归巢也是日落景象之一,《说文·西部》:"西,鸟在巢上。象形。日在西方而鸟栖,故因以为东西之西。"所以"隹"是图像补充。再如"丧"、"韦"、"涉"三字,甲骨文分别有如下形体:

丧	
韦	
涉	

其中"丧"字各形体的"口"数量不同,"韦"字、"涉"字各形体的"止"数量不同,显然都是图像绘制或图像补充,不能认定为增加形符的形声形体。

甲骨文中有些字形最易被认定为形声形体,如"逆",小篆形体如下:

这是甲骨文形体的直接传承,《说文·辵部》:"逆,迎也。从辵,屰声。关东曰逆,关西曰迎。"那么甲骨文形体是否也是形声形体呢?"逆"甲骨文有如下形体:

第一个形体上部像一个由远而近走来的人,下部是脚尖对着来人的脚,代表迎接的人。第二个形体多了"彳",是道路的象形,表示来人行走在路上。第三个形体表示主人正在迎接路上走来的客人,是小篆形体的直接来源。我们认为,甲骨文此三个形体都是象形形体,增加的"彳"是图像补充。"彳"虽然在后代字形中为常见部首,但对比前举的"丧"字"口"和"韦"字"涉"字"止",具有同样性质,既然前者是图像补充,后者就不应认定为增加形符。

音义参构是指在原有形体上增加形符或声符,其形成的是形声形体。如"齿"、"丘"、"戈"三字:

字头	商代	战国
齿		
丘		
戈		

以上三字商代皆是象形形体，战国形体"齿"增加了"止"，"止"是以声符的身份参与构形。战国形体"丘"增加了"丌"，"丌"也是以声符的身份参与构形。战国形体"戈"增加了"金"，"金"是以义符的身份参与构形。

汉字形体是什么结构类型关键是看构件的身份，即构件功能，是以图像身份参与，还是以音义代表的身份参与，要确认这一点，仅据个体字符判断容易出现偏差，必须立足于字形系统发展的阶段性来把握。在汉字形体表物象阶段，凡不能以图像参构的构件才可认定为音符或义符，所以对字形系统阶段性的整体认识和把握至关重要。依据我们的研究结论，商代到西周是典型的图像绘制时期，春秋开始到战国中期为非典型性图像绘制时期，战国晚期开始到西汉为非典型性音义组合时期，东汉以后为典型的音义组合时期。[①]

三 形体词符化与字形结构的转换

"词符化"指字形由表示物象到表示词的音义的过渡过程。形体词符化的过程是形体象形性逐渐降低的过程，当构件形体象形性降低到不再能表示物象时，也就正式转化成了义符或声符，同时，此前的象形结构也会随之转换为会意或形声结构，如"望"字：

商代	西周早期	西周中期	西周晚期	春秋	小篆

---

① 王贵元：《汉字发展史的几个核心问题》，《中国语文》2013 年第 4 期。

商代金文字形像一人抬起脚跟远望形,为象形形体,上部以竖眼突出用眼。西周早期增加图像"月"表示远望的对象,到西周晚期以后人身与竖眼已断开,不再完全象形,小篆形体更是与原表示物象相去已远,故《说文》解释为"从月、从臣、从壬"的会意形体,即由象形结构转换成了会意结构。

词符化过程中字形结构的转换存在两种形式:原体转换和改体转换。原体转换指不改变构形成分,只是构形成分形体象形性降低和组合关系变化;改体转换指在构形成分形体象形性降低的同时,部分构形成分发生改变,组合关系也随之变化。原体转换如"企",甲骨文和小篆形体分别如下:

甲骨文形体像人抬起脚跟表示期盼,小篆形体脚形已不再象形,且已离开人脚位置,所以《说文》解释为形声字,《说文·人部》:"企,举踵也。从人,止声。"这是由象形结构转换成了形声结构。

再如"析":

商代	西周早期	西周中期	小篆

甲骨文形体像以斤破木形,构件无论左右,都是斤首紧对木,西周早期形体像以手持斤破木,西周中期形体"斤"已不太象形,小篆形体"斤"不再象形,"斤"与"木"之间也失去了象形关系,所以《说文》以会意解之,《说文·木部》:"析,破木也。一曰折也。从木,从斤。"这是由象形结构转换成了会意结构。

又如"毓":

商代	西周	小篆

"毓"为"育"字异体,《说文·厶部》:"育,养子使作善也。从厶,肉声。《虞书》曰:'教育子。'毓,育或从每。"此字商代、西周形

体皆像母生子形，倒子位于"母"的后下部，倒子周围有羊水。小篆形体已失去象形痕迹，字形由象形转化成了会意，段玉裁注："每，艸盛也，养之则盛矣。"

再如"得"：

商代	西周	春秋	小篆

甲骨文形体很多，但都是手心对着贝，表示得到，有的形体有"彳"，表示在行走中获得，而不是原有，为象形形体。小篆形体已符号化，故《说文》释为形声结构，《说文·彳部》："得，行有所得也。从彳，䙷声。"①

改体转换如"皇"：

商代	西周	春秋	战国	小篆

"皇"字形体本像羽毛冠置于冠座之形，为象形形体。春秋时期冠座部分有两横形体也有三横形体，但三横形体中竖仍上通，战国时期形体中竖不上通，冠座变成了"王"字，小篆形体更是冠形也演化成了"自"，故《说文》以会意释之。

又如"若"：

商代	西周	春秋	战国	小篆

甲骨文形体一般认为是双手梳理头发，为象形形体。后增"口"，战国形体梳理头发之人形已改造为"艸"和"又"，小篆已成会意形体，《说文·艸部》："若，择菜也。从艸、右。右，手也。"

---

① 古文字"又"与"寸"常不分，"寸"即"又"。

再如"牢":

商代	西周	战国
(字形)	(字形)	(字形)

商代、西周形体皆像牛在围栏中，为象形形体。战国形体上部所从与"宀"同形，牛栏已变为"宀"。牢字即由象形形体转化为从"宀"从"牛"的会意形体。

再如"鼎"：

商代	西周	战国
(字形)	(字形)	(字形)

商代、西周形体为独体象形形体，战国时期随着词符化发展，将原形体中鼎的腿部象形成分改造成了"皿"，"皿"应当是一个类化构件，意在表明鼎属器皿一类，符合形符的功能特征，所以这个新形应解释为从皿、鼎省声的形声结构。

由前举众例可以发现，构形成分不发生改变的皆是常见构件，而构形成分发生改变的都是构字能量低，一般只出现在一个字形上的成分，这说明这种形变并非讹误，而是系统作用下的有意改造，因为就一个系统来说，只因一个字而多出一个构形成分是不经济科学的，正因为如此，构件的改造遵循的是类化的方式，即把不常见构形成分改造成形体近似的常见构件。

原体转换是词符化过程中字形结构转换的主要形式，改体转换的形体并不多见。

汉字形体词符化是汉字构形系统古今发展的全方位转换方式，词符化既是对旧系统的改造过程，也是新系统的建立过程。汉字词符化的途径主要有四种：一是在构件不变的前提下，使象形构件转化为义符或声符，如前举的"企"、"析"、"毓"等；二是以类化方式改造构件，使象形构件变为义符或声符，如前举的"皇"、"若"、"牢"等；三是增加义符或声符；四是用新的会意或形声字替代旧有的象形形体。无论词符化的哪种途径形成的形体都会使字形结构发生变化。而变化后的字形结构即须给以新的界定，也就是进行重新解释。

四　字形结构的重新解释

字形结构的重新解释是指由词符化导致的汉字结构发生转换后，人们对新结构的分析和认定。汉字结构的重新解释早在春秋时期即已开始，《左传》的"止戈为武"即是字形结构的重新解释，因为一般认为甲骨文的"武"像人持戈征伐之形。"武"字甲骨文和春秋金文形体如下：

甲骨文形体下部为脚的象形，表示行走之人，春秋金文脚形已不太象形，同时可能"止"已发展为主要表示停止义，故《左传》解释为停止战争。对汉字结构进行大规模重新解释的是东汉许慎的《说文解字》。

由汉字形体词符化形成的字形结构的转换，是汉字形体的自然发展现象。形体词符化之后，人们对新形体结构的解释和认定，本来只是顺应字形本身发展现实的作为，但实际上情况要复杂得多，因为伴随着形体词符化进程，汉字构形系统会发生一系列变化，主要有如下数端：一是构件形体构意的丧失。随着形体象形性的消失，部分构件的功能也随之失去了依托；二是构件表义功能发展变化。构件在独用时的字义会有发展，它的常用功能会影响到其作为构件时的构意分析；三是形声化发展趋势。前面说过，字形词符化是汉字形体由表示物象到表示词的音义的转化过程，目的是变形体间接表示词的音义为直接表示词的音义，而形声构形方式既表义又表音，是达到目的的最佳方式，所以形声构形方式成为汉字形体结构发展的主要方式。这一发展趋势造成了汉字构形发展的三个重要特征：首先，形体认知焦点上升。篆体时期字形一点一画皆是物象的反映，也就是每个部分都是认知的焦点，具有同样的地位。而形体词符化以构建词的音义为目标，因此其形体认知焦点除整字形体外，只有直接组建词的音义的构形成分成为焦点，形成形符、声符二元组合为常态的结构类型，使直接构形成分由多级向二级发展，并使直接构件的内部构成趋于模糊。其次，直接构件左右或上下组合最能明确表示二元组合结构，故字形组合结构多向上下或左右发展。最后，由于原本处于平面组合的各构件组合为二元构件，使形体结构的层次由单层向多层发展。

在上述因素的共同作用下，传统的字形结构的重新解释采取的是形声推定的原则，即在符合一定语音条件的前提下优先解释为形声结构，如"降"与"陟"：

字头	商代	西周	春秋	小篆
降				
陟				

商代形体"降"像两脚趾向下的脚缘梯下降，"陟"像两脚趾向上的脚缘梯上升，皆为象形形体。西周、春秋时形体未大变，小篆形体两脚已符号化，并组合为一个直接构件，分别与"阜"形成二元组合，同时字形由原来的单层组合发展为多层组合：

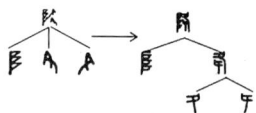

两字原初构意相同，发展脉络也同，形体象形性降低后，本应皆转为会意结构，但"降"字《说文》解释为形声形体，《说文·阜部》："降，下也。从阜，夅声。"而"陟"字《说文》解释为会意结构，《说文·阜部》："陟，登也。从阜，从步。"

有时无法以原形直接解释，则以省声解释，如"监"：

商代	西周早期	西周中期	西周晚期	春秋	小篆

商代字形像一个人低头在盆水中照镜子，头部用竖眼突出用眼观察，西周中期后字形词符化，人身与眼睛断开，且人身上移使整个字形变为上下结构字形，《说文》解释为省体形声字，《卧部》："监，临下也。从卧，䘓省声。"这其实是一种不得已的做法，因为形体已不再象形，无法以原构意解释，新的构件又无法以会意、形声解之，只好参照汉字形体中确实存在的省体形声字模式，解释为省体形声。这是认可汉字构件都具构意原则下的作为。汉字形体词符化后，象形成分绝大多数可顺应转为表义或表

音构件，整个汉字体系仍是构词形体体系，总体说字形构件仍具功能，但也有少部分形体演变为纯粹的符号，《说文》也是承认这种现象的，如《说文·弟部》："弟，韦束之次弟也。从古文之象。""从古文之象"即是说小篆形体已符号化，只大致同于古文。"監"字不同在于小篆形体中"卧"和"血"都是成字构件。

词符化导致的转换而成的形声结构与严格选取声符构造的形声结构相比，其声符的准确表音必然难以保证，这也是造成形声字声符不能完全表音的重要原因。

应当说《说文》对词符化后字形结构的重新解释有失准的地方，但基本是合适的。当然，如果对照转换前后的字形进行解释相信会更加合理。但是，完全以商周字形为标准评价《说文》的字形解说，是混淆了汉字形体结构的阶段性差异。

五　汉字名称从"文"到"字"的本质

《说文·叙》："仓颉之初作书，盖依类象形，故谓之文。其后形声相益，即谓之字。文者，物象之本；字者，言孳乳而浸多也。"段玉裁注："形声相益谓形声、会意二者也。有形则有声，声与形相轫为形声，形与形相轫为会意。"王筠《说文解字句读》："象形、指事皆文也，会意、形声皆字也。许君各举一端以见例。""形声相益"表明了"字"的合体、组合并非指合体象形，而是指会意、形声组合。"其后形声相益"则表明会意、形声组合是在象形之后产生的，"文"是物象的描绘，"字"是词的音义的构建，所以从"文"到"字"实质上是字形表物象到表词的音义转换本质的反映。

以"字"表示汉字传世文献最早见于《商君书》，《商君书·定分》："有敢定法令，损益一字以上，罪死不赦。"但《商君书》的著作年代有争议。秦琅琊刻石有"同书文字"，最近公布的里耶秦简九九表中有用"字"的文句，《里耶秦简》木牍一正：①

---

① 湖南省文物考古研究所：《里耶秦简》（壹），文物出版社2012年版。

［九九］八十一，［八九］七十二，七九六十三，六九五十四，五九卌五，四九卅六，三九廿七，二九十八。八八六十四，七八五十六，六八卌八，五八卌，四八卅二，三八廿四，二八十六。七七卌九，六七卌二，五七卅五，四七廿八，三七廿一，二七十四。六六卅六，五六卅，四六廿四，三六十八，二六十二。五五廿五，四五廿，三五十五，二五而十。四四十六，三四十二，二四而八。三三而九，二三而六，二二而四，一一而二，二半而一。凡千一百一十三字。

　　"凡千一百一十三字"为表中各句得数之和，其中的"字"，有人认为是衍文，有人认为是算筹单位，皆不确。此数字总和的标出，与出土文献每于篇末表明字数性质相同，这一"字"没有别义，就是文字的字，因为数字符号也是字，这也许就是"数字"一词的由来，所以这也是文字用"字"表示的例证之一。结合秦琅琊刻石，可以确认秦代已经使用"字"表示汉字。"字"的本义是生子，《说文·子部》："字，乳也。"段玉裁注："人及鸟生子曰乳。"《山海经·中山经》："其上有木焉，名曰黄棘，黄华而员叶，其实如兰，服之不字。""字"即生子。字形两个构件相合而产生一个新字，如同雌雄相合而生子，故以"字"来表示合体字。由此可见，用"字"来表示文字，应该是合体字大量产生，字形结构由象形转为会意、形声组合之后产生的名称。从观念的生成到名称的产生应还有一段距离，所以会意、形声的大量形成应在秦前的东周时期，这与我们依据字形的象形性判断春秋时期汉字形体进入亚象形阶段的结论相吻合。

　　与此相关的还有一个问题即"六书"理论的产生，"六书"的具体名称汉代有《汉书·艺文志》、《周礼》郑玄注和《说文叙》三家说法，三家的名称与次序皆不相同，说明在汉代，六书理论尚未完全定型。"六书"一名始见于《周礼》，《周礼》一书的成书年代，有西周、春秋、战国和西汉诸说，其中西周说是过去的说法，战国说影响最大，著名史学家郭沫若、顾颉刚、范文澜、杨向奎等均主此说。战国时期已进入形体亚象形阶段的后期，隶变已经产生，字形中会意、形声结构也已转换生成，所以，六书理论的产生与我们前述论点也是相吻合的。

六　小结

通过前述分析，本文提出以下观点：

1. 汉字形体结构经历了由象形形体向会意、形声形体大规模转换的发展历程。占后代汉字字形结构主体的会意与形声很多并不是一开始就是会意和形声，它们是在汉字字形由表示物象转化为表示词的音义的过程中，构件形体由象形变为词的音义符号后，由象形结构转化而成的。由于这种转换是汉字古文字系统到今文字系统发展过程中在字形结构上的体现，所以是体系性的变化，几乎涉及所有字形。此前学界公认的形声字的三个形成途径：增加形符、增加声符和形声组合，实际上并不是形声字的主要形成途径，形声字的主体来源于合体象形，是合体象形形体的构件与结构词符化之后，经字形结构的重新解释而形成的。

2. 字形表示物象时期，汉字形体的构造方式主要是图像绘制，而字形直接表示词的音义时期，汉字形体的构造方式是音义组合，图像绘制是早期汉字的构形方式，音义组合是后期汉字的构形方式。春秋时期汉字形体进入亚象形阶段，从此便开始了音义组合的新的构形进程。

3. 以前我们把形声字声符不能准确表音归结为两个原因，即形声字造字时无法完全选取同音声符和古今语音演变，现在看来，字形结构的古今转换及其重新解释也是重要的形成原因。

4. 汉字形体词符化导致的字形结构的转换，是汉字发展的自然现象，转换后的形体结构必须重新分析，因此，虽然《说文》对字形的解释有失误之处，但完全以商周字形为标准评价《说文》的字形解说，是混淆了汉字形体结构的阶段性差异。

5. "字"和"六书"是汉字构形结构由象形大量转化为会意、形声之后产生的名称和术语。"文"是早期汉字的名称，"字"是后期汉字的名称，两个名称都是从汉字构形的角度定名的。

（原载《语文研究》2014年第1期）

汉字形体演化的动因与机制

一 古今汉字演进的本质——从物象到词的音义

隶书是汉字形体演化的重大转折点，也是古、今汉字的区别点，这已成为学界的基本共识。但是接下来的两个相互联系的重要问题，即汉字形体演进的本质性因素和演变的内在主因，我们认为仍没有认识清楚。商代的甲骨文和金文，是现在所知最早的成系统的汉字，但一般认为它不是成熟的文字体系。就能够完整记录语言而言，甲骨文无疑是成熟的，说甲骨文不成熟实际上指的仅是其构形系统，如同一个字形、同一个构件有多种不同写法等。显然，当我们说甲骨文构形系统不成熟的时候，是以后代汉字构形系统的成熟标志为标准下的结论。这是造成甲骨文记词功能成熟和构形系统不成熟矛盾说法的根本原因。如果我们站在甲骨文时代的角度、站在甲骨文系统本身的角度看，甲骨文自有一套自己的成熟系统，这套系统既能完善地记录语言，又有自己成熟的体系，两个成熟是相应的，不应该人为割裂。那么甲骨文构形系统的成熟与后代汉字构形系统的成熟最大区别在哪里？我们认为，在于构形依据的对象，甲骨文构形依据的对象是物象，而后代汉字构形依据的对象是词的音义。古今汉字演进的本质，或者说古今汉字演变的决定性因素，是字形由表示物象到表示词的音义的转换。物象之于词的音义具有有形与无形、具体与抽象的重大差异，这是推动汉字构形由象形到非象形、由众多图像符号到单一抽象字符发展的根本原因。甲骨文字形基本上是物象的反映，反映物象是其唯一的要求。由于物象是具体的、有形的，而非抽象的、无形的，决定了字形的象形性和非单一性。同样是反映山水意象，各个画家笔下的山水画面貌不尽相同，早期字形亦同此理。甲骨文构字成分的绘形及单字整体的构形，因为面对的是有形的客观事物和现象，要形象地描绘它们，使人们观形识物，所以表示同一事物或现象的形体便会各式各样，只要能看出是什么事物，逼真勾勒，随意而定，如甲骨文表示人的形体，或有头或无头，或有脚或无脚，或跪或站，或正面或侧面，不一而足。同是表示与动态有关的意象，或选"止"，或选"彳"，或选"行"，或"彳"、"止"同用等。物象的画面性和饱满完整性与字形的线条性和择要性是造成同一物象多种字形的根本原因，所以，是字形表现的对象决定着构形系统的面貌。字形以物象为表现对象的时代，其构形系统必然呈现象形和一物多形之态，也就是说，象形和一物多形的构形系统状态就是其成熟的状态。而当字形表现的对象由物象转换为词的音义之后，由于词的音义是无形的、抽象的、概括的，相应的，也要求字形抽象化、概括化，汉字形体由此走上了去象形化和同一音义、同一音符、同一义符只选用一个字符的道路，当此之时，汉字构形系统成熟的标准已然发生了变化，象形和一物多形等原来合理成熟的系统状态变成了系统不成熟的表现。

总之，汉字形体演化的历史总体上可以以战国中后期隶书产生为标志，划分为两大有本质区别的阶段。隶书产生以前，汉字构形依据的对象是物象，字形是物象的映射，故其形体以象形、一物多形为根本，具体创制法是"画"。战国中后期隶书产生，其根本原因是汉字构形依据的对象由物象转成了词的音义。这一转换恰似釜底抽薪，否定了汉字形体象形和一物多形等现象的存在价值，在快速书写等实际需要的推动下，汉字的具体写法由"画"变成了"写"。

二　商代字形基本是物象的反映

商代字形是物象的反映突出表现在以下几个方面。

（一）独体字和构件形体不固定

字头	商代甲骨文
酉	
鬼	

字头	商代甲骨文
祀	
福	
祝	
祐	

"鬼"字字形下部或从坐人、或从女、或从侧人。"祀""福""祝""祐"四字所从"示"作为构件形体不同。

（二）独体字和构件形体基本为象形

字头	商代甲骨文
车	
宿	

"车"字象车形。"宿"字之构件由人、席子、房子组成，皆象形。

（三）单字构件及数量不固定

字头	商代甲骨文
渔	
御	

"渔"字或从"水"、从"鱼"，或从"鱼"加钓鱼绳，或从"鱼"、从钓鱼绳、从"又（手）"，或从"鱼"、从鱼网、从"又"，或从"鱼"、从鱼网、从二"又"。"御"字或从"彳"、从"止"、从"攴"、从缰绳，或从缰绳、从御者、从"彳"，或从缰绳、从御者。

（四）字形构件位置和方向决定于物象

字头	商代甲骨文
得	[甲骨文字形]
祝	[甲骨文字形]
役	[甲骨文字形]
出	[甲骨文字形]
各	[甲骨文字形]

"得"字形体全部是手心向着"贝"。"祝"字形体全部是人面向"示"。"役"字全部是"殳"对着人后。"出"字全部是脚跟对着出口。"各"字全部是脚尖对着出口。

（五）字形结构基本为象形

字头	商代字形
監	[字形]
執	[字形]
飮（飲）	[字形]

"監"字象一人低头于盆水照镜之形。"執"字象犯人戴手铐之形。"飮"字象人低头于酒坛中饮酒之形。

三 事物、词、字关系之早期形态与本应形态

通过对商代文字构形的分析，可以发现早期汉字是字形直接表示事物，而间接表示词的音义，其形态如下图：

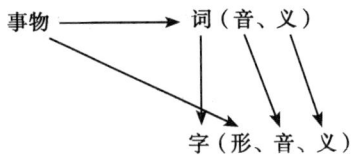

我们知道，文字是记录语言的符号，古汉语一般符合一字即一词的规律，也就是说字形理应或表示词音，或表示词义，或音义兼表，其本应形态如下图：

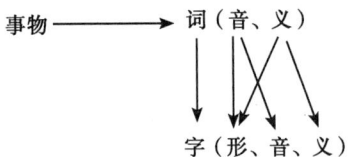

四　早期形态形成的原因

事物、词、字关系之早期形态形成的主要原因，是因为汉语初始的书写符号，大多仅是借用而非新创，即借用早已存在的图画作为自己的书写符号，所以，可以说原始汉字形体的产生早于作为汉语的书写符号的产生。图画用象形表示事物，汉语用词表示事物，二者指向相同，但存在有形和无形之别，汉语要化为有形，能够记录下来，须有自己的记录符号，而图画正可担当此任。而且更为重要的是，在有文字之前的恒久年代，图画是人类抒发感情、书面交流的重要工具，因此形成了人类看图识意的习惯，且对象形符号与事物关系异常熟悉。所以借用象形符号标示语言确是当时有效简便、易于接受和推行的手段。

新石器时代陶器装饰符号	商代甲骨文金文
🏺	🔣
🏺	🔣
🏺	🔣

汉语借用原有的图画作为自己的书写符号，并延此方式创造新的书写符号，形成了事物、词、字关系的原始形态，也奠定了汉字以形表意的本质属性，且延续至今。

五 早期形态演化的动因

如上所述，借用象形符号作为汉语符号，是在强大的历史和习惯的惯性作用下形成的，虽在初期有简便易行的好处，但也隐含了本质性的乖误，那就是违反了文字是语言符号、汉字是汉语的词的符号的本应状态，这为事物、词、字关系的早期形态，或者说字形的直接表示事物之形态的改变奠定了必要基础。所以字形由表示物象到表示词的音义是字形发展的内在动因，同时也决定了汉字字形发展的基本方向，如字形象形性的消失、字符由多体变为单一，以及形声字成为字形主体等。

六 早期形态演化的机制

（一）第一阶段

1. 构件的定形与定量

汉字形体早期形态的发展演变主要是从定形、定量开始的。定形是指同物象形体单一化、固定化。它是通过同化来完成的。同化是指没有区别意义的同物象形体归整为一个形体。如"子"字：

商代甲骨文	〔字形〕①

① 商代字形的统计依据陈婷珠《殷商甲骨文字形系统再研究》（博士学位论文，华东师范大学中国文字研究与应用中心，2008）、龚小虎《商代金文字形表与构形研究》（硕士学位论文，中国人民大学文学院，2009）。

西周金文	①
春秋金文	②
小篆	

定量是指单字形体构件及其数量固定化。它是通过类化来完成的。类化是指同一单字形体选用什么构件和选用多少构件的类一化。如"莫（暮）"字：

商代甲骨文	
西周金文	
春秋金文	
小篆	

商代甲骨文"莫（暮）"字或从四"屮"一"日"，或从四"屮"二"日"，或从四"屮"一"日"一"隹"，或从四"屮"一"日"，或从二"屮"一"日"，或从四"木"一"日"一"隹"，或从三"屮"一"日"，或从二"禾"一"日"，或从二"屮"一"日"，不仅构件有不同，构件数量亦有不同。至西周金文，已只有从四"屮"一"日"和从二"屮"一"日"两形。到春秋金文则已只有从四"屮"一"日"一形。

2. 构件的定位与定向

定位是指构件在被构字中上下左右等位置的固定。定向是指构件在被

---

① 西周金文字形统计依据陶曲勇《西周金文构形研究》（博士学位论文，中国人民大学文学院，2009）所附《西周金文分期字形全表》，本表收录了2005年（含2005年）以前的所有西周金文字形。下同。

② 春秋金文字形统计依据杨秀恩《春秋金文字形全表及构形研究》（博士学位论文，中国人民大学文学院，在读），本字形表收录了2005年（含2005年）以前的所有春秋金文字形。

构字中方向的固定。如"降"字：

商代甲骨文	
西周金文	

商代甲骨文"降"字或左"阜"右二倒"止"，或左二倒"止"右"阜"，而二倒"止"的方向或一左一右，或左右相同。至西周金文，则只有左"阜"右二倒"止"一形，且二倒"止"为一左一右。再如"洹"字：

商代甲骨文	
西周金文	

商代甲骨文"洹"字构件"水"与"亘"位置不定，"亘"的方向或左或右。

构件定形、定量、定位、定向的过程，就是字形逐渐脱离物象而向表示词的音义过渡的过程，因为字形的这一演化过程，本质上是字形概括化、抽象化的过程，而这正是词义区别于物象的特征。同化是基础构形元素定形的过程，类化则与同化相配合，促使基础构形元素向定量发展。

在构件同化、类化、定形、定量的过程中，会使单字结构发生变化，即由原来的平面组合发展为层次组合，象形结构发展为会义、音义结构。

阶段 \ 例字	监	执	饮（歓）
商代文字			
西周晚期文字			

（二）第二阶段

1. 从物象绘制到音义参构

物象绘制是指以物象为反映对象，或以单体或以多体组合的方式绘制字形。这是汉字早期字形体系的基本特点。以物象绘制形成的字形基本为平面组合，即单字的组成成分都处在同一平面，如"众"字，其组成成分三个"人"是一次性组合，如下图：

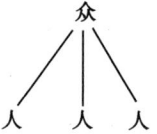

音义参构是指构件以表示词的音或义的身份参与构字，如果构件形体本身是合体，它所形成的就是层次组合。层次组合指单字的组成成分的组合有先后次第，可以分出不同层次，如"骑"字：

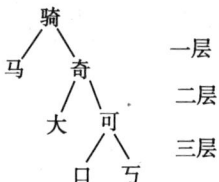

由以上字例可以看出，所谓层次组合实际上是对合体字静态观察得出的结论，而不是最终字形组形的整个过程，也就是说，字形的各层次组合不是一次性完成的，而是用已有的合体字作为构件参构新字形形成的形体现象。

以物象为表现对象的字形，其组成成分基本是独体，因为组成成分代表的往往是单一物象，因此，以物象为表现对象的合体字形也基本是平面组合的字形。而用合体字作为构件参构新字形时，合体构件已不是物象的代表，而是词的音义的符号，所以，层次组合字形的形成，表明的是汉字构形系统已不再创制新的象形符号增加新字形，而是以现有的字形，特别是合体字形为构件，通过重重组合的方式产生新字形。

现在的问题是，早期字形中有些字形是会形合成（合体象形字），还是会义合成（会意字），抑或是音义合成（形声字），学界往往认识不一，这是造成甲骨文、金文等字系象形字、会意字、形声字统计数据严重不一，迄今无有定论的重要原因。如"莫（暮）"字，甲骨文有如下三形：

莫（暮）a	莫（暮）b	莫（暮）c
¤	¤	¤

  b形比a形多了二"木"，c形又比b形多了一"隹"，那么，b形、c形是合体象形，还是会意或形声？我们认为，个体字形归类的判断，必须观照汉字形体发展的阶段性历史，必须在对阶段性字形系统整体正确认识的基础上进行，同一字形，在后代或许是会意或形声，而在前代却是合体象形，因为这期间有构件形体及结构的转换过程（详下）。甲骨文"莫（暮）"字形体中，或二"木"，或三"木"，或四"木"，随意而为，也很难区分谁先谁后，所以上图b形中的二"木"，当然也是物象的表示，b形为合体象形，而非会意、形声。上图c形中增加了"隹"，"象鸟归林以会日暮之意"，①只是增加了一个物象，c形仍是合体象形。这一字形一般甲骨文著述当作形声字，对此问题，姚孝遂先生有过质疑："有一些文字形体在今天看起来可以认为是形声结构，但实际上并非如此，例如，甲骨文'俘'字作'￥'，或'￥'，本来是典型的会意结构，而有的异体作'￥'，似乎可以理解为从彳孚声的形声结构。然而人们不禁要问：与俘获之义有着更为直接关系的'￥'不是形符，而与俘获之义并无任何直接关系的'彳'反而成为形符，亦即意符，这如何能说得通呢？"②姚先生质疑的现象实际是以后代字形结构律观前代字形、含混字形系统阶段性特征而造成的。所以在字形分析中，必须区分"图像补充"和"音义参构"这两种现象。图像补充是指象形组合中增加新的图像，上述"莫（暮）"字形体多出的二"木"和"隹"都只是图像的补充，其形体自然仍是合体象形，而非形声。甲骨文中类似的字形还有"奠"、"启"、"逆"、"牧"、"遘"等：

---

  ① 徐中舒：《甲骨文字典》，四川辞书出版社1993年版，第61页。
  ② 姚孝遂：《甲骨文形体结构分析》，《古文字研究》第二十辑，中华书局1999年版，第271页。

字头	甲骨文字形			
奠	(字形)	(字形)		
启	(字形)	(字形)	(字形)	
逆	(字形)	(字形)	(字形)	(字形)
牧	(字形)	(字形)	(字形)	(字形)
遘	(字形)	(字形)	(字形)	(字形)

"奠"字加"阜",表示上升之物,与甲骨文"陟"所从同意。"启"增"口"表出入之口、增"彳"表动态行为。"逆""牧""遘"或增"止",或增"彳",或"止""彳"并增,其中,"止"或表人,或表动态行为,"彳"表动态行为,皆是图像补充。至于这些字形发展到后代,象形性消失,部分构件形成固定的部首后,那就另当别论了。

音义参构已如上述,是指构件不是以图像,而是以表示词的音或义的身份参与构字,如"釐"和"壶":

例字 阶段	釐	壶
商代甲骨文	(字形)	(字形)
西周金文	(字形)	(字形)

釐,《说文·里部》:"家福也。"甲骨文从麦从攴,像敲打麦穗收获粮食,到西周金文是增加了"里",为表词音构件。甲骨文"壶"为象形,到西周金文增加"金",为表词义类别构件。

从物象绘制到音义参构的发展,表明的是汉字构形系统不再以象形的方式产生新字,而是以原有的基础构件及由基础构件组成的合体字形为构字成分,来构造新的字形。当这一新的造字方式(也包括字形结构不变而象形性降低)发展到足以引起人们重视时,用"字"来称谓汉字才得以产生,《说文·叙》:"仓颉之初作书,盖依类象形,故谓之文。其后形声相益,即谓之字。"就现知文献看,秦泰山刻石和里耶秦简已用"字"

表示汉字,其意识明确应该在战国时期。

2. 从象形组合(含象形独体)到会义、音义组合

从象形组合发展到到会义、音义组合主要有两种途径,一是由构件及结构的象形性淡化而形成,如"丞"和"逆":

阶段 \ 例字	丞	逆
商代甲骨文	(图)	(图)
小篆	(图)	(图)

甲骨文"丞"字象双手拯人于陷阱中,为象形组合结构,到小篆时已象形淡化,《说文》解释为"从廾,从卩,从山。山高,奉承之义"。① 甲骨文"逆"字"彳"、"止"为独立表形的构件,到小篆时"彳"、"止"已合体成为表义部首,《说文·辵部》定为"从辵屰声"的形声字。

二是由音义参构而形成,如"蜀""裘""禽":

阶段 \ 例字	蜀	裘	禽
商代甲骨文	(图)	(图)	(图)
西周金文	(图)	(图)	(图)

"蜀"字,甲骨文象大头虫,西周金文增"虫",无法认定为图形补充,只能是表示词义类别的构件。"裘"字,甲骨文象毛在外皮衣形,西周金文增"又",为声符。"禽"字,甲骨文象捕兽具,西周金文增"今",为声符。

(三)第三阶段

1. 由象形、亚象形到音义符号

汉字组合结构基本发展为会义和音义组合之后,构件形体的象形性

---

① 王贵元:《说文解字校笺》,学林出版社2002年版,第109、661页。

本质上已失去了存在的价值，因为这时的形体表示的是音和义，而不是物象。这是汉字形体由象形到音义符号、由"篆（描画）"变为"写（笔划化）"的内在决定性原因。如"女"、"日"二字形体，商代金文为生动形象的象形符号，从西周金文到小篆，其形体虽仍是象形的体式，但与物形已相差很远，已成为亚象形符号，隶书之后就成为音义符号了。

阶段＼例字	女	日
商代金文		
西周晚期金文		
春秋金文		
小篆		

《说文·叙》："是时，秦烧灭经书，涤除旧典，大发隶卒，兴役戍，官狱职务繁。初有隶书，以趣约易，而古文由此绝矣。"[①] 《汉书·艺文志》："是时始建隶书矣，起于官狱多事，苟趋省易，施之于徒隶也。"[②] 我们认为，隶书的产生，其内在原因是字形由表示物象发展为表示词的音义，而上述汉时之说法，仅是外因而已。

2. 由象物理据到会义、音义结构理据

今隶的形成是汉字在形体由表示物象向表示词的音义发展的内在规律作用下，形体彻底摆脱象形的标志。由象形符号向音义符号的转化过程，由于是自然演进，体现出从象形到亚象形再到音义符号的渐进特征。汉字的构形理据指汉字构形的因由。当汉字形体由象形转化为音义符号后，其形体失去的仅是象形这一层外衣，但是汉字仍然存在理据，那就是结构，也就是构件间的关系。

[①] 王贵元：《说文解字校笺》，学林出版社2002年版，第109、661页。
[②] 王先谦：《汉书补注》（上册），中华书局1983年影印本，第878页。

例字 \ 理据	象形组合	会义组合
休	(图)	休
牢	(图)	牢

（原载《语文研究》2010年第3期）

汉字笔画系统形成的过程与机制

汉字笔画系统是由笔画种类和笔画组合关系构成的整体。笔画种类包括横画、竖画、撇画、捺画等。笔画组合关系包括不同笔画的组合和相同笔画量差的配合。量差配合如"力"与"刀"、"未"与"末"、"矢"与"失"、"午"与"牛"等。

一 笔画系统的性质

（一）焦点上升与笔画系统的定性

依据传统的构形分析，古文字构形系统一般分两级，即整字（或称单字）和构件。今文字构形系统则分三级，即整字、构件和笔画。见表1。

表1　　　　　　　　　传统的古今汉字构形层级

	古文字	今文字
构形层级	整字	整字
	构件	构件
		笔画

但对比分析，古文字构形系统中，也有与笔画相对应的层级成分，因为绝大多数篆体字形不可能是一笔完成的，也有分笔完成的过程。如西周金文的"元"，作 ![元] （元年师兑簋），显然由四笔构成。古文字的这一层级成分主要由点（或块）和线构成，可以用"点线"称之。如表2所示。

表 2　　　　　　　　　古今汉字构形成分对比

构形层级	古文字	今文字
	整字	整字
	构件	构件
	点线	笔画

古今文字形体上的重大区别是：古文字构形依据的是物象，字形是物象的反映；今文字构形依据的是词的音义。① 古文字中整字和构件反映的皆是物象整体，只是有大整体和小整体的区别而已，而点线反映的是物象局部，如甲骨文"祝"，作 𧘇，整字反映的是张大嘴的人（表示祷告）面对祭祀对象进行祷告，左旁构件"示"表示祭祀对象，右旁构件表示祷告的人，而组成构件的点线只反映祭祀对象和祷告者的局部。所以古文字构形层级及其功能如表 3 所示。

表 3　　　　　　　　　古文字构形层级及其功能

构形层级	功　　能	
整字	物象整体	物象
构件		
点线	物象局部	

可以看出，古文字的三级构形成分都是物象的反映，也就是说都是字形功能识别的焦点，其重要性没有差别。古文字的一点一线皆有意图，是物象局部的表现手段，它受制于物象而没有自主性、独立性，如果独立出来便不知所云，所以我们分析古文字构形时不把它作为一级构形成分是有道理的。

今文字构形层级与功能关系如表 4 所示。

表 4　　　　　　　　　今文字构形层级及其功能

构形层级	功　　能
整字	音义
构件	
笔画	无

---

① 王贵元：《汉字形体演化的动因与机制》，《语文研究》2010 年第 3 期。

相比古文字，今文字整字和构件的功能发生了转换，即由物象转换成了音义。当然同是音义，整字的音义是所表示的词的音义，而构件的音义是构成整字音义的构造成分，通常只是单项的构义或构音。因为无论词的音义还是构音、构义都是概括的、抽象的，所以形体上没有了制约，在书写快捷目的的作用下开始变篆为隶，产生了笔画。笔画层级既无表词功能，也无构义、构音功能，与古文字一点一线皆表示物象不同，笔画与字形表现对象脱离了直接关系。所以说今文字字形功能的认知焦点已上升为整字和构件，而笔画只成了书写成分。

（二）汉字构形成分的类型

前面说过，古文字的点线是物象的描绘，没有自主性、独立性，而笔画由于没有了支配者，它便可以自我规划，由简单种类相互组合形成上一级构形成分的简约系统。从隶变后汉字形体发展看，字形一直在有意地进行笔画种类的整合。如横画就是对多种不同篆体成分的整合，下面以西周金文与东汉石刻为例对比，见表5。

表5　　　　西周金文与东汉石刻同部位构形成分比较

字头	西周金文	东汉石刻
士	（士上卣）	（太尉杨震碑）
天	（大盂鼎）	（礼器碑）
走	（元年师兑簋）	（桐柏淮源庙碑）
正	（邢侯方彝）	（太尉杨震碑）
左	（虢季子白盘）	（仓颉庙碑）
寺	（䣙季故公簋）	（杨著碑）
世	（多友鼎）	（史晨后碑）
谷	（格伯簋）	（石门颂）

综合以上分析，古今汉字的构形成分大致可以分为三类：一是表形成分，主要指篆体时期的表物象的形体成分；二是表音义成分，主要指今文

字阶段的整字及直接构件；三是书写成分，指今文字阶段的笔画层级。所以笔画系统的性质是书写系统。

二 笔画系统的形成过程

笔画系统的形成过程应该是分段研究各时期汉字的笔画形态和数量，即对各阶段的定量字形进行穷尽性的笔画拆分和归纳，然后比较前后段的变化和发展情况，全面总结出笔画形成的详细过程。本文只是以现代汉字笔画为对照标准，依据其生成阶段来分期。共分发源期、形成期和完善期三期，三期的形体标志及起讫时间如表6所示。

表6　　　　　　　　　　笔画生成阶段及其特征

分期	标志	时间
发源期	篆体分解	战国晚期至西汉末
形成期	篆体成分消失、基本笔画形成。有横、竖、点、撇、捺、折六种笔画	东汉至魏晋
完善期	笔画定量定形。提画和钩画形成。点画范围扩展，短竖或短横变为点画	南北朝及以后

发源期起于隶变产生的战国晚期，讫于西汉末年。字形上主要体现为篆体变直、变方、分断等。西汉马王堆帛书属于这一阶段字体，其例如表7所示。

表7　　　　　　　　　　发源期字形特征

字头	小篆	马王堆帛书
寺		
天		
律		
命		
得		
兵		

续表

字头	小篆	马王堆帛书
奉		
往		

形成期起于东汉，讫于魏晋。字形上横、竖、点、撇、捺、折六种笔画已经形成。东汉碑刻六种笔画字例，见表8。

表8　　　　　　　　　形成期字形特征

字头	小篆	东汉碑刻
天		
示		
玉		
帝		
中		

完善期始于南北朝时期，此时全部笔画已经形成，此后部分字形的笔画仍有小幅调整。

提画由横画变来，魏晋时期提画出现，但不标准、不统一，南北朝时期才正式形成，① 见表9。

表9　　　　　　　　　提画生成过程字形比较

东汉碑刻	
三国吴简	
魏晋碑刻	
南北朝碑刻	

---

① 以下字形材料来源于中国人民大学研究生论文史晓曦《东汉碑刻文字编及相关问题研究》、张翔《走马楼三国吴简文字编及构形研究》、张颖慧《魏晋南北朝石刻文字研究》所附字表。字形出处详见上述各论文字形表。

钩画中竖钩由竖画和竖左弯画尾缓弯变来，皆成型于南北朝时期。前者"小"字是其例，后者"丁"字是其例。"小"字魏晋以前中竖无钩，南北朝时已皆变为竖钩，见表10。

表10　　　　　　　　"小"字竖钩生成过程字形比较

东汉碑刻	
三国吴简	
魏晋碑刻	
南北朝碑刻	

"丁"字魏晋以前第二笔为竖左弯，南北朝时已皆变为竖钩，见表11。

表11　　　　　　　　"丁"字竖钩生成过程字形比较

东汉碑刻	
三国吴简	
魏晋碑刻	
南北朝碑刻	

折钩由折尾部加钩变来，也形成于南北朝时期。如"月"字，魏晋以前末竖无钩，南北朝时已皆加钩，见表12。

表12　　　　　　　　"月"字折钩生成过程字形比较

东汉碑刻	
三国吴简	
魏晋碑刻	
南北朝碑刻	

弯钩由右缓弯笔变来，形成于南北朝时期。如"兄"字，魏晋以前右缓弯无钩，南北朝时已皆变为钩，见表13。

表13　　　　　　　　"兄"字弯钩生成过程字形比较

东汉碑刻	
三国吴简	
魏晋碑刻	
南北朝碑刻	

点画的形成过程是逐步扩展的过程，最早的点画来源于篆体中的"点"，后来短竖和短横也加入了点画行列。短竖和短横变点也是在南北朝时期，如"於"字末两笔魏晋以前为两短横，南北朝时已变为两点，见表14。

表14　　　　　　　　"於"字点画生成过程字形比较

东汉碑刻	
三国吴简	
魏晋碑刻	
南北朝碑刻	

"主"字首笔上部魏晋以前为短横，南北朝时已变为点，见表15。

表15　　　　　　　　"主"字点画生成过程字形比较

东汉碑刻	
三国吴简	
魏晋碑刻	
南北朝碑刻	

"病"字首笔上部魏晋以前为短竖,南北朝时已变为点,见表16。

表 16　　　　　　　　"病"字点画生成过程字形比较

东汉碑刻	
三国吴简	
魏晋碑刻	
南北朝碑刻	

以上字形分析多依据碑刻文字,碑刻文字有其自身的特点,由于刻碑者师承关系及模仿等原因,一般认为碑刻字形具有滞后性,裘锡圭说:"碑刻选择字体,比古书抄本等更保守。"① 为此,我们考察了魏晋楼兰简纸文书字形:

提画:除个别草写字形外,多数字形未有提画,见表17。

表 17　　　　　　　　魏晋手写字形提画情况

地		珠	
域		勤	
動		覲	

说明与碑刻字形相同,魏晋时期提画尚未形成。

竖钩:魏晋时期尚未形成,见表18。

表 18　　　　　　　　魏晋手写字形竖钩情况

未		子	
小		别	
到		则	
可		前	

---

①　裘锡圭:《文字学概要》,商务印书馆1990年版,第93页。

折钩：魏晋时期尚未形成，见表 19。

表 19	魏晋手写字形折钩情况
月	
用	

弯钩：魏晋时期尚未形成，见表 20。

表 20	魏晋手写字形弯钩情况
兄	
见	

点画：从楼兰简纸文书看，魏晋时期已经基本形成，与魏晋碑刻反映的现象不同，见表 21。

表 21	魏晋手写字形点画情况
言	
主	
於	

综上，认定汉字笔画系统形成于南北朝时期应当是没有问题的。

三　笔画系统的形成机制

（一）笔画系统形成的支配原则

王凤阳先生认为"篆书的线条改造为隶书的笔画的过程可以归纳为

两个原则":"趋直性原则"和"反逆性原则"。① 还说:"千变万化的字形,它的自然演变是万变不离其宗的,变来变去也变不出趋直避曲、反逆从顺的掌心。"② 趋直即变弧线为直线,反逆即避免左行和上行书写。王凤阳先生的观点确实可以概括笔画产生的主要现象,所以为后来相关研究者广泛引用。但也存在两方面问题:一是趋直和反逆并非能概括所有的笔画生成现象,如"豆",篆体作豆,字形下部由"丨丨"变为"丶丿",就无关趋直和反逆。再如示旁由"示"变"礻"、衣旁由"衣"变"衤"、"辵"旁变"辶",另外,提画的形成、部分钩画的形成皆与趋直和反逆无关。二是趋直和反逆只是表面现象,不是目的,不能称其为"原则"。为什么要趋直?为什么要反逆?其背后仍有支配者,这支配者才应是真正的"原则"。

我们认为,汉字笔画系统生成的首要支配原则是书写便捷原则。"便"是符合书写的生理习惯,"捷"是书写快速。唐兰先生说过:"卫恒说:'隶者篆之捷也。'倒是很恰当的。"③ 今文字形体生成表现上的趋直和反逆都是书写便捷原则作用下的产物,因为直线比弧线距离短,书写速度快。左行和上行逆笔书写,不符合生理习惯,书写速度自然会慢。今文字形体系统主要是在书写便捷原则支配下生成的,因此,今文字形体的种种现象可以依据这一原则作出解释,如"豆"字下部由"丨丨"变为"丶丿",左笔"丶"由左上向右下倾斜是为了缩短书写下一笔的距离,快速书写右部笔画。右部笔画"丿"由右上向左下倾斜是为了缩短书写下一笔"一"的距离。"首"、"豕"等上部笔画的形成也源于同样道理。"示"变"礻"、"衣"变"衤",横画和撇画合一成"丆"也是出于快速书写的目的。"提"画皆出现于左右结构字形左部构件的最后一笔,原因是为了缩短与右部构件第一笔的距离。"自"、"白"、"血"等字第一笔形成由右上向左下的笔形是为了快速书写下一笔"丨"。"氵"最后一笔向上是为了快速书写右部偏旁。"心"的回钩是为了快速书写中间的点。"巾"有钩是为了快速书写中竖,"内"、"周"、"用"、"同"、"月"等有钩都是为了快速书写下一笔。魏晋楼兰简纸文书字形由于大多保留了书

---

① 王凤阳:《汉字学》,吉林文史出版社1989年版,第222—223页。
② 同上书,第763页。
③ 唐兰:《中国文字学》,上海古籍出版社1979年版,第165页。

写时的笔道，上述原理展示得非常充分，见表22。

表22　　　　　　　　　魏晋手写字形的笔道

字头	魏晋楼兰简纸文书	字头	魏晋楼兰简纸文书
首		用	
從（从）		思	
地		悉	
域		音	

汉字笔画系统生成的第二个支配原则是整字优先原则。整字优先包括三方面内容：首先是整字、构件和笔画三级形体成分中优先考虑整字形体，即整字形体的布局合理、美观稳定是首要考虑因素。其次是整字形体间的别异优先考虑。最后是书写便捷原则与整字形体合理布局出现冲突时，优先考虑整字形体。

第一方面字例见表23、表24、表25。

表23　　　　　　　　　整字优先原则字例1

字头	小篆	南北朝石刻
忠		
怡		
恭		

以上三字所从"心"旁形体在篆体时基本相同，隶体时差异较大，是为保持整字形体方正而造成的。

表24　　　　　　　　　整字优先原则字例2

字头	小篆	南北朝石刻
券		

续表

字头	小篆	南北朝石刻
制		
辨		

以上三字所从"刀"旁形体在篆体时相同，隶体时差异较大，原因也是为了保持整字形体方正。

表25　　　　　　　　　整字优先原则字例3

字头	小篆	南北朝石刻
食		
養		
餘		
飲		

上例"食"独用和位于上下结构字形下部时写法与处于左右结构字形的左部时写法不同，前一种写法是多占空间，不使整个字形头重脚轻。后一种写法则相反，少占空间，不与右部偏旁冲突。

古文字中，同一构件不论在整字的什么位置，形体一般无别。而在今文字中同一构件在整字的不同位置就有可能形体不同，这就是由整字优先原则造成的。或者说整字优先的原则造成了今文字同一构件的不同变体和同一笔画的不同变体，同时也说明今文字形体系统已严重符号化。

第二方面整字形体间的别异优先考虑的字例见表26、表27。

表26　　　　　　　　　整字别异原则字例

小篆			
东汉碑刻			
楷体	午	牛	才

篆体"午"字竖画本来是出头的，为了与"牛"字区别，改为不出头，就是整字优先原则作用的结果。"午"字篆体的"∩"也可以变为"一"，但与"才"字很难区别。

第三方面字例如下：

表27　　　　　　　　　整字美观优先字例

字头	楼兰简纸文书	
来	来	来
东	東	東

"来"、"东"二字楼兰简纸文书都有两种写法，表27中前一种写法当然速度更快，但第二种写法形体布局更合理，所以进入了后世正统字系。

（二）笔画系统生成的二元途径

由篆体变为隶体，总体上属于转写，也就是说什么样的篆体成分变为什么样的笔画有着一定的定规，这就是古今汉字在构件及结构上保持恒定、基本无变的原因。当然，笔画形成的定规有单一型定规，但更多的是多选型定规，如上弯形篆体成分"∪"转写为笔画有三种基本模式："一"、"丿一"和"丷"。"一"是把上弯形篆体拉直；"丿一"是篆体左竖变为"丿"，其余拉直；"丷"是"∪"的简写。下弯形篆体成分"∩"转写为笔画也有三种基本模式："一"、"八"和"冂"。"一"是把下弯形篆体拉直；"八"是篆体分断；"冂"是变圆为方。

形成多选型定规原因有二，主要原因是篆体改造的多途探索，最为明显的是字形结构相同的同一个字的形体成分写法不同。次要原因是单字形体结构的影响，如"∪"变"丷"，有"音"、"帝"等字，都出现在字形中部。而"丿一"则出现在字形上部，如"生"、"牛"等。见表28。

表28　　　　　　　字形结构对笔画形成的影响字例

字头	小篆	东汉石刻
音	音	音

续表

字头	小篆	东汉石刻
帝		
童		
競		
章		
竟		
生		
牛		
朱		

多选型定规的形成既是必然的，也是必要的。必然是因为篆体改造的过程是在文字使用中自然形成的，没有人为的统一规定。必要是因为可以利用多选区别字形。所以多选型定规既具有自然性和原则性，又为汉字笔画系统的有序形成奠定了灵活性和主动性的基础。

由于古文字系统和今文字系统属于两个不同的系统，其别异的条件和表现不尽相同，所以规划是必要的。如下列三字，见表29。

表29　　　　　　　　　篆体"朱""末""未"

篆体区别明显，若按通常的定规转写，"∪"都变为"一"，"∩"都变为"八"，则三字没有了区别，所以需要主动规划。规划的结果是第一字的"∪"变为"丿一"，成"朱"。第二、第三字的"∪"都变为"一"，但第二字是上横长下横短，成"末"。第三字是上横短下横长，成"未"。横长横短虽有篆体依据，但没有必要区别的话，也不会有短长的差异。

包括字形别异在内，规划才能使今文字系统更加科学。事实上，综观汉字笔画系统形成的过程，在遵循支配原则下的定轨运行中，并非全是被动进行，而是在系统化、主动性的规划中进行的。规划分两个层次进行，一是笔画层面，把描绘物象的变化无端的篆体成分规划为有数的笔画种类；二是笔画组合体层面。我们称其为笔画系统生成的二元途径。

规划的第一途径即笔画种类的规划不必多言，规划的第二途径即笔画组合体的规划可以细分为两类现象，一类是可以推导篆体改写的轨迹，但也受到了规划为统一的常见笔画组合体思想的影响，见表30。

表30　　　　　　　　笔画组合体的规划字例

字头	小篆	东汉碑刻	篆体成分	笔画组合体
每				
方				
亦				
主				
帝				
高				
六				
充				

第二类是篆体改写跨度较大，不符合常规，显然是依据形体的貌似进行的替代式改造，见表31。

表31　　　　　　　　替代式改造字例

字头	小篆	南北朝石刻	篆体成分	笔画组合体
塞				共
寒				
襄				

也有两类兼备的情况，见表32。

表32　　　　　　　　　兼类改造字例

字头	西周	小篆	西汉	东汉	南北朝
食					
良					
長					

以上三字中，"良"字属正常笔画化，其他两字属替代式改造。

第二类替代式改造一般是针对篆体中结构复杂且构字能力很弱的构字成分，实质是一种优化构形系统的作为。

（原载《语言科学》2014年第5期）

汉字部首的形成过程与机制

汉字的部首体系是汉字构形系统在发展过程中有意识逐步建立的，是汉字构形成熟的重要标志。《说文解字》依据"字例之条"，"分别部居，不相杂厕"，以540个部首统摄9353字，实际上就是顺应汉字构形系统本有的部首体系来编排字形，是一种反映汉字构形系统化关系的字形编排法。因此，与后代的部首检索法的部首相比，数量较多。后世的部首排检法更多的是出于查检方便的目的，对汉字构形系统实有的部首体系进行了人为的干预和改造归并，虽然也是依赖汉字构形系统的本有特征而设立，但与本有部首体系已严重背离。迄今为止，学界对汉字部首的研究，基本集中在部首排检法的范畴，对汉字构形系统自然生成的部首体系的发展过程和机理等尚缺乏研究，而这恰恰是汉字理论和汉字发展史研究的重要论题。

一　部首的本质与特征

（一）部首的本质

王力主编的《古代汉语》说："《说文》540部首是值得研究的，因为它是文字学原则的部首，而不是检字法原则的部首。前者是依据六书体系的，后者则在一定程度上摆脱了六书的体系。"[1] 这一论断是正确的。所谓文字学原则的部首实际上是指汉字构形系统固有的类化偏旁，就同拼音检字法依据的是汉字本有的字音系统一样，部首排检法依据的也是汉字构形系统本有的部首体系。许慎撰写《说文》的目的是解释汉字的形义

---

[1] 王力主编：《古代汉语》（修订本）第二册，中华书局1981年版，第166页。

系统，纠正当时人们胡乱解释汉字的现象，所以《说文》并不是为了提供一个供一般查检汉字形音义的字典，而是展示汉字本有的形义系统，这也是《说文》不同于其他字典，只解释一个字义的原因。因此，在《说文》时期，文字学原则的部首和检字法原则的部首是统一的。明代梅膺祚《字汇》之后，部首大减为二百多部，其目的是为查检方便，其核心是只管形体的相同而不考虑构义，也就是一部分部首只考虑形体相同而不顾构义功能，造成了文字学原则的部首和检字法原则的部首的不统一。就汉字构形系统的部首而言，《说文》有过说明，《说文·叙》说："其建首也，立一为耑，方以类聚，物以群分，同牵条属，共理相贯，杂而不越，据形系联。"这实际上表明了部首并不只是形体问题，部首就其功能而言，是对字义的系统化和类别化，就形体而言，是对字形的系统化和类别化，所以部首是汉字构形系统化的重要表现，我们认为，这即是部首的本质。

（二）部首的特征

《说文》以540个部首统摄9353字，首次系统化展示了汉字构形系统的部首体系，《说文》分析的主要是小篆字体，说明发展到秦代的小篆字体，汉字部首体系已经形成，那么，从部首体系已经形成的汉字构形系统来看，部首有哪些主要特征呢？

1. 部首在整字中的位置大体一致

部首在整字中的位置比较一致，是部首的主要特征之一，如《说文·示部》共收以"示"为部首的字62字，有54字示旁位于整字左边。《页部》共收以"页"为部首的字91字，有87字页旁位于整字右边。《皿部》共收以"皿"为部首的字24字，皿皆位于字形下部。

对于这一现象，有三个问题需要思考：

第一，为什么部首在整字中的位置大体一致？我们认为这是由部首的本质决定的，前面说过，部首是汉字构形系统化的重要表现，实质上是对字义和字形的系统化和类别化，因此必然要求部首在整字中位置一致，因为这样可以更明显地体现系统化和类别化。

第二，为什么同一部首在整字中的位置没有穷尽性一致，一般会有少数例外？首先，部首是在汉字构形系统发展过程中自然形成的，虽然有集体无意识的支配，但也不可能像人为规定那样严谨一致。其次，汉字今文字构形系统有一个重要形成原则是整字优先①,即优先考虑单字整字形体的构图合理,比如示部字"祭",部首"示"位于字形下部,而不是通常的左部,这是因为"示"如果摆到左部,字形整体会成为横长形,不符合汉字整字形体早期竖长型和后期方形的统一标准。其他如"柴"、"禁"等皆同此理。

第三,为什么同是部首,有的部首以位于字形左部为常态,有的部首以位于字形右部为常态,有的部首以位于字形下部为常态,有的部首以位于字形上部为常态?这个问题比较复杂,原因有多种,有的缘于构件形体特征与组合关系,如"宀"、"穴"等部首,形体呈内空形,与其组合的构件便填于其中。有的部首的位置与其功能是相关联的,如"収",在构字中表示双手捧托,自然会在字形的下部。"页"、"欠"等位于字形左部,则又与字形方向和书写生理习惯有关。左右结构的字形部首一般位于字形左部,因为左部是形体的起始端,标类的形体位于起始,能显示统领作用。但有的构件形体有方向性,在字形表示物象阶段,需要面对另一个构件,例如:

表1　　　　　　　　有方向性构件的组字情况

姓		妹	
媒		牧	
剀		畋	
役		殷	

上述字形中的构件"女"、"攴"、"力"、"殳"都是有方向性的构件,它们在构字时,无论位于左边还是右边,都一定是面对另一个构件。这类有方向性的构件,虽然在字形中可以或左或右,但总体来看,绝大多数是位于字形右部,我们分析,这与生理习惯有关,如果是在右边,就要反写,不符合书写的生理习惯。后期字形大多是前期字形的承继,字形承继下来,因此多数有方向部首就位于字形的右部了。

---

① 王贵元:《汉字笔画系统的形成过程与机制》,《语言科学》2014年第5期。

2. 部首兼顾形体和功能

部首的功能指部首参与整字构义的职能。文字学的部首都是既考虑形体又考虑功能的，这是和检字法部首的最大不同，检字法部首有的是只考虑形体而不考虑功能，正因为部首有构形和构义的双重职能，才具有了类化字形和类化字义的作用。就《说文》部首而言，也有类似形同的成分，如《屮部》："屮，艸木初生也。象丨出形，有枝茎也。"《屮部》有"熏"："火烟上出也。从屮，从黑。屮，黑熏象也。""熏"的部首"屮"表示烟熏的图像，看似与"艸木初生"没有关系，实际上是构件表形功能的遗留，因为艸木初生的形象和烟熏的形象相同，所以《说文》的部首"屮"仍是兼顾构义职能的。

3. 部首的功能

部首的功能总体上可分为单义功能和类义功能两类，一般部首都兼有这两种功能。单义功能是指部首以单一的、具体的意义参与构义，一般是其本义。类义功能是指部首以类别性、抽象性的意义参与构义，以《说文·牛部》为例，部首"牛"以单义构字的有：

（1）犊，牛子也。从牛，渎省声。
（2）㸺，三岁牛。从牛，参声。
（3）牭，四岁牛。从牛，从四，四亦声。
（4）牟，牛鸣也。从牛，象其声气从口出。

以类义构字的有：

（5）牡，畜父也。从牛，土声。
（6）牝，畜母也。从牛，匕声。
（7）犧，宗庙之牲也。从牛，羲声。
（8）㹁，畜牷也。从牛，產声。

以单义构字的部首"牛"是以其本义来构字，而以类义构字的部首"牛"则是以"牲畜"义来构字。又如部首"足"，以单义构字的有：

（9）跟，足踵也。从足，艮声。

(10) 踝，足踝也。从足，果声。
(11) 跖，足下也。从足，石声。
(12) 踦，一足也。从足，奇声。

以类义构字的有：

(13) 踧，行平易也。从足，叔声。
(14) 躣，行皃。从足，瞿声。
(15) 踖，长胫行也。从足，昔声。
(16) 踽，疏行皃。从足，禹声。

以单义构字的部首"足"是以其本义"脚"来构字，而以类义构字的部首"足"则是以"行走"义来构字。

二　部首形成的途径

我们的研究发现，汉字构形中对字义和字形的类化并不是一开始就有的现象，汉字构形就等级而言，存在初、高两级：初级构形是仅专注于字形个体及其表现对象之间的关系，高级构形是关照到字形群体的系统化和类别化，以及对字形群体的表现对象进行分类。初级构形是汉字早期阶段的特征，高级构形是汉字后期阶段的特征，汉字构形系统经历过由初级构形向高级构形的发展过程，作为字形、字义类化标志的部首就是在这一过程中产生的。早期汉字是以物象为依据构形的，大多为象形字。物象的具体性决定了汉字构形的具体性，物象丰富多彩，字形也多姿多态，所以这时的汉字构形必然呈现出只重个体而难以顾及群体系统性的特征，因此汉字初级构形阶段的存在盖因于字形表示物象。表象受制于背后的支配者，这是普遍的道理，因而由初级构形向高级构形的发展，其决定性因素是字形由表示物象向表示词的音义的转化，[①] 与物象相比，词的音和义都是抽象的，依据其构形的汉字形体即可在一定程度上脱离极度具体性，对不同

---

① 关于古今汉字发展的决定因素是字形表示物象向字形表示词的音义的转化的论证，详见王贵元《汉字形体演化的动因与机制》，《语文研究》2010年第3期。

的单字群体建立不同的字形分类标志，同时对字义系统进行分类。

分析早期的汉字构形，可以发现一批构字量较多的构件，如口、耳、止、人、女、示、手、木、攴、火、水、宀、牛、马、鸟等，这些构件皆发展成了后期汉字的部首，虽然还不成系统，但是汉字部首体系在汉字早期即有一定基础是可以确定的。那么是不是汉字构形一开始就有了字义和字形类化的意识？其实不然，虽然现象近似，性质却截然不同。早期汉字的这种现象并不是由字义和字形类化的意识决定的，而是依据物象构形产生的自然结果，依据物象构形，熟悉的物象易被选用，即"近取诸身，远取诸物"，因而人身的人、女、口、耳、肉、足、手、首等皆成为多用构件。"远取诸物"是相对于人体本身而言的，也不会太远，因而人们日常生活常接触的事物水、火、木、禾、牛、马、宀等成为多用构件。这些多用构件虽不是部首，却是部首形成的基础，这是因为部首的主体形成方式就是使初始的多用构件更加多用，也即增加多用构件的构字量，使其涵盖范围进一步扩展。从另一个角度说，就是使更多的单字形体归属到多用构件下，从而以多用构件为分类标志，使整个单字群体形成有限的形体类别。当这种多用构件的使用范围扩展到一定程度时，汉字构形系统的部首体系即正式形成。多用构件扩展的具体途径主要有添加、选定、改造和新生四种。

（一）添加

即添加多用构件。例如：

添加"示"："福禄"之"禄"，甲骨文、西周和春秋金文用"录"，后加"示"旁造专字"禄"，大约出现在战国晚期，战国玺印、睡虎地秦简有"禄"。"祖先"之"祖"，甲骨文、西周和春秋金文用"且"，后加"示"旁造专字"祖"，从现有材料看，春秋中期出现"祖"，但到春秋晚期，"且"仍比"祖"常见。祭，商代字形无"示"旁，西周时加"示"。

添加"水"：酒，甲骨文、西周和春秋金文用"酉"，后加"水"旁造专字"酒"，大约出现在战国晚期，睡虎地秦简有"酒"。

添加"玉"："璋"，春秋晚期出现，之前用"章"，如西周蒍簋。

添加"言"："诺"，春秋早期出现，之前用"若"，如西周曶鼎。

添加"糸":"终",战国以前用"夂(🔣)",战国早期增"糸"旁,见曾侯乙墓竹简。纪,首见于战国中期郭店楚简,之前用"己"。織,首见于战国晚期睡虎地秦简,之前用"哉"。

添加"金":"鎗"、"鏓",西周晚期出现,之前用"倉"、"悤"。"鐔"、"鏐",春秋晚期出现,之前用"覃"、"翏"。

添加"人":償,首见于龙岗秦简,之前用"賞"。儀,首见于东汉碑刻,之前用"義"。

上述添加多用构件,有些属于增强字形的表义功能,有些属于为区别表词功能而进行的字形派生,派生即产生新字代表新词,基本目的虽然不同,但形式都是多用构件的进一步扩展使用。

(二)选定

部首的形成过程是与整个汉字构形系统的发展过程相统一的,也就是说部首的形成过程也是汉字形体的定形过程,比如商代和西周字形一字异体众多,或构件多少不同,或构件位置不同,这是由于字形表示物象决定的,随着字形由表示物象向表示词的音义的转化,单字形体逐渐由多形发展为单形,在这一过程中,保留哪些形体,淘汰哪些形体?即与部首有关,向部首发展的构件,往往会在构形位置上走向统一,例如:

表2　　　　　　　　"祀"、"福"字形发展

字头	西周	春秋晚期
祀	祀 祀	祀
福	福 福 福 福 福 福	福

(三)改造

改造是对原有字形的改进,大多针对的是完全没有构字能量或构字能量低下的独体字,也有少数为派生新字。单因一个字形增加整个构形系统的基础构形元素是系统不科学的表现,改造即可使孤立构形成分归入序列中。改造分整体改造和部分改造两种:

1. 整体改造

表 3　　　　　　　　　　"祇"、"墉"字形发展

字头	商代	西周	春秋	小篆
祇	🖼	🖼	🖼	🖼
墉	🖼	🖼	🖼	🖼

祇、墉二字在战国以前为独体象形字，小篆另起炉灶，分别改造为"示"部字和"土"部字。

2. 部分改造

表 4　　　　　　　　　　"鼎"字形发展

字头	商代	西周	战国
鼎	🖼	🖼 🖼	🖼 🖼

"鼎"字商代、西周形体为独体象形形体，战国时期第一个字形是将原形体中"鼎"的腿部象形成分改造成了"皿"，"皿"是一个类化构件，意在表明鼎属器皿一类，新形应解释为从皿、鼎省声。战国时期的第二个字形是将原形体中"鼎"的腿部改造成了"火"，古代鼎是腿部用火的煮肉器具，故"火"也可参与构义。

嘗，《说文·旨部》："嘗，口味之也。从旨，尚声。"本义为品尝，后引申指秋祭，因为秋祭的核心程序是品尝新谷。《尔雅·释天》："秋祭曰嘗。"郭璞注："嘗，嘗新谷。"《白虎通义·宗庙》："秋曰嘗者，新谷熟，嘗之。"后改义符"旨"为"示"，派生"禜"字，此形出现在春秋时期，是秋祭的专用字。

（四）新生

指新产生的字形采用多用构件组字，此不赘述。

三　构形功能的发展

在早期汉字形体中，构件的构义功能都很具体，多为单义构件，后期

字形则多为类义构件,后期除新生字形采用类义构件构字外,对早期字形单义构件的改造是构形功能发展的重要途径,其方式主要有两种:转化和替换。

(一)构件由单义转化为类义

原是单义的构件,在字形发展过程中,逐渐转化为表示类义的构件,当这种转化完成之时,部首即正式产生,如甲骨文的"牡"、"牝"、"牢"、"牧"等字,各有不同形体。

表5　　　　　　　甲骨文"牡"、"牝"、"牢"、"牧"字形

	从牛				
甲骨文	从羊				
	从豕				
	从马				
小篆	从牛	牡	牝	牢	牧
楷书	从牛	牡	牝	牢	牧

这些不同形体的字义是各有差异的,从牛从土者为公牛,从羊从土者为公羊,从豕从土者为公猪,这一点前辈著名学者已经提出过,杨树达说:"盖以《尔雅》:《释兽》、《释畜》及《说文》:《牛部》、《马部》诸文观之,物色形状,辨析綦详,事偶不同,别为一字,盖畜牧时代之残遗也。假令牛羊鹿犬种类各殊,只以牝牡相符,即为一字,以此校彼,详略悬殊,揆之事情,殆不当尔。说母牛为牝,母鹿为麀,牝麀既不同文,牡羝麎狃安能为一字?"① 瞿润缗说:"窂,诸家以为牢字,未谛从牛与从羊不同。从羊者大概皆为小窂,而小窂之窂未有从牛者,知窂牢有别。"② 徐中舒主编《甲骨文字典》:"卜辞中牢、窂二字各有专指:'牢'为经过专门饲养而用作祭牲之牛,'窂'为经过专门饲养而用作祭牲之羊,旧说

---

① 杨树达:《积微居甲文说·卜辞琐记》,中国科学出版社1954年版,第3页。
② 容庚、瞿润缗:《容庚学术著作全集·殷契卜辞》,中华书局2011年版,第125页。

'牢'即包括牛羊豕之大牢，'宰'为包括羊豕之小牢，并不符合殷代实际。"①

证之甲骨卜辞，确有牡、牝等并列的文辞，可证这一论断是符合实际的：

(17) 乙巳贞，丙十彭，莩生于妣丙，牡三、牝一、白……（《殷墟甲骨刻辞类纂》）

(18) 辛巳贞，其莩生于妣庚妣丙，牡、牝、白豕。（《殷墟甲骨刻辞类纂》）

(19) 辛巳贞，其莩生于妣庚妣丙，牡、牝、白犬。（《殷墟甲骨刻辞类纂》）

(20) 辛未卜，卯于祖，牝、犾。（《殷墟甲骨刻辞类纂》）

(21) ……贞……莩生于……庚妣丙……牝、犾。（《殷墟甲骨刻辞类纂》）

以"牡"、"牝"为例，当汉字发展到只以"牡"、"牝"表示公母，而其他字形被淘汰时，"牡"、"牝"中的构件"牛"即由原功能"牛"发展为"牲畜"，"牛"也由单义构件转化为类义部首。

（二）单义构件替换为类义构件

在字形表示物象阶段，字形以能够反映物象为唯一目标，这时构形的系统性体现在字形与物象的密切关系上，字形本身的系统化并不是考虑的目标，随着汉字构形系统的进一步发展，构形本身的系统化成为构形系统发展的重要目标，这是因为构形的系统化可以使汉字的识读和书写更加便利和有效，减少识读和书写的难度。系统化的重要方式之一就是构件的类化，类化实质上是对字义和字形的归类，同时减少构字能量低下的构形成分，使系统更加科学。例如：

---

① 徐中舒主编：《甲骨文字典》，四川辞书出版社1989年版，第82—83页。

表 6　　　　　　　　　"凤"、"鸡"字形发展

字头	甲骨文	小篆
凤		
鸡		

"凤"字甲骨文形体的左旁是凤的整体象形形体，为单义构件，小篆形体改从鸟，替换成了类义构件。"鸡"字甲骨文形体的右旁是鸡的整体象形形体，为单义构件，小篆形体改从隹，替换成了类义构件。

再如"屯"，《说文·屮部》："屯，难也。象屮木之初生，屯然而难。从屮贯一。一，地也。尾曲。《易》曰：'屯，刚柔始交而难生。'"

表 7　　　　　　　　　"屯"字形发展

屯	商代	西周	春秋	小篆

高鸿缙说："按此字初形象屮木初生根芽而孚甲未脱之形，故说以寄难生之难。"有壳植物种子在土中是先向下生根，然后其茎戴着孚甲破土而出，象甲骨文之形，甲骨文字形下部的一横表示地面，原本是一个独体象形字，此后字形孚甲部分演变为一横，其余类化为类义构件"屮"，故《说文》曰："从屮贯一。"[①]

四　部首的发展阶段

（一）前部首时代

部首是汉字造字时就有，还是在汉字发展过程中形成的？这个问题尚无人探讨。我们曾以汉字最早的大批量字形甲骨文为对象，尝试归纳其部首系统，结果是不成功的，主要有以下原因：

第一，甲骨文有众多不具备构字功能的象形独体，即没有作为构件参

[①] 高鸿缙：《中国字例》，三民书局2008年版，第223页。

构过其他字形的独体,如甲骨文字形帝、衹、琮、笁、蔡、若、曾、周、岁、盾、箕、盧、射、檐、橐、穆、裘、髦、豹、寮、雷、聝、搢、或、戚、瑟、發、虋、虹、蟺、蝠、蛷、黽、埇、助、禽、萬、麋、貑、須、爾、秋、臺、髭等,这些独体归不到别的构件下,只能当作部首看待,而如此则无从字部首太多,部首也就失去了其字义字形分类的核心价值。

第二,部首系统不完善,存在大量未派生字形,如豊(禮)、录(祿)、羊(祥)、且(祖)、歺(祭)、帝(禘)、复(復)、忌(諅)、雚(觀)、酉(酒)、冬(終)、宾(嬪)、匕(妣)、尃(搏)、乍(作)、畐(鄙)、乡(饗)、易(賜、暘)、每(晦、海)、孜(微)、吏(使)、卜(外)、白(伯)等。

第三,甲骨文字形大多构件的位置不固定,或左或右,或上或下,没有主次之分,没有构件能够体现字义字形的分类功能。

第四,甲骨文许多字形的构件的数量和种类不固定,难以确定部首。例如:

表8　　　　　　　　　甲骨文"出"、"御"字形

出	
御	

第五,甲骨文构件基本是单义构件,少有作为部首首要特征的类义构件。

为什么甲骨文难以归纳部首?我们认为主要原因是商代甲骨文时期是典型的字形表示物象时期,这时的汉字构形完全以物象为依据,包括由哪些构件组成、构件的组合方式等全由物象决定,构形系统的统一规划性还没有提上日程,因此字形构件和结构呈现的是丰富多彩的特征,不仅同一构件形体不同,而且组字的构件数量及构件位置等也不尽相同,这属于仅注重字形个体与物象之间关系的初级构形阶段,我们知道,部首是字形和字义的类化标志,是注重单字形体之间、单字形体群体的共同性的高级构形阶段的现象。

(二)部首体系正式形成时期

字形系统的建立和完善是在漫长的历史发展中缓步完成的,部首体系

的建立亦然。类义构件的成批量出现是部首体系开始建立的重要标志，经我们对商周汉字形体的普查，发现在西周中期，类义构件产生的现象较为突出，如"金"字旁的字商代和西周早期没有，西周中期出现锡、镥、锤、鐘、铃、钧、鋞、鉈、鋈、鉴、袷、铁、鐕等13字，西周晚期新出现13字，春秋时期新出现31字，战国时期新出现25字。"金"作为构件，构字功能为金属，是类义构件。另外如"蜀"，西周中期出现加"虫"旁形体：

蜀（班簋）

蜀为大头虫，本是全体象形字，所加"虫"旁显然只能认定为表示归属于虫的类义构件。因此可以认定，西周中期是汉字部首体系明显开始建立的时期。以前我们曾论证过，在汉字形体由表示物象转向表示词的音义之核心力量支配下，西周晚期开始，汉字形体由象形发展为字形表面象形而实质不再象形的亚象形阶段。虽然部首的建立和形体象形性的降低并不完全同步，但一个中期，一个晚期，相距不远。

春秋战国时期是文字纷乱较为严重的时期，但令人意外的是战国晚期的秦系文字字形相当规范，表现在：

第一，基本没有异体字，而同时期的楚简文字则异体较多。

第二，增加了大量合体字。据统计，属于战国晚期的睡虎地秦简与此前的文字材料相比，新增合体字达524字（包括同一单字的新形体），[①] 如禄、禖、祟、袜、珠、荅、莠、苴、蔺、蒲、苞、苑、蒕、若、蔥、葆、薦、犛、吻、前、歸、隨、遷、邋、迣、彼、徼、徇、徐、術、衛、踐、扁、謁、諸、謀、論、識、誠、課、試、說、諈、詗、誧、譚、訝、詑、訛、誣、謗、誤、呰、訐、譴、讓、誶、詰、詢、誘、訊、殿、殼、收、敗、瞋、睞、雅、膂、脣、腎、臑、股、脚、胏、脫、胅、隋、脯、膠、腔、筋等，这些字大多是为区别词义而增加义符形成的分化字，实际上是进一步完善了字形系统和词汇系统的对应关系。

[①] 本统计依据的材料是：刘钊主编《新甲骨文编》，王贵元主编《新编金文编》，此为教育部哲学社会科学后期资助重点项目，收录了从商代到战国的全部金文字形，材料截止日期是2012年2月，李守奎《楚文字编》，王辉主编《秦文字编》，张守中《睡虎地秦简文字编》，统计结论容有误差，误差源于两个方面：一方面是出土文献的字形可能没有涵盖当时各个时期实有的全部字形；另一方面是材料收入或有遗漏，不过大概率应该没有问题。

第三，睡虎地秦简单字形体与此前的秦文字同一单字形体区别明显，显然经过简化和类化等改造。

表9　　　　　　　　　　　　秦文字形体对照

商	秦公镈乙	睡虎地秦简
讯	秦不其簋盖	睡虎地秦简
夏	秦公簋盖	睡虎地秦简
帅	秦公簋盖	睡虎地秦简
宜	秦公簋器	睡虎地秦简
归	秦不其簋盖	睡虎地秦简
是	秦公簋盖	睡虎地秦简
若	诅楚文	睡虎地秦简

上述字形改造，"商"、"宜"、"夏"是明显的简化，其他字形多是构件的类化，即排除罕见的、象形性强的构件，如"若"排除了一人双手顺发的罕见象形构件，"是"改为从日从正的两个常见构件，排除了原形中上部的罕见构件，"讯"字改为从言从卂的两个常见构件，排除了原形中的罕见象形构件，"帅"、"归"都是用形近的"自"替换掉了原有的罕见构件。

不其簋的年代是秦庄公继位前（前822年之前数年），秦公镈的年代是秦武公初继位时（前697年之后不久），秦公簋的年代是秦景公初继位时（前576年之后不久），诅楚文的年代是秦惠文王后元十三年（前312），睡虎地秦简的抄写时代，陈伟认为是战国末期秦王政时期，[1] 从"吏"与"事"、"卿"与"乡"、"酉"与"酒"、"赏"与"偿"等字的使用看，陈说是正确的。[2]

从以上特征看，战国晚期的秦系文字更像是整理和规范过的文字，赵

---

[1] 陈伟主编：《秦简牍合集·序言》（壹）上，武汉大学出版社2014年版，第3页。
[2] 陈侃理：《里耶秦方与"书同文字"》，《文物》2014年第9期。

平安曾撰《试论秦国历史上的三次"书同文"》，认为第一次是《史籀篇》，第二次是战国中期开始，"随着兼并战争的展开，秦国便把自己的综合性通用文字不断地推行到所占领的地方"，第三次即秦统一后用小篆来统一全国用字。① 他所说的秦在战国时期的书同文是指把秦文字推广到被占领国家，这与对秦文字的整理和规范还不是一个概念。我们认为，战国晚期秦国对秦文字确实进行过整理和规范。

秦国从公元前230年兼并韩国开始，历经十年统一了全国，我们知道，由于分裂割据，战国时文字从字形到字用各国皆有差异，所以兼并异国之后有推行秦文字的必要。但是，要推行一种文字，其文字系统本身必须相对规范，不然则会给推行造成许多麻烦，不宜顺利推广，我们认为，这就是秦国对秦文字进行整理和规范的动因。由此推断，秦文字的整理和规范应当在兼并韩国前后的秦王政时期。② 从秦系文字历史看，整理的幅度不是很大，且属于众诸侯国并立之时的一国之事，故未被充分重视，正史缺载也是可以理解的。不过这次文字整理实际上并非没有记载，只是以前一直当传说看待，没有特别重视。张怀瓘《书断》上："蔡邕《圣皇篇》云：程邈删古立隶文。"卫恒《四体书势》："或曰下杜人程邈为衙吏，得罪始皇，幽系云阳十年，从狱中改大篆，少者增益，多者损减，方者使圆，圆者使方。奏之始皇，始皇善之，出为御史，使定书。或曰，邈所定乃隶字也。"《说文·叙》："三曰篆书，即小篆，秦始皇帝使下杜人程邈所作也。四曰左书，即秦隶书。"对于"秦始皇帝使下杜人程邈所作也"一句，段玉裁注："按此十三字当在下文'左书即秦隶书'之下，上文明言李斯、赵高、胡毋敬皆取史籀大篆省改，所谓小篆。则作小篆之人既显白矣，何容赘此自相矛盾耶？况蔡邕《圣皇篇》云：'程邈删古立隶文。'而蔡琰、卫恒、羊欣、江式、庾肩吾、王僧虔、郦道元、颜师古亦皆同辞，惟传闻不一。"结合字形系统的变化来看，东汉时著名学人许慎和蔡邕所言不虚，秦整理过隶书是不应怀疑的。以上材料说明秦整理隶书是在秦始皇时期，由于秦统一全国后只记载整理过小篆，无疑秦整理隶书是在秦统一之前的秦王政时期。"始皇帝"虽是秦统一后定的称号，但后世称谓往往在秦统一前后不加区别。

---

① 赵平安：《试论秦国历史上的三次"书同文"》，《河北大学学报》1994年第3期。
② 秦国从公元前236年开始，即攻战或获取了部分赵、韩、魏土地。

如果以上论证属实，那么，文字学上一直存在的一个疑问也就迎刃而解了。这个疑问就是秦统一全国后既然整理文字，为什么不同时对广泛使用的隶书进行整理？因为从秦统一全国后，即书同文后的大量出土简牍看，秦书同文后普遍使用的依然是统一前即已通行的隶书而非小篆。我们认为，秦统一后不整理隶书是因为隶书已被整理过，没有必要再进行整理。小篆的整理更多的是为了凸显地位和权力，就同秦统一后"王"改称"皇帝"、命为"制"、令为"诏"、天子自称曰"朕"等类似。

秦王政时期的秦系文字整理，首先是消除了大量异体字，解决了部首难以确定的问题；其次是通过增添义符的方式产生大量合体字，拓展和完善了部首体系；最后是通过改造和新生等方式一方面排除了不符合组合性文字系统的单字形体，另一方面类化构件，正式完成了部首体系的建设。因此可以认定，战国晚期是汉字部首体系正式形成时期。

汉字古今转化的机制——词符化

一 导语

汉字是世界上古老而一直沿用至今的唯一文字,汉字超强的生命力是怎样实现的?虽然同为汉字,但认识现代汉字,不一定就能释读古汉字,那么古汉字是通过怎样的机制发展为现代汉字的?为什么形声字成为现代汉字的主流?为什么现代汉字以左右和上下组合为常态?古汉字的线条演变为现代汉字的笔画,其笔画产生的重大意义在哪里?对于这些问题,学界尚缺乏探讨。

二 词符化

就性质而言,字形直接表示物象、间接表示词的音义时,形体是"物符";而字形直接表示词的音义时,形体是"词符",从古汉字到现代汉字的发展,其核心是汉字形体由表示物象的"物符"转化为表示词的音义的"词符"。古今汉字表词方式的变化如下图:

古今汉字表词方式演变

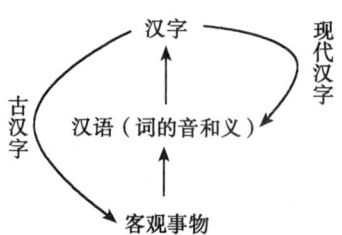

汉字由字形表示物象的古文字构形系统向字形表示词的音义的今文字构形系统转换的过程即是词符化。

词符化在汉字发展史上居于重要地位，是汉字发展史的最重要问题之一，它的重要性体现在两个方面：一个方面它是汉字古文字构形系统和今文字构形系统两大系统转换的核心环节；另一方面它决定了汉字今文字构形系统的面貌及特征。

　　早期汉字形体是表示物象的、是物象的描绘，为象形文字，这是著名文字学前辈们早已指出的，比如唐兰说："由原始文字演化成近代文字的过程里，细密地分析起来，有三个时期。由绘画到象形文字的完成，是原始期。由象意文字的兴起到完成，是上古期。由形声文字的兴起到完成，是近古期。"① 又说："象形、象意是上古期的图画文字，形声文字是近古期的声符文字。"② 还说："象意文字是图画文字的主要部分。在上古时期，还没有发生任何形声字之前，完全用图画文字时，除了少数象形文字，就完全是象意文字了。"③ 唐兰的象意字也属于一般而言的象形字，是指合体象形字和独体象形字中表物象特点的象形字。所以依据唐兰的论断，早期汉字都是字形表物象的象形字。姚孝遂也说："所有的甲骨文形体，都毫无例外地来源于客观事物的图像。"④

　　其实早在汉代许慎著《说文解字》时，即已言明了汉字形体由表示物象过渡到表示词的音义的演化过程。《说文·言部》："说，说释也。""说"就是解释。为什么不说"说解文字"，而言"说文解字"？因为许慎认为"文"和"字"有不同的含义，《说文·叙》："仓颉之初作书，盖依类象形，故谓之文。其后形声相益，即谓之字。文者，物象之本；字者，言孳乳而浸多也。"此段文字说明：第一，汉字发展经历了前后两个阶段，"文"的阶段和"字"的阶段；第二，"文"指独体，"字"指合体，第三，"文"的造字方法是象形，"字"的造字方法是组合。

　　《说文·文部》："文，错画也。象交文。"错画就是绘画、描绘，说明"文"是依据造字手法定名的。"依类象形"即依据物类来描绘其形体，造字的过程也是对事物分类的过程，比如"鸟"，包括很多形体不尽

---

① 唐兰：《古文字学导论》（增订本），齐鲁书社1981年版，第83页。
② 唐兰：《中国文字学》，上海古籍出版社2005年版，第61页。
③ 同上书，第62页。
④ 姚孝遂：《姚孝遂古文字论集》，中华书局2010年版，第58页。

相同的禽类动物。"隹"是短尾鸟,"鸟"是长尾鸟。"文"包括六书中的象形和指事,段玉裁《说文解字注》:"依类象形,谓指事、象形二者也。指事亦所以象形也。"指事也是象形。所以《说文》释指事字也曰象形,例如:"刃,刀坚。象刀有刃之形。""亦,人之臂亦(腋)也。从大象两亦之形。"

"形声相益",益即增加、附加,应理解为"形"与"形"、"形"与"声"的增加,包括会意和形声。古人语简,不说"形形,形声相益"。段玉裁《说文解字注》:"形声相益,谓形声、会意二者也。有形则必有声,声与形相轫为形声,形与形相轫为会意。"王筠《说文解字句读》:"象形、指事皆文也,会意、形声皆字也。许君各举一端以见例。"《说文·子部》:"字,乳也。从子在宀下,子亦声。"《说文·乙部》:"乳,人及鸟生子曰乳,兽曰产。""字"的本义是生子,《山海经·中山经》:"其上有木焉,名曰黄棘,黄花而员叶,其实如兰,服之不字。"郭璞注:"字,生也。""不字"即不能生子。会意、形声主要是两个形体组合产生一个新字,与男女结合生子相同,故"字"引申指形声相益产生的字。从汉字发展来看,形声相益既包括选两个或几个独体字组成一个新的字形,也包括增加义符或声符形成形声字或会意字,后一种形式更为普遍。以上分析可以说明,"形声相益"所指的"字"的合体、组合不是合体象形,而是会意、形声组合。"文者物象之本"即"文"是表示物象原形的,"其后形声相益"则说明了会意、形声组合是在象形之后产生的,"文"是物象的描绘,"字"则是词的音义的构建,所以从"文"到"字"实质上就是汉字构形由表物象到表词的音义的词符化发展过程。

三 词符化的开始与完成

词符化肇始于篆体内部,其形成过程是一个缓慢的渐变过程,词符化的前期表现可概括为两大方面:

第一,象形性程度的降低,包括构件形体象形程度的降低和字形结构象形程度的降低,例如:

表1　　　　　　　　"王"、"女"、"光"、"監"形体演变

字头	商代	西周早期	西周中期	西周晚期	春秋
王					
女					
光					
監					

"王"字形体本是斧刃向下的斧头的象形，西周晚期形体发生了明显变化，主要是字形下部的重要象形标志斧刃变为一横，使整个字形已不能反映斧钺形象。"女"字形体本是双手交叉于胸前的端坐的女性形象的象形，到西周晚期表示坐形女子的腿部变短变直，使整个字形失去了坐女形象。"光"字形体本是人举灯的人形灯象形，上部是灯盏形象，由于灯盏盘内要放点燃物，所以边沿呈上弯之势，但到西周晚期，已全部变为下倾，完全失去了本形特征。"監"字形体本是人伸头在放水的器皿上照镜子，到西周晚期眼睛与人身已断开，并同置于皿之上，结构上已不再象形。

第二，篆体格式化，小篆使篆体格式化走向极致，当篆体走到这一步，也就预示了篆体生命的顶点和结束。小篆具有两个重要特征：一是形体的象形性只存在于表面，即表面象形而实质不再象形，如太阳的象形"日"，小篆作日；狗的象形"犬"，小篆作犬。二是构件位置方向及结构律一化，这些都为彻底的词符化奠定了基础，因为象形的表面性表明的是失去了它存在的依托，也就失去了它存在的价值。

据我们研究，古文字象形性的全面降低开始于西周晚期，春秋时期，汉字形体已进入表面象形而实际不再能准确表示物象的亚象形阶段，所以汉字形体的词符化过程起始于西周晚期。①

词符化的完成，其标志是词符的完全建立。字形的象形性是物符的典型特征，所以当字形的象形性消失殆尽之时，也就是词符完全建立之日，词符完全形成之日，即表明词符化过程已经完成。此后词符系统尚须进一

---

① 王贵元：《汉字发展史的几个核心问题》，《中国语文》2013年第1期。

步完善，但那是词符系统内部的事，无关词符化过程。从阶段字形看，东汉碑刻字形篆迹全无，无疑已是词符系统。处于西汉早期的广西贵县罗泊湾一号墓遣策、湖南长沙马王堆一号墓遣策、湖南长沙马王堆三号墓遣策、湖北江陵凤凰山八号墓遣策、湖北江陵凤凰山九号墓遣策、湖北沙市萧家草场二十六号墓遣策、湖北江陵高台十八号墓遣策等字形篆意犹很明显。已公布的西汉中期出土简牍不多，江苏邗江胡场五号墓墓葬时代是宣帝本始四年，为西汉中期，其出土木牍字形大部分已无篆意，但"公"、"女"、"致"、"吴"、"尹"等字仍篆意明显。属于西汉晚期的江苏东海尹湾六号墓简牍、江苏仪征胥浦一〇一号墓简牍、江苏连云港花果山汉墓木牍等，其字形已基本没有篆迹。西汉末年王莽时期的墓葬有甘肃武威磨咀子六号汉墓，墓中出土有《仪礼》简，简牍字形抄写年代可能比墓葬年代还要早，其字形已基本没有篆体痕迹。墓葬时代为东汉初年的甘肃武威旱滩坡《武威医简》和甘肃武威磨咀子十八号汉墓《王杖十简》，简牍字形抄写年代都应早于墓葬年代，其字形也已无篆体痕迹，所以，汉字形体词符化的完成时代定在西汉晚期比较合适。

四　甲骨文的形声字、会意字问题

从理论上讲，在典型的物符时期，即典型的字形表示物象时期，以构建义为目的的词符文字会意和以构建词的音义为目的的词符文字形声是不可能出现的，就同石器时代遗址不可能出现铜器，铜器时代墓葬不可能出现铁器一样。甲骨文时期无疑属于典型的物符时期，但是学术界却大多认为甲骨文中有形声字和会意字，有的还有具体的统计数据，如陈婷珠指出甲骨文"会意字字形数为875个"，"形声字字形数为330个"。[①] 我们认为，造成这样一种普遍观念的存在，主要原因可能是惯性思维作用的结果，也就是把汉代许慎《说文解字》分析秦代小篆而总结出的字形结构类型当作汉字不同阶段的普遍类型，以后代字形结构概观前代字形，没有注意到不同阶段汉字形体结构的差异。

事实上，与大多数的观点不同，早已有学者提出过不同意见，只是未

---

① 陈婷珠：《殷商甲骨文字形系统再研究》，上海人民出版社2010年版，第251页。

被注意或重视,比如唐兰就认为秦以前的古文字里没有会意字,他说:"在会意下,许氏所举的例是'武'、'信','止戈为武'见于《左传》,'人言为信'见于《谷梁》,似乎是很有依据的。但从现在的眼光看,这种说法都是错误的。古文字只有象意,没有会意。象意字是从图画里可以看出它的意义的。'武'字从戈从止,止是足形,我们绝不能把它当做停止的意义,因为停止的意义,在图画里是没有的。"① 又说:"'比类合谊,以见指㧑'这种会意字,在秦以前的古文字里,简直就没有看见过。"② 对于这一论断,也有学者赞誉有加,如王凤阳说:"唐兰先生说,古代只有象意字没有会意字,这真是一针见血的精到见解。"③

象意字和会意字的区别实质上是构件功能的区别,如果构件的功能是表形的,即表示物象的,那么合体即是象意字,如果构件的功能是表义的,那么合体即是会意字。如"武"字,甲骨文由"戈"和"止"组成,"戈"象兵戈形,"止"为足形,字形象人持戈行走,表示征伐。后期字形"戈"与"止"象形性降低,其功能由表形变为表义,"戈"表示武器,"止"表示停止、制止,这样"武"字也由象形字变成了会意字。裘锡圭说:"在上古文字里,用两个以上意符构成的表意字,多数是使用形符的,字形往往有图画意味,如我们在【三(二)】里举过的'立'、'步'等字。讲六书的人多数把这种字看作会意字,但是它们的性质跟'歪'一类会意字显然是有区别的。郑樵在《六书略》里把'立'和'步'列入象形字。他说'立'字'象人立于地上','步'字'象二趾相前后',解释字形比《说文》高明。近人林义光在《文源》里更明确主张,只有像'止戈为武'、'人言为信'那样'取其词义连属'的字,才可以算会意字,像 、、、等字那样,'随体画物,其会合也不以义而以形'的字,都应该算象形字。这种说法是有道理的。"④ 王宁说:"甲骨文'祝',画的是一个人张着口或伸着手向神主祝祷。'示'是神主的形象,放在祝祷者的前方或上方,应是表形构件;但在小篆中'示'已失去了

---

① 唐兰:《中国文字学》,上海古籍出版社2005年版,第57页。
② 同上书,第58页。
③ 王凤阳:《汉字学》,吉林文史出版社1989年版,第514页。
④ 裘锡圭:《文字学概要》,商务印书馆1988年版,第99页。

象形性,只提供'祝'与祭祀(示)、祝祷(口)有关的意义信息,它受'福'、'祀'、'祠'、'祷'等音义合成字的影响,固定地放在字的左边,因此已成为表义构件。"① 虽然《说文》解释"祝"为会意字,但显然王宁认为这是"示"旁由表形构件转化为表义构件的结果,甲骨文的"祝"仍是象形字。

如上所述,唐兰认为在秦以前的古文字里没有会意字,王凤阳认同唐兰的观点。但是在时间上,王凤阳认为还应该向前推一些,他说:"但是唐先生的说法要加点限制,就是把'古代'的时限分清。如果说甲骨文时代、古金文时代,人们还没有会意观念,那当然是对的,如果说在春秋、战国时代人们还没有会意观念,那就失之太晚了。既然春秋、战国时期已经有了'止戈为武'、'背厶为公'的就字解字观念,这种观念就必然会反转来成为造字的依据的。"② 有《左传》的字形分析例证为据,王凤阳的观点应该是正确的。

至此我们就明白了,说甲骨文有会意字其实是混淆了字形构件表形与表义功能的差别,是用后代表义字形概观前代表形字形造成的误解。

那么形声字的产生时间呢? 唐兰是承认甲骨文有形声字的,他说:"真正的形声文字的发生,和社会文化的发展有密切的关系,我们看卜辞里地名和女性的形声文字特别多,就可以推想到形声文字初起时,也许还在母系社会时期。"③ 唐兰还说:"形声文字的兴起到完成,是近古期。"④ 而他的"近古"包含商周,他说:"但在近古期里的较早部分——殷商系的全部和两周系的早期——离上古期还不远。"⑤ 对此,我们的疑问是:既然会意和形声是字形表示词的音义的两大表现方式,即都是字形表示词的音义观念作用下的产物,那么,为什么没有在同一阶段出现呢? 甲骨文为什么只有形声字而没有会意字呢? 这是不符合常理的。如果我们对比一下甲骨文所谓的形声字和后代形声字,即可发现问题之所在。

在研究者所指甲骨文的形声字中,绝大部分是把象形字当成了形声

---

① 王宁:《汉字构形学讲座》,上海教育出版社 2002 年版,第 51 页。
② 王凤阳:《汉字学》,吉林文史出版社 1989 年版,第 514 页。
③ 唐兰:《中国文字学》,上海古籍出版社 2005 年版,第 78 页。
④ 唐兰:《古文字学导论》(增订本),齐鲁书社 1981 年版,第 83 页。
⑤ 同上书,第 84 页。

字，如陈婷珠《殷商甲骨文字形系统再研究》所列形声字中有"高"、"登"、"弔"、"祝"、"之"、"友"、"孚"等，这些字即使在《说文》里也还不是形声字。甲骨文中确有小部分字字形中有声符，但无论是形旁还是声旁皆与后代形声字性质不同。先看形旁，如"凤"、"鸡"：

表2   "凤"、"鸡"合体与独体对照

凤	🖋 🖋
鸡	🖋 🖋

    上述字形前一字形为象形，后一字形分别加了声符"凡"和"奚"，对比可以发现，后一字形除声符外的形体与象形独体无别，仍是象形的，也就是其功能是表形的，与后期形声字形符形体不象形，形符功能是表义判然有别，与后期多数形声字形符表示义类更是不可同日而语。在王宁的汉字构形学中，此类字形为"形音合成字"，而形声字则为"义音合成字"，属于两种不同的构形模式。她说："用表形构件与示音构件组合，即为形音合成字。这种模式在甲骨文是一种很重要的模式。甲骨文中的一些象形字，出于区别或更便于释别的原因，再加上一个示音构件，以增加字音信息，便成为形音合成字。"① 又说："用表义构件与示音构件组合，即为义音合成字。义音合成字就是典型的传统形声字。"② 王先生的论断是正确的。

    再看声旁，总体而言，汉字字形中的声旁具有两大功能：一是区别功能，目的是使本字形区别于他字形；二是标音功能，目的是显示单字读音。学者认为的示源功能，有些声旁确实具有，但这种功能是被动形成的，并非有意为之，它是在汉字以增加构件的方式派生新字形时原构件自然转换形成的，它与区别功能和标音功能是以此功能为目的增加构件有着本质的区别。区别功能是早期汉字声旁的主要功能，早期汉字的声旁是为区别字形而出现的，这一点前人早已有过论述，徐中舒说："形声字在甲骨文中已经出现，它的产生，是由于象形字笔画简单，在长期使用中容易

---

① 王宁：《汉字构形学讲座》，上海教育出版社2002年版，第63页。

② 同上书，第64页。

混淆，所以必须加声符以区别之。例如鸡和凤都是鸟形，后来各加声符，隹旁注奚为🐓，隹旁注凡为🦅。又如星，最初作 ⊕⊕、⊕⊕ 等形，与口日等字不易区别，后来加声符为 ✡ 或星。"① 常宗豪说："'鷄'的右旁本来不是从鸟，而是一个原始象形的'鷄'字，这个鷄字的象形字很容易和其他象鸟形的字如'鳳'字相混，因此后来便要增加声符'奚'，藉以注释'鷄'字的读音，更可使'鷄'字与其他形似的字区别。"②

早期只有独体象形字和合体象形字，之后产生的是形音组合的字形，形音组合中"形"义化为"义"时即正式形成形声字，此前不是严格意义上的形声字，只是准形声字。形音的形的义化同于形形组合的义化，合体象形字词符化后发展为会意和形声。

最早的形声字可能是在假借字上增加象形构件而形成，但还不是标准的形声字，它的组合结构是形音结构，即表音构件和表形构件的组合，当表形构件转化为表义构件后，才成为正式的形声字。

在以往的汉字研究中，我们一直把"六书"当作涵盖所有不同阶段汉字的结构分析通用模式来看待，但是，王宁说："'六书'本来是以秦代规范的小篆为基础总结出的汉字结构分析模式。"③ "'六书'仅对秦代规范的小篆是合适的，但是它无法覆盖历代的汉字构形。"④ 通过以上分析可以确认，"六书"中的会意、形声是在汉字形体由表示物象转化为表示词的音义的过程中，以词的音义组合产生新字的方式形成的结构模式，它是在汉字发展到一定阶段后才有的构形模式。

五　词符化的动因

词符化的重要表现是隶书的产生和形成，对于隶书产生的原因，传统的解释是因于事务繁忙，《汉书·艺文志》："是时始造隶书矣，起于官狱多事，苟趋省易，施之徒隶也。"《说文·叙》："是时秦烧灭经书，涤除旧典，大发隶卒，兴役戍，官狱职务繁，初有隶书，以趣约易，而古文由

---

① 徐中舒：《徐中舒历史论文选辑》，中华书局1998年版，第1406页。
② 常宗豪：《当前的汉字规范化问题》，《中国语文研究》1980年第1期。
③ 王宁：《汉字构形学讲座》，上海教育出版社2002年版，第17页。
④ 同上书，第16页。

此绝矣。"我们认为，随着社会节奏的加快，汉字书写有快速的要求，这是符合事实的。但是如果字形表示物象的本质没有改变，其象形性就难以发生本质变化，就同要求我们书写小篆，我们不能因追求快速而写成楷书一样。所以因事务繁忙而快速书写仅仅是外因。那么内因是什么？内因是汉字作为汉语书写符号的本质特征的回归。

早期汉字字形并不是直接表示汉语，而是直接表示物象而间接表示汉语，为什么会这样？因为为汉语创造一套全新的书写符号，在原始时期是一件非常难的事，从创制方面说，需要把汉语的基本单位分析清楚；从使用方面说，一套全新符号的接受和传播并非易事。所以最初的汉字采用的是借用的方式，即借用古人异常熟悉的已有的书面符号图画。在文字产生前，古人已有人际交流和表达情感的书面形式图画，图画和语言都是对自然、人事的表达，指向相同，借用图画作为语言的书写符号，无论是创制还是学习使用都极为便利。当然仅是借用是不够的，需要采用同样的绘画方式来补充完善，有些少数民族文字，比如东巴文，其特征一是不能完整表述语言，只标志一些关键词，整个文句需由东巴来补充解释；二是语句文字的组合多具有图画性，例如：

东巴经文句

此为东巴经《请神压端鬼·端鬼的来历》中语句，：树木。：东方。：门。：表示端鬼。整句意思是"木来把东方的端鬼门关上"。依照语序，"门"本应在"端鬼"之后，此处"门"放在"端鬼"之前，意在表现把端鬼关在门外。① 这些特征都与文字借用图画有关，相信汉字也经历过这种阶段。

早期汉字的字形表示物象是在特定条件下形成的，实际上是图画表意和语言表意的融合，有着鲜明的原始性。但是汉字毕竟是汉语的书写符号，直接表示汉语而非间接表示汉语，直接反映物象才是它的本应状态，这即是汉字形体由物符发展为词符的内在原因和本质原因。

一般而言，一个系统向另一个系统发展，多在前一个系统发展到极致

---

① 邓应章、常丽丽：《纳西东巴经特殊字序研究》，《中央民族大学学报》2014年第4期。

后才会发生,因为前一个系统发展成熟的同时,往往会为后一个系统的产生创造条件。商代甲骨文已是能够完整表达汉语的成熟文字体系,随着时代的发展,其系统逐渐完善和规整,也同时为符号化更明显的下一个系统的产生创造了条件。但是何时开始本质性的转化,外因会起很大的作用。西周晚期,王权逐渐衰弱,其结果便是王都的不得已东迁。王权的衰落,使整个社会尊崇观念发生了变化,包括对汉字。

词符化产生的根本原因也就是内因,是文字作为语言符号的本质的回归。外因首先是社会观念的变化,其次是书写快捷。

六 词符化的途径

汉字形体词符化是汉字构形系统古今发展的全方位转换方式,词符化既是对旧系统的改造过程,也是新系统的建立过程。以表示词的音义的新字形系统对旧系统的改造与发展,主要基于两方面的目的:一方面是更好地表现词的音义,另一方面是构形上符合组合性的合体结构形式。词符化的途径就是围绕着这两方面进行的。所谓组合性的合体结构形式是与表示词的音义的目的相应的,与物象不同,词的音和义都是抽象的,因而与其相应的字形系统形成两个特点:一是构件多形和整字多形归一化,二是单字形体组合化,形成以有限的构成成分和简单的组合方式构成整个系统的科学模式。汉字词符化的途径主要有六种:

(一) 构件形体的义化和声化

1. 构件形体的义化

构件形体的义化是构件形体由表示物象向表示词义的演化,随着构件功能由表形转化为表义,其形体突出表现为由象形逐渐符号化,最终发展为不再象形的隶体。如"買"字:

表3　　　　　　　　　　"買"字形体演变

	商代	西周	春秋	东汉
買				

《说文·贝部》:"買,市也。从网、贝。《孟子》曰:'登垄断而网

市利。'""買"的本义是做买卖,买进而卖出,从而获利。字形由"网"和"贝"组成,以网罗钱财表示获利行为。商代、西周字形中,"网"与"贝"都是典型的象形形体,春秋字形已不太象形,东汉字形已严重符号化,表明"网"与"贝"已由物象形体义化为表义符号。

2. 构件形体的声化

有些原本表示物象的构件,在词符化的过程中,受字形结构形声化趋势的影响,经重新解释,转化为表音构件,是为构件形体的声化。如"逆"字:

表4 "逆"字形体演变

逆	商代	西周	战国	小篆	东汉

《说文·辵部》:"逆,迎也。从辵,屰声。关东曰逆,关西曰迎。""逆"的本义是迎接。商代字形第一个形体上部像一个由远而近走来的人,下部是脚尖对着来人的脚,代表迎接的人。第二个形体"彳"是道路的象形,表示来人行走在路上。第三个形体表示主人正在迎接路上走来的客人,是后代形体的直接来源。三形体都是象形形体,到小篆时,一方面表示来人的形体不再象形,另一方面"彳"与"止"并为表义符号"辵",经《说文》重新解释,表来人的"屰"变为声符。

(二) 构形成分的定形、定量和定位、定向

一字多形是古文字的重要特征,有的单字甚至多达十多个形体。这种现象是与字形表示物象的本质相应的,也是这一本质决定的。在字形表示物象的象形阶段,唯一要求是字形能够反映物象,即能通过字形看出物象,物象丰富而字形简单,这为字形的多种选择创造了条件。同样是山水画,景物及构图各不相同,古文字一字多形的道理有似于此。古文字一字多形反映在几个方面,一是个体物象多形,如同样是表示人,形体或有脚或无脚,或坐或站,或男或女,或有头或无头,或正面或侧面等;二是同一单字构件数量不一,或两个或三个或四个;三是单字形体中构件的位置不定,同一构件有时在左,有时在右;四是构件的方向在物象没有要求的情况下不定,或向左或向右。词符化的途径也以定形、定量和定位、定向

来完成。定形即同一个体物象由多形发展为一形，定量即同一单字形体由构件数量不一发展为数量固定，定位即单字形体中构件的位置固定，定向即同一构件方向固定。定形、定量如"御"字：

表5　　　　　　　　　　"御"字形体演变

御	西周	小篆	东汉

此字西周字形第一形由"彳"、"止"、"午"、"卩"四个构件组成，第二形由"彳"、"午"、"卩"三个构件组成，第三形由"午"、"卩"两个构件组成，构件数量不同，同时，同是"午"、"卩"，在各字形中的写法也不尽相同，到小篆及东汉时，字形已定形、定量为一个形体。

定位、定向如"祀"字：

表6　　　　　　　　　　"祀"字形体演变

祀	西周	小篆	东汉

此字西周字形"示"旁或在左或在右，而"巳"旁方向或向左或向右，到小篆及东汉时，字形已定位、定向为一个形体。

（三）转换结构与构意重建

古文字字形除独体象形字外，也存在大量合体象形字，合体象形字不仅构件形体是象形的，其结构也是象形的，所以词符化的途径之一是在构件不变的情况下，于构件义化和声化的同时，使象形结构转化为会意或形声结构，结构转换后构意也相应重建。如"涉"：

表7　　　　　　　　　　"涉"字形体演变

涉	商代	西周	战国	小篆	东汉

《说文·沝部》"涉"下："徒行厲水也。"本义是过河，商代、西周

字形中为河流，两边各有一足，表示过河，为合体象形字，此后字形中的河流同化为"水"，并移至字形左边，二"止"合为"步"，由合体象形字转换成了会意字，战国时期呈过渡状态，两形都有。

又如"降"：

表8　　　　　　　　　　"降"字形体演变

	商代	西周	春秋	小篆	东汉
降					

商代形体像两脚趾向下的脚缘梯下降，为象形形体。西周、春秋时形体未大变，小篆形体两脚已符号化，并组合为一个直接构件，与"阜"形成二元组合，构意也同时重建，由合体象形字转换成了形声字，《说文·阜部》："降，下也。从阜，夅声。"

转换结构的字形发展现象，唐兰有过部分论述，他说："复体象意文字有些近似形声文字，不过象意字的特点是图画，只要认得它原是图画文字，从字面就可以想出意义来，就是象意字。即使它们后来已归入形声文字的群里，我们也依然叫作象意文字"① 又说："形声文字一发生，就立刻比图象文字占优势了。原来是声化的象意字，以及少数的合体字之类，也完全被吞并，而作为形声文字了。"②

（四）构形改造

是以表词的新方式，即会意或形声改造旧有的象形形体，使之由表物象形体发展为表词形体。改造的方式主要是两种：

1. 构件类化

用常见的构件替换原字形部分构形成分，替换的原则首先是新构件能够参与构意，即或能表义或能表音，其次是形体上相近相似。如"折"：

表9　　　　　　　　　　"折"字形体演变

	商代	西周	春秋	小篆	东汉
折					

---

① 唐兰：《中国文字学》，上海古籍出版社2005年版，第62页。
② 同上书，第78页。

"折"字本形为从斤断草，左部构件断开的草到小篆时类化为"手"，折是手的动作，故从手符合构意。"鳳""雞"与此同，商代字形"鳳"之左部本是凤的象形，"雞"之右部本是鸡之象形，小篆后"鳳"类化为"鸟"，"雞"类化为"隹"，"隹"本义是短尾鸟。

再如"祼"：

表10　　　　　　　　　　"祼"字形体演变

祼	商代	西周	小篆

"祼"字商代、西周字形右部本是双手持酒樽灌祭，小篆时类化为声符"果"。《说文·示部》："祼，灌祭也。从示，果声。"

构件类化类化掉的形体多是形体复杂、象形性强且构字能力低的构形成分，多数只是出现在一个字形中，所以构件类化实际上也是构形系统自我完善的过程。

2. 独体分化为合体

独体是表物象形体的主要特征，合体是表词形体的主要特征，所以独体改造为合体也是词符化的重要途径。

表11　　　　　　　　　　"须"字形体演变

须	商代	西周	春秋	战国	小篆

"须"字本是人形突出头部和须毛的独体象形字，小篆时分化为合体，《说文·须部》："须，面毛也。从頁，从彡。"

（五）增加义符或声符

增加声符如"齿"，商代为独体象形字，战国时增加声符"止"。"戈"，商代为独体象形字，战国时增加义符"金"。增加义符则原构件转化为声符，增加声符则原构件转化为义符，此种途径形成的皆是形声字。

表12　　　　　　　　"齿"、"戈"字形体演变

	商代	战国
齿		
戈		

增加义符或声符前人一般认为是为了更好地表现词的音义，实际上还有一个同样重要的原因是形体结构向组合化发展。

（六）重新构字

是以表词的新方式，即会意或形声构造新形替代旧有的象形形体。

表13　　　　　　　　"祗"字形体演变

	商代	西周	春秋	战国	小篆	东汉
祗						

"祗"，战国以前字形是合体象形字，小篆是另起炉灶，造了一个形声字，《说文·示部》："祗，敬也。从示，氏声。"

上述六种途径中，构形改造、增加构件和重新构字三种途径贯穿于形声字发展的整个过程，在词符化阶段，它们是词符化的表现形式，但不仅是词符化的形式，也是派生新词的形式。而其他三种途径则是词符化的独有表现形式。增加构件和重新构字是瞬间完成的，结构转换，构件形体的义化和声化，构形成分的定形、定量和定位、定向则是在漫长过程中逐渐完成的，构形改造则有的是瞬间完成，有的是逐渐完成的。

七　词符化导致的汉字构形系统的变化

词符化过程的核心是支配形体构成的主导因素的变化，因此伴随着词符化过程的开始和演进，汉字构形系统必然发生一系列变化，其主要变化有如下数端。

（一）笔画产生

古文字形体没有笔画，只有点线，其线条随物象而曲折蜿蜒。汉字形

体笔画的产生盖因于快速书写的需要,但是如果字形表示的是物象,快速书写就会受到限制,因为不能把字形写得不再表示物象,所以快速书写的前提是字形不再表示物象,而是表示词的音义。在字形表示词的音义阶段,字形转化为通过构件组合来生成音义的构意方式,词的音义是抽象的、无形的,因此表示它的字形就可以是抽象的符号,这才为笔画的产生创造了条件。所以汉字笔画产生的根本原因是汉字形体的词符化,即汉字形体由表示物象转向表示词的音义。

(二) 声符不完全表音

现代汉字形声字声旁的表音功能是比较弱的,据李燕、康加深研究,现代汉字形声结构与其声旁声韵调全同的只有37.51%,声韵同而调不同的占18.17%,二者相加才55.68%。[①] 此前学者解释形声字声旁不能准确表音的原因主要有两条,一是古今语音变化,二是造字时没有严格选取声符。现在看来,词符化也是造成形声字声符不能准确表音的重要原因。词符化导致的转换而成的形声结构与严格选取声符构造的形声结构相比,其声符的准确表音必然难以保证。如"羞",《说文·丑部》:"进献也。从羊,羊,所进也;从丑,丑亦声。"《说文》以小篆字形为依据,解释为形声字,但从战国以前的字形看,"羞"为从羊从又,又即手,以手持羊表示进献,小篆字形受形声化影响,"又"变成了"丑"。

表14　　　　　　　　　"羞"字形体演变

	商代	西周	春秋	战国	小篆
羞				羞	羞

"丑"与"羞"声母差异较大,因此严学宭将"羞"与其声符"丑"的谐声关系作为构拟复辅音声母 *pk- 的一个证据,[②] 雅洪托夫也将其作

[①] 李燕、康加深:《现代汉语形声字声符研究》,《现代汉字学参考资料》,北京大学出版社2001年版,第152页。

[②] 严学宭:《原始汉语复声母类型的痕迹》,《古汉语复声母论文集》,北京语言文化大学出版社1998年版,第136页。

为"部分轻辅音声母来自复辅音声母"的材料之一。① 这些结论没有考虑到字形结构的转化因素，将"丑"当作"羞"的本有声符，在材料依据上无疑是有问题的。

（三）形声结构趋于主流

现代汉字中，80%以上是形声字，这是因为新的字形系统以表示词的音义为目标，而形声构形方式既表义又表音，是达到这一目的的最佳方式，所以形声构形方式成为后期汉字形体结构的主流方式，其动因是词符化。

（四）二元组合结构进一步发展

由两个直接构件组成的字形结构称二元组合结构。在汉字产生的早期，二元组合结构即是主流结构，这是因为这种结构既突破了独体字形的发展局限，又能以最简单的结构体现字义。后期字形受形声化发展趋势的影响，一方面是旧有的多元结构改造为二元结构，另一方面是新造字形皆以二元结构形式完成，除部分遗留外，使二元结构成为汉字结构发展的唯一形式。直接构件左右或上下组合最能明示二元组合结构，故汉字字形组合结构也多以上下或左右呈现。如"追"字：

表 15   "追"字形体演变

	西周	春秋	战国	小篆	东汉
追					

追字形体从西周到战国皆是由"彳"、"止"、"𠂤"三个构件平面组成的，到小篆时"彳"和"止"合并，《说文·辵部》："追，逐也。从辵，𠂤声。"

二元组合结构进一步发展，还会导致字形结构层次由单层向多层发展。如"追"原本是由"彳"、"止"、"𠂤"组成的单层平面组合，后发展为多层组合，第一层是"辵"和"𠂤"的组合，第二层是"彳"、"止"的组合。

---

① 雅洪托夫：《上古汉语的复辅音声母》，见《古汉语复声母论文集》，北京语言文化大学出版社1998年版，第304页。

八　结语

　　从上述现象的分析可以看出，汉字之所以成为唯一使用至今的文字，摆脱了大多数古老象形文字被拼音文字取代的命运，重要原因是适应新的时代的要求进行了创新改造，与拼音文字仅据音构字不同，后期汉字是依据词的音义构字，主要有形声和会意两种方式，形声字是音义兼表，会意字是仅据义构字。形声字最能完整表示词，因而成了汉字的绝对主流。从古汉字发展为现代汉字，汉字既保持了字形与字义相互映证的特征，又使构件以下的字形成分由物象决定转化为可以自由规划的书写成分，解决了汉字书写速度缓慢的问题，适应了节奏加快的社会发展需要。古汉字的一笔一画都是由物象决定的，古汉字描画式的篆体最大缺点是书写缓慢，篆体物象成分发展为隶体的书写成分笔画，主要解决的就是快速书写问题。与篆体成分相比，笔画的主要特征是"趋直反逆",[①] 趋直即曲线变为直线，反逆即逆写变为顺写，如从上到下、从左到右等，直线比曲线距离短，书写快，逆笔与人的生理习惯相悖，书写必然慢。同时，笔画由于是书写成分，便可进行人为归类，使其更加简单易写。可以想象，描绘物象的古汉字如果不经历词符化的改造，就不一定能适应新时代的要求，其被拼音文字取代或许是必然结果。

---

① 王凤阳：《汉字学》，吉林文史出版社 1989 年版，第 222—223 页。

"隶变"问题新探

一 "隶变"的地域和字系问题

战国文字依据国别地域的差异分为不同的系属，有秦系文字、楚系文字、晋系文字、齐系文字、燕系文字等，又有西土文字与东土文字、秦国文字与六国文字的划分。隶变是各系文字的共有现象，还是秦系文字的独有现象？这一问题迄今尚分歧严重。有主张隶变是秦系文字独有现象的，如姜宝昌先生《文字学教程》说："隶变是汉字由秦篆向隶书演化过程中表现出来的形变、省变和讹变的总称。"① 赵平安先生《隶变纵横谈》说："我们认为，所谓隶变是战国中期以来秦系通用文字中的篆体经由古隶到八分的演变。"② 有主张隶变是各系文字的共有现象的，如唐兰先生《中国文字学》："六国文字的日渐草率，正是隶书的先导。"③ 还说："六国文字，地方色彩更浓了，以致当时有同一文字的理想。但除了图案化文字外，一般有一个共同的趋势，那就是简化。用刀刻的，笔画容易草率，用漆书的，肥瘦也受拘束，就渐渐开隶书的端绪了。"④ 饶宗颐先生《楚帛书之书法艺术》："张怀瓘《六体书论》称：'隶书程邈所造，字皆真正，故曰真书。'按分、隶之兴，非自秦始，此特指秦隶耳。今观楚帛书已全作隶势，结体扁衡，而分势开张，刻意波发，实开后汉中郎分法之先河，孰谓隶书始于程邈哉？"⑤ 以上唐兰先生和饶宗颐先生的说法除表明六国

---

① 姜宝昌：《文字学教程》，山东教育出版社1987年版，第782页。
② 赵平安：《隶变纵横谈》，《历史教学》1992年第8期。
③ 唐兰：《中国文字学》，上海古籍出版社1979年版，第165页。
④ 同上书，第152页。
⑤ 饶宗颐：《楚帛书之书法艺术》，见饶宗颐、曾宪通《楚地出土文献三种研究》，中华书局1993年版，第342页。

文字也有隶变现象外，似乎也在说明六国文字也是后代隶书的来源，这是令主张隶变是秦系文字独有现象的学者不能接受的。郭沫若先生《古代文字之辩证的发展》说，战国楚帛书"字体虽是篆书，但和青铜器上的铭文字体有别。体式简略，形态扁平，接近于后代的隶书"。① 姜亮夫先生《古文字学》："战国末期的六国文字，草率的极多，其实已经有了'隶'法！"② 以上郭沫若先生和姜亮夫先生的说法，仅是表明六国文字有同隶书相同的形变现象，并未明言是隶书的来源。

分析上述两种对立观点的立论依据，持论隶变是各系文字的共有现象者，主要是发现了六国文字有与隶书同样的形变现象；而持论隶变是秦系文字独有现象者，思路是从后向前推，既然秦汉隶书是因秦始皇统一全国而由秦国文字发展来的，自然隶变也只是秦系文字的事。赵平安先生说："说隶变始于秦文字，是从今隶上溯得出的结论。"③ 又说"由于秦国在兼并他国诸侯的同时推行秦文，使得原来通用的他国古文在固有本地上渐渐失去合法地位。到秦统一中国时，整个统一国家的通用文字便是秦文。这样，与后世今隶接续的，理所当然地成了秦国文字。"④ 王志平、董琨先生《简帛文献文字研究》说："此外，由于秦系文字的大量出土，对于隶书文字演变的系属现在也比过去更加清晰了。唐兰先生以前曾经指出，'六国文字的日渐草率，正是隶书的先导'。他认为隶书起源于战国，其时代判断所言甚是，但是对于文字系属的判断则并不正确。现在一般人认为，'秦国人在日常使用文字的时候，为了书写的方便也在不断破坏、改造正体的字形。由此所产生的秦国文字的俗体，就是隶书形成的基础'。其文字构形当然属于秦系文字。"⑤ 我们认为，虽然不能说秦汉隶书来源于六国文字，但六国文字同样出现了与秦系文字相同的形变现象，即隶变现象，是符合实际的。认为隶书由秦系文字演变而来，故而隶变仅是秦系文字的独有现象，实际上是混淆了隶书与隶变的区别。隶书与隶变既有联系又是不同性质的问题，隶变是战国晚期各区域文字的共有形变趋向，而

---

① 郭沫若：《古代文字之辩证的发展》，《考古》1972 年第 3 期。
② 姜亮夫：《古文字学》，浙江人民出版社 1984 年版，第 60 页。
③ 赵平安：《隶变研究》，河北大学出版社 2009 年版，第 6 页。
④ 同上书，第 7 页。
⑤ 王志平、董琨：《简帛文献文字研究》，见简帛文献语言研究课题组《简帛文献语言研究》，社会科学文献出版社 2009 年版，第 215 页。

秦汉之后的隶书则是由秦系文字发展而来的。我们不能因为六国的隶变字体没有流传下来，就否认六国字体经历了汉字发展共同趋势的隶变。这就同由秦系文字发展而来的秦汉字系流行简体字，而不能否认六国文字形体有简化趋向一样。试想如果秦没有统一全国，各个字系也都会发生相应的变化，这种变化也可以说是整个汉字体系的变化，并不会有区域限定。正如裘锡圭先生所说："在战国时代，六国文字的俗体也有向隶书类型字体发展的趋势。楚国的简帛文字'体式简略，形态扁平，接近于后代的隶书'（郭沫若《古代文字之辩证的发展》，《考古学报》1972 年第 3 期第 8 页）。在齐国陶文里可以看到把'香'所从的'大'写作大，把'棠'所从的'木'写作木……这种简写方法跟隶书改造篆文的方法极为相似。如果秦没有统一全中国，六国文字的俗体迟早也是会演变成类似隶书的新字体。"① 汉字同出一源，使用人群与大的环境又没有根本性的改变，当然应有共同的发展历程，战国文字虽然有国别、地域差异，但就字形系统整体而言，差异并不大。

从汉字发展史的角度看，战国后期整个汉字体系发生了由线条化向笔画化的转变，各系文字总体变化相同，用"隶变"来表示这一变化是恰当的。"隶变"的定名虽然确是源于秦汉隶书的形体变化，但它也是整个汉字体系由线条化向笔画化转变的称谓，"隶"只是一个代表性标识。王宁先生主编《汉字学概要》说："从篆书到隶书的转变，是汉字史上的一大飞跃，从此，汉字完全失去了古文字阶段的象形意味，摆脱了古文字婉曲线条的束缚，开始步入今文字阶段。正因为这次转变给汉字带来如此剧烈的变化，文字学上便专门为它取了个名称，叫'隶变'。"② 如果隶变仅指秦系文字的变化，那么六国文字相同的阶段性形体变化怎么表示？若另外给一个名称，就等于相同现象而有两名，"隶变"已深入人心，如另起新名，也很难让人接受。

隶变字系问题的争论是随着战国文字的大量出土而产生的，它实际上涉及对汉字发展更深层次问题的认识，即隶变的本质和产生原因。

---

① 裘锡圭：《文字学概要》，商务印书馆 1988 年版，第 69 页。
② 王宁主编：《汉字学概要》，北京师范大学出版社 2001 年版，第 53 页。

二　隶变的本质和产生原因

汉字是汉语的书写符号，当社会的发展促使汉语的使用者产生了为汉语建立书写符号的冲动时，依现今的思维，汉字创制的依据应是汉语的基本单位，即词，汉字的形体应表示词的音或义，抑或音义兼表。但是创制一套新的书写符号存在两难：一是创制之难，需要对汉语成分及构成要素有清晰准确的认识；二是传播与接受之难，需要专门的学习和推广。所以最初的汉字实际上是借用原有的图画和记事符号，以赋予其新的职能的方式产生的。这样汉字就成了一种自然形成的、易于被人们接受的新事物。汉字之所以借用图画，是因为在汉字产生之前，图画是人们交际交流、抒发情愫的最主要书面工具，与语言有相同的职能。图画表示的是物象，语言的基本单位——词表示的也是物象，在许多情况下，二者只是口头形式与书面形式的差别，其所表物象往往完全相同，所以以图画作为语言的书面形式是顺理成章的事。图画表意对古人来说异常熟悉，所以对基本职能相同的汉字并不需要费力学习。历史的真相很可能是，在社会发展的驱动下，图画在集体无意识中渐次产生了记录语言的职能，到一定阶段，某个或某些人开始搜集整理，形成了最初的汉字聚合。

初期的汉字不成系统，并不能完整地记录汉语，就同许多少数民族的原始文字一样。汉字能够完整地记录汉语，只是借用恐怕不够，还需要依照图画的方式补充新的汉字。

总之，图画表意的进一步发展，产生了汉字。新石器时代的陶符是不是汉字？有些铜器铭符是汉字还是图形？其出现争论与此密切关联。所以描画事物之形是早期汉字形体的基本特征，也就是说，早期汉字形体的构造依据的是物象。但是不要忘了，汉字是汉语的书写符号，它的形体应该体现汉语的基本单位，而不是直接表示物象，再通过物象来间接表示汉语中的词。这样的结果虽然有历史的必然性，但毕竟不完全具备事理的合法性。随着社会的进一步发展，随着汉字体系的进一步规整严密，汉字形体也必然会从表示物象回归表示词的音义，这就是隶变产生的根本原因。

三 "隶变"的时限问题

隶变始于战国中晚期，这是学界通常的说法，但这种说法欠精细。赵平安先生认为隶变始于战国中期，其文"一是把战国时期秦国文字的某些简率写法直接看作古隶，二是把隶书的产生时间明确卡在战国中期"。① 我们认为，考察"隶变"时限时，有两方面问题需要注意，一是书写工具差异的问题，用刀刻的字形有时出现类似隶变的方折、简率等形体，是书写工具使然，并不反映字体的自然演变面貌，如商代甲骨文的"巳"有时作𠃊、甲骨文的"木"作构件时有的写作✹等；二是形变的数量和程度，隶变成分只是偶或出现还是已有一定比例，需要慎重考虑。现今有关研究成果所举战国中期隶变形体，基本为兵器上的刀刻字形，能否作为确证尚需斟酌。考虑到这些因素，从战国金文来看，把隶变产生期定在战国晚期是比较妥当的。裘锡圭先生《文字学概要》即把战国晚期定为隶书形成期。

隶变终于何时迄今尚无定论。陆锡兴先生说："那么，隶变之隶讫点在古隶、分隶，还是今隶呢？这是一个没有解决的问题。如果隶确定为古隶，隶变的讫点则在战国时期，如果确定为分隶，讫点则在西汉时期，如果确定为今隶，讫点要晚至隋唐。我的看法是最后一种，即隶变终于隋唐。"② 又说："一般认为，隶定是由篆而隶的过程，完成于汉。这种误会来自对隶的理解。隶是与篆相区别的概念，它不仅包括了汉代隶书——分隶，也包括了汉以后的楷书——今隶。事实上，从秦到汉，只走完了隶变的一半路程，还有一半路程就是由分隶到楷书，即从汉末始，中经两晋南北朝动荡、变异、融合，直到唐代的楷体正字。"③ 对此，赵平安先生认为："然而隶变和楷变虽然相承，却各有特点，不宜混为一谈。"④ 整个汉字发展史，从构形体系而言，可以以隶变产生为界分为前后两大阶段。隶变产生以前是以物象为构形依据的篆体字系阶段，隶变产生以后直到现代

---

① 赵平安：《隶变研究》，河北大学出版社2009年版，第9页。
② 陆锡兴：《隶变是一个文字发展阶段》，《历史教学》1992年第9期。
③ 陆锡兴：《唐代的文字规范和楷体正字的形成》，《语文建设》1992年第6期。
④ 赵平安：《隶变研究》，河北大学出版社2009年版，第10页。

汉字的形成，是以词的音义为构形依据的隶楷字系阶段。前辈学人已经有过这样的论断，启功先生说："我们看从大汶口瓦器上一些类似文字的符号，到后世还沿用来仿写的古文、小篆，都是笔画以线为主，笔画轨迹以圆势为主。而自秦代粗刻的诏版渐有直笔画、方转折的刻法。秦律更是点画不避方扁，笔画轨迹以方为主。这种写法，沿习直到今天，因此我们不妨以'篆类'来称秦隶以前的字体，以'隶类'来称秦隶以后的字体。即至今天所用的楷书以至宋体字，仍是隶类演变出来的。"① 唐兰先生说："但是一般说起来，古文字跟近代文字有很大的不同，古文字是'篆'，近代文字是'隶'跟'草'。"② 陈梦家说："篆书为古代文字的结束，隶书为近代文字的开始。"③ 从文字使用实际看，敦煌遗书及历代石刻的众多文字异形，多可在秦汉出土文献中找到原形。因此，陆锡兴先生的观点有一定道理。但是"隶变"与隶楷字系并不是同一概念，"隶变"强调的是对篆体字系的改变，即打破篆体，就此而言，东汉时期的字形篆迹全无，隶变至此可以说已经完成了任务。从汉字发展史实际看，战国晚期隶变开始直到现代汉字定型，皆可目为汉字新阶段字系的建立、完善过程。在这一过程中，始终存在着两种力量的互动：一种是打破旧形体建立新形体的创新动能，表现为多途探索、生出众多新构形原则下的新形体；另一种是结构平衡，从字形系统完善的角度来调整、确定种种异形成分的生存状态。同一个构形成分的多种创新变体及构形元素的分合等，孰优孰劣，孰存孰汰，这是它考虑的问题。虽然整个汉字新体系的建立就是在两种力量的交互作用下完成的，但是在不同阶段其地位并不相同，在前期，多途探索处于主导地位，而在后期则结构平衡处于主导地位。隶变至东汉，不仅旧字系的篆体成分已完全革除，更为关键的是符合书写便捷原则的种种创新形体也已基本呈现。后期字形虽然仍富含异形，但与秦汉时期相比已不可同日而语，且仅有的异形多是前有字形的继承而非创新。三国以后字系发展更多的是在字形系统成熟化、严密化的要求下，协调、修整现存的字形成分。所以，我们同意赵平安先生的思路，把"隶变"定在隶楷字系发展的前期，其终点是东汉末年。

---

① 启功：《古代字体论稿》，文物出版社1999年版，第27—28页。
② 唐兰：《中国文字学》，上海古籍出版社1979年版，第163页。
③ 陈梦家：《中国文字学》，中华书局2006年版，第165页。

四 "隶变"与"俗字"问题

目前学术界较为普遍的看法是隶变导致了大量俗字的产生，如赵立伟先生《从隶变看俗字的产生》说："隶变在使汉字更加简单、更有利于书写的同时，又因汉字成分的复杂性和演变时的多趋向性，直接导致了大批俗字的产生。"① 井学法先生《汉碑俗字的类型及其成因探析》说："由于隶变原因，汉碑中更是涌现出了大量的俗字。"② 这种看法的前提显然是把大量的隶变形体认定成了俗字形体，我们认为这是不符合汉字发展实际的。隶变的实质是汉字打破原有的以物象为描绘对象的篆体字形系统，建立新的以词的音义为表示对象的字形系统的过程。在建立新的字形系统的过程中，由于处于自然演化状态，呈现出的是多途探索、多种改造方式并现的面貌，即同样一个字形成分在便于书写的原则下或者这样改造，或者那样改造，使得同一个单字出现多种形体。在当时，这众多形体都是新体系建立过程中的探索形体，也即都是汉字形体正常演化的结果，并无主次、正俗之别。所以隶变形体与民间俗写完全是两码事，相反，隶变形体恰恰应视为正规形体。这从隶变形体大量出现在经典文献、上层文书、名家法帖中即可看出。因此认定隶变为俗字产生的本源，把隶变形体当作俗体实是对历史的误解。同时，如此看法与历史上传统的汉字形体观念也是相悖的。就现有文献来看，最早出现"隶变"一词的是唐代张参的《五经文字》，《五经文字》认定和述说字体变化主要分为"隶变"、"隶省"和"俗"三类，指明为"隶变"的如：

奥：从宀从米从大。大，隶变体从大，大音其恭反。③
光光：上《说文》，下经典相承隶变。④
𤴓𤴓：上《说文》，下经典相承隶变。⑤

---

① 赵立伟：《从隶变看俗字的产生》，《聊城大学学报》（社会科学版）2004 年第 5 期。
② 井学法：《汉碑俗字的类型及其成因探析》，《文化学刊》2010 年第 2 期。
③ 张参：《五经文字》卷上，文渊阁四库全书本。
④ 张参：《五经文字》卷中，文渊阁四库全书本。
⑤ 张参：《五经文字》卷下，文渊阁四库全书本。

饕饕：上《说文》，下隶变。①
飧飱：上《说文》，下隶变。②
霚雺霧：上《说文》，中籀文，下经典相承隶变。③
㚔丧：上《说文》，下经典相承隶变。④
弜弦：上《说文》，下经典相承隶变。⑤
甯寗：上《说文》，下隶变。⑥

指明为"隶省"的如：

本本：上《说文》，从木一在其下，今经典相承隶省。⑦
䌛摇：上《说文》，从肉从缶，下经典相承隶省。⑧
扴括：古末反。上《说文》，下经典相承隶省。⑨
赞赞：上《说文》，下经典相承隶省。⑩
庎厈：上《说文》，下经典相承隶省。⑪
㞋厄：上《说文》，下经典相承隶省。⑫
馱飫：上《说文》，下经典相承隶省。⑬

指明为"俗"的如：

---

① 张参：《五经文字》卷下，文渊阁四库全书本。
② 同上。
③ 同上。
④ 同上。
⑤ 同上。
⑥ 同上。
⑦ 张参：《五经文字》卷上，文渊阁四库全书本。
⑧ 同上。
⑨ 同上。
⑩ 同上。
⑪ 张参：《五经文字》卷中，文渊阁四库全书本。
⑫ 同上。
⑬ 张参：《五经文字》卷下，文渊阁四库全书本。

扬：举也。州名，取轻扬之义，亦合作此字。俗从木，讹。①
徽：俗作徼者，讹。②
悖：步内反。俗作勃，非也。③
墮：许规反。俗作躴，以此为隋字，皆非也。④
姦：私也。俗作奸，讹。⑤
繼：音计。从㡭。反绝为㡭。俗作继，非。⑥
處：从夊从几。俗作處，非。⑦

对比可以看出，《五经文字》是把"隶变"、"隶省"与"俗"区别对待的，且仅在"俗"体后言"讹"言"非"，"隶变"、"隶省"后不言讹非，说明作者是承认"隶变"、"隶省"这种形变的，把它们看作主流的演化形体，"隶变"、"隶省"只是形体减省和形体其他变化的区别，皆属于经典承用形体变化类。这一点从张参《五经文字序例》也可看出，《序例》说："《说文》体包古今，先得六书之要。有不备者求之《字林》。其或古体难明，众情惊懵者，则以《石经》之余比例为助。《石经》湮没，所存者寡，通以经典及《释文》相承隶省引而申之，不敢专也。"⑧这是说明《五经文字》所列正体字的，在这里，"经典及《释文》相承隶省"形体与《说文》、《字林》、《石经》字形归属于同一序列，也即正体字序列。

[原载《暨南学报》（哲学社会科学版）2011年第3期]

---

① 张参：《五经文字》卷上，文渊阁四库全书本。
② 同上。
③ 张参：《五经文字》卷中，文渊阁四库全书本。
④ 同上。
⑤ 张参：《五经文字》卷下，文渊阁四库全书本。
⑥ 同上。
⑦ 同上。
⑧ 张参：《五经文字·序》，文渊阁四库全书本。

汉语同源字（词）意义关系研究

一 同源意义关系的实质

传统的同源意义的分析与联系，是以笼统的"义"（多指义位）为基本单位进行的，所谓"义同"、"义近"、"义通"，在意义及其联系上显得非常模糊，令人捉摸不定。这种分析法的局限主要表现在以下几方面：

1. 混淆词义的共时与历时系统。义位是语言使用义的基本单位，是在人们交际需要中产生的，所以它只受语言意义平面的共时结构支配，每个义位都是由共时结构赋予的，因而它们之间的关系显现为共时的关系。共时的词义系统决定产生何种义位，而义位产生的方式则由历时的同源意义系统决定，义位与其产生的方式不是同一概念，所以，义位相同，其产生方式不一定相同，而义位不同却有可能产生方式相同。如《说文·匕部》："顷，头不正也"。《页部》："颇，头偏也。"顷，溪母耕韵，颇，滂母歌韵，两字所训义位相同但不同源。《说文·囪部》："囪，在墙曰牖，在屋曰囪。"《艸部》："葱，菜也。""囪"义为窗户，"葱"义为蔬菜的一种，义位上毫无关系，但两字是公认的同源字。同源字是意义历时渊源关系的归类，因而，同根同源字群的义位之间构不成系统结构，甚至会显得杂乱无章，不可能系统地从中理出条理来。传统分析法依据义位的关系求源字，必然导入混同时界系统的误区。

2. 易于造成意义的随意性联系。义位不是意义的最单纯单位，而是义素的集合体。义位之间可以从不同角度，以不同方式形成种种意义联系，因此，以义位为单位系联同源字，极易产生随意联系的弊端。

3. 限制系联规模。如果严格按义位整体间的同与近系联同源字，就会形成有似于两两系联的每组数量有限的结果，而这种零散的结论，不仅与历史事实相差甚远，而且不易反映出同源意义的面貌与规律，也就难免系联本身的错误。

4. 不能区别非同源的偶然义通。约略地说，凡同源字都音近义通，但是，意义的联系是广泛的，音节又由有限的音位组成，并且两者都随着历史的发展而不断变化，不可避免地会形成偶然的音义皆近的现象。因此，音近义近实质上包含同源的和非同源的两种，它只能是同源字的必要条件，而非充分条件。王力先生《同源字论》说："凡音义皆近，音近义同，或义近音同的字，叫作同源字。"这是以义位的同与近系联同源字得出的结论，按照这一定义归纳的同源字，不能完全排除非同源的音义皆近字。

5. 分不清同源通用与假借。假借指意义毫无关系的同音借用，同源通用是同源字之间的通用。同源意义的渊源关系并不都表现在词义表面，因此，以义位为单位分析同源字，很难看出某些同源意义关系。容易把同源字作为假借字来处理。

以义位为单位，依它们的相同相近系联同源字，会产生种种无法避免的问题，可见义位的相同相近没有反映同源意义的本质面貌，那么同源意义的实质是什么呢？我们认为同源意义关系的实质是义素关系。

"右文"说是涉及同源字问题的重要理论，"右文"说以字形为客观标准，在一定系统中求诸字的意义关系，能够较大程度地避免模糊论述和随意联系的缺陷，其所揭示的同源意义关系是明确而真实的，应当受到足够重视。"右文"说虽未系统成书，理论阐述也极为罕见，只是举例而已，但即使在草创时期提出的例证，也一经举出，遂成不刊之论，证实了这种方法的科学性。

鉤、軥、句、笱、疝、朐属于右文例字，《文始》和《同源字典》都归为同源，它们的字义如下：

鉤，《说文·句部》："曲鉤也。从金、句，句亦声。"段注："鉤鑲、吴鉤、钓鉤皆金为之，故从金。"

笱，《说文·句部》："曲竹捕鱼笱也。从竹、句，句亦声。"

軥，《说文·车部》："軛下曲者，从车，句声。"段注："軛木上平而下为两坳，加于两服马之颈，是曰軥。"

句，《说文·刀部》："镰也。从刀，句声。"段注："句亦作鉤。"

朐，《说文·肉部》："脯挺也。从肉，句声。"《公羊传·昭公二十五年》："高子执箪食与四脡脯。"何休注："屈曰朐，申曰脡。"

疴，《说文·广部》："曲脊也。从广，句声。"
为醒目起见，列表分析它们的意义关系如下：

义素		字	鉤	軥	句	笱	痀	朐
材料		金	+	−	+	−	−	−
		木	−	+	−	−	−	−
		竹	−	−	−	+	−	−
		骨肉	−	−	−	−	+	+
作用		挂物	+	−	−	−	−	−
		驾马	−	+	−	−	−	−
		捕鱼	−	−	−	+	−	−
		食用	−	−	−	−	−	+
		收割	−	−	+	−	−	−
形状		弯曲	+	+	+	+	+	+

从表中可以看出，这六个字之所以同源，是因为其意义都有"弯曲"这一义素贯穿，它们的同源意义关系即是义素的关系。

"右文"说发展到黄承吉，突破了同声符的限制，虽仍以右旁之声为立足点，但说明了音近的不同声符可以互通的问题。而音近的不同声符字之间的同源意义关系也表现为义素的关系。如锐、䔒、嘒、槥、錍、虮、叽诸字音近。

锐，《说文·金部》："芒也。从金，兑声。𨮯，籀文锐。"《左传·昭公十六年》："且吾以玉贾罪，不亦锐乎？"杜预注："锐，细小也。"

䔒，《说文·艸部》："草之小者，从艸，剩声。"

嘒，《说文·口部》："小声也。从口，彗声。《诗》曰：嘒彼小星。"

槥，《说文·木部》："棺椟也。从木，彗声。"段注："椟，匮也。棺之小者，故谓之棺椟。《高帝纪》：'令士卒从军死者为槥。'应劭曰：'小棺也。今谓之椟。'"

錍，《说文·金部》："鼎也。从金，彗声。读若彗。"《淮南子·说林训》："水火相憎，錍在其间，五味以和。"高诱注："錍，小鼎。"

叽，《说文·口部》："小食也。从口，几声。"

虮，《说文·虫部》："虱子也。从虫，几声。"

上属七字同源，其共同点是都有"微小"义素。

由声符互通发展到不限形体的音义探究，清代及后来的诸大家几乎无人不涉同源字问题，然而，由于对意义关系的实质认识不清，又脱离了字形这一客观标准，所以，他们的论述普遍存在含糊和随意两个相关的特征。王念孙《释大》，一个"大"义几乎无所不能联系，无所不能包容，就是对意义认识的含混和随意系联造成的，其他如阮元、郝懿行、钱绎以及刘师培、梁启超、刘赜等都不出此窠臼，尽管如此，他们的阐发也为认识同源意义关系提供了一定的启示。

王念孙说："霝之言玲珑也。《说文》：'楶，楯间子也。'徐锴传云：'即今人阑楯下为横棂也。'《说文》：'軨，车轖间横木也。'《楚辞·九辨》：'倚结軨兮长太息。'字亦作'笭'。《释名》：'笭，横在车前，织竹作之，孔笭笭也。'《左传·定九年》：'载葱灵。'葱与窗同，灵与棂同。《楚辞·九章》：'乘舲船余上沉兮。'王逸注云：'舲船，船有窗牖者。'《说文》：'笼，笭也。'是凡言'霝'者，皆'中空'之义也。"①"中空"即是各字字义共有的义素。刘师培有"义象"之语，他说："试观古人名物，凡义象相同，所从之声亦同，则以造字之初重义略形，故数字同从一声者，即该于所从得声之字，不必物各一字也。及增益偏旁，物各一字，其义仍寄于字声。故所从之声同，则所取之义亦同，如从叚、从开、从劳、从戎、从京之字均有'大'义，从叕、从屈之字均有'短'义，从少、从刀、从宛、从蔑之字均有'小'义。"②沈兼士以为"刘之'义象'，即《释名·叙》之所谓'义类'"③，其实不然，《释名》的"义类"只就一字而言，而刘氏之"义象"则指所有同音文字的音义，从刘氏所举例证看，他的"义象"客观上同于义素。

章太炎《文始·序》："若夫'绛'为'大赤'，'䩹'为'小车'，得语所由不于'赤'、'车'，而于'大'、'小'，斯胤言之恒律"。"绛"的意义"大赤"由"大"与"赤"两个义素组成，"䩹"的意义"小车"由"小"和"车"两个义素组成，而"绛"、"䩹"各自的同源意义关系只决定于"大"与"小"，这是以义素为同源意义联系单位的非常明确的

---

① 王念孙：《广雅疏证》卷三，中华书局1983年版，第99页。
② 刘师培：《左盦集》卷四，宁武南氏校印本1936年版，第17页。
③ 沈兼士：《沈兼士学术论文集》，中华书局1986年版，第259页。

说明。

可以看出,无论是形声字还是非形声字,其同源意义关系实质上都是义素的关系,前辈训诂学家虽然没有在意识上明确认识到同源意义关系的实质,因而在涉足同源意义及其关系时,往往或此或彼,游移不定,但是他们在客观事实的逼迫下,或是片言片语的论说中,或是具体字词的系联中,暗合了义素及其联系的客观事实。

二 同源字孳生原理与核义素

美国结构主义语言学认为,客观世界是一个连续系统,各种语言都按照自己特定的方式对其进行划分和归类。同源字意义关系的同流与别派,是对客观世界的历时性划分和归类,同样会与民族思维特点相类,显示出独特的结构。荀子讲到事物命名时说:"然则何缘而以同异?曰:缘天官。凡同类同情者,其天官之意物也同,故此方之,疑似而通,是所以共其约名以相期也。"①

荀子虽然指的是汉人在共名与别名规定上的思维特点,但这一思维特点同样体现在同源意义流别的确认中,即按历时的流别关系给事物命名,不是综合认识,经过抽象思维而因事物本质决定,而是凭借"天官"的直观性认识,因事物特点的同异来划分,具有同一特点的,便命之同一之名,所以章太炎先生说:"庶物露生,各异其本,文言孳乳,或为同原,若蓝本名葱,鼋名依龟,种族自别,形态相从,则其语由此移彼,无间于飞潜动植也。"② 刘师培也说:"然上古人民未具分辨事物之能,故观察事物,以义象区别,不以质体区分。"③ 如未析的圆木(榴)、圆形的粮仓(囷)、圆如钉盖的地蕈(菌)、猪圈(图)、圆周形围墙(寏)、圆形的采瓣(紃)、圆案(桮)、圆炉(鏃),圆环(环)、圆球(丸)、圆形饮器(卮)、圆规(圆)、圆形果实(果)、木节(厄)、鹜鸟食已吐其皮毛如丸(鶋)等,这些事物性质不同,又各具种种不同的特点,但它们有

---

① 王先谦:《荀子集解·正名篇》,《诸子集成》第 2 册,上海书店 1986 年版,第 276 页。
② 章太炎:《文始·序》,《章氏丛书》第二册,广陵古籍刊印社 1981 年版,第 4 页。
③ 刘师培:《小学发微补》,《刘申叔先生遗书》卷十一,宁武南氏校印本 1936 年版,第 10 页。

一个共同点,即都有"周圜"的特点,是这一特点使它们成为一类,因而进入语言时,便命之以相同相近之音,表示它们的字也就成了同根的同源字。

每一事物、每一现象作为整体,具有种种不同的特点,这种特点是在客观现实和人的思维的相互作用下,于联系和比较中确立的,因此,事物的特点不是孤立的东西,而是最具普遍性的成分,譬如以"大"、"小"两个特点为标准,事物皆可依此划分为对立的两类。事物的种种特点在对立统一中形成系统网络,无疑能包容客观世界千变万化之事物。这种在命名时被认定的特点进入语言,就成了同源意义中起决定作用的核义素。

事物普遍联系,事物特点众多,那么,究竟哪种联系被确认,哪一特点被捕捉,作为命名的决定因素,是由人的经验判定的,判定命名特点的过程,就是类比求同的过程,因而随着事物特点的被认定,此事物就成了具有同一特点的同类中的一个,因之,表示这个新事物的词也就成为具有同一核义素的同族词中的一个新成员。

核义素指在词孳生发展中起决定作用的义素,它来源于被命名事物的特点,是同源字的贯穿线。如前举鉤、軥、句、笱、疴、胸共有的"弯曲"义素,锐、嘒、虮等共有的"微小"义素就是核义素。核义素是抽取事物最具普遍性的特征而形成的,因而它的意义表示的都是形容性状态,具有形容词和形容性动词的性质,章太炎先生说:"以德为表者,则万物大抵皆是。"① 即从不同角度说明了这种现象。核义素主要在词义发展中发挥作用,而在词的使用中它处于隐性状态,只有在对词义的专门解释中才偶或出现,所以,核义素的同异不影响词义的同异及使用。如"三",《说文·三部》:"数名。天地人之道也。于文一耦二为三,成数也。"古人观念中,三是数之小终。所以"三"做副词用,有时表示多数。《老子》:"一生二,二生三,三生万物。"《说文》"又"下:"手之列多不过三也。""多"是"三"字的核义素。森,《说文·林部》:"木多皃。从林,从木,读若曾参之参。"《文选·思玄赋》:"百神森其备从兮。""森"义为众多的样子。其核义素也是"多"。"三"、"森"上古音同在侵部,三,心母,森,生母,同属齿音。两字同源,核义素相同而义

---

① 章太炎:《语言缘起说》,《章氏丛书》第十四册,广陵古籍刊印社1981年版,第36页。

位不同。"三"的核义素"多"在"数名"的义位表层没有显现。《说文·女部》:"嫣,长皃。"《人部》:"侹,长皃貌。"嫣、侹义位相同,可以换用,但两字的核义素却不同。"嫣"的核义素是"前延",与延(长行也)、唌(语唌叹也)、傿(《说文》"引为贾也",段注:"引犹张大之")等同源。侹的核义素是"直",与珽(《说文》"大圭",段注:"珽之言挺然先所屈也")、梃(《说文》"一枚也",段注:"凡条直者曰梃")、鋞(《说文》:"温器也。圜直上")、娗(《说文》:"长好也。")等同源。上古音嫣,影母元韵,与透母耕韵,声音相差甚远,两字不同源。

某些现象在客观上和人们的感觉中常常相联共存,表示它们的义素也往往互相延引,因而同根同源字群的意义中一般不只有一个核义素,而是相随地出现几个相关的核义素。相关核义素是客观图象和意象的反映,是词义派生发展的契机,也是形成同源字的重要环节。如明亮与白色两种现象客观上往往共存,因而在词系中"明亮"的意义和"洁白"的意义常常相联而生,而作为核义素的"明亮"与"白"也便成了相关核义素。《说文·木部》:"杲,明也。"《广雅·释训》:"杲杲,白也。"《说文·日部》:"皓,日出皃。"段注:"谓光明之皃也。天下惟洁白者最光明,故引申为凡白之称。"《说文·日部》:"晧,皓旰也。"段注:"皓旰谓洁白光明之皃。"《广雅·释训》:"晧晧,白也。"《说文·白部》:"皦,玉石之白也。"《方言》十二:"皦,明也。"《说文·羽部》:"翯,鸟白肥泽皃。"《说文·白部》:"皠,鸟之白也。"《说文·水部》:"灏,豆汁也。"《说文·系部》:"缟,鲜色也。"《日部》:"旭,日旦出貌。一曰明也。"杲、皓、晧、旭以"明亮"为核义素,翯、灏、缟以"白"为核义素,这些字音近,可知"明亮"与"白"是同一语音形式下分化的两个相关核义素。因此皓、晧、翯等九字同源。

三 同源意义关系及举例

同源字的意义关系表现为义素关系,具有同一核义素的义位成为一个同源类聚,而核义素之间的相关关系又把不同的核义素的字系连到一起,形成较为系统的同源字群。为了说明相关核义素维系字词的同源关系,我们举出一组同源字词加以论证。

1. 核义素周转、前延、久长相关，亘、趄、咺、恒、爰、辕、渊、辕等字同源。

周转，从其运动方向义看即是前延，古人从旋转不止的元气、云气上得到启示，从而使周转、前延、久长成为意识到的共生现象，形成了语言中的三个相关核义素。

晋国首创趄田制，把土地分为上中下三等，使农民周而复始地轮换着耕种，从整体上看，这种耕田制具有周转的特点，所以以"走"为形符，以"亘"为声符造了"趄"字来表示。"走"有"运行"义素，"亘"表周转（《说文》："亘，求回也。从二，从囘。囘，古文回，象亘回之形，上下所求物也。"段注："亘回双声，犹回转也"）。"趄"与"亘"同，核义素是周转，所以"趄田"实即"亘田"。"趄田"又写作"爰田"、"辕田"。爰，《说文》："引也。从爪，从亏。籀文以为车辕字。"段注："辕，所以引车，故籀文车辕字只用爰。"辕是爰的后出字，"爰田"即由此田到彼田之意，辕的核义素是"前延"。可见"周转"与"前延"相通。又"渊"训"回水"，"遛"训"行皃"，核义素一为"周转"，一为"前延"，而同从带义声符"朋"。周转与久长相通是古人的固定观念，《说文·二部》："恒，常也。从心，从舟，在二之间，上下心以舟施。恒也。死，古文恒，从月。《诗》曰：如月之恒。"段注："谓往复遥远，而心以舟运旋，历久不变，恒之悄也。""恒"的核义素是"久长"，它以"舟"为形符，而"舟"命名之意是周旋，《说文》"船"下段注："舟之言周旋也，船之言溯沿也。"《说文》"般"下："象舟之旋。""服"下："一曰车右騑，所以舟旋。""舟旋"联用。从"恒"字的形义可以看出"久长"与"周旋"的联系来。又如"咺"训"儿泣不止"，核义素是"久长"，而以核义素是"周转"的"亘"为带义声符。

2. 核义素周转、周圜、弯曲相关，圜、环、櫣、卷、圈、旋、还、淀、垸、筦、莞、丸等字同源。

周转是动态，而周圜、弯曲都是周转的不同程度的静态，周圜指完全的静态，弯曲指半缺的静态。"圜"本义是天体，引申义有"旋转"，如《孔子家语·致思》："有悬水三十仞，圜流九十里。"卷，本义是膝曲，引申义有圆筒形卷转，如《诗·邶风·柏舟》："我心匪石，不可转也，我心匪席，不可卷也。"圈，本义为静态的养畜之闲，引申为"转"，如《礼记·玉藻》："圈豚行，不举足，齐如流。"郑玄注："圈，转也。"

旋，《说文·㫃部》："旌旗之指麾也。"段注："旗有所向，必运转其杠，是曰周旋，引申为凡运转之称。"《小尔雅·广言》："旋，还也。"《字林》："旋，回也。"旋、还、回三字字义都有周而复始的运动特点。漩，《说文·水部》："回泉也。从水，旋省声。"段注："谓峡中回流大者，其深不测，舟遇之则旋转而入。《江赋》所谓'盘涡谷转'也。"旋、漩的核义素是"周转"，而从旋得声的"镟"，《说文》训"圜炉"，核义素是"周圜"。𥈠，《说文·目部》："目惊视也。从目，袁声。《诗》曰：独行𥈠𥈠。"《诗·唐风·杕杜》毛传："𥈠𥈠，无所依也。"惊恐则眼睛转动不居，无所依停。"𥈠"的核义素是"周转"。圜、环、楥（圜案也）同从𥈠声，核义素却是"周圜"。垸、筦、莞同从完声，垸，《说文·土部》："以桼和灰丸而鬓也。"段注："丸者，圜也。倾侧而转者……盖以桼合和烧骨之灰，转而丸之。"筦，《说文·竹部》："筟也。""筟"下段注："筳、筦、筟三名一物也。《方言》曰：'繀车，赵魏之间谓之𨍏辘车，东齐海岱之间谓之道轨。'按：自其转旋言之，谓之䃺鹿，亦谓之道轨，亦谓之鹿车。"垸、筦皆以"旋转"命名，核义素是"周转"。莞，《说文·艸部》："草也。"段注："《列子》'老韭之为莞'，殷敬顺曰：'莞音官，似蒲而圆。'"莞因圆茎而得名，核义素是"周圜"。䈍（牛鼻环也）、豢（以谷圈养豕也）的核义素是"周圜"，觠（曲角也）、卷（膝曲也）的核义素是"弯曲"，四字同从𢍏声。夗，《说文·夕部》："转卧也。"段注："谓转身卧也。"核义素是"周转"，盌（小盂也）、宛（屈草自覆也）从夗声，核义素是"弯曲"。

3. 核义素周转、便疾相关，獧、儇、趯等字同源。

"旋"字引申义有"随即"，如《后汉书·董卓传》："卓既杀琼、珌，旋亦悔之。"旋与即可以组成合成词"旋即"，义为迅速。《诗·齐风·还》："子之还兮，遭我乎峱之间兮。"毛传："还，便捷之貌。"《汉书·董仲舒传》："此皆可使还至而立有效者也。"注："还，读曰旋，旋，速也。""还"本义是以"周转"为核义素的"复"。"圜"的核义素是"周转"，而以"𥈠"为声符的趯（疾也）、獧（疾跳也）、儇〔《说文·人部》："慧也。"段注："《齐风》'揖我谓儇兮'，传曰：'儇，利也。'此言慧者多便利也。"《荀子·非相》："乡曲之儇子。"注："轻薄巧慧之子也。"《荀子·荣辱》："靡之儇之。"注："疾也。"古人以迅疾利落为慧，以钝（不利）为愚，故"钝"引申义有"愚"，"儇"取意于"迅疾"，《说文》以儇为"慧"，毛传以儇为"利"，义实相成〕等核义素是"便疾"。

4. 核义素周转、周圜与盛、多、大相关，云、沄、混、浑等字同源。

这几个核义素是以纷纭博大、圜旋不止的云气、水流等物象为基础联系到一起的。《说文·云部》："云，山川气也。从雨，云象回转形。"《诗·小雅·正月》："昏姻孔云。"毛传："云，旋也。""云"本义核义素是"周转"，又有相随义素"盛"。如《诗·齐风·敝笱》："齐子归止，其从如云。"毛传："如云，言盛也。""沄"本义是"水转"，引申为"混乱"，《尔雅·释训》："沄沄，悁也。"混，《说文·水部》："丰流也。"段注："盛满之流也。"引申为旋转，如《淮南子·精神训》："混然而往。"高诱注："转行貌。"又引申为圜一不分，如《荀子·非十二子》："使天下混然不知是非治乱之所存者，有人矣。"杨倞注："混然，无分别之貌。"浑，《说文·水部》："混流声也。"《荀子·富国》："财货浑浑如泉源。"是其本义，核义素是"盛"。故《方言》"浑，盛也。"引申指未分离的状态，如《晋书·王戎传》："尝且山涛为璞玉浑富。"

四 结论

同源字是语音上符合一定的音近音转规律，意义上具有相同或相关核义素的字。

同源意义是成系统、有规律的，它反映了人对客观世界的把握状况，传统的同源字研究着眼于笼统的义位间的关系，这是同源字研究无力进展的根本原因，同源意义关系实质上是义素关系，支配同源意义流别的是核义素的同异及其关联，同源意义关系的研究表明，语言意义的研究必须突破表层现象，在广阔的历史文化背景中探索其深层结构。

（原载北京师范大学学报增刊《学术之声》1990年第3期，北京师范大学中文系主编）

现代汉字字形三论

一 构件的功能分类

汉字的形体构成可分为构件和结构两个方面，构件即字形的构成成分，结构即字形内部的构件组合方式。由构件通过某种组合方式构成的新字，与构件相对而言，我们称其为被构字。一般认为，现代汉字的构件，依其功能的不同区分为义符、音符和记号三类。义符是与被构字意义上有联系的构件，音符是与被构字读音上有联系的构件，记号是与被构字音义都没有联系的构件。现在需要讨论的是记号的确认，按照一般的观点，独体字构件"日"、"心"等为记号，而它们在被构字"晴"、"意"等字中却成了义符，如钱乃荣主编《现代汉语》："某一个字符属于哪一类，要根据所构成字中的作用来确定，也就是说，很可能在这个字中属于这一类，在那个字中属于那一类。

日 心 虫 山 门 土
晴 意 蚁 屹 闪 尘

上排都是一个字符构成一个字，字符形体跟这个字的音义都无关系，是记号，下排，这些字符成了义符。"苏培成《现代汉字学纲要》："例如：日、月……这些字是独体记号字，可是当它们用作偏旁进入了合体字，就具有了意义，如'日'在'晴、明、旦、昏、晒、晖、晨、暗'中作为意符表示这些字和日光、明暗有关。这并不矛盾。我们说'日'是记号，是说从它现在的形体看不出它像太阳。但是'日'作为一个字，有音有义。用作偏旁时保留了它的音义。"杨润陆《现代汉字学通论》："'力、工、土'等字符都是独体，由这些字符构成的独体字都是记号字；这些字符在参与构成'功、巧、地'等字时与字的意义有关，因而是意符。"

以上观点可能主要考虑的是独体字符的字形由象形变得不象形这一点，但是我们比较一下就可以看出，同样的形体、表示的也是同样的意义，怎么独用时是记号，构字时就成了义符？让人难以理解。譬如"日"，无论是单独使用还是参构其他字形，它的形体和它表示的"太阳"意义完全没有变化，怎么可以区别对待？再如"从"认为是由两个义符组成的会意字，"表示一个人跟随另一个人"，而"人"是记号，我们要问，既然"人"是不表意义和读音的记号，在由它重合的"从"中怎么能看出来是"一个人"和"另一个人"？实际上，"从"中的"人"表示一个人，是以"人"表示一个人为前提的，"人"表示一个人的功能不应否认。"人"与"从"、"日"与"晴"等只是构件单独构字与参与构字的区别，是独体字与合体字的区别，而非形体及其表义功能的区别，不易分为两类。要进一步说明这一问题，还须从汉字演变的本质特征说起，就本质和中心特征而言，汉字的发展走的是由字形表示物象到字形表示词的音义的道路，早期的汉字，绘形的依据是物象，这就决定了汉字形体的不稳定，主要表现为构件形体和合体字构件量的不统一，如表示"人"的形体或有头或无头，或有足或无足，或坐或跪或站，"逆"字或从止，或从彳，或从辵等，甲骨文即是如此，这是因为汉字构形时虽然面对的是物象，但是字形对物象的描绘不可能像素描一样全面逼真。象物性汉字的这种特征存在两个问题，一是书写费时，因为它是以描画来完成的；二是增加了释读的困难，实质上是汉字原始性的表现。决定汉字形体根本性改变的是形体表现的对象由物象变为词的音义，不表现物象则形体的象形失去了意义，字形即可由费时不便的描画变为方便快捷的书写，但是由于汉字是社会交流工具，只能渐变，所以这一过程是相当漫长的，经历了象形、亚象形到音义符号的过程，从金文到战国文字，特别是战国文字，部分形体虽然仍是象形的体态，但与所表示的物象本身已相差甚远，实际上已成了假象形，小篆更是这样，直到隶变才彻底去除象形的痕迹，所以隶变的根本原因是汉字由表示物象到表示词的音义的变化。古今汉字形体的变化是渐变，是描画与书写的变化，所以古今形体间有对应关系，现代汉字仍是固定的形体表示固定的音义，因此古今汉字的转换是构形时表示物象（象形）到表示词的音义的转换，而不是表示物象（象形）到什么也不表示的记号的转换，是由原来物象的符号变成了音义的符号，也就是由形符变成了义符或音符，而不是由形符变成了记号，我们不能说独体字不象形就成了记号，就同不能说合体字的构件如"从"、"晴"等的构件是记号一样。

现代汉字的构件中确实存在记号，如"寒"字的中间部分，是由"舛"和"人"两个构件无理混合而成的，超出了古今汉字形体由描画到书写的普遍对应规律，既与古构件不能对应，更不能表示任何音义，所以为记号。又如"缸"字，本为从缶工声，由于古今语音的变化，"工"在此字中已不能表声，可以认为是在"缸"字中丧失了表音功能，成了记号。

依据以上分析，我们可以把汉字的构件依功能的不同分为四类，即词符、义符、音符和记号，词符指独立构成单字的构件，有同时表示词的音、义的功能。

二 形声字义符的表义类型

形声字义符的表义方式，或者说义符与被构字的意义关系问题，迄今为止仍只有笼统的说法和举例式说法，如"有直接联系或间接联系"、"表示相关意义"等，未见系统全面的总结分析。其实这个问题相当重要，它关系到现代汉字性质、现代汉字的理据性、义符表义度等问题，还是研究汉字与汉文化的重要材料。下面是以《现代汉语通用字表》7000字为材料，对这一问题进行的初步分析。

（一）分析原则

1. 形声字字义与义符字义以1996年7月修订版《现代汉语词典》为标准。

2. 联绵词、叠音词中的单字虽然在整个词中只表示音节成分，但在构形上往往与一般单字没有差别，也是据义构形，故与一般单字一样分析，如"嵖岈"，只有"山名，在河南"一义，山名故以"山"为义符。又如"忉忉"，只有"形容忧愁"一义，忧愁为心理活动，故以"忄"为义符。

3. 有些常用义符的功能与其本身的含义有一定差别，已成为类名、属名，以类名、属名看待，如"扌（手）"，作为义符已成为"动作"类名，包括"抗"、"抖"等不一定用手的动作。由如"犭（犬）"，作为义符在"犸"、"狈"、"狍"等字中已成为"动物"类名。

4. 有些义符的构义反映了古人的观念和认识,与现代科学认识不尽相同,但现代人容易理解,仍按古人观念归类,如"玛瑙",古人认为属玉类,仍归玉类。

(二)表义类型

1. 同义关系

义符与被构字同义。

如"爸"义为"父亲",其义符"父"义也为"父亲"。又如"肌"义为"肌肉",其义符为"月(肉)"。又如"馥"义为"香",其义符为"香"。

2. 种属关系

规律:义符表示属,被构字表示种。

如"言(讠)"义为"说",以其为义符的形声字"议"、"论"、"评"、"诈"、"讵"等表示不同的说。"水(氵)"与"汜(水名)"、"汊(分支的小河)"、"沅(沅江)"、"沔(沔水)"、"沣(水名)"、"泗(泗水)"、"泚(泚江)"等。

3. 整体与部分的关系

规律:义符表示整体,被构字表示部分。

如"奶"义为"乳房",义符为"女"。"轪"义为"车毂上包的铁帽",义符为"车"。

4. 人、物与其动作的关系

规律:义符表示人、物,被构字表示动作。

如"佃(租种土地)"、"任(任用)"、"仗(战斗)"、"佐(辅佐)"、"伺(观察、守候)"、"佑(保佑)"等与其义符"亻(人)"。又如义符"口"与其被构字"嗳(叹词)"、"吐"、"吆(大声喊)"、"叼"、"叮(蚊子等用针形口器插入人或牛马等的皮肤吸取血液)"、"鸣(鸟兽或昆虫叫)"、"呃(叹词,表示感叹、提醒等)"、"呲(诋毁;斥责)"、"呓(呓语)"等。

5. 人、物与其状态的关系

规律:义符表示人、物,被构字表示状态。

如义符"亻(人)"与其被构字"仃(伶仃,孤独;没有依靠)"、

"伧（粗野）"、"伾（伾伾，有力气的样子）"、"仲（在兄弟排行里代表第二）"、"伦（人伦）"等。又如义符"氵（水）"与其被构字"汹（水向上翻腾）"、"沧（水青绿色）"、"沄（形容水流动）"、"汐（夜间的潮）"、"沥（液体一滴一滴地落下）"、"沟（水道）"等。

6. 物体与其所用材料的关系

规律：义符表示材料，被构字表示物体。

如被构字"纨"义为"很细的丝织品"，其义符"纟（糸）"表示所用材料。又如义符"木"与其被构字"杖（拐杖）"、"杌（凳子）"、"杈（农具）"、"材（木材）"等。又如义符"钅（金）"与其被构字"锣"、"锤"、"锥"、"锅"、"钉（钉子）"等。

7. 动作与其所用材料的关系

规律：义符表示材料，被构字表示动作。

如被构字"锢"义为"熔化金属堵塞物体的空隙"，其义符"钅（金）"表示所用材料。又如被构字"纫"义为"引线穿过针鼻儿"，其义符"纟（糸）"表示所用丝线。又如义符"氵（水）"与其被构字"沐（洗头发）"、"汰（淘汰）"、"沤（水泡）"等。

8. 动作与动作对象的关系

规律：义符表示动作对象，被构字表示动作。

如被构字"汲"义为"从下往上打水"，其义符"氵（水）"表示动作对象。又如被构字"轫"义为"支住车轮不使旋转的木头"，其义符"车"表示动作对象。

9. 状态与表示物的关系

规律：义符为表示物，被构字表示状态。

如被构字"纤"义为"细小"，其义符"纟（糸）"为状态的表示物。又如被构字"韧"义为"柔韧"，其义符"韦（皮革）"为状态的表示物。又如义符"米"与其被构字"精"、"粗"、"粹"、"粒"、"糙"、"粘"等。

10. 状态与处所的关系

规律：义符表示处所，被构字表示状态。

如义符"氵（水）"表示处所，其被构字"沉（在水里往下落）"、"没（人或物沉下）"、"沦（沉没）"等表示状态。

11. 动作与处所的关系

规律：义符表示处所，被构字表示状态。

如义符"氵（水）"表示处所，其被构字"渡（通过江河）"、"涉（徒步过水）"、"泅（浮水）"、"泳（游泳）"、"渔（捕鱼）"等表示动作。

三 形声字音符的确定与分类

（一）字音标准的确定

在确定音符时，首先应把握的原则是完全根据现代汉语读音，而不涉及古音，这一点学界意见比较一致，但是在音符范围的具体确定上现今异见较多，研究者有的主张从宽，而从宽的标准又复不同，最宽的包括以下七种：（1）声母、韵母、声调全同；（2）声母、韵母相同，声调不同；（3）声母、声调同，韵母不同；（4）韵母、声调同，声母不同；（5）声母同，韵母、声调不同；（6）韵母同，声母、声调不同；（7）声调同，韵母、声母不同。有的则或三类，或六类。也有些学者主张从严，即音符与被构字必须声韵调全同，或是只具有上述第一、第二类才为声符。我们认为，符合如下三类字音标准者应确定为音符：

A. 音符与被构字声母、韵母、声调全同。

B. 音符与被构字声母、韵母相同。

C. 音符与被构字韵腹、韵尾相同，即"韵"相同。

以上A、B两类类一般没有异议，第三类的确立主要基于如下考虑：（1）从形声字形成的历史看，形声字与其声符并非完全同音，而非完全同音者，绝大部分是"韵"相同；（2）从韵文压韵、韵书编写到传统的音韵研究，"韵"的相同在字音联系上得到了普遍的认同；（3）音符与被构字"韵"相同的合体字在现代汉字中有一定的数量，有较大的规律性和历史渊源；（4）音符与被构字"韵"相同能够提供主体读音信息。

（二）多音音符

多音音符包括以下两种情况：一是多音构件只要有一个读音与被构字音同、声母韵母同或"韵"同，就算作音符，如"车"在单独使用时有

"chē"、"jū"两个读音，以前一读音为声符构成的字有"伡砗（chē）"，后一读音未构字。二是多音构件每个读音都有构字，都算作音符，如"孛"在单独使用时有"bèi"、"bó"两个读音，以前一读音为声符构成的字有"悖（bèi）"，以后一读音构成的字有"勃脖鹁馞（bó）饽哱（bō）"。

（三）成字音符与非字音符

音符按是否能单独使用分为成字音符和非字音符两种，成字音符是指由现代汉字中能单独使用的单字充当的音符，非字音符是指由现代汉字中不能单独使用的单字充当的音符。前者如"枫"，其音符"风"可单独使用，为成字音符；后者如"尞"、"枼"等，它们在古汉字中为单字，在现代汉字中已不单独使用，为非字音符，如在《现代汉语通用字表》7000字中，以"尞"为直接构件组成的合体字共有"獠僚撩潦缭镣潦寮嘹燎鹩蹽"12个，其读音均为"liao"；以"枼"为直接构件组成的合体字共有"堞碟蝶谍渫喋牒蹀鲽"9个，其中"堞碟蝶谍喋牒蹀鲽"8字的读音均为"dié"，只有"渫"的读音为"xiè"。对于这类构件（包括下面的"变读音符"），我们规定，以其为直接构件构成的合体字只要有两个音同、声韵同或者"韵"同的，就为音符。这类非字音符在《现代汉语通用字表》7000字中共有90多个。

（四）变读音符

单独使用时的读音与其作为直接构件组字时的读音不同的字符，称为变读音符，以这样的音符为直接构件组成的形声字称为变读形声字。如"需"读"xū"，以其为直接构件组成的合体字在《现代汉语通用字表》7000字中有"儒蠕嚅濡孺褥薷颥臑懦糯"12个，其中"儒蠕薷嚅濡孺褥薷颥臑"10字的读音均为"rú"，"懦糯"2字的读音为"nuò"；再如以"它"为直接构件的字在《现代汉语通用字表》7000字中有"陀驼鸵沱佗跎砣坨酡柁舵铊蛇"13个，其中"陀驼鸵沱佗跎砣坨酡柁舵铊"12字均有"tuó"读音，只有"蛇"字的读音为"shé"。这类音符在《现代汉语通用字表》7000字中共有96个。

参考文献

[1] 钱乃荣等:《现代汉语》,高等教育出版社1990年版。
[2] 苏培成:《现代汉字学纲要》,北京大学出版社1994年版。
[3] 《现代汉字学参考资料》,北京大学出版社2001年版。
[4] 杨润陆:《现代汉字学通论》,长城出版社2000年版。
[5] 《语言文字规范手册》(增订本),语文出版社1993年版。
[6] 中国社会科学院语言研究所词典编辑室:《现代汉语词典(修订本)》,商务印书馆1996年版。

(原载《语言文字应用》2005年第2期)

出土文献文字的整理

一 文本文字与字书文字

就总体而言，历史文字材料可依其存在形式的不同，分文本文字材料和字书文字材料两大类。文本文字材料是指已经用来书写言语作品的文字材料，这种材料如书籍、文牍、账目、讲稿等，其中的汉字是以话语链形式排列的。字书文字材料是脱离话语而重新聚合的文字材料，这种材料如字典、字表、字编、字库等，它脱离了记录言语作品的形式，而按文字本身的形或音排列，呈贮存状态。历史上的字书文字，大都是搜集不同时代的汉字，之后又转相抄录撷取然后编排而成的。例如《类编》、《玉篇》、《集韵》等。对汉字史的研究来说，这些传统字书存在如下一些不宜之处：第一，字形失真，这些字书所收编的一般不是字的原形，而是经过隶定的楷书，因而无法进行历史汉字构形的研究；第二，由于它们不是实用文字的穷尽整理，字形的收录是否齐全无法查询，特别是一些写法或结构不同的字形变体，这些字书往往收录不全，因而不但会失去一些研究字形演化和文字考释的重要线索，而且缺乏统计的价值；第三，由于转相抄录，它们所搜集的字料往往是不同时代通过多种渠道积淀下来的，无法进行断代。即使是现代人所作的字表、字编，有些也存在字形描摹不准和由于编排不合理而难免漏收的情况，如四川辞书出版社1985年版《秦汉魏晋篆隶字形表》，该表中仅马王堆出土帛书的字形描摹，就有110多处明显的错误或不准确之处，例如：

	原形		摹写形
	《老子》甲本 325 行		字形表 95 页
	《老子》甲本 233 行		字形表 214 页
	《春秋事语》94 行		字形表 901 页
	《老子》乙本 229 行上		字形表 866 页
	《老子》乙本 22 行下		字形表 845 页
	《老子》甲本 13 行		字形表 760 页
	《战国纵横家书》248 行		字形表 739 页
	《老子》乙本 78 行上		字形表 675 页
	《春秋事语》8 行		字形表 514 页
	《老子》甲本 115 行		字形表 511 页
	《春秋事语》95 行		字形表 446 页
	《春秋事语》13 行		字形表 403 页
	《战国纵横家书》217 行		字形表 214 页

因此，字书文字直接用来进行汉字形体系统的测查和研究，难以达到为汉字史提供可靠资料的目的。

现存的文本文字材料，也分传世文献与出土文献两个部分，传世文献由于已逐渐改成印制时代的汉字，它的字形也失去了反映文献产生时代和传抄时代汉字状况的价值，唯有出土文献中可确定书写时代的文本文字材料，才能提供可靠的研究对象。

文本文字属于使用中的文字，前面说过，它是以话语链的形式存在的，其形义系统不能从中显示，所以以文本文字为材料的汉字系统的分析，前提工作是对文本文字的整理，使文字脱离话语主体，也即把文本文字整理为字表文字。在此基础上，字形系统本身的分析才能开始。

二 单字整理

(一) 字样的认同与别异

出土文献文字多为个人书写文字，故所存单字形体较为复杂，单字整理即是对这复杂的文本文字的整理。我们把文本中所存的每个字形称作字样，每个字样都是形体和功能的结合体，所以字形整理即是对字样从形体构成和功能两方面的认同和别异。认同是对实本一字的字样的归纳，别异则是对不同字形的划别。字样功能是指字样表示语言中词义或词素义的功能，依据功能的同异，文本中所有字样可以归纳为有数的同功能类聚和异功能类聚。在同功能类聚中，又可依据形体的同异进一步分类，形体完全相同者为同形，如马王堆帛书《春秋事语》66行有三个字样 ，形体完全相同，同时，此形又出现在71、88、92等行，功能相同，即为同功能同形字样。因书写、字形演化的不规则而形成的同一形体的不同变化形式为异写，如马王堆帛书《老子》甲本409行 、372行 ，《春秋事语》75行 ，《战国纵横家书》183行 、150行 ，《老子》乙本122行下 ，皆为同功能异写字样。形体构成中构字成分或组合位置不同者为异构，如《老子》甲本121行葆、51行葆，《老子》乙本224行上葆，皆为同功能异构字样。同时，在异功能类聚中也有同形、异写、异构的字样分类，由此，从逻辑上讲，所有字样依功能和形体分类形成的类聚如下图：

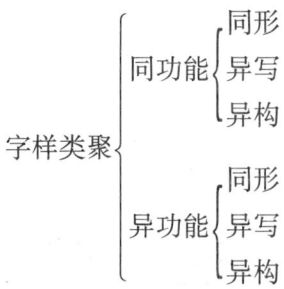

同功能同形字样是文本中重复出现的形体，异功能异构字样即指不同的单字，异功能异写字样可依同功能异写形体类聚，如马王堆帛书"无"

字矢与"先"字■为异功能异写字样，矢即可和"无"字的另一字样■归类，"先"字■即可与"先"字的另一字样■归类。因此，在实际操作中需要特别认同和别异的仅有同功能异写、同功能异构和异功能同形三类。三类形体我们分别称其为异写字、异构字和同形字。

（二）异写字、异构字与同形字

异写字指因个人书写或字形演化的不规则而形成的同一形体的不同变化形式。如■（《老子》甲本331行）与■（《老子》甲本369行）、■（《老子》甲本293行），■（《春秋事语》69行）与■（《老子》乙本136行下）等。由于异写字是同一单字形体的变化形式，所以无论多寡，在单字统计中都应以一个单字看。在众异写形体中，须选出一个标准体来，作为单字的代表形体，其余形体皆可称为本单字的变体。

标准体的设立基于下列思想：即在字系不成熟、不稳定时期存在的同一字形的种种不同写法，只是暂时现象，字系达到成熟阶段，在共时使用汉字状态下，多数必然只能有一个形体传承下来继续使用（或者延用，或者略加规整），而其他异写形体只作为历史存在，不再使用。这一传承下来继续使用的形体（或其前身），即为标准体。进一步讲，众异形生命力的强弱，是由保持造意、字形结构、形体繁简等因素决定的，所以，即使有异形大量存在的此一时期，各种异形表面上彼此同等，但实质上由于各异形素质不同，也暗含着在众形体中地位的差异，这即是设立标准体的理论依据。

不同时代、不同字系对个体字符的形体要求是有差异的，如甲骨文字系要求每个形体都具有很强的象形性，象形性是其判别优劣的主要标准，到小篆则强调形体的定型，追求形义的统一，而到隶书阶段则强调纯符形体的归整和笔画化，这特别表现在生僻形体和象形性强的形体上，如"李"改作"夫"，"畐"改作"咼"等，这种规整与小篆的明显区别是只管形的统一，而不顾表意问题，因此不同时代、不同字系标准体设立的原则应有所不同。如就早期隶书而言，设立标准体的首要原则是与定型期隶书及楷书形体相应，在没有后期对应形体的前提下，则以下两条原则判定：一是与小篆形体有对应关系，二是以标准构件参构并能体现构形意图，后一条是从符合隶书构形系统规则的角度说的。这两条原则同样适用于标准构件及标准形位的设立，只不过后两者又应以是否为独用形体为首要判别原则。

需要明确的是，标准体的适用范围是与所选文本文字的范围相应的，以一种文本文字为范围所定的标准体，是从本文本文字所存字形中选出的，也就是说是仅就本文本文字所存字形而言的，如果所收字形不是使用中的同一字系的全部形体，那么有些标准体就不一定是整个字系的标准体。

异构字指功能相同而形体构成不同的字。形体构成不同包括三种情况：一是构件不同，如"损"与"敐"，一从扌，一从攴。"察"与"寮"，一从祭，一从祭。"卸"与"御"，一无构件"彳"，一有构件"彳"；二是构件相同但构件间的组合位置不同，如"静"与"婧"、"輅"与"铪"、"妠"与"妟"、"悈"与"惑"等。形成异构字的构件间的组合位置的变换是有条件的：首先，变换后不影响构形意图，只有直接构件间的关系是并列式结构者，才可调换。因为这种调换不影响构形意图，更不影响单字表词功能，故容易得到承认；其次是不破坏构件本身的原有组合结构。相反，有些字形构件方位的变换损坏了构件原有的组合结构，在一定程序上影响了字形的构形意图和表词功能，这种变换往往是由于个人书写的不规范形成的，给汉字严密整齐的组合体系造成混乱，故这种形体往往是短命的，难以流传，它所形成的是异写字，而非异构字。如"命"字由"口"和"令"两个直接构件组成，而《老子》甲本331行写作叴，此即为异字，而非异构。再如"幣"字由"巾"与"敝"两个构件组合，从巾敝声，而《老子》乙本86行写作幣，这也是异写，而非异构；三是全形与省体的不同，如"爵"与"吋"、"憂"与"忧"、"屋"与"屈"、"穀"与"橐"等。《说文解字》把全形与省体当异构字列出，是正确的，如《火部》："爨，火所伤也。从火，羴声。焦，或省。"《鬲部》："融，炊气上出也。从鬲，蟲省声。䰔，籀文融不省。"但是书写体文字的字形常常有笔画的增减，这种增减往往是临时的个人行为，并非字形结构的固定形式，所以这种笔画增减不能归入异构范围，而应属于异写范围，它所形成的是异写字，而非异构字。同是增减，是异写还是异构，区别的标准是增减的是形位或形位组合体，还是仅为笔画，如果增省的是形位或形位组合体，就是异构，它与原形的关系是异构字的关系。

相反，如果增减的仅是笔画，则是异写，它与原形的关系是异写字的关系。如帛书"施"字，又写作"㐌"，"㐌"为"施"的省体，"방"是形位，省去的"方"仅是笔画的组合体，故"㐌"为"施"的省体异写形。又如"馬"，又写作"鳥"，后形省去一点，是前形的书写变体。

异构字由于形体构成不同，在单字统计中以不同单字看。

同形字指功能不同而形体相同的字。同形字主要是由于原本不同形体的字在演变过程中变成了同形。如马王堆帛书"肉"字作▨，"月"字形同，"无"作𠑒，"先"也作𠑒。"分"字，帛书有时作▨，与"介"字同形。同形字不仅指标准体的相同，也包括各字变体与标准体及变体与变体之间的相同。

在单字统计中，同形字之间以不同单字统计。

（三）形素、形位与构件

依据字样的认同与别异原则，对文本文字进行穷尽性处理后，所形成的是单字字表。为便于字形的分析与对比，一般应依《说文》的部首和列字顺序排列，《说文》未收的字，依部首排于每部之末。在形成字表时应当注意的是，字样之间一笔一画的差异，往往是字形演化的原因所在，故有差异字样的收集须严格把握，即使仅有一笔一画之异的字样，也应收入字表中。

形素是依据汉字的组合特点，从汉字字符系统中离析出来的、具有独立构形功能的最小形体成分。形素之间的区别特征分两个方面：一是形体，二是构形功能，构形功能指形素在字形造意中所起的作用。在对确定范围的个体字符进行穷尽性拆分后，获得了形素群，在此形素群中，构形功能和形体完全相同者，为同一形素，可并而为一，至此便能统计出形素的数量。

形位是依据功能同异原则，从形素中归纳出来的可区别构形功能的最小形体单位，是汉字构形的基本元素。形位是抽象单位，它指的实际上是具有相同构形功能的形素群，但是在汉字构形系统的分析和描写中，它是作为一个形体单位来运用的。

从以上描述中可以看出，形位是形素的两项区别特征中忽略形体一项而形成的类聚，它所表明的是：属于同一形位的形素，原本是同一物象的描绘，故其构形功能相同。其形体的不同，原因有二，一是构形时有繁简取象的不同，二是由于个人书写和字形演化的不规则，又受字形组合成分和成分组合位置的影响而形成变异，所以抛开表面现象的话，形位并非抽象形体。

依据设立标准体的原则，可从属于同一形位的形素中，选取一个形体为标准体来代表本形位，其余形体皆为本形位的变体。

形位依可否独用分成字形位和非字形位两类，成字形位指有义有音，可以独立使用的形位，从使用角度说，这部分形位也即是单字；非字形位指有独立构字功能，但不能独立使用，只在构字中出现的形位。

构件是汉字构形系统中构形成分的总称。构件视其内部形体组成成分的多寡分为单形位构件和复形位构件，单形位构件指由一个形位充当的构件，复形位构件指由两个或两个以上形位组成的构件，例如：缇，从纟是声，"纟"不能再拆分，为形位，"纟"即是单形位构件，是，从日从正，由两个形位组成，即是复形位构件。单形位构件视成字与非字又可分为成字构件和非字构件，如"血"，从皿，"丶"像血点形，则"皿"为成字构件，"丶"为非字构件。构件分类如下图：

$$
构件\begin{cases}单形位构件\begin{cases}成字构件\\ 非字构件\end{cases}\\ 复形位构件\end{cases}
$$

（四）独体字与合体字

依据字形所含的形位数量的不同，单字整体可分为独体字与合体字两类。独体字是仅有一个形位参构的单字，合体字是由两个或两个以上形位参构的单字。

独体字与合体字的界线在某种情况下并不分明，究其原因，在于对形位的判定，即哪些是形位，哪些是形位组合体。一个单字形体若不能拆分（只是一个形位），即是独体字，若能够拆分（为形位组合体），则为合体字。在独体字与合体字的划分上，总的原则是立足于所选的某一时代的文字这一共时平面，不以前代字形立论，这符合汉字演化具有阶段性的规律。因此，存在前代为独体而此时为合体及前代为合体而此时为独体的现象。

三 直接构件的拆分与归纳

　　直接构件是直接构成单字形体的一级构形要素，是在考虑构字意图及形体来源的前提下，对合体字切分后形成的最大构字成分。

　　直接构件拆分源于汉字形义的组合特点，是汉字构形过程的反方向运作（分化式字形例外）。例如：蜀，甲骨文早期作■（后上9.7），上像蜀头，中像其身，后期增"虫"作■（川大卜征伐一），与小篆同，则可拆分为"虫"和"■"两个构件，到隶书又改造为■，以"内"替换了"■"，与禹、萬、禺、离、禽等从"内"划一，则又可拆分为"内"和"目"两个构件，"目"仍表蜀头。因为拆分必须考虑构形意图，又因为字形发展多是累积的过程，即把前期构成的字形当作后期构字的构件，所以，直接构件拆分在某种情况下须进行推源。如马王堆帛书《战国纵横家书》32行、《老子》乙本139行下、《春秋事语》58行有三字■、■、■，三字皆是"疑"字。三字所从之■为"止"的草写体，■与小篆"疑"字所从之■形似，小篆从■之字有三：毕、疑和肄。《说文》"肄"字作为重文未加分析，《八上·匕部》："毕，未定也。从匕，■声。■，古文矢字。"《十四下·子部》："疑，惑也。从子、止、匕，矢声。"毕、疑义同，《说文》以■为古文"矢"字，"矢"下又未出此形，"疑"字析形诸注家多以为不然，徐锴以为"疑"字所从之■亦为古文"矢"字，段注则曰："当作从子，毕省，止声。"甲骨文毕字作■（后下24.4）、■（前7.36.2）、■（前5.24.2）等形，其形"像人扶杖旁顾而行"，表示疑惑，或不扶杖，或加"彳"以表道路。后表杖之竖发展为"匕（与"老"字发展相同）"，即成小篆之■。篆文、隶书之"疑"，乃不扶杖之"■"增"止"、"子"而形成，可拆为"■"、"止"、"子"三个直接构件。金文"疑"作■（伯疑父簋）、■（齐史疑觯），乃增"牛"增"辵"形，增"牛"为声符，增"辵"与增"止"同，表行走，或篆隶之止为辵省，一说"子"乃"牛"之形讹。总之，隶书之■直承甲金文，本为独体象形字。作■者，为增笔变体。

直接构件的归纳分归并和归类两种，归并指完全相同的构件形体并而为一，归类指形体略异者归为一系。对合体异写字直接构件的归纳会得到异写构件。如合体异写字 ▨（《老子》甲本191行）、▨（《战国纵横家书》264行）、▨（《战国纵横家书》3行）、▨（《老子》乙本163行上），拆分为"人"和"言"两个直接构件，前三个形体所从"人"形同，可并而为一，这样直接构件"人"便有两个异写形体"亻"和"彳"，直接构件"言"便有四个异写形体言、言、言、言，在直接构件众异写形体中也须设标准体为代表，设立原则是首选与充当单字的形体相同者，其他原则与单字同，如上两个构件即可设"亻"为标准体，"彳"为变体，"言"为标准体，其余三形为变体。对其他合体字直接构件的归纳也会得到异写构件，如 ▨（李）（《老子》甲本279行）、▨（孙）（《战国纵横家书》197行）便可归纳出"孑"、"子"两个异写构件。另外直接构件还可形成同功能异构类聚，称异构构件，如"襲"、"襲"拆分后，可归纳出"敝"、"殹"两个异构构件，"察"、"察"拆分后，可归纳出"祭"、"祭"两个异构构件，异构构件多来源于异构字。直接构件也可形成异功能同形类聚，称同形构件，如马王堆帛书"勹"、"舟"、"爪"、"肉"都作 ▨，"之"、"士"、"土"、"壬"、"丰"、"大"等都作 ▨ 等，这些在文字考释及研究字形演变中具有很重要的价值。有些形体古文本为一字，《说文》小篆分为二字，马王堆帛书与古文一样混而不分，如"夂"与"夊"、"它与"也"等，就帛书说应归一个构件。

四　形位的拆分与归纳

独体字是由一个形位构成的字，它本身即是形位，直接构件中的单形位构件本身也是形位，所以形位拆分仅在复形位直接构件中进行。形位拆分同直接构件的拆分一样，也须考虑构形意图及形体渊源。

形位的归纳是构成独体字的形位、构成单形位构件的形位和从复形位构件中拆出的形位三部分综合进行的。除同功能而又形体完全相同者并而为一外，同功能异写形体类聚为一系，一般定充当独体字的形位为标准体，其他形体为同一形位之变体。异功能同形的形位称同形形位。

在形位拆分和归纳中，一些特殊现象的分析应有统一合理的原则，下面是以马王堆帛书为例所作的原则性分析。

（一）象形形体的处理

象形字是独体还是合体，有时是不易区分的，究其根源，在于同样的事或物，既可以用独体象形，也可以用合体象形，也就是说，既可能是独体象形，也可能是合体象形，再加上字形发展中独体的分化、合体的黏合等因素，其区别就更加复杂了。古文字研究者对"元"字的分析反映了这一矛盾，有的人依据甲骨文🗡形体以为"元"字从二（"上"字）从人，乃合体字，有的人则据金文🗡形，以为此乃"元"之本字，"元"本为独体象形字。由此看来，分析字形既要有不同字系的观念，又要看本字系构形系统的实际情况，还要照顾到构形系统的简明严整性。再如"主"字，小篆作"🗡"，《说文》由于把"丶"列为单字，并认为"主"字所从之"丶"即是此"丶"，所以对"主"字作了拆分，析为"从🗡，象形。从丶、丶亦声"，《说文》这样分析是依据小篆的字形情况作出的，可能也受了"音"字的影响，"音"实即"否"之异形，源于"不"又作"木"，但是作为体系严密的小篆是不允许这种异形出现的，"音"、"主"都从"丶"，设一"丶"字贯串之（金文也有"丶"，但未必是"音"、"主"字形中之"音"），《说文》是可以自圆其说的，但在帛书中，"丶"字显然不存在，"音"字我们又考出实是"否"字（详后），那么"主"字如果再拆就没有必要了，像"主"字这类字形是可以拆也可以不拆的，关键看同系统字形情况，从帛书看，"丶"、"🗡"都没有在别的字形中出现，所以拆开后整个形位集中就仅因一个字形增加了两个非字形位，而不拆则仅增加一个成字形位。所以像此类字形，皆为独体。

形体复杂的独件象形字，在传承过程中往往被改造成层次组合的合体字，这是汉字发展规律之一，但是帛书文字由于既忽视字形的形义统一性，又追求形体的常见，因而使一些形体出现有其形而无其义的成分，如"鸟"字作🗡，上从"自"，"焉"作🗡，上从正，下从马，这些都是对复杂象形字形体改造而形成的，但忘了汉字形义统一的原则。这类形体拆分与否，也即判定是形位还是形位组合体的标准有两条：一是检查独用与构字状况，看改造形体是否稳定和普遍使用；二是看改造后的组合构件能否参与整字构义，能够参与构义且形体稳定者即为改造成功的合体，否则，则仍是独体。如帛书蜀字作，《老子》甲本"独"用之，《老子》甲本、《春秋事语》、《战国纵横家书》、《老子》乙本的"属"字皆从之，《老子》甲本"浊"、"独"也从之，说明在一定时期是较标准的形体，拆分后构件又可参与其字造意，故应为合体。而上述"鸟"字、"焉"字形体，仅从形体上说，这些确与单形位成字构件的构字类似，但因为作为成字构件无法参与所构字的造意，所以它们只是无理据分化的有其形而无其义的假构件，本质上仍是独体象形字象形形体的一部分，故仍是独体。《说文》也有类似形体，处理原则与上述原则同。如"禽"，《说文·十四下·内部》："从内，象形，今声。"这是因为拆出的"内"与"今"都能参与构造其他字形。《说文·五下·舜部》："舜，艸也。……象形，从舛，舛亦声。"舜，依其形，上部由"冖"与"炎"组成，但拆出后不能参与构字，故《说文》只言"象形"，不再拆分。

原本为象形字象形繁简不同的形体，繁简两形是由于绘形的不规则和改造绘形形成的，绘形不规则如"首"与"百"、"𠫓"与"㐬（倒子）"，改造绘形如""与""、"十"与"甲"，"井"与"丼"，这种繁简形体由于都是同一意义的绘形，即功能相同，又由于繁体增加的形体成分不是成字，只是原形的绘形补充成分，所以应视为同一形位。这里必须同时符合功能相同和非字成分这两个条件，才属同一形位，比如"刃"，虽然它在"刀"上增加的也是非字成分，但由于改变了"刀"形的功能，即"刀"与"刃"功能不同，所以不是一个形位。又如古文"及"字（《三体石经·无逸》作）与篆文"及"字𨋢，功能虽然相同，但篆文"及"从"人"从"又"，由两个成字组成，即它所多出的形体不是非字，所以也不能作为一个形位看待。

（二）草写形体的处理

连体草写的形体，形体一般已经变形，故作独体看，如"朵"，小篆作"朵"，帛书作。矢，小篆作"𥎸"，从矢以声，帛书作，属连体草写。

（三）指事形体的处理

形位拆分的理论依据是汉字形义的组合特点，组合才可拆分，非组合则不可拆分，指事字如本、末、朱、刃、亦等，仅从形体上看，似乎也是由两部分组合成的，前三字是在"木"形上标横而成，"刃"是"刀"上标点，"亦"是正面人形"大"上标点以示两腋，但这仅是字形笔画的组合，并非结构组合，因为结构组合是形义的双重组合，如同是成字非字组合者"血"，从皿从丶，"丶"是血点象形，"甘"字从口从一，"一"是所含物的象形，"夫"字从大从一，"一"是簪的象形，对比便可看出，前者（指事字）非字成分在字形中没有独立性，拆出后便不知所云，而后者非字成分在字形中是独立的，拆出后含意不变，其结构与"田"与"木"组成"果"、"田"与"肉"组成"胃"，以及一般会意形声组合特点相同。指事字是用点画指出原形的某一部分，实质是对原绘形的改造，而且隶书形体已非一点一画皆有意的体制，故指事形体应为独体。

（四）增笔形体的处理

增笔形体指增加了无意义笔画的形体，这种增加的笔画没有区别功能，所以它所形成的是同一形体的变体，如"丰"作丯，"炎"作炏，还有在战国及战国前文字中，字形上部为直横者，常在其上加一短横或一点，例如：

例字	正	辛	帀（师）	可	百	不
不加横	〔图〕	〔图〕	〔图〕	〔图〕	〔图〕	〔图〕
	侯马盟书	后上18.3	师寰簋	楚帛书	免盘	包山楚简
加横	〔图〕	〔图〕	〔图〕	〔图〕	〔图〕	〔图〕
	侯马盟书	甲2282	蔡太师鼎	楚帛书	禹鼎	包山楚简

这种异形在经过整理分析的《说文》字形中，除一些未被收入外，都作了合乎造意的区分，如"正"，不加横者为小篆，从一止，加横者为古文，从二（古文"上"字）止。"帝"字则加横者为小篆，从古文

"上"，不加横者为古文。帛书也继承了这种异形。这些形体的不同都应看作变体，因为它们在帛书中功能相同，仍未分化。其中"不"与"禾"，《说文》未看作异形，分析不尽合理，否，《说文·二上·口部》："不也。从口，从不。"《不部》也列此字，作"从口，从不，不亦声"。㕦，《说文·五上·丶部》："相与语，唾而不受也。从丶，从否，否亦声。""否"之与"㕦"声同义同，当是一字，其同源于"不"又作"禾"或"朩"，"不"字甲骨文、金文、战国文字都有此二形。《说文》"丶"只有二字，除"㕦"外，还有"主"字，"主"为象形字，可见"丶"并非字，不应拆出。帛书"倍"字，《战国纵横家书》从"㕦"，《老子》乙本从"否"，《老子》乙本"部"字又从"㕦"，可知帛书"否"、"㕦"不分，也即"不"、"朩"为一字。

这一类形体应视不同发展阶段的具体使用情况而定，上述各组形体因在帛书中功能完全相同，故归为一个形位，但有些本是异形的形体会在发展过程中，随意义变化而分化，分化之后义有专属，有时甚至音也随之分化，这种情况下就不应再作为同一形位看待。

有些形体的增笔不属于形位增笔，如"保"字，甲骨文作 ，像人背负子形，也有作 者，所从之"丿"，吴大澂《说文古籀补》谓"象保衣之形"。林义光《文源》谓"象褓形"，也有说是别体 ![] 形长臂断开所致，皆不确。唐兰《殷虚文字记》说："作 ![] 者，多一饰笔耳，更进作 ![] 了，则饰两笔矣。"唐说是。甲骨文"毓"字有作 者，与"保"构件相同，为示区别，一般"保"字"人"、"子"并列，"毓"字"人"在"子"上，为更进一步区别二字，才在"保"字形上加"丿"，又为保持对称，在"子"形左边再加"丿"，即成"保"字，正因"丿"为无意增笔，才可一再增加。由此可知，"保"字不应拆分为从人从呆，"保"本从人从子，"子"形左右之增笔是"保"字整字为区别他形而增加的，为整字之增笔，非"子"之增笔，当然"呆"也不是"子"的形位变体。又如"怒"字，《战国纵横家书》作 ![]，奴，《老子》甲本作 ![]，《战国纵横家书》作 ![]，其增笔"人"，既非怒之增笔，又因为"女"、"叉"、"爪"独用或在其他字形中都无此增笔，所以，"人"只能是"奴"的增笔。只有区别开这三种增笔，才能在拆分过程中避免将整字增笔带入构件、构件增笔带入形位。

（五）分化形体的处理

帛书由于处在自然变化的早期隶书阶段，变化无定则，加之受字形结构的影响，形体常常是变与不变并存；度内演变与质变共在，因此形位的拆分与归纳须区别对待。如 ꑉꑊ，从丩从又，帛书在奉、弄、戒、兵、具、共、弃、暴、泰、举、舜、奠等字中，作 ꑉ、ꑊ、廾、ꑊ 等形，已黏合为一个形位，应不作拆分，而在"丞"字、"异"字中，由于在字形中分属两边，故并未连粘，仍可拆分为"丩"与"又"两个形位。

（六）纯符形体的处理

纯符形体是指形体已完全改变，在字形中失去构义作用的形体。纯符形体的生成有两种途径，一种是因与其他字形轮廓近似而用其他字形的形体来替换自身。如"朕"字从 ꑉ（ꑉ），帛书作 ꑊ，ꑊ 为"火"变体（金文中"火"字多作 ꑊ），"廾"为収之变，属于正常的演化，"卷"字本从 ꑉ（关）声，其形因与 ꑉ 似，帛书作 ꑊ，实际上是用 ꑉ 换了 ꑉ，在"卷"字中，即成为纯符形体，又如"者"字本从 ꑉ，先变作 ꑊ，进而变作 ꑊ，也属正常演化，"老"字本从 ꑉ，象长发之人形，上象长发，下为"人"字，因与"者"字所从形似，帛书也写作 ꑊ，也属借用。纯符形体生成的第二种途径是形体自身变化过度，有时也受到其他形体的影响，如"晋"，上部所从，甲骨文、金文及战国文字皆为二倒"矢"，作 ꑉ、ꑊ 等，帛书有时作 ꑉ，"显"是战国形体的承继，帛书也有作 ꑉ 者，是把"矢"之双尾变为一横所致，虽联系前形仍能看出演变程序，但其形已无任何构义可言了，这就成了纯符形体。再如 ꑉ 字，下部本从 ꑊ，这一形体生僻少见，帛书写成了"夫"，其变化可能受到了"夫"字的影响，总之是无构义可言了。

一些破坏了原形结构，已经笔势化的形体作独体看。如夓，从攴丙声，帛书已变为"更"。这类形体小篆中已经存在，《说文》也是采用不加拆分的原则处理的，如《说文·三下·革部》"革"下释篆文形体曰：

"象古文革之形",又释古文形体曰:"从三十,三十年为一世而道更也,曰声。"说明古文革仍可拆分,而篆文革已不可拆分。

纯符形体是隶书之后汉字中出现的新的形体现象,是汉字不完全追求构形意图及形义统一的情况下产生的。这种现象一直传到了楷书中。

帛书是个人书写体文字,形体变化是比较大的,在这种形体的定性过程中存在的问题是:何种形体变化仅是个人临时书写的变化,何种形体变化属于非个人因素的文字形体本身的变化。如果是前者则变化再大也属于书写变化,如果是后者就是文字形体的分化或变性了。这一问题就帛书本身无法作出判断,这是因为是否是临时书写变化、是否成为纯符形体,是由成熟期隶书是否承认和沿用来决定的。成熟期隶书即是早期隶书书写变化的定型体,所以能进入成熟期隶书者即成为文字形体本身的变化,不能进入者即为临时书写变化。因此我们判定纯符形体是参考成熟期隶书及楷书进行的。

(原载《语言论集》第四辑,中国人民大学中文系《语言论集》编辑部编,中央民族大学出版社 1999 年版)

简帛文献用字研究

出土简帛文献，主要为战国、秦汉、三国时期抄写的文献，由于这一时期正处于古今汉字转换阶段，汉字的构形与使用都变化剧烈，加之都是个人手写体，所以简帛文献的用字异常复杂，这为全面研究汉字本有的用字面貌提供了有利条件。研究表明，后代文献中存在的许多新增字，包括所谓俗字、讹字等，直至现代汉字中的许多字形，都是战国、秦汉汉字转换时期字形使用中的功能分工、重组形成的。对简帛文献的用字进行系统整理和研究，能够填补古今汉字发展史研究上的空白，不仅有助于厘清汉字字形字用的发展轨迹，而且容易分析其演化的动因、机制和规律，而这些仅研究后代字形本身是无法解决的。

只有在简帛文献用字系统整理和研究的基础上，才能认清用字现象的性质和分类，从而在简帛文献释文和注释中做出细致明确的标注和说明，改变简帛文献整理中对用字只有粗略说明的现状。

简帛文献研究中用字的辨释是难点之一，但是用字再复杂，也应有规律可循，譬如哪个字与哪个字可以通用、哪个字与哪个字可以借用，都应该有固定的习惯。简帛文献经过近些年的集中研究，积累了大量的研究成果，对简帛文献用字进行系统整理和研究的条件已经成熟。在现有研究成果的基础上，对简帛文献整体的用字进行系统整理和研究，集中反映已有的用字资料和用字规律，那么，今后大量已经出土而未整理出版和以后出土的简帛文献的研究会顺利得多，也可避免重复考释，使简帛文献研究走上更高的台阶。

简帛文献用字的整理和研究，对于工具书的编撰有重要意义，据初步统计，仅郭店楚墓竹简中，形体结构不见于《汉语大字典》楷体字头的字就有 300 余①，而秦汉简帛文献中，通假字较传世古籍多 6 倍以上②，由于简帛文献用字情况复杂，现有的成果释读标注不完善，歧见误漏不少，且材料分散，所以工具书编撰难以直接引用，简帛文献用字的整理和研究可以为现有大型工具书的修订补充和新工具书的编撰提供系统资料。

所谓用字问题，包括两个层面：一是使用了多少个单字；二是怎样使用这些单字。第二个层面应是研究重点。第二个层面问题主要表现为字形与表义功能的关系问题，就现有认识，大致可分为异写字、异构字、据音借用字、同源通用字、同形字和形近混用字六个方面。

一　异写字

1993 年尊师王宁教授在指导我写作博士论文《马王堆帛书汉字构形系统研究》的时候，就提出了"异写字"和"异构字"的概念和术语，在王宁老师的指导下，我在《马王堆帛书汉字构形系统研究》中，对帛书字形异写字和异构字的内部现象做了比较详细的分析。异写字是因书写和字形演进的不规则而形成的同一形体的不同变化形式。这里的"书写"指的是个体性的变化，同一个单字形体，不同的人书写，会写出不同的样式，形成同一字形的异写形体，这种异写形体的存在是临时的、个性的。另一种是受字形系统发展趋向支配的书写变化，这种变化虽然也发源于个人书写、表现为个人书写，但它反映的是整个字形系统的变化，具有一定的规律性，不是临时存在，而是会长期延续并最终取代原有字形，是汉字书体发展演进的重要因素，所以可以称它为字形演进的不规则。

异写字的差异表现在笔画层面上，主要是笔画位置、笔画长短、笔画曲直、笔画增省、笔画分合等的变化。把异写字单独区分出来非常重要，因为汉字书体的发展，如隶书、行书、楷书等的演变基本上都属于异写的变化，应该从笔画这一层面比较分析，而不是结构或构件等其他方面。

异写字是手抄文献文字的基本现象，在甲骨文、金文中即很普遍，简帛文献尤为突出。但是在印制时代文献的文字中，异写现象已基本消失，

---

① 见陈伟武《郭店楚简中〈汉语大字典〉所无之字》，《中国文字研究》第三辑，广西教育出版社 2002 年版。

② 见钱玄《秦汉帛书简牍中的通假字》，《南京师院学报》1980 年第 3 期。

传统的所谓异体字中，仅包含极少量的异写字，所以异写字概念的强调可以说是与简帛文献新材料的大量出土相应的。

二 异构字

异构字是指功能相同而形体构成不同的字。所谓功能相同，即字形表示的音义相同；所谓形体构成不同，包括以下几种情况。

（一）构件不同

1. 构形方式相同

《马王堆帛书·老子甲本》："而民生生，勭皆之死地之十有三。"①《马王堆帛书·四度》："勭静不时胃（谓）之逆，生杀不当胃（谓）之暴。"② 《银雀山汉墓竹简·王兵》："勭如雷神（电），起如蜚（飞）鸟。"③ 勭，皆"動"之异构字，《集韵·董韵》："動，或作勭。"④ 二字为声符互换，构形方式皆是形声组合。《马王堆帛书·老子甲本》："受邦之訽，是胃（谓）社稷之主。"⑤《马王堆帛书·老子乙本》："受国之訽，是胃（谓）社稷之主。"⑥ "訽"为"诟"之异构字，《说文·言部》："訽，诟或从句。"⑦ 二字为声符互换。《马王堆帛书·老子乙本》："戴营袙抱一，能毋离乎？"⑧ 传世本"袙"作"魄"，袙，从示白声；魄，从鬼白声。

2. 构形方式不同

马王堆帛书有"野"字，楚简皆作"埜"，前者为形声字，后者为会

---

① 国家文物局古文献研究室：《马王堆汉墓帛书》（壹），文物出版社1980年版，第4页。
② 同上书，第52页。
③ 银雀山汉墓竹简整理小组：《银雀山汉墓竹简》（壹），文物出版社1985年版，第136页。
④ （宋）丁度等：《集韵》，上海古籍出版社1985年版，第301页。
⑤ 国家文物局古文献研究室：《马王堆汉墓帛书》（壹），文物出版社1980年版，第7页。
⑥ 同上书，第93页。
⑦ 王贵元：《说文解字校笺》，学林出版社2002年版，第106页。
⑧ 国家文物局古文献研究室：《马王堆汉墓帛书》（壹），文物出版社1980年版，第95页。

意字。《马王堆帛书·名理》:"是必为福,非必为衬。"①《马王堆帛书·名理》:"祸衬废立,如竟(影)之隋(随)刑(形)。"②衬为"灾"之异体,前者为形声字,后者为会意字。《马王堆帛书·老子甲本》:"贵富而驕自遗咎也。"③《马王堆帛书·老子乙本》:"贵富而骄,自遗咎也。"④《马王堆帛书·五行》:"〔尊〕而不骄,共(恭)也。"⑤"驕"为"骄"字异构字,前者为会意字,后者为形声字。

3. 增加或减省构件

《马王堆帛书·战国纵横家书》:"御军之日,无伐齐、外齐焉。"⑥御即"却"的增"彳"旁异构字。《马王堆帛书·六分》:"朝主积甲士而正(征)不备(服)。"⑦《马王堆帛书·称》:"朝者臣,名臣也。"⑧朝,乃"霸"字减省构件的异构字。《马王堆帛书·老子甲本》:"德之贵也,夫莫之时而恒自然也。"⑨时,乃"爵"字减省构件的异构字。《马王堆帛书·老子甲本》:"天下之所恶,唯孤寡不橐,而王公以自名也。"⑩《马王堆帛书·老子乙本》:"夫是以侯王自胃(谓)孤寡不橐。"⑪橐,乃"縠"字减省构件的异构字。《马王堆帛书·老子甲本》:"终日号而不发,和之至也。"⑫发,乃"憂"字减省构件的异构字。

(二)构件相同

构件间的组合位置不同。《马王堆帛书·战国纵横家书》:"然臣亦见其必可也。猶𡧯不知变事以功(攻)宋也。"⑬《马王堆帛书·五行》:

---

① 国家文物局古文献研究室:《马王堆汉墓帛书》(壹),文物出版社1980年版,第58页。
② 同上书,第58页。
③ 同上书,第10页。
④ 同上书,第95页。
⑤ 同上书,第18页。
⑥ 同上书,第40页。
⑦ 同上书,第50页。
⑧ 同上书,第81页。
⑨ 同上书,第4页。
⑩ 同上书,第3页。
⑪ 同上书,第81页。
⑫ 同上书,第4页。
⑬ 同上书,第61页。

"简之为言也猷贺（加），大而罕者。"① "猶"与"猷"为构件"犬"、"酋"位置变换的异构字。《马王堆帛书·四度》："守怨之本，养乱之𡊨。"② 《马王堆帛书·老子甲本》："故必贵而以贱为本，必高矣而以下为𡊨。"③《马王堆帛书·老子乙本》："故必贵以贱为本，必高矣而以下为圻。"④ 𡊨、圻皆"基"的异构字，一为上下结构，一为左右结构。《马王堆帛书·老子甲本》："少则得，多则惑。"⑤ 《马王堆帛书·道原》："无好无亚（恶），上用口口而民不麇（迷）㦤。"⑥ "惑"、"㦤"为组合位置不同的异构字。《马王堆帛书·老子甲本》："故大道废，案有仁义。"⑦ 《马王堆帛书·顺道》："慎桉其众，以隋（随）天地之从。"⑧ "案"、"桉"为组合位置不同的异构字。

三　据音借用字

指意义上没有联系，仅因音同、音近或音转而借用的字。在部分情况下，"据音借用字"与常用名"假借字"同义，但"假借"一名，无论是从共时的今天，还是古今对比，所指多不相同。先说古今对比，最早为"假借"下定义并举例字的是东汉许慎的《说文解字》，《说文·叙》："假借者，本无其字，依声托事，'令'、'长'是也。"⑨ 但《说文》的"假借"与我们现在所说的假借，有着本质的不同，这一点清人早已言明。但是现在为数不少的著述仍没有把二者区别开来，最明显的证明就是许多著述讲到《说文》"假借"时，会表达这样一个意思：《说文》为假借下的定义很好，但"令"、"长"两个例字举错了。实质上《说文》的"假借"是包括引申在内的，段玉裁《说文解字注》说得明白："托者寄

---

① 国家文物局古文献研究室：《马王堆汉墓帛书》（壹），文物出版社1980年版，第18页。
② 同上书，第51页。
③ 同上书，第3页。
④ 同上书，第89页。
⑤ 同上书，第12页。
⑥ 同上书，第87页。
⑦ 同上书，第11页。
⑧ 同上书，第79页。
⑨ 王贵元：《说文解字校笺》，学林出版社2002年版，第661页。

也,依傍同声而寄于此。则凡事物之无字者,皆得有所寄而有字。如汉人谓县令曰县长,县万户以上为令,减万户为长。令之本义发号也,长之本义久远也,县令、县长本无字,而由发号、久远之义引申展转而为之,是为假借。"①《说文》正文中对假借也多有阐发,如《说文·西部》:"西,鸟在巢上,象形。日在西方而鸟西,故因以为东西之西。栖,西或从木、妻。"②"西"字本义为鸟栖,因为太阳在西方时鸟栖,所以借用"西"字来表示东西的西。又如《说文·来部》:"来,周所受瑞麦来麰……天所来也,故为行来之来。"③"来"字本义为瑞麦,因为瑞麦是天上来的,所以借用来字表示行来的来。不管《说文》所言引申关系是否合理,就《说文》认为的事实看,"西"、"来"与"令"、"长"一样都是由词义引申而借用字形,属于假借。那么,《说文》为什么把引申也当作借用字形?这与《说文》对汉字的本质认识有关。《说文》与别的字典不同,一是有分析字形的内容,二是一般只列一个字义。因为许慎认为汉字是依据词义构造字形的,字的形和义是统一的,所以字形可以解释,而与字形相对应的字义也只能有一个。既然某一字形是依据某一字义造的,那么这个字形就只是这个字义的字形,而当这个字形表示其他字义时(不管与原有字义有无关联),就是其他字义借用了这个字形,所以称其为假借。

近现代虽然也有人主张假借字与正字之间部分在意义上可以有联系,但一般认为假借是意义上毫无联系、仅因音同音近而借用的字,所以同是"假借"一名,在古,在今,在不同的著作中,含义并不相同。我们既不应以今律古,认为《说文》有误,也不必完全依据古论。在厘清"假借"一名古今含义演化的前提下,应以怎样更好地分析汉字用字现象为原则,确立其具体内容。我们认为,意义上有无关系反映了两种性质完全不同的汉字用字关系,应予区分。据音借用字是字义上毫无关系、字音上具有音同音近或音转关系的借用字。字形关系本不是据音借用字考虑的因素,但有一类字形属于派生关系的现象,即甲字是在乙字字形基础上创造的。一般是原无正字,借用某字为之,后在此字基础上增加或改换部件,产生正

---

① (清)段玉裁:《说文解字注》,上海古籍出版社1981年版,第756页。
② 王贵元:《说文解字校笺》,学林出版社2002年版,第515页。
③ 同上书,第79页。

字。如"胃"与"谓"。胃，《说文·肉部》："胃，谷府也。"① 后借用为"谓"，增"言"旁派生"谓"字，战国楚简尚未见"谓"字，皆用"胃"，如《郭店楚简·五行》："目而知之胃之进之。"② 《郭店楚简·六德》："何胃六德。"③《郭店楚简·语丛（四）》："是胃重基。"④ 睡虎地秦简、马王堆帛书"胃"、"谓"同用。另一种是本字借用为别的意义后，在原字基础上增加或改换部件，产生新的本字。如"常"与"裳"。"常"的本义是下衣，《说文·巾部》："常，下帬也。"⑤ 马王堆三号汉墓遣策简四〇五："缇襌便常一。"⑥《睡虎地秦墓竹简·日书乙种》："利以裂（制）衣常。"⑦ 又，"乘车、衣常、取妻，吉。""常"皆用本义，后借用为"恒常"等义，便改换义符派生"裳"，当"常"不再表示衣服意义时，"常"、"裳"即成了据音借用字。

四　同源通用字

同源通用字是意义具有渊源关系、在读音上音同音近而通用的字。其实质是词义引申后派生新字，在一定时间内，新旧字通用。每个汉字一般都表示数个字义，这些字义概括地说包括本义、引申义和假借义三类，引申义是词义引申形成的，假借义是文字借用形成的。这是汉语节省书写符号，为减少书写和释读的困难而采取的方法。但是一字多义如果尽情发展，也会增加辨识的难度，于是汉语又采取了派生新字来分担原字部分职能的方法，派生字就是在原字形基础上创制的分担原字字义的字。在原字形基础上创制新字，主要的方法是增加构件和改换构件。所以派生字和原字之间在形体上有渊源关系，在读音上相同或相近。其中分担假借义的派

---

① 王贵元：《说文解字校笺》，学林出版社2002年版，第170页。
② 荆门市博物馆：《郭店楚墓竹简》，文物出版社1998，第151页。为印刷便，释文有时用通行字，下同。
③ 荆门市博物馆：《郭店楚墓竹简》，文物出版社1998年版，第187页。
④ 同上书，第217页。
⑤ 王贵元：《说文解字校笺》，学林出版社2002年版，第319页。
⑥ 湖南省博物馆、湖南省文物考古研究所：《长沙马王堆二、三号汉墓》，文物出版社2004年版，第73页。
⑦ 睡虎地秦墓竹简整理小组：《睡虎地秦墓竹简》，文物出版社1990年版，第238页。

生字与原字形成新的假借字关系，故归入据音借用字。同源通用字有一部分是由异写字和异构字经过表义功能的分配而发展来的，在前一阶段是异写字或异构字，到后一阶段可能就成了同源通用字。有形体关系的同源通用字的产生方式有如下几种。

（一）异写字职能分配

即把原本是一字异写的形体确立为不同字形来分担原本由一个字形表示的字义。如从马王堆帛书字形可以看出，"阵"本是"陈"的异写形体，后分担战阵义。①

（二）增加构件

"喬"与"憍"。乔，《说文·夭部》："乔，高而曲也。"② 引申为骄，郭店楚简"喬"字皆用为"驕"，因骄为心理活动，后加"心"旁派生"憍"，专门表示骄，包山楚简、曾侯乙墓竹简有此字。"我"与"義"。我，《说文·我部》："我，施身自谓也。"③ 引申指仪容和仁义之"义"，派生"義"。《说文·我部》："義，己之威仪也。从我、羊。"④ "我"也为声符。郭店楚简中表示仁义之"义"时二字互用，如《唐虞之道》："爱亲忘贤，仁而未義也；尊贤遗亲，我而未仁也。"⑤《语丛一》："仁生于人，我生于道。"⑥《语丛三》："不我而加诸己，弗受也。"⑦ "我"皆用为"義"，可见其派生关系。

（三）改换构件

嘗，《说文·旨部》："嘗，口味之也。从旨，尚声。"⑧ 本义为品尝，

---

① 详见王贵元《汉墓帛书字形辨析三则》，《中国语文》1996 年第 4 期。
② 王贵元：《说文解字校笺》，学林出版社 2002 年版，第 440 页。
③ 同上书，第 559 页。
④ 同上。
⑤ 荆门市博物馆：《郭店楚墓竹简》，文物出版社 1998 年版，第 157 页。
⑥ 同上书，第 194 页。
⑦ 同上书，第 209 页。
⑧ 王贵元：《说文解字校笺》，学林出版社 2002 年版，第 198 页。

后引申指秋祭，《尔雅·释天》："秋祭曰尝。"郭璞注："尝，尝新谷。"①《白虎通义·宗庙》："秋曰尝者，新谷熟，尝之。"②后改义符"旨"为"示"，派生"䏋"字，表示秋祭。包山楚简、望山楚简、九店楚简皆用之。在郭店楚简中，"天常"、"大常"及表示"恒久"义皆用"䏋"而不用"常"，虽是假借，但也可能与字形从"示"有关。

五 同形字

同形字指功能不同而形体表面相同的字，同形字的形体仅是表面相同，其构形意图大多不同。同时期简帛文献的同形字大多是部分异写形体相同，完全的同形字不多。《马王堆帛书·正乱》："天仅而弗戒，天官地一也。"③又："子勿言仅，交为之备。""仅"皆"佑"的异构字。"仅"又是"付"字异体，《正字通·人部》："仅，同付。"④《马王堆帛书·老子甲本》："执大象，[天下]住，住而不害，安平大。"⑤其中的"住"为"往"字变体，与义为停止的"住"成为同形字。秦汉文字"彳"旁多写作"亻"，如"役"又写作"伇"、"徑"又写作"俓"等。

六 形近混用字

王引之《经义述闻·通说下》"形讹"条曰："经典之字，往往形近而讹，仍之则义不可通，改之则怡然理顺。"⑥并举"夫与矢相似而误为矢"、"介字隶书与分相似而误为分"、"左与右相似而误为右"等250余条。当然王氏所举有一部分属于通用字的范畴，如"事"与"史"、"卿"与"乡"、"義"与"我"等。从理论上讲，形讹有些是偶然的，

---

① 周祖谟：《尔雅校笺》，江苏教育出版社1984年版，第84页。
② 《续修四库全书》编委会：《续修四库全书》1142册，上海古籍出版社2003年版，第79页。
③ 国家文物局古文献研究室：《马王堆汉墓帛书》（壹），文物出版社1980年版，第67页。
④ 四库全书存目丛书编撰委员会：《四库全书存目丛书》经197，齐鲁书社1997年版，第79页。
⑤ 国家文物局古文献研究室：《马王堆汉墓帛书》（壹），文物出版社1980年版，第13页。
⑥ （清）王引之：《经义述闻》，江苏古籍出版社1985年版，第778页。

大部分则是由于两种原因形成的，一种是二字极易相混，故时常混淆，属于无意识的；另一种是相混已成习惯，索性混写，这是有意识的。李零先生说："还有形讹，我们也不能统统以文化水平低或偶然疏忽解释。因为在楚简中有些'错字'是反复出现，其实是被当时的书写习惯和阅读习惯所认可，属于'积非成是'、'将错就错'，变非法为合法的情况。它们和一般所说的'错字'还不太一样。"① 讲的就是最后一种情况。后一种状况容易形成较为常见的现象，故值得按规律总结，定为"形近混用字"。但是，由于我们现在见到的只是简帛文献的一小部分，偶然与否有时不易区分，故都应统一总结。传世文献由于在历代传抄或印制中的不断修正，形近混用现象不是太多，王引之所述经典用字的形讹，大多属于篆隶字形混用的遗留，所以他在"形讹"条最后说"寻文究理皆各有其本字，不通篆隶之体，不可得而更正也"。简帛文献中形近混用字是比较多的，如包山楚简简二三六、二三九、二四三、二四五、二四七"毋又（有）柰"，"柰"皆"祟"误写。战国楚帛书"弌"写作"戈"，构字中"弌"也多写作"戈"。② 《郭店楚墓竹简·唐虞之道》"乃弌其孝"、"乃弌其臣"、"出弌兵革"、"今之弌于直者，未年不弌"，"弌"皆写作"戈"。《张家山汉墓竹简·二年律令》："夺其将爵一络。"③ "络"当作"级"。又《算数书》："丝练：以级丝求练。""级"当作"络"④。

形近混用字有的是单向的，即只可甲用为乙；有的是双向的，即既可甲用为乙，也可乙用为甲。

用字问题需要考虑地域和时代因素，不同地域或不同时代或多或少地会有不同的用字习惯和用字规律，如郭店楚简"谷"字皆用为"欲"，而"浴"字皆用为"谷"。后世文献"辅助"用"辅"字，而战国楚简借用"楠"字。

（原载《西北大学学报》2008 年第 3 期）

---

① 李零：《郭店楚简校读记》，北京大学出版社 2002 年版，第 193 页。
② 详见李家浩《著名中年语言学家自选集·李家浩卷》，安徽教育出版社 2002 年版。
③ 张家山二四七号汉墓竹简整理小组：《张家山汉墓竹简（二四七号墓）》，文物出版社 2001 年版，第 152 页。
④ 同上书，第 259 页。

汉墓帛书字形辨析三则

利用字形的不同写法来区别词义，是汉语词汇和文字发展的重要规律之一，其方法是将同一文字的不同写法定型为不同形体，分别赋予它们原本由一个形体表示的不同词义。隶变时期是汉字形体急骤变化的时期，为利用异写形体区别词义创造了条件。汉语言文字的许多因形别义的现象即是在此一时期产生的，而后代对其渊源关系却往往不能明辨。"柰"与"奈"、"疏"与"踈"、"陳"与"陣"即是如此。

一　柰与奈

"柰"，本义为果之一种，故从"木"。《说文·六上·木部》："柰，果也。"后多借用于"奈何"一词。如《荀子·强国》"然则柰何"，《汉书·项籍传》"骓不逝兮可柰何"。"奈"字《说文》无，到明人梅膺祚所编《字汇》才见收录。那么"奈"字是怎样产生的？它与"柰"究竟是什么关系？对马王堆汉墓出土帛书汉字构形系统的分析使我们得到了答案。马王堆出土帛书上下组合的字，其上部构件常变形。"柰"字，《老子》甲本80行作 ，《春秋事语》90行作 ，《战国纵横家书》285行作 ，上部由"木"变"大"，正"奈"字所由来。参看《老子》甲本279行和《战国纵横家书》272行，知"李"字上部的"木"也有类似的变化，只是不需要分词别义而未得最后定型。

可见"奈"本是"柰"的书写变体，"奈"所从"大"是由"木"变来的。"奈"后来之所以成为单独字形，就因为它正好可以分担"柰"的"奈何"义。在《马王堆汉墓帛书（壹）》、《马王堆汉墓帛书（叁）》释文中，《老子》甲本80写作"奈"，《春秋事语》90写作"柰"，《战国纵横家书》285写作"柰"、289写作"奈"。其实，从帛书汉字总体看，原字仍是"柰"字,"奈"尚未正式形成,故释文都应写成"柰"。徐中舒主编《秦汉魏晋篆隶字形表》把《老子》甲本 80、《春秋事语》90 等的"柰"都列在"奈"字头下,甚不当。

二 疏与疎

于豪亮先生在《居延汉简释丛》(《于豪亮学术文存》,中华书局 1985 年版)一文中,曾对"疎"字作过考释,说:

> 疎字是疏字的俗写,《广韵·鱼韵》"疏,……俗作疎",又出疎字,云"稀疎"。疎字虽然是俗写,起源却比较早,《隶释·桂阳太守周憬功勋铭》:"禹不决江疎河,吾其为鱼矣。"字正作疎。……疎广的疎,《汉书》正作疏。《说文·㐬部》谓疏字"从㐬从疋,疋亦声",因此,疎字左偏旁的足字是疋字之误;右偏旁把㐬字写成束字,则是由于束字和㐬字形近而束字又比㐬字便于书写之故,这也是误字。疎字与六书之义不合,只能算是俗写。

于先生说"疏"、"疎"一字是对的,但说"足"是"疋"之误写、"㐬"不便于书写才改作"束"、"疎"字不合六书之义等则不符合实际情况。我们对马王堆帛书汉字构形系统分析后发现,"疎"实是"疏"的隶书写法。首先,"足"、"疋"本一字,甲骨文即是如此;《说文》分"足"、"疋"二形,但字义仍未变,释"疋"曰"足也"。帛书汉字"足"、"疋"仍不分,皆作"足"。其次,"疏"字右偏旁为带发之倒子形,帛书"㐬"作![]、![]、![]等(如《老子》甲本 216 行![]、乙本 169 行![]"流"字,《老子》甲本 39 行![]、乙本 212 行上![],《战国纵横家书》233 行![]"疏"字)。由此可见,"疏"作"疎"乃隶变所致,"㐬"所从之"束"为"㐬"的异写形体,并非从"口"从"木"之"束"。从"口"从"木"之"束",马王堆帛书与"㐬"写法有别,到居延汉简、武威汉简时才混同不分。

三　陳与陣

"陳"与"陣"在古代汉语和文字学书籍中常被引作古今字例。《汉书·刑法志》:"美师者陳。"颜师古注:

> 战陳之义因陳列为名而音变耳,字则作"陳",更无别体。而末代学者辄改其字旁从车,非经史之本文也。今宜依古,不从流俗也。

颜注以为"陳"与"陣"是改"東"为"車"所致,我们在马王堆帛书汉字构形系统分析中发现,情况并非如此。帛书字形下部一横和左右两撇混而不分,或作一横,或作左右两撇。原为一横者,可写作左右两撇。原为左右两撇者亦可写为一横,如"羊"、"丰"、"木""束"等字的下部就是这样。《战国纵横家书》268行:"因兴师言救韩,此必陳軫之谋也。""陳"作 ，从"東"作;《战国纵横家书》59行:"臣将令陳臣、许翦以韩、梁(梁)问之齐。""陳"作 ，从"車"作。二形在句中皆为姓,其变化也是一横与左右两撇的混写。由此可知,"陣"字所从之"車"乃"東"之书写变体,与"車"字同形完全是偶合,自然"陳"之作"陣"就不是"東"与"車"的改换了。"陳"、"陣"本为一字之异写形体,后来义有专属而分化,这就同"小"与"少"、"元"与"兀"甲骨文本同字而后来分化一样,是汉字构形中形体的功能性独立规律的反映,是汉语言文字区别词义的手段之一,即利用异写形体。严格说,"陳"、"陣"不是古今字。《颜氏家训·书证》:

> 夫行陳之义,取于陳列耳,此于六书为假借也。《仓》、《雅》及近世字书,皆无别字;惟王羲之《小学章》,独阜旁作车,纵复俗行,不宜追改《六韬》、《论语》、《左传》也。

《野客丛书》卷第二十一:

> 古之战阵字用陳字,如"灵公问陳"之类是也。至王羲之《小

学章》，独阜旁作車为战阵字。而今魏、汉间书，或书阵字，后人改之耳，非当时之本文也。

可见"陳"与"陣"的形体关系早已湮没无闻了。清顾蔼吉《隶辨》收有东汉司农刘夫人碑的"陣"，指出此碑已有"陣"字，非如《颜氏家训》所言始自王羲之。马王堆帛书汉字为西汉早期隶书，由此看来，若是追本溯源，"陳"之作"陣"也非始自东汉，西汉即已出现。

（原载《中国语文》1996年第4期）

马王堆帛书文字考释

一 释"縣"

《老子》甲本103行："縣　縣呵若存，用之不堇（勤）。"縣作▨。《老子》乙本222行下同句字形相同，此二形，《马王堆汉墓帛书》（壹）（文物出版社1980年版）释文及《秦汉魏晋篆隶字形表》（四川辞书出版社1989年版）皆定为"緜"字，误。此字当是"縣"字，縣，金文象悬首于木上之形，古文无发之首"百"形与"目"近，因而常混用，如"面"字，甲骨文从目，小篆从首，江陵楚简从目，帛书文字则既有从目者，又有从首者。故"縣"字，帛书《战国纵横家书》作▨（141行）。"目"乃"首"之换用。"系"为金文▨之变。"目"与"日"战国文字常混用（详见何琳仪《战国文字通论》208页），帛书文字仍沿此习，如莫或作莫、冥或作冥等。縣与緜的差别，也为目、日混用。反过来说，释为"緜"字有二不通：帛书文字构件"巾"，无论是独用（作为单字使用），还是参构其他任何字形，无作"木"者。此其一；《老子》乙本文字构件"白"，都作▨，无作"日"者，此其二。

二 释"甾"

《老子》甲本143行："是以君子众（终）日行，不离其▨重。"《老子》乙本241行上："是以君子冬（终）日行，不远其▨重。"上两个"甾"，《老子》通行本同句作"辎"，《马王堆汉墓帛书》（壹）释文释为"甾"，《秦汉魏晋篆隶字形表》也定为"甾"，然与帛书字形不符。甾，甲骨文作█（甲 3690），金文同，小篆作█，其作"甾"者，乃隶变曲其上部三画所致，此王国维等早已言明。畱，显然不是"甾"字，定为"甾"字，可能与楷书"辎"从甾有关，因为文中此形代替的是"辎"字，但小篆"辎"并不从甾，而是从畱。《《《，甲骨文早期作██、██等，自四期之后多增"才"为声符，作██（前 2·24·6）、██（京 5336），"蕾"字从艸从田《《《声，帛书《战国纵横家书》96 行作█。其所以从之虫正是甲骨文后期《《《形的演变，晋左棻墓志蕾作██，《正字通》收有蕾字，皆帛书形体的延续，《老子》乙本"畱"与《战国纵横家书》"蕾"字所从形同，甲本之形则稍有变化，但以古文黄字"叏"，帛书或作██，或作██例之，也为同形。又，《说文》"蕾"下或体作██，由此可知，畱乃甾字，非"甾"字。帛书文字构件"甾"，作██、██、██，也可反证"畱"非"甾"字。因帛书"畱"字上部与古文黄字"叏"形同。又因戴侗《六书故》、徐灏《说文解字注笺》以"甾"为竹器，初疑畱为"甾"加义符"叏"，乃"甾"之异构字，但来去无证，戴、徐之说又甚可疑，如今看来，二形相同为偶合，也可能"畱"的演变受到了"叏"的影响。

三 释"遫"

《春秋事语》80 行："邦治适乱，兵之所█也。"遫，即迹之变体，迹，西周金文、诅楚文、《说文》籀文、三体石经皆从辵束声。帛书之"遫"即速之变，隶书"束"常写作"夹"，如策作筴等。又，早期隶书"夹"、亦（█）常不分，如《老子》甲本"夹"作█，因疑《说文》小篆从亦，为《说文》据隶书而定。

四 释"忂"

《战国纵横家书》272 行："秦使辛梧据梁（梁），合秦、梁（梁）而攻楚，李园█之。"又 36 行："王█之，故强臣之齐。"█、█形同，其下部为"心"，上部与帛书文字夒（楷书作夏）字形同，夒，《战国纵横家书》183 行作█，《老子》乙本 85 行下作█，《老子》甲本 218 行

作 ■，可见此字为从心从嬰。唐兰先生曾论证："页即夏字。"（见《古文字学导论》239页）。《说文·十下·心部》："戛，愁也。从心从页。"据前引《战国纵横家书》两句文意，释"嬰"为"戛"之异构字，于形于义皆合。页，甲骨文异写颇多，皆像突出头部之人形，"嬰"则下有足，与"页"绘形有繁简，但表示的是同一事物。甲骨文之人形形体或作 ■，或作 ■，功能无别。"嬰"字所从 ■，当是原形手臂 ■、■ 的演化，《说文》"嬰"下释形曰："■，两手。"甚确。页、嬰功能相同，后大约因其绘形繁简不同而赋予不同的意义，遂分化为二字，由此可见，《说文》小篆 ■，当为从心从夏，夏、嬰本都为人形绘形，一无左右手臂，一有左右手臂，形体由象形转化为表义后，即成为异构字。《说文》释"憂"为从夂戛声，误。憂，两周金文无作心者，可见"心"旁是后增的。作愚者，"心"旁增于下；作"憂"者，"心"旁增于中（"心"旁最初可能增于人形身部弯曲处，后随着形体象形性的降低，人体与人足断开，"心"旁夹在了中间）。嬰，古音鱼部匣母；憂，古音幽部影母，鱼幽旁转，影匣邻纽，愚字为从心嬰声，与憂、戛皆为同词异构字。又，《战国纵横家书》4行："王毋嬰事，务自乐也。"10行："不利于国，且我嬰之。""嬰"皆"愚"之借字，也可证愚字所从"嬰"为声符。

五　释"延"

《老子》乙本118行下："国家有幸，当者受央（殃）；国家无幸，有延其命。"延，小篆作 ■，《说文·二下·延部》："长行也。从延，丿声。"《说文》受"延"字影响，拆出"丿"作声符，似不确。《老子》乙本"延"字所从之"正"与乙本105行上"乏"字形体一般无二，"延"字似从乏从乏。试证之：乏，《老子》甲本和乙本形体皆与小篆异，所从之"止"为右向，而小篆为左向，战国中山王壶"乏"作 ■，正与隶书同。正，《说文·二下·正部》："是也。"又"是，直也"。《十二下·乚部》："直，正见也。"可见"正"有直义，甲骨文"正"作 ■，脚对着目标前进，乃"征"之本字。从"正"有直义看，"正"表示的是直接对着目标前进，与曲折迂回相反，▢后变作"一"。《说文·二下·正部》："反正为乏。""乏"字表示的是与"正"相反的意义，其形较后起，改"正"字上直横为斜横而成。行路迂回曲折则远，直对目标（即走捷径）则近，故"延"字从乏，训"长行"。

六 释"微"

《老子》甲本84、85行："坚强者，死之徒也；柔弱[微]细，生之徒也。"微作[图]，《战国纵横家书》196行、《老子》乙本109行下也有此形，据文意，此字似即"微"字，但与其形不符。古微、散同字，《说文·八上·人部》："散，妙也。"段注改"妙"为"眇"，《说文》"眇"下段注："眇训小目，引伸为凡小之称，又引伸为微妙之义，《说文》无'妙'字，眇即妙也。《史记》'户说以眇论'即妙论也；《周易》'眇万物而为言'、陆机赋'眇众虑而为言'，皆今之妙字也。"散，义为精妙、绝妙，"微"为"散"增形异构字，甲骨文有"散"无"微"，金文最早也作"散"，后加"彳"作"微"。隶书[微]，当为从耳，从微省，微亦声，增"耳"以会精妙之意，与圣从耳、聪（《说文》："察也"）从耳同意。又，《老子》甲本115、116行："视之弗见，名之曰[图]；听之而弗闻，名之曰希。"[图]，《老子》通行本作"微"，因疑帛书此字上部为"微"之形变，若此，则从耳从微，不省者在矣。

七 释"丝二"

《老子》甲本192行："爱父，其[图]爱人。"《马王堆汉墓帛书》（壹）注释："繼字古本作𢇍，帛书在丝字右侧著二字，表示𢇍字所从之二'丝'。"这是认为"二"不是直接参构字的构件，只是替代其他构件而存在，古文中确有这种情况，但帛书"繼"作[图]（《战国纵横家书》195行），既是替代二"丝"，则其形应作糸，而非"缞"，况且在隶书及古文中，"糸"与"丝"从不互换，替代现象在帛书文字中也没有他例，因此"二"应作为一般构件看待。金文"继"作[图]（拍敦盖），高田忠周

《古籀篇》："古文又从二以为形义，二者，偶也，非一嵩也，即次续之意也。"高说是，"絲"为"继"之异构字，从絲从二。

八 释"飾"

《老子》乙本 151 行下："实谷不华，至言不飾。""飾"作 ▨，为"飾"之异构字，小篆"飾"字从人从巾，食声，帛书此形不从巾而从巿，"巿"当是小篆"巿"字。巿，《说文·七下·巿部》："韠也。上古衣蔽前而已，巿以象之。从巾，象连带之形。""巾"、"巿"义近可互换，"爷"字诅楚文作▨，从巾；信阳楚简作▨，从巿，此可为证。

九 释"闎"

《老子》甲本 145 行："盖闭者无▨籥而不可启也。"▨为"關"之异构字，从门，串声。"串"即"毌"之变体，《说文》"患"下段注："毌、贯古今字，古形横直无一定，如目字偏旁皆作▨。患字上从毌，或横之作申，而又析为二中之形，恐类于申也。"段说可信，甲骨文"毌"字有作"申"（乙5248）者，正竖毌之形。《说文》"患"字古文从關省声，可见"闎"、"患"同从串声。"患"字《说文》释为从心上贯叩，误。

十 释"倈"

《战国纵横家书》173 行："是以秦、晋皆倈若计以相笴（伺）也。"《马王堆汉墓帛书》（叁）（文物出版社 1978）注释："倈当读为策，策划。"按，"策若计"似不辞，"倈"字实即"侠"字变体，隶书"束"、"夹"常混，《老子》乙本 69 行下："是故万举不失理，论天下而无遗筴。""筴"即"策"之变体，"夹"为"束"之变。《颜氏家训·书证》："简策字，竹下施束，末代隶书，似杞宋之宋，亦有竹下遂为夹者，犹如刺字之傍应为束，今亦作夹。"《集韵·麦韵》："策，……或作筴。"《战国纵横家书》207 行"侠"字作▨，即几近

"倈"。《说文·八上·人部》:"侠,俾也。""俾,使也。""使,伶也。""伶,弄也。"《三上·廾部》:"弄,玩也。""侠若计"即使用此计,或者说是玩弄此计。

(原载《古汉语研究》1995 年第 3 期)

马王堆帛书文字拾零

一 释"畇"

《老子》甲本442行:"人之言必胜者胃(谓)何才(哉)?曰:使地工▨(557),诸侯有职。"▨,《马王堆汉墓帛书(壹)》释文作"昒",注曰:"下文又言'使田下工昒','工昒'疑读为'攻亩'。"《秦汉魏晋篆隶字形表》据此把此字列为"亩"字异体(见其书198页),字头定为"昒"。按,二书皆误。昒,字书未见,此实"畇"字。帛书"参"写同"勿",如《老子》甲本296行,《战国纵横家书》268行、271行的"轸"字,《老子》甲本140行的"缪"字,《老子》甲本432行,《战国纵横家书》50行、227行的"参"字,其"参"形体皆与"畇"右旁同。《说文·田部》:"畇,井田间陌也。"《广韵·轸韵》:"畇,田界。""工畇"应是使动用法,即使畇工,既有修治之意,又有合理分配之意,与下句"诸侯有职"意同。

二 释"纾"、"绊"

《老子》乙本141行下、142行上:"纾也,毛也,其如莫存,万物群至,我无不能应。"帛书整理小组注释:"纾、毛对言,纾读为里,毛读为表。《毛诗·小雅·小弁》:'不属于毛,不离于里。''纾也毛也'即里里外外。一说:纾读为挚,毛读为耗。'纾也毛也'即生死或增减。"《秦汉魏晋篆隶字形表·附录》:"按,纾为细,纾从子,细从囟,具有细微之意,毛则犹《左传》'涧溪藻沚之毛'的毛。'纾也毛也'即至微至贱之意。"按，帛书注释皆以"读为"说释，过于牵强，《字形表》"至微至贱"之说，又显然与下句不协。同属《老子》卷前逸书，124 行上有"芋凡守一，与天地同极"之语。"芋"即"緫"的异构字。古音恩、蒽为清母东韵，子为精母之韵，声皆为齿头音，韵可旁对转，故"芋"即"蒽"之异体。上句中"芋"假借为"緫"。《秦汉魏晋篆隶字形表》以"芋"为"緫"之异体，误。帛书整理小组以"芋"为"緫"之形近致误字，也误，因为还有纾字存在。"纾"即"芋"字省体，也即"緫"字之异构字。《广雅·释器》："緫，绢也。"王念孙疏证："《广韵》：'緫，细绢也。'"前句"纾也毛也"，纾指细绢，为珍贵之物；毛指毛草，为粗贱之物。此句二物相对，有包含一切之意，正与下言"其如莫存"相协，义为"不论真品还是贱物，都象不存在一样"。下句"万物群至，我无不能应"与上句既表意相同，又有因果关系，因一切东西对我来说形同虚设，故"我无不能应"。上句的"纾也毛也"与下句的"万物"同义，是以两极物品来概括万物。

三 释"致"

《老子》乙本 100 行下："致而为费，缓而为口。"《战国纵横家书》36 行："公玉丹之勺（赵）致蒙，奉阳君受之。"致、致形同，左旁为"至"，右旁为"致""致"还出现在稷字中，《老子》甲本 90 行："受邦之询（诟），是胃（谓）社稷之主。""稷"作稷，《老子》乙本此句"稷"字作稷，《战国纵横家书》235 行"稷"字作稷，形同《老子》乙本，由"禾"变"示"，是因义转祭祀所致。稷，《说文》小篆作"稷"，从禾畟声。畟，《说文·五下·夊部》："治稼畟畟进也。从田、人，从夊。"《老子》乙本及《战国纵横家书》"稷"字声符形体与小篆同，而《老子》甲本之"稷"与此相比，正为以"致"换夊。致，《说文》作"致"，从夊从至，马王堆帛书"夊"、"夂"不分，"夂"即"夊"。"畟"之与"畟"，正同帛书"致"与小篆"致"的对换，说明

"致"为"致"的异构字。① [字] 当是甲骨文问的演化,本表示带足之人形,后分断为从人从攵。又,《老子》甲本 323 行:"若（诺）亦然,进亦然,[字]亦然"。[字]即"退"的异构字。退,《说文》小篆作"笝",从彳从攵。此亦帛书从[字],篆文从[字],与上"稷"、"致"异形同。

四 释"窬"

《老子》甲本 102 行:"多闻数[字],不若守于中。"[字]即"窬"字,从宀,躬声,为"窬"的异构字,由"穴"与"宀"互换生产。帛书"窥"字写作"窥",也为"穴"、"宀"互换,与此同。《说文·七下·穴部》:"窬,极也。从穴,躬声。"合于上引句义。《秦汉魏晋篆隶字形表》定此字为"窜",误。此字邑旁实是吕旁的误写,《战国纵横家书》165 行的"躬"字写作[字],与此同,可证。

五 释"虐"

《老子》甲本 353 行:"虐下幣（蔽）上,口法乱常。"帛书整理小组注释:"虐,当是从虍,吾声之字。虐字与御、语二字音近相通,在此处似当解释为压制。"按,此解不确。"虐"即"虞"的异构字,义为欺骗,《左传·宣公十五年》:"我无尔诈,尔无我虞。"《广雅·释诂二》:"虞,欺也。"《秦汉魏晋篆隶字形表》列为"虞"之异体,是正确的,字形构造如帛书注释所言,从虎吾声。"吾"、"吴"古音同。

六 释"伓"

《老子》乙本 40 上上:"伓约则寡。"帛书整理小组注释:"伓疑倍之异体（音本从不得声）,与背同。"此字《秦汉魏晋篆隶字形表》定为

---

① 唐兰先生《古文字学导论》列甲骨文有[字]字,认为[字]（人）与[字]（人形下加足）通,定为"伫"字,见其书第 239 页。按,此字疑即"致"字,为帛书形体所本。

"伓"字异体。按，《说文·二上·口部》："否，不也。从口，从不。"《不部》也列"否"字，解作"从口，从不。不亦声"。《说文·五上·丶部》："音，相与语，唾而不受也。从丶，从否，否亦声。""否"之与"音"声同义词，当是一字，其同源于"不"，又作"示"或"木"，如中山王方壶作▨，包山楚简作▨。"音"字的"立"即来源于这种带装饰符号的"不"字。帛书"倍"字，《战国纵横家书》从"音"，《老子》乙本从"否"，《老子》乙本"部"字又从"音"，可知帛书"否"、"音"不分，"怀"不当是"倍"字省体。

七 释"敼"

《老子》甲本284行："是故敼授失正之君也，过在主。"又383行："剸（专）授失道之君也，故得乎人，非得人者也。"又400行："破邦之主，剸（专）授之不吾（悟）者也。"剸作▨、▨。▨字右旁为攴，左旁与剸字同，即叀，则此字为从叀从攴，即"敼"字，《马王堆汉墓帛书（壹）》释文定为"毂"，误。叀，金文作▨（克鼎），金文下部之▨、▨等帛书多变为厶，"剸"从叀声，叀从叀声，剸是"剸"的异构字。剸为传承字形，包山楚简即有此字，见《包山楚简》图版16，① 原注："剸，从叀从刀，叀声。"信阳楚简也有此字，其字形作▨，见《信阳楚墓》图版119页2-01，②《信阳楚墓》考释定此字为"䩞"，是叀形下部一撇与"刀"交合，因把"刀"误认为"刃"。"剸"、"敼"同在"授"前，属一词错用二字，"敼"显然是"剸"的异构字，"刀"、"攴"义相关，可互换。

八 "辨"、"辧"渊源考

利用字形的不同写法来区别词义，是汉语词汇和文字发展的重要规律之一，其方法是将同一文字的不同写法定型为不同形体，分别赋予它们原

---

① 湖北省荆沙铁路考古队：《包山楚简》，文物出版社1991年版。
② 河南省文物研究所：《信阳楚墓》，文物出版社1986年版。

本由一个形体表示的不同词义，汉字中"奈奈"、"阵陈"、"疏疎"的变化皆是如此。①"辨"与"辦"，情形与"奈奈"等同，"辨"字本义为判别，引申为治理、办理。《荀子·议兵》："城郭不辨。"辨即治理，这一引申义后来用"辦"表示，而"辦"这一形体是怎么产生的？"辨"与"辦"的差别是"刀"与"力"，马王堆帛书"刀"和"力"构字时常混而不分，"刀"、"力"都可写作⟋、⟍、⟋、⟋等，这种现象是隶变初期的常见现象，是由个人书写体文字书写的不规则造成的，并非"是""刀"误写作"力"或"力"误写作"刀"，只能作为各自的书写变体看，这种现象在隶书走向成熟时自然会消失，但也有例外，如"辨"字写成"辦"，本为不规则写法，但二形同时流传下来，其原因就在于"辦"有存在的必要，因为它可分担原形的引申义。

(原载《江汉考古》1999 年第 3 期)

---

① 详见王贵元《汉墓帛书字形辨析三则》，《中国语文》1996 年第 4 期。

《说文解字》版本考评

《说文解字》是我国第一部分析字形、说解字义、辩识声读的字典，也是我国第一部系统展示汉字形音义必然联系的文字学著作。如今此书除作为语言文字学的重要研究对象外，还广泛应用于古文字考释、辞书编撰以及古代历史、哲学、文学、医学、科技等各个领域，但现今学界引用或研究《说文》，大多仅依据市面流行的陈昌治一篆一行本和段玉裁《说文解字注》，实际上今存宋以前《说文解字》版本及相关书籍不少，且都具有一定的校勘价值，其中许多是包括段玉裁在内的清代学者不曾见到的，所以利用段玉裁《说文解字注》等清代学者之著作，并不能完全弥补流行本的缺陷。今就宋以前《说文解字》版本（包括清代覆刻宋本）及其改编本考评如下。

一 唐写本

今存《说文解字》最早的版本是唐写本，共两种，皆非完帙。

1. 《木部》残卷

存188篆，原为清安徽黟县县令张仁法所藏，同治二年转赠清著名学者莫友芝，莫氏随即撰成《唐写本说文解字木部笺异》，并刊布于世，《说文解字诂林》已收入此书。另外，周祖谟师《问学集》收有原残卷照片。唐写本《木部》残卷为中唐人所书，硬黄纸质，笔法精美，从内容上看，远胜二徐本，所据必是传本中之善本，此举数例如下：

> 楫，舟櫂也。（六上木部）（陈昌治一篆一行本，下同）

櫂，小徐本同，《唐本说文残卷》作"擢"，当据正。《说文》无"櫂"字，《手部》："擢，引也。"楫为引舟工具，故训舟擢也。

樵，积火燎之也。（六上木部）

积火，小徐本同，《唐本说文残卷》作"积木"。莫友芝《唐本说文木部笺异》："云燎知是以火，又云积火，为不辞。《玉篇》：'樵，积木燎以祭天。'《五经文字》也云'积木燎之'。"

桎，足械也。从木，至声。（六上木部）

《唐本说文残卷》"足械也"下有"所以质地"一句，慧琳《一切经音义》卷十三、卷八十四，《周礼·掌囚》陆德明释文、《太平御览》卷六百四十四引皆有此句，当据补。

柙，槛也。以藏虎兕。（六上木部）

以藏虎兕，《唐本说文残卷》作"可以盛藏虎兕"，此与唐写本《唐韵》廿五所引同，当据正。

楬，楬桀也。从木，曷声。《春秋传》曰：士舆桀。（六上木部）

楬桀也，《唐本说文残卷》作"楬櫫也"。《五音韵谱》同唐写本，《韵会》引也同唐写本。王念孙《广雅疏证》卷第七上："合言之则曰楬櫫，《说文》：'楬，楬桀也。'"按，"桀"乃"櫫"之误。"士舆棨"乃《周礼》语，《春秋传》当据《唐本说文残卷》作"《周礼》"。

棐，辅也。从木，非声。（六上木部）

此篆大徐本位于《木部》部末，段玉裁《说文解字注》已言"此篆失其旧次"。按，《唐本说文残卷》此篆在"栝"下"棊"上，字义合于《说文》字序条例，当是原本字次。

自宋代徐铉等校订《说文》后，他本《说文》尽逸，以前能与大徐本对校者，仅有小徐本，而大小徐本在《说文》原书体例上往往互异，他书引用《说文》，往往只引字义训释，其他内容无从考校，唐写本的出现，正可起到标尺作用。如大徐本"从某某"的"从"字，小徐本皆作"從"，唐写本也皆作"從"。大徐本"从某从某"，小徐本往往作"從某某"，唐写本与小徐本同，如"釪"下大徐本作"或从金从于"，小徐本作"或從金于"，唐写本也作"或從金于"。"抙"下大徐本作"从木从手手亦声"，小徐本和唐写本皆作"從木手手亦声"。大徐本重文下的训释"或从某"，小徐本往往作"或從某作"，唐写本与大徐本同，如"鏵"下大徐本作"或从金"，小徐本作"或從金作"，唐写本作"撝或從金"。大徐本"一曰"句常在解释字形的"从某从某"上，小徐本往往与之相异，唐写本同小徐本，如"析"下大徐本作"破木也。一曰折也。从木从斤"，小徐本作"破木。從木斤声。一曰折也"，唐写本作"破木也。從木斤。一曰折"。

2.《口部》残简

存12篆，为唐代日本人摹写本，原件今存日本，周祖谟师《问学集》中有摹件。《口部》残简存字虽少，但极具校勘价值，例如：

喁，口戾不正也。（二上口部）

《说文解字诂林》丁福保注："《慧琳音义》二十四卷十七页、二十七卷二十六页、六十六卷十一页喁注引《说文》：'口戾也。'考《广韵》十三佳、《玉篇》引同，言'戾'于义已明了，何烦更言'不正'，今本为后人窜改显然。"按，唐写本《口部》残简正作"口戾也"，当据正。"戾"即是"不正"，"不正"二字当是后人注语，传抄中误入《说文》正文中。

舌，塞口也。从口，㕻省声。㕻音厥。（二上口部）

"㕻音厥"三字为徐铉校语，此句小徐本作"㕻，古文厥字"，王念孙《王氏读说文记》："今考《玉篇》云：'㕻，木本也，今作厥。'又云：'厥，发石也，或作㕻。'《广韵》云：'厥，发石也。㕻，古文。'《玉篇》、《广韵》之注皆本《说文》，然则《说文》此注本云'㕻，古文厥'明甚。"按，唐写本《口部》残简正作"㕻，古文厥"，当据以补此句。

嗾，使犬声。（二上口部）

使犬声，小徐本同，唐写本《口部》残简作"使犬也"。按，《左传·宣公二年》陆德明释文引同唐写本，《玉篇》"嗾"下引《方言》："秦晋冀陇谓使犬曰嗾。"据此则唐写本是。

吠，犬鸣也。从犬口。（二上口部）

从犬口，小徐本作"从口犬"，唐写本《口部》残简作"从口犬声"。王筠《说文释例》："吠字当入《犬部》，鸣字在《鸟部》，是其比也。"钱坫《说文解字斠诠》也曰"此字当入《犬部》"。按，依今本形义，"吠"字不当在此，说明字形有误。段玉裁《说文解字注》："《字林》作吹，则为形声字。《太玄》曰：'鸱鸠在林，吹彼众经。'"唐写本"从口犬声"当是原本，只是"犬"乃"犮"之误，如此才合今之字序。徐锴注有"或云从犬"语，因篆体本已从犬，注文"犬"必是"犮"之误。隶书"犮"有时写作"犬"，如马王堆汉墓帛书"拔"字有时写作"扌犬"。小徐本"从口犬"，当是形体变化后，后人以为"犬声"与声不合，而删去"声"字。"从犬口"则又"从口犬"之变矣。

二 小徐本

五代南唐时，徐锴取《说文》原本，附以注释等，撰《说文解字系传》四十卷，世称"小徐本"。《系传》在宋代已不见完帙，今本为宋人苏颂校书中祕府时所得，原缺第二十五卷，今本已据大徐本补齐。原本有宋人张次立按语，故清人以为小徐本误甚者多为张次立所改。《说文解字系传》意在注释《说文》，似对所据《说文》原本不改或很少校改，若有疑正则在注释中说明，故小徐本在某种程度上优于大徐本，例如：

祫，大合祭先祖亲疏远近也。从示合。（一上示部）

从示合，小徐本作"从示合声"，慧琳《一切经音义》卷九十七、《韵会》十七洽引同小徐本，小徐注："详此义则误多声字也。"《说文》

原本当有声字，小徐虽怀疑误多而不改原释，只在注中说明，大徐则因小徐"误多声字也"注语，删去了"声"字。

冈，山骨也。（九下山部）

山骨也，各本同，小徐本作"山脊也"。按，《释名》、《尔雅》、《诗经·周南·卷耳》毛传皆作"山脊"，"骨"乃"脊"之误。

磙，陵也。（九下石部）

陵也，王本、汪本、鲍本、丁本（各本情况详后）作"陊也"，小徐本作"堕也"。按，唐写本《玉篇》引作"堕"，《篆隶万象名义》作"堕也"，同小徐本，小徐本是。

搞，抚也。（十二上手部）

抚也，王本、汪本、黄本、鲍本、丁本同，小徐本作"搏也"。按，《篆隶万象名义》、《玉篇》注皆作"搏也"，小徐本是。

只是小徐本多用后出习用字改动《说文》，是其一鄙。另外，小徐本释语多与经传训诂相同，也有后人以经传训诂改动原释之嫌。

三　大徐本

宋太宗雍熙三年（986），徐锴之兄徐铉等奉敕校订《说文》，今本《说文解字》即徐铉等校订本，世称"大徐本"。徐铉在上《说文》表中说："盖篆书堙替，为日已久，凡传写《说文》者，皆非其人，故错乱遗脱，不可尽究，今以集书正副本及群臣家藏者备加详考。"可见徐铉等校订《说文》时，参考了多种《说文》传世本。除参校众本取长补短外，校订本还对《说文》原本做了以下几方面增改：一，《说文》注语、叙例中出现而未列字头解释的字，依《说文》书例增补于相应部中，共增补19字；二，《说文》未收而典籍承用或社会通行的一部分字依《说文》释例加以解释，分列每部之末，题曰"新附"，共新附402字；三，增加注释。有补正《说文》原释者，有标明相应的后出常用字体者，皆题"臣铉等曰"为别，也间引徐锴、李阳冰注语，同样题名为别；四，《说文》原无反切注音，约自刘宋开始，即有人为《说文》注音，然各传本注音不尽相同，徐铉则一律改用孙愐《唐韵》音切，今本每篆释语后的"某某切"，即《唐韵》反切；五，《说文》原书正文十四卷、叙一卷，共十五卷。徐铉以其篇帙繁重，每卷各分上下，分为三十卷；六，《说文》书后叙中有卷次及部首目录，徐铉依后世书籍惯例，把叙目复加于书前，即今本"说文解字标目"者。

今存宋刻递修大徐本有三种：

1. 青浦王昶所藏宋小字本（简称"王本"）

清段玉裁撰写《汲古阁说文订》时曾取此本参校。原本后流入日本，归岩崎氏静嘉堂。民国间上海涵芬楼借出影印，编入《续古逸丛书》和《四部丛刊》中。此本曾被阮元收藏，前有"阮元私印"四字白文方印，书末阮元题曰："嘉庆二年夏五月，阮元用此校汲古阁本于杭州学署。毛晋所刻即据此本，凡有舛异，皆毛扆妄改。"

2. 汪中所藏宋小字本（简称"汪本"）

此本书末有道光十八年（1838）丁晏跋文。原本后归山东聊城杨氏海源阁，杨绍和写有题识，谓"藤花榭所据之宋椠，即此本也"，今以二本对校，不同处特多。此本内有"额勒布号约斋"、"额勒布印"等印迹，知曾为额勒布收藏，但据额勒布藤花榭本序，藤花榭所据为新安鲍惜分家藏宋本，而此本之内并无鲍惜分印迹，则鲍氏未必收藏过此本。因此，藤花榭本所据宋本定非此本。

3. 黄志淳印迹本（简称"黄本"）

此本缺标目，内有多枚"黄氏志淳"篆文朱文方印。

以上三种宋本，刊工姓名大多相同，如四上二页皆作"顾达"、五上一页皆作"金大明刊"、六下七页皆作"陈新"、七下八页皆作"胡胜"、十二下八页皆作"吴"、十三上六页皆作"李宝刊"、十三下七页皆作"杨春"、十四上二页和十四下二页皆作"詹德润"、十五上二页皆作"刘昭"、十五上九页皆作"陈琇"、十五下二页三页皆作"仇"。三本皆有"重刊"字样，重刊之页也多相同，如十上九页皆作"重刊"、十三下四页皆作"重刊、陈宁"、十五上七页皆作"重刊、宁"。那么三种宋本是否是同版之书呢？从对校看，三本虽同者居多，但也间有差异，如一下一页"毒"下，汪本作"从中"，其他两本皆作"从山"。一下九页"芊"下，王本作"千声"，其他两本皆作"子声"。五上二页"篓"下，汪本作"从女"，其他两本皆作"从妾"。六下四页"贺"下，王本作"从礼"，其他两本皆作"以礼"。又查刊工姓名，也有个别不同者，如一下六页汪本作"詹德润"，王本作"施"。据此则三本并非同版之书，刊工姓名的相同是由于连同原本刊工姓名一起翻刻造成的结果，所以存在三本同页刊工姓名相同而字迹不尽相同的现象。但三种宋本源于同一原本或互有传承关系是无疑的。以三本比较，黄本较为原始，字迹残损脱漏较多，汪本字迹端庄古朴，王本则较为粗糙。二上七页"赳"下，黄本"鐈"字模糊，骤看像"撟"字，王本正作"撟"。黄本四上一页"眊"下"亡"字的下横与下篆"矄"字上部相连，骤看"亡"像"二"，王本"亡"正作"二"。则王本全部或部分依据的就是黄本。据刊工资料考察，三本的刊刻时间最早的在南宋初年，旧依据讳例，认为是北宋刊本者，不确。三本皆有可取之处，今举数例如下：

伥，狂也。从人，长声。一曰：仆也。（八上人部）

仆，丁本同，王本、汪本、黄本作"伇"，鲍本、小徐本、《篆隶万象名义》也作"伇"。田吴炤《说文二徐笺异》："伇，顿也。于伥字义近。"

傅，聚也。从人，尊声。《诗》曰：傅沓背憎。（八上人部）

憎，丁本同，王本、黄本作"憎"，与《诗·小雅·十月之交》同。背憎，郑玄笺："背则相憎。"王本、黄本是。

庚，水槽仓也。（九下广部）

槽，王本作"漕"，鲍本同。按，唐写本《玉篇》、《韵会》、《集韵》、《类篇》引皆作"漕"，王本是。

睪，目视也。（十下幸部）

目视，王本作"司视"，丁本、小徐本同。周祖谟师《问学集》："王本作'司视也'，是也。"按，目乃涉下"目"字而误。《篆隶万象名义》作"伺视也"。

戕，抢也。（十二下戈部）

抢也，三本皆作"枪也"，《五音韵谱》、小徐本同。当据正。

阬，门也。（十四下阜部）

门也，三本皆作"闾也"，鲍本、小徐本同，当据正。唐写本《玉篇》引作"闾阎"，《篆隶万象名义》作"闾也"。

明末毛晋、毛扆父子购得《说文》大徐本，雕板印行，大徐本《说文》复行于世，其后依据毛本重刻的有：乾隆三十八年大兴朱筠刻本（上海中华书局《四部备要》即据此本影印）、光绪七年淮南书局刻本等。惜毛氏屡据小徐本剜改，谬讹越来越多，清人斥为"识见驽下"。而后清代依宋本刊刻者又有三家：

1. 嘉庆九年（1804）孙星衍重刊宋本（简称"孙本"）

此本收入孙星衍所集《平津馆丛书》中，序曰："今刊宋本，依其旧式，即有讹字，不敢妄改，庶存阙疑之意。"孙本既保留了宋本原样，又讹误较少，世称精善。此后刊印《说文解字》者多依据此本，如同治十二年（1873）陈昌治刻一篆一行本、同治十二年粤东书局古经解汇函本、同治十三年（1874）东吴浦氏重印本、光绪元年（1875）平江洪氏刻本、光绪十一年（1885）上海同文书局石印本、光绪十一年吴县朱记荣影刊平津馆丛书本等。

2. 嘉庆十二年（1807）额勒布刊鲍惜分所藏宋本（简称"鲍本"）

此本又称"藤花榭本"，扉页题"仿北宋小字本说文解字"、"嘉庆丁卯年开雕"、"藤花榭藏板"，书前有额勒布序，序言："兹见新安鲍君惜分家藏宋版《说文解字》一书，悉心点检，亥豕无讹，洵堪珍秘。缘重为雕镌，用广流布，学者取其大纯而弃其小疵，亦可谓善学《说文》者与。"此本讹误也较少，与孙本不相上下。李致忠先生《宋版书叙录》以为此本与孙本依据的是同一宋本，今以二本对校，发现其不同处较多，所据似非同一宋本。民国间上海商务印书馆曾摹印此本，书中虽未说明，但与原本对勘，知其对原本部分明显讹误作了校改。

3. 光绪七年（1881）丁少山校刊汲古阁旧藏宋监本（简称"丁本"）

此本扉页题"仿宋监本说文解字"，扉背题"据汲古阁旧藏本重校梓，光绪七年冬成"，书末有吴县潘祖荫叙。丁少山是清代著名学者许瀚的弟子，许瀚精于金石文字，长于校勘之学，曾校过孙星衍平津馆本《说文解字》和桂馥《说文解字义证》，可见丁少山学有师承。此本是经丁氏校改之本，以之与孙本、鲍本对勘，知校改之处并不很多。书末潘祖荫叙之首页右边栏外有"校勘记嗣出"字样，可惜未见刊出。三本特别是后两本可校通行本者良多，今举数例。

趙，趨趙也。一曰行皃。（二上走部）

趨趙，鲍本作"趙趨"。《五音韵谱》、小徐本同。按，若作"趨趙"，依《说文》体例，当上篆释义，下篆只出联绵词，今"趨篆"在后，且无"趨趙"之语，是不当作"趨趙"。《广雅·释训》："趙趨，行也。"据此则《说文》释语当作"趙趨，行皃"，"一曰"之字当是误增。

逭，兆也。（二下辵部）

兆也，鲍本、丁本作"逃也"。《尔雅·释言》："逭，逃也。"《礼记·缁衣》："自作孽，不可以逭。"郑玄注："逭，逃也。"

麞，麠牝者。（十上鹿部）

牝，鲍本作"牡"，王本同。《尔雅·释兽》："麠，牡麞。"《急就篇》颜师古注："麠，其牡者曰麞。"本书上篆"麠"为"牝麋"，此当作"牡"。

蔭，艸陰地。（一下艸部）

地，丁本作"也"，王筠《说文解字句读》："'地'盖即'也'之讹，此以字形解字义之例，如'尐，是少也'之比。"

裼，袒也。（八上衣部）

袒，鲍本、丁本作"但"，汪本、黄本同。王筠《说文解字句读》所据小徐本作"但"。按，《人部》："但，裼也。"二字互训，作"但"是。

澱，滓滋也。（十一上水部）

滋，丁本作"垽"，《五音韵谱》、小徐本同，《六书故》引也作"垽"。按，本书《土部》："垽，澱也。"二字互训，作"垽"是。

秅，百二十斤也。稻一秅，为粟二十升；禾黍一秅，为粟十六升大半升。（七上禾部）

二十升、十六升，丁本"升"皆作"斗"，小徐本皆作"斤"。大半升，小徐本同，丁本作"大半斗"。按，"斤"、"升"皆"斗"字之误，隶书"斗"字作 ▨ （石门颂）、升（晋右尚方釜），易误为"升"、"斤"。原文当作"稻一秅，为粟二十斗；禾黍一秅，为粟十六斗大半斗"。本书《米部》"粲"下"稻重一秅，为粟二十斗"，"糲"下"粟重一秅，为十六斗大半斗"，此可证。

四 《说文》改编本

1. 《说文解字韵谱》（简称"《韵谱》"）

徐锴受其兄徐铉之嘱，编纂了《说文解字韵谱》十卷，全书打乱《说文》原部次，以陆法言《切部》韵序编次，注语多以二三字为限，大多节引《说文》，也有不用《说文》释语者。后徐铉又依李舟《切韵》订正，并补入校订《说文》时新增文字和新附字。此书编纂仅为便于检索《说文》，并无深意，然也有补正今大徐本者，例如：

訽，说也。（三上言部）

小徐本同，《韵谱》作"讼也"，与《尔雅·释言》、《诗经·小雅·节南山》毛传同，戴侗《六书故》卷十一言唐本《说文》作"讼也"，据此则《韵谱》是。

羜，牡羊也。（四上羊部）

牡羊也，严可均《说文校议》："牡当作牝。《初学记》卷廿九、《御览》卷九百二、《韵会》七阳引作'牝羊也'。"按，《韵谱》作"牝羊"，严说是。

诔，謚也。（三上言部）

謚，《韵谱》作"谥"，王筠、钮树玉所据小徐本也作"谥"。按，《说文》无"謚"，《韵谱》是。段玉裁《说文解字注》"謚"下："各本作从言兮皿阙，此后人妄改也。考玄应书引《说文》：'谥，行之迹也。从言益声。'《五经文字》曰：'谥，《说文》也；謚，《字林》也。《字林》以谥为笑声，音呼益反。'《广韵》曰：'謚，《说文》作谥。'《六书故》曰：'唐本《说文》无謚，但有谥，行之迹也。'据此四者，《说文》从言益无疑矣。"段说是，唐写本《玉篇》有"谥"无"謚"，"谥"字字序与《说文》"謚"字字序同。

2.《说文解字五音韵谱》（简称"《五音韵谱》"）

南宋孝宗时，李焘与贾端修参照徐锴《说文解字韵谱》，仍以《说文》540部统领各字，但部首次序依《集韵》"始东终甲"排列，而同部字序则以上平声、下平声、上声、去声、入声之声调顺序排列，编成《说文解字五音韵谱》十二卷，徐铉增入《说文解字韵谱》之新附字，此书也一并编入，据明万历二十六年陈大科刻本，扉页题"北宋本校刊"、"说文真本"、"汲古阁藏"，前有陈大科"刻说文解字序"，无原大徐本"说文解字标目"，而改为"说文解字目录"，列许慎自序、许冲上书、徐铉表、雍熙牒等。与《说文解字韵谱》不同，此书是照录《说文》单字解释，虽偶有增漏，但基本保留了大徐本《说文》单字解释原貌。从校对情况看，此书单字说解多与鲍本相同。《说文解字五音韵谱》因便于查检，元明两代流行于世，大徐本旧貌遂多不为人知。自明末毛氏父子印行大徐本，此书便被一贬再贬，但以单字释语看，其价值不容忽视，今举数例如下：

苌，苌楚，跳弋。（一下艸部）

跳弋，《五音韵谱》作"铫弋"。按，《尔雅·释草》："长楚，铫芅。"《诗经·桧风·隰有苌楚》毛传："苌楚，铫弋也。"皆作"铫"，《五音韵谱》是。

䓆，井藻也。（一下艸部）

井，《五音韵谱》作"牛"，当据正。《尔雅·释草》："䓆，牛藻。"王筠《说文解字句读》："凡以牛马命名者，皆谓其大也。"

䕓，赤䕓也。从艸肆。（一下艸部）

《五音韵谱》"肆"下有"声"，当据补。

嘖，野人言之。（二上口部）

野人言之，《五音韵谱》作"野人之言"，丁本、小徐本同，当据正。

鍊，冶金也。（十四上金部）

冶金也，各本同，《韵会》、《文选·七命》李善注引同。《五音韵谱》作"治金也"，《集韵》和玄应《一切经音义》卷十八引、《玉篇》和《篆隶万象名义》注同。段玉裁《说文解字注》："湅，治丝也；练，治缯也；鍊，治金也，皆谓涧湅欲其精，非茅冶之而已。"

（原载《古籍整理研究学刊》1999年第6期）

对《说文解字》的四大误解

《说文解字》是古籍经部小学类第一名著,是文史研究者的必备工具书,影响极其广泛。迄今为止,《说文》研究仍是语言文字研究的热点。但是,由于《说文》具有很强的专业性和系统性,又时代久远,对其关键问题的解释仍存在种种误解,这些问题往往牵涉到古代汉语及相关方向文字学、训诂学、音韵学的教材和教学,甚至涉及中学语文教学,影响广泛,亟须纠正。

误解一:假借论述中的字例举错了

《说文·叙》对假借的论述是:"假借者,本无其字,依声托事,令、长是也。"对于这一论述,比较流行的观点是定义说得很好,但例字举错了。持此种观点者既有老一辈的著名学者,也有当代的《说文解字》研究专家,譬如:

唐兰说:"'假借'照理说是很容易讲明白的,许叔重所谓'本无其字,依声托事',解释得很好。可惜他把例举错了。他所举'令长'二字,只是意义的'引申',决不是声音的假借。"[①]

杨五铭说:"假借只是从音同或音近出发的,本义与假借义之间在意义上是毫无联系的,许慎关于假借的定义已经表述清楚了,可惜'令'、'长'这两个字例却不切合……可见'令'、'长'涉及的是词义引申的问题,用来做借字表音的假借字例是不合适的。"[②]

钟如雄说:"'假借'造字原理,经许慎画龙点睛之后变得通俗易晓了。然而,由于许慎所引的例证不能与原理吻合,而致使后世产生种种猜

---

① 唐兰:《中国文字学》,上海古籍出版社1949年版,第72页。
② 杨五铭:《文字学》,湖南人民出版社1986年版,第78页。

测或非议。许慎对'假借'所下的定义是精确的,而他的例证'令'、'长',现在看来的确与其定义相背离,因为'令'的本义是发号施令,引申为发号施令的人——县令;'长'是生长,也引申为发号施令的人——县长,用字的引申义来证明字的假借构形原理,必然会产生南辕北辙的反效应,这不是许慎立论的本意,而应看著是他的历史局限性,或许许慎当时还不能正确认识字义的引申和假借的泾渭关系,所以误将引申当成了假借。因此,不能凭许慎引证的失误而否定其假借原理。"①

王玉仁说:"许慎举的例子的确有问题,'令',许慎释为'发号也';'长',许慎释为'久远也'——其实这是'长'的引申义。在甲骨文中,'长'象长发之人形,指年长者。由'发号'之'令'而为县令之'令',由年长之'长'而为县长之'长',词义如此地发展是十分自然的,且意义之间的发展脉络清晰可见,实属词义的引申,并非假借。"②

许慎是汉代最伟大的文字学家,其《说文解字》详细分析了9353个汉字的形义,且他的生活时代去古未远,应当说他对汉字的理解是极其深刻的,这样一位汉字学家在假借的12个字论述中,两个例字都举错了,这怎么可能呢?唯一的可能是我们对它的理解有误。

《说文解字》与其他字典最大的不同,一是一字只列一个字义,只有少数单字用"一曰"多列字义;二是与解释字义相配合,解释字形构造。我们知道,从商代甲骨文开始,汉字即已形成一字数义的局面,《说文》以解释秦代小篆为主,当然多数单字为一字数义,那么,为什么《说文》不是数义并列,而是只列一义?这是因为许慎认为汉字是据义绘形,形义是统一的,这就是《说文解字叙》所言的"厥意可得而说"、"字例之条"。字形是根据某一字义造的,那么这个字形只是这个字义的字形,当这个字形表示其他任何意义时,就是其他意义借用了这个字形,这就是假借。因此,《说文》的假借是指:一个字形表示与其构造时依据的意义以外的其他任何意义,其中包括引申义。《说文》假借的唯一条件是读音相同相近。字形构造时依据的意义是本义,表示本义时字形是本字,表示本义外的其他意义时字形是借字。一个字的意义大致可分为本义、引申义和假借义三种,依据《说文》的理论,其字形和字义之关系如下图:

---

① 钟如雄:《说文解字论纲》(修订本),中国社会科学出版社2014年版,第109页。
② 王玉仁:《〈说文〉初步》,学林出版社2009年版,第90页。

引申义　　本　义　　假借义
　↑　　　　↑　　　　↑
字形 A ← 字形 A → 字形 A
（借字）　（本字）　（借字）

"假借"是同义词连用，"假"也是借的意思，如《左传·僖公五年》"宫之奇谏假道"。所以"假借"就是借用，《说文》不仅在叙中讲了假借，在单字解释中也多处讲过假借，最明确的是"韋"字的解释：

《韋部》："韋，相背也。从舛，口声。兽皮之韋，可以束，枉戾相韋背，故借以为皮韋。"

"借以为"即"借用为"，"以"即"用"，《说文》的"以"多是此用，例如：

《玉部》："玤，石之次玉者。以为系璧。从玉，丰声。"
《艸部》："芧，艸也。从艸，予声。可以为绳。"
《艸部》："苞，艸也。南阳以为麤履。从艸，包声。"

"以为系璧"即可用来做系璧，"可以为绳"即可用来做绳，"南阳以为麤履"即南阳地区用它来做草鞋。

上引"韋"的本义是相背，因为加工后的兽皮可以捆束东西，捆束时皮条往往呈相背的状态，所以借用本义是相背的"韋"字来表示兽皮，也就是表示兽皮的"韋"是借字。"相背"与"兽皮"两个意义，依据《说文》的解释属于词义引申关系。《说文》类似的例字还有：

《西部》："西，鸟在巢上。象形。日在西方而鸟栖，故因以为东西之西。"

"西"本义是鸟栖息，因为太阳从西方落下时也是鸟归巢栖息之时，所以借用"西"字表示东西的西，此也为引申关系。

《来部》："来，周所受瑞麦来麰。一来二缝，象芒束之形。天所来也,故为行来之来。《诗》曰:'诒我来麰。'"

"来"本义为大麦来麰,传说是上天赐予周的,因为是上天来的,所以借用"来"字表示来去的来,也为引申关系。

《耳部》:"耶,耳垂也。从耳下垂。象形。《春秋传》曰"秦公子耶"者,其耳下垂,故以为名。"

"耶"本义为耳垂,因为秦公子耶耳垂很大,所以起名为耶,也就是借用"耶"来表示人名,也为引申关系。

《女部》:"姚,虞舜居姚虚,因以为姓。从女,兆声。"

"姚"本义是地名,虞舜居住在姚这个地方,因此借用"姚"来表示姓,也为引申关系。

以上《说文》对借用字的解释,与其假借字例"令"、"长"性质完全相同,充分说明《说文》的"假借"包括词义引申。

后人之所以误解《说文》,与"假借"一名含义的演变有关。传统文字学和训诂学上的许多名称概念,其含义有阶段性差异,同样的名称在不同的阶段有不同的含义。后代的所谓假借一般是指音同音近而没有意义关系的字的借用,以这个定义来看《说文》,有意义引申关系的字例自然不符合标准。所以说《说文》假借字例有误,实际上是混淆了"假借"一名含义的阶段性差异,以后代含义概观前代导致的结果。

误解二:《说文》的"假借"只指没有本字的假借

假借就假借义的字形而言,分有字和无字两种,无字的假借如"其",本义是簸箕,假借为表虚词的"其",这一虚词义没有自己的字。有字的如"蚤"假借为"早","早"是本字,"蚤"是有本字的假借。许多论著认为《说文》的假借只指前一种无字的假借,把无字的假借称作"《说文》假借",或"六书假借",或"造字假借",把有字的假借称作"用字假借",如洪成玉主编《古代汉语》:"《说文》中所说的假借,是'本无其字'的假借,通假是指本有其字的假借。两者是有区别的。如疑问代词'孰','本无其字',后来利用已有的生孰(熟的古字)的'熟'的字形字音表示疑问代词,这是《说文》中所说的假借。而跳蚤的'蚤'和早晨的'早',两字同时存在。古人写文章时,在应该写'早'的地方写成'蚤'字(《史记·项羽本纪》:'旦日不可不蚤自来谢项王')。"① 这是本有其字的假借。

黄碧云说:"至于本有其字,却假借声同或声近字,事实上是用别字,并不是许书所说的假借。"②

陈顺芝说:"六书中的假借字,许慎的定义是明确的,指的是造字的假借,不包括'本有其字'的通假。"③

但是,上述说法与《说文》单字解释中假借的论述不符。上文说过,《说文》单字释语中假借的术语是"以为",有"借以为"、"故以为"、"因以为"等。④ "以为"即"用为","以"义为"用"。《说文》在同样术语下,既有前举的"韋"、"來"、"姚"等无其字的假借,也有有其字的假借,例如:

《屮部》:"屮,艸木初生也。象丨出形,有枝茎也。古文或以为艸字。"

这是说在古文中,"屮"用为"艸",即"屮"假借为"艸"字,是有其字的假借。段玉裁注:"或之言有也,不尽尔也。凡云古文以为某字者,此明六书之假借。以,用也。本非某字,古文用之为某字也。"⑤

《臤部》:"臤,坚也。从又,臣声。凡臤之属皆从臤。读若铿锵之铿。古文以为贤字。"

---

① 洪成玉主编:《古代汉语》下册,中华书局1990年版,第278页。
② 黄碧云:《许慎"六书"释义辩证》,《说文学研究》第一辑,崇文书局2004年版,第142页。
③ 陈顺芝:《六书和汉字构形》,《说文学研究》第二辑,崇文书局2006年版,第347页。
④ 详见萧璋《文字训诂论集》,语文出版社1994年版,第141—158页。
⑤ 段玉裁:《说文解字注》,上海古籍出版社1981年版,第21页。

这是说在古文中,"臤"用为"贤",即"臤"假借为"贤"字,是有其字的假借。

《𠬪部》:"爰,引也。从𠬪,从于。籀文以为车辕字。"

这是说在籀文中,"爰"用为"车辕"的"辕"字,即"爰"假借为"辕",也是有其字的假借。

《可部》:"哥,声也。从二可。古文以为謌字。"

这是说在古文中,"哥"用为"謌",即"哥"假借为"謌"字,也是有其字的假借。

《攴部》:"歊,弃也。从攴,𦣞声。《周书》以为讨。《诗》云:'无我歊兮。'"

这是说在《周书》中,"歊"用为"讨",即"歊"假借为"讨"字,也是有其字的假借。

《人部》:"侨,送也。从人,㐺声。吕不韦曰:'有侁氏以伊尹侾女。'古文以为训字。"

这是说在古文中,"侨"用为"训",即"侨"假借为"训"字,是有其字的假借。

《言部》:"诐,辩论也。古文以为颇字。从言,皮声。"

这是说在古文中,"诐"用为"颇",即"诐"假借为"颇"字,是有其字的假借。

《丂部》:"丂,气欲舒出。𠃑上碍于一也。丂,古文以为亏字,又以为巧字。"

这是说在古文中，"丂"用为"亏"和"巧"，即"丂"假借为"亏"和"巧"字，是有其字的假借。

《宀部》："完，全也。从宀，元声。古文以为宽字。"

这是说在古文中，"完"用为"宽"，即"完"假借为"宽"字，是有其字的假借。

从上述《说文》假借的字例解释看，《说文》的假借本身包括无其字的假借和有其字的假借两种，之所以认为《说文》的假借只指无其字的假借，盖因于其定义"本无其字"，对"本无其字"的理解有误是导致这一结论的根本原因。《说文》说的是"本无其字"，而非"无其字"，"本"义为"原本"、"原来"，《说文·木部》："本，木下曰本。从木，一在其下。""本"的本义是树根，就一棵树来说，树根是最原始的、最初的部分，因此引申指"原本"、"原来"。《说文》"本无其字"说明的是假借起源于有词无字，仅此而已。原本没有字，后来可能出现两种现象：一是一直没有字，二是后来产生了本字，有了本字后，受使用习惯的影响，往往会本字和借字共用。前一种就是无其字的假借，后一种就成了有其字的假借。如下图：

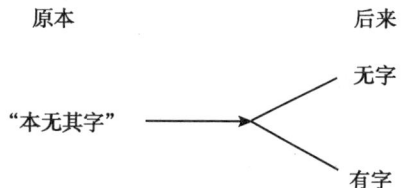

本无其字而后来有字的情况如"胃"，《说文·肉部》："胃，谷府也。"借用为"谓"，战国楚简尚未见"谓"字，皆用"胃"，如《郭店楚简·五行》："目而知之胃之进之。"① 《郭店楚简·六德》："何胃六德。"《郭店楚简·语丛（四）》："是胃重基。"睡虎地秦简、西汉马王堆帛书"胃"、"谓"同用。据现有材料，"谓"字在秦统一全国前后才产

---

① 为印刷方便，释文有时用通行字，下同。

生，也就是说，"胃"假借为"谓"，战国前是无其字的假借，秦代以后是有其字的假借，都属于《说文》"本无其字"的范畴。再如"袷"，《说文·衣部》："袷，衣无絮。从衣，合声。"《急就篇》："襜褕袷复襦袴裈。"颜师古注："衣裳施里曰袷，褚之以绵曰复。""袷"为表里双层而无絮的衣服，这个字产生得很晚，西汉中期以前都借用"合"字表示，例如：

    青绮禅合衣，素掾。（马王堆3号汉墓350号简）
    生绮禅合衣一，素掾。（马王堆3号汉墓357号简）
    连铢合衣幭一。（马王堆3号汉墓358号简）
    霜丸合衣一领。（尹湾2号汉墓木牍1正）
    缥丸合衣一领。（尹湾6号汉墓木牍12正）
    雪丸合衣，出□绛（绔）縪上禅衣各一领。（侍其繇汉墓木牍）
    缥丸合衣一领。（西郭宝汉墓木牍甲）
    相谷合衣一领。（西郭宝汉墓木牍甲）

据现有材料，"袷"字最早出现在胥浦一○一号汉墓木牍中，一○一号汉墓木牍有"绿袷一领"。胥浦一○一号汉墓墓葬时代是西汉末期平帝元始五年（公元5年）。由此我们可以确定，"合"假借为"袷"，[①] 在西汉中期以前是无其字的假借，西汉晚期以后是有其字的假借，也属于《说文》"本无其字"的范畴。

因此，把"本有其字"与《说文》"本无其字"对立起来是错误的。从理论上说，原本有字就不应出现借字，至于抄写中临时出现的同音替代字，那是写错了字，不应该当作语言文字发展的本有规律看待，我们看到的有本字而用借字的现象多是本字后出导致的。

其实，清代段玉裁早就对《说文》"本无其字"有过正确解释，只是不为后人所注意。段玉裁说："本有字而代之，与本无字有异。然或假借在先，制字在后，则假借之时本无其字，非有二例，惟前六字则假借之后，终古未尝制正字。后十字则假借之后，遂有正字，为不同耳。"[②]

[①] 符合《说文》有意义联系的假借。
[②] 段玉裁：《说文解字注》，上海古籍出版社1981年版，第756页。

误解三：与古文字字形比对，批判《说文》释形

汉字的构形系统是不断发展的，同样一个字，认识现代汉字，不一定能够认识古文字，就是因为字形发展演变造成的。正因为汉字形体能够随着时代的发展而发展自己，汉字构形系统能够适应新的社会需求不断自我调整，才能够成为迄今为止世界上古老而一直沿用至今的唯一文字。因此，汉字形体具有阶段性，同一个字在不同阶段的形体有可能发生变化，对其解释也自然不能相同。但是对于这一点，今人认识严重不足，如李光华说："《说文》所据以说解的古文、籀文和小篆，就其时代来说，都是晚周以后的文字，它们上距殷商甲骨文已有一千多年。文字在长期的使用过程中，形体不断讹变，延及周秦之际，有的可以说已经面目全非了。许慎生当东汉，既没有见到地下的甲骨文，也难得看到周代早期的铜器文字，单凭后出的古文字说解字形，就不可避免地要发生错误。"① 此说法颇具代表性，其核心问题是没有意识到汉字构形系统的发展性和阶段性，把汉字构形的发展一概目为讹变，导致的最明显表现就是参照甲骨文、金文等古文字字形，对《说文》的字形解释加以批评。

汉字构形的发展演变是汉字构形系统自我调整的过程，如"吊"字，从甲骨文到小篆，其形体变化如下表：

商代	西周	春秋	战国	小篆

《说文·人部》："吊，问终也。从人、弓。古之葬者，厚衣之以薪，故人持弓会殴禽也。"《说文》的字形解释"从人、弓"针对的是小篆形体，小篆形体也确实是由"人"和"弓"两个构件组成。但是战国以前的字形与小篆不同，是由"人"和"矰"组成。《说文·矢部》："矰，隿躲矢也。从矢，曾声。"《玉篇·矢部》："矰，结缴于矢

---

① 李光华：《〈说文〉与训诂语法论稿》，安徽大学出版社2005年版，第77页。

也。"矰是拴着绳子的攻击器,拴绳的目的当是回收攻击器,吊是远古丧葬的形式之一。《周易》记载过我国最早的丧葬形式,《周易·系辞下》:"古之葬者,厚衣之以薪,葬之中野,不封不树,丧期无数。""不封不树"即不起土堆和不种树,"丧期无数"即没有服丧期。所以实际上最早的丧葬形式就是用柴草把尸体裹起来扔到野外。汉字"葬"记录的正是这种习俗,"葬"字小篆作葬,字形由"茻"、"死"和"一"这三部分组成。"茻"为草丛,"死"义为尸体,《吕氏春秋·离谓》:"郑之富人有溺者,人得其死者,富人请赎之。"《左传·哀公十六年》:"白公奔山而缢,其徒微之。生拘白乞而问白公之死焉。对曰:'余知死所,而长者使余勿言。'"上述二文中的"死"都指尸体。"葬"字字形中的"一"表示尸体被抬送荒野时所用的木板之类。尸体扔到荒野中,让飞禽野兽任意撕咬,这种现象后来得到了改善,改善的主要原因是灵魂观念的产生。灵魂观念产生后,人们认为,人死只是躯体的死,人的灵魂永远不死,如果对尸体不加保护,而任凭禽兽撕咬,其灵魂就会发怒,从而降灾于活着的人,特别是其亲属。同时,既然人死而灵魂仍活着,那么亲属也不忍心让其尸体遭禽兽咬损。于是又发展出一种习俗,就是死者的亲属带着矰到尸体旁驱赶禽兽,这就是"吊"字字形表现的内容,驱赶禽兽的石头之类,扔出去还得捡回来,以备下次使用,拴绳则可省却拾捡之劳。驱赶禽兽守护尸体就是后代服丧期的由来,据《礼记》记载,依据与死者亲疏关系等,服丧期有三月、五月、九月、一年、三年等,至亲一般是三年,《晏子春秋·外篇下二》:"其母死,葬埋甚厚,服丧三年,哭泣甚疾。"

《吴越春秋·勾践阴谋外传》:"弩生于弓,弓生于弹,弹起于古之孝子……古者人民质朴,饥食鸟兽,渴饮雾露;死则裹以白茅,投于中野,孝子不忍见父母为禽兽所食,故作弹以守之,绝禽兽之害。"《吴越春秋》的记载符合字形的演变,从战国前"吊"字形体看,就是人带弹,用弓箭当是后来进一步发展的事,小篆"吊"字形体表示的即是进一步发展后的状态。同时,以"弓"替代"矰",也是汉字构形进一步系统化的要求,"矰"只出现在"吊"字中,构字能力很低,用"弓"类化了"矰",即可减少构字能量低下的构字成分,使系统更加有效科学。《说文》顺应汉字构形系统的调整,对变化后的字形做出新的解释,是合理的。如果认为"《说文》形体稍讹",① 而依战国前形体解释为从人从赠,反而违背事实。

再如"皇"字,从商代字形到小篆,其形体变化如下表:

商代	西周	春秋	战国	小篆
〔图〕	〔图〕	〔图〕	〔图〕	皇

"皇"字形体本象羽毛冠置于冠座之形,为象形形体。春秋时期冠座部分有两横形体也有三横形体,但三横形体中竖仍上通,战国时期形体中竖不上通,冠座变成了"王"字,小篆形体更是冠形也演化成了"自",故《说文》以会意释之。《说文·王部》:"皇,大也。从自。自,始也。始皇者,三皇,大君也。自,读若鼻,今俗以始生子为鼻子。""皇"字形体从商代到小篆的演变,也是字形系统的有意改造,早期字形无论是羽毛冠还是冠座都是只出现在一个字形上的构字能力低下的构件,又是一个独体字,在汉字构形由独体象形构字到合体组合构形的演变过程中,依据形近关系,上部类化为"自",下部类化为"王",成为"自"、"王"组合的小篆形体,既排除了构形系统的低能量构字成分,又产生了符合后期汉字组合式构形规律的新的会意形体。我们既不能认为小篆形体是讹变,也不能认为《说文》释形是错误的。

又如"逆",商代、西周和小篆,其形体变化如下表:

商代	西周	小篆
〔图〕	〔图〕	〔图〕

《说文·辵部》:"逆,迎也。从辵,屰声。关东曰逆,关西曰迎。"本义是迎接,商代甲骨文有三个字形,第一个形体上部象一个由远而近走来的人,下部是脚尖对着来人的脚,代表迎接的人;第二个形体由来人和"彳"组成,"彳"是道路的象形,表示来人行走在路上;第三个形体表示主人正在迎接路上走来的客人。西周金文第一个字形同甲骨文第三个字

---

① 容庚:《宝蕴楼彝器图录》,中华书局2011年版,第47页。

形，第二个字形从"行"不从"彳"，"行"也是道路的象形。商代和西周字形皆为合体象形字，小篆形体实际上来源于西周金文第一个字形，但是一方面表示来人的形体已不再象倒人形，另一方面"彳"与"止"合并组成了一个新的表义构件，因此到小篆形体，已经由合体象形转化成了形声字，所以《说文》以"从辵，屮声"释之是正确的。

误解四：把《说文》"造意"当作"实义"来解释

　　《说文解字》的字义解释有造意和实义的区别，造意是汉字的造字意图，即通过怎样的形体来表现字义，是造字时的一种构想。实义是文字所表示的词义。二者有时是统一的，有时又是不同的。其同与不同是由汉字所代表的词义的特点决定的。如果词义是具体的、单一的，则造意就是实义。如"盥"，《说文·皿部》："澡手也。从臼、水临皿。《春秋传》曰：'奉匜沃盥。'""盥"字本义是洗手，古代贵族洗手是由别人拿匜浇水，用下流的水洗手，其下有盘接水。字形小篆作盥，正是洗手的形象。这一字义因为单一具体，用本身的形象造字即可，所以造意和实义是统一的，造意即实义。又如"向"，《说文·宀部》："北出牖也。从宀，从口。《诗》曰：'塞向墐户。'""向"的本义是朝北的窗户，小篆字形作向，"宀"是房子的象形，其内之"口"表示窗户，也是造意即实义。如果词义是抽象的、宽泛的，则造意和实义往往不统一。汉字以形表义，抽象的词义必须找到具体的形象才能构字，所以造字过程就是词义具象化的过程。抽象的概括性的词义反映在字形上就成了具体形象，这就形成了造意与实义的不同。《说文解字》为了充分显示汉字形义的统一关系，在许多字的字义解释环节解释的是造意，而不是实义，若按实义来理解就是错误的。所以对《说文》进行解释译注时需要指明其实质。如"齐"，《说文·齐部》："禾麦吐穗上平也。象形。"查遍所有文献，"齐"字没有"禾麦吐穗上平也"这一字义，也不可能有，因为《说文》解释的是造意。"齐"的本义实际上就是"齐平"，这一字义是抽象的、概括的，要造一个字形来表示它，并且在字形上要反映出字义来，怎么办呢？古人想到了麦田，麦株生长高低齐等，在农业时代是大家共知的现象，因此就用麦株的形象来表示"齐平"。"齐"字小篆作齊，甲骨文作"树"，是生长在田里的吐穗的众多麦株的形象，汉字构形以三表多，如"众"以三人表多人、"森"以三棵树表森林等。至于三棵麦株不是并排而是排成三角形，是从人在麦田观察角度造的，由于人比麦株高，放眼望去，会有越远的麦株越高的感觉。因此，《说文》齐字的释义如果解释为"禾麦吐穗，其上平整"①，虽然不能说解释错误，但没有指出《说文》释义的本质，还是不能让人正确理解《说文》，对《说文》此释义，准确的理解应是"以禾麦吐穗上平来表示平齐"。

再如"黑"，《说文·黑部》："火所熏之色也。从炎上出囱。囱，古窗字。""黑"字在《说文》中解释是火熏成的颜色，难道其他黑色不用"黑"表示吗？不是，《说文》实际仅是对造意的解释。黑色是一个抽象词义，怎么用字形来表示呢？古人想到了居室的常见现象。"黑"字小篆作，由古文"窗"字"囱"和火炎的"炎"两部分组成。古代掘穴而居，其余脉是今天北方大部分地区仍沿用的窑洞。穴居时代，在窑穴内以木材等生火，一方面用于取暖，另一方面用于炊饭，穴内常烟雾缭绕，那扁圆的窗户成了散烟的通道，故窗户及其周围往往漆黑如炭，这是穴居时代最普遍、最真切的现象，所以表示黑色的字形即由火焰对着窗户来构成。因此，如果把《说文》的释义解释为"被火熏成的颜色"②，还是不能让人正确理解《说文》，准确的解释应该是"以火所熏的颜色来表示所有黑色"。

又如"尘"，繁体作"塵"，《说文·麤部》："鹿行扬土也。从麤，从土。"三鹿表示群鹿，释义也是造意，意为"以群鹿行进尘埃飞扬来表示尘土"。

---

① 汤可敬：《说文解字今释》，岳麓书社 1997 年版，第 942 页。
② 同上书，第 1395 页。

《说文解字》新证

考古资料对于传世古籍的整理研究具有重要裨益,笔者近年颇留意于出土文献文字材料的研究,发现其形体可于《说文解字》说形作佐证,今举数端如下:

一、《说文·二上·口部》:"吠,犬鸣也。从犬口。"

从犬口,孙星衍平津馆丛书原刻大徐本、王昶所藏宋刻元修大徐本、汪中所藏丁晏跋宋刻元修大徐本、丁少山仿刻汲古阁旧藏宋监本大徐本、黄志淳藏宋刻元修大徐本皆如此作。藤花榭本小徐本作"从口犬",唐写本《说文解字》口部残简作"从口犬声"。王筠《说文释例》:"吠字,当入《犬部》,鸣字在《鸟部》,是其比也。"钱坫《说文解字斠诠》也曰"此字当入《犬部》"。按,依《说文》体例和今本"吠"字形义,此字确实位序不当,出现这种情况,最大的可能是字形传抄致误。隶书"犮"有时写作"犬",如马王堆汉墓出土帛书"拔"字有的就写作"扶"。段玉裁《说文解字注》说,"吠"字"《字林》作吠,则为形声字。《太玄》曰:'鸤鸠在林,吠彼众禽。'"小徐本徐锴注语有"或云从犬",按,小徐本本身即已从犬,故"或云从犬"之犬必是"犮"之误。据此,唐写本《说文》口部残简"从口犬声"当是原本,只是"犬"乃"犮"之误写,篆体也当作"吠",如此则与今本字序吻合。藤花榭本和小徐本"从口犬"应是形体变化后,后人以为"犬声"与声不合,而删去"声"字,"从犬口"则又"从口犬"之变矣。

二、《说文·十二下·女部》:"妒,妇妒夫也。从女,户声。"

严可均《说文校议》:"《五经义字》作'妬',云'作妒者非'。按,户、石形声皆近,未审孰是。"严章福《说文校议议》:"余谓《说文》声多兼义,妒从户,取专房恃宠之意。从石非义,《五经文字》恐难据信。"段玉裁《说文解字注》改"妒"为"妬",曰:"各本作户声,篆亦作妒,今正。此如柘、橐、蠹等字皆以石为声,户非声也。"按,云梦睡虎地出土竹简为秦代书写文献，马王堆汉墓帛书为西汉书写文献，秦简4万余字，帛书12余万字，两种文献皆有“妬”而无“妒”，可证段玉裁所改正确，《说文》原本也当有“妬”而无“妒”。

三、《说文·十四下·辛部》“辠”下：“秦以辠似皇字，改为罪。”又《七下·网部》“罪”下：“秦以罪为辠字。”

1975年湖北云梦睡虎地一一号墓出土竹简“罪”皆作“辠”，1989年湖北云梦龙岗六号墓出土竹简则无“辠”有“罪”。按，秦统一全国后，首称最高统治者为“皇帝”，改字之事必在此后。睡虎地秦简抄写于战国末年至秦代初年，龙岗秦简则晚于睡虎地秦简，抄写于秦代末年，由此可证《说文》所言符合实情。

四、《说文·三上·丵部》：“對，譍无方也。从丵，从口，从寸。對，對或从士。汉文帝以为责对而为言，多非诚对，故去其口以从士也。”

按，马王堆汉墓出土帛书中，《老子》甲本及卷后逸书为一人抄写，书中不避汉高帝刘邦、高后吕雉讳，抄写时间在汉初高帝时期，即公元前206年至前195年间；《春秋事语》与《老子》甲本及卷后逸书抄写者相同，书中也不避高帝“邦”字讳，抄写时间当与《老子》甲本同，一般认为在公元前200年左右；《战国纵横家书》避“邦”字讳，抄写时间在惠帝早期，即公元前195年前后。以上三种文献抄写时间皆在汉文帝执政之前，“對”皆写作“對”，如《老子》甲本及卷后逸书278行、《春秋事语》87行、《战国纵横家书》289行等。《老子》乙本及卷前逸书抄写时间在汉文帝时期，即公元前179年至前167年间，其字与上属三种文献不同，一律写作“對”，正好印证了汉文帝改字之说。

汉文帝改字不过是改用前有字形，并非新造一形，因为金文中已有“對”。赵明诚《金石录·大夫始鼎铭跋》曰：“今验兹鼎铭及周以后诸器款识對字最多，皆无从口者，然则古文大篆固已不从口矣。又疑李斯变古法作小篆，對字始从口，至文帝复改之耳。”

五、《说文·二上·走部》：“赿，距也。从走。㡿省声。”

大徐本如此，小徐本篆体作“趚”，“㡿省声”作“㡿声”。按，睡虎地秦简、马王堆汉墓帛书此字皆作“趚”，与小徐本同，小徐本是。大徐本当是“㡿声”隶变写作“斥声”后，又返改篆体，而斥为“厂”之籀文，声不相近，故又改为"席省声"。

六、《说文·七上·禾部》："秦，伯益之后所封国。地宜禾。从禾，舂省。𥠘，籀文秦。从秝。"

按，据《说文》所释，小篆与籀文"秦"字上部皆为舂省，省去了"臼"。到目前为止，秦前金文中未省"臼"的"秦"字仅有师酉簋铭文中的"秦"字，但"臼"形不完。1993 年，香港文物市场出现一批青铜器，上海博物馆将其中有铭文的 4 鼎 2 簋购回，后知此批青铜器出土于甘肃省礼县大堡子山秦公墓地。其中秦公簋一和秦公簋二上的"秦"字，从舂从秝，字形完整，可证《说文》"舂省"确是有据。

（原载《古汉语研究》1999 年第 3 期）

张家山汉简与《说文解字》合证

——《说文解字校笺》补遗

拙著《说文解字校笺》付梓后，读到了新出版的《张家山汉墓竹简（二四七号墓）》，于《说文》校勘，续有所获，或多年悬疑涣然冰释，或古无异议而方知讹误，然已不及补入书中，故以单文形式就教于方家。

一、《说文·十三上·糸部》："缦，缯无文也。从糸，曼声。《汉律》曰：'赐衣者缦表白里。'"

《张家山汉墓竹简·二年律令·赐律》："赐衣者六丈四尺、缘五尺、絮三斤，襦二丈二尺、缘丈、絮三斤，绔（袴）二丈一尺、絮一斤半，衾五丈二尺、缘二丈六尺、絮十一斤。五大夫以上锦表，公乘以下缦表，皆帛里；司寇以下布表、里。"又"官衣一，用缦六丈四尺，帛里，毋絮"。按，《说文》所引乃约略引之，据汉简，赐衣只分衣料，不言颜色，《说文》"白"字当是"帛"字之误。

二、《说文·十二下·女部》："威，姑也。从女，从戌。《汉律》曰：'妇告威姑。'"

《张家山汉墓竹简·二年律令·告律》："子告父母，妇告威公，奴婢告主、主父母妻子，勿听而弃告者市。"按，威为丈夫的母亲，公为丈夫的父亲，"威公"正与"父母"相应，《说文》"威姑"只指丈夫的母亲，不合事理，"威姑"之"姑"当据汉简改为"公"。《礼记·内则》："子事父母……妇事舅姑。"舅姑即公婆。亦可为证。

三、《说文·五下·麦部》："麷，麦覈屑也。十斤为三斗。从麦，商声。"

《张家山汉墓竹简·算数书》："麦十斗，［为］麷三斗。"《睡虎地秦墓竹简·秦律十八种·仓律》也曰："麦十斗，为麷三斗。"可知《说文》"斤"字乃"斗"之误。隶书"斗"字有时形似"斤"，导致此误。

四、《说文·七上·米部》："粲，稻重一秅为粟二十斗，为米十斗曰毇，为米六斗太半斗曰粲。"

《睡虎地秦墓竹简·秦律十八种·仓律》："稻禾一石，为粟廿斗，舂为米十斗；十斗粲，毁（毇）米六斗大半斗。"《睡虎地秦墓竹简》注释以为，《说文》"应依简文校正"，以前我们一直认为是《说文》"毇"、"粲"二字互倒，今张家山汉简出土，方知非是。《张家山汉墓竹简·算数书》："王程曰：稻禾一石为粟廿斗，舂之为米十斗，为毁（毇）粲米六斗泰（大）半斗。"《张家山汉墓竹简》注释："对照《仓律》，可知简文'粲'为衍文。"今按，此注误。张家山汉简此文正与《说文》所述相同，只是《张家山汉墓竹简》断句错了，此文应标点为："王程曰：稻禾一石，为粟廿斗，舂之为米十斗为毁（毇），粲米六斗泰（大）半斗。"由此我们大可以怀疑睡虎地秦简相邻的"粲毇"二字是误倒。

五、《说文·七上·禾部》："秅，百二十斤也。稻一秅，为粟二十升。禾黍一秅，为粟十六升大半升。"

清代学者曾指出上述三"升"字皆为"斗"之误写，《睡虎地秦墓竹简·秦律十八种·仓律》："稻禾一石，为粟廿斗。"已证明清人"二十升"为"二十斗"说法的正确。《张家山汉墓竹简·算数书》："禾黍一石，为粟十六斗泰（大）半斗……稻禾一石，为粟廿斗。"再次证明了"升"乃"斗"之误。

六、《说文·七上·米部》："糲，粟重一秅，为十六斗太半斗，舂为米一斛曰糲。"

按，《张家山汉墓竹简·算数书》："禾黍一石，为粟十六斗泰（大）半斗，舂之为糲米一石。"据此文及《说文》"秅"字下注（见上条）。《说文》"粟重"似当作"禾黍"，因为"禾黍"、"稻禾"等皆指带秸秆的庄稼，粟指庄稼带皮的子实，"禾黍一石，为粟十六斗泰（大）半斗"，当是指一石庄稼黍，可以脱出十六斗大半斗的子实。或者将《说文》此文断句为"粟，重一秅为十六斗太半斗，舂为米一斛曰糲"，"重一秅"乃指禾黍，非指粟。王筠《说文解字句读》"糲"下曰："当依《禾部》秅下说改之曰：'禾黍重一秅，为粟十六斗太半斗。'"

七、《说文·七上·毇部》："毇，米一斛舂为八斗也。""䊗，糲米一斛舂为九斗曰䊗。"

清代钮树玉《说文解字校录》、严章福《说文校议议》、段玉裁《说文解字注》、桂馥《说文解字义证》等皆以为"毇"下"八斗"当作

"九斗",而"糳"下"九斗"当作"八斗",今人《说文解字约注》、《说文解字今释》等皆从清人说改之。按,《睡虎地秦墓竹简·秦律十八种·仓律》:"糲米一石为糳（繫）米九斗,九〔斗〕为毇（毇）米八斗。"《张家山汉墓竹简·算数书》:"糲米一石为繫米九斗,繫米〔九〕斗为毇（毇）米八斗。"据此则今本《说文》不误。另,"米一斛舂为八斗也","米"前小徐本有"糲"字,《六书故》引也有,今以出土简文证之,当补"糲"字。

八、《说文·七上·米部》:"粺,毇也。"

《张家山汉墓竹简·算数书》:"粟为米:麻、麦、菽、荅三而当米二;九而当粟十。粟五为米三;米十为粺九,为毇（毇）八。"又"粺毇:米少半升为粺十分升之三,九之,十而一;米少半升为毇（毇）米十五分升之四,八之,十而一"。据此文,粺与毇不同,粺为九折米,与《九章算术》所述同。疑《说文》"粺,毇也"当作"粺,繫也"。

九、《说文·十二上·手部》:"擪,一指按也。"

按,朱骏声《说文通训定声》曰:"'一指'当作'以指'。"《张家山汉墓竹简·引书》:"失欲口不合,引之,两手奉其颐,以两拇指口中擪。"擪非一指,可证朱说是。

十、《说文·叙》:"尉律:学僮十七已上,始试。讽籀书九千字,乃得为吏。又以八体试之,郡移太史并课,最者以为尚书史。"

《汉书·艺文志》:"汉兴,萧何草律,亦著其法曰:'太史试学童,能讽书九千字以上,乃得为史。又以六体试之。课最者,以为尚书御史、史书令史。'"按,《说文》"讽籀",《汉书·艺文志》只作"讽";《说文》"为吏",《汉书·艺文志》作"为史",《张家山汉墓竹简·二年律令·史律》:"试史学童以十五篇,能风（讽）书五千字以上,乃得为史。有（又）以八体试之,郡移其八体课大史,大史诵课,取最一人以为其县令史,殿者勿以为史。三岁壹并课,取最一人以为尚书卒史。"此可证《汉书·艺文志》正确,《说文》"讽籀"当作"讽",《说文》"为吏"当作"为史"。

参考文献

[1] 睡虎地秦墓竹简整理小组:《睡虎地秦墓竹简》,文物出版社1990年版。

［2］许慎：《说文解字》，中华书局1963年版。

［3］王贵元：《说文解字校笺》，学林出版社2002年版。

［4］张家山二四七号汉墓竹简整理小组：《张家山汉墓竹简（二四七号墓)》，文物出版社2001年版。

（原载《古汉语研究》2004年第2期）

《说文》释义新考

一

獸，守备者。从兽，从犬。《说文·兽部》

对于《说文》"獸"字释义，历代注家解释分歧，有说指畜兽的，如徐灏《说文解字注笺》注曰："盖兽防人害，善伺守，故曰守备者。"王筠《说文句读》："犬能守备，故主犬言之，然不入《犬部》者，獸以见用于人者为主，野獸从而傅之，故入《兽部》。"有说指狩猎的，如杨树达《积微居小学述林·释兽》："獸盖狩之初文也。"《汉语大字典》即以"打猎"为"獸"字第一义。按，《说文》"獸"上是"兽"字，注："兽，牲也。"《牛部》："牲，畜牲也。"而"獸"下并未依常见条例作"兽也"，《说文》本意似乎并非指兽。此字小徐本《说文》作"獸，守备也"。《经典释文·尔雅音义下》引《说文》："獸，守备也。一曰：两足曰禽，四足曰獸。"依此，《说文》原本当作"守备也"，《广雅·释诂三》："獸，守也。"《希麟音义》卷五引《切韵》："獸，守也。"是"獸"有守义，但是传世文献中未见有此用例。今查出土楚简文献，"守"乃"獸"字（楚简从單从犬）常用义，例如：

古（故）君子多闻，齐而獸（守）之。《郭店楚简·缁衣》简38

獸（守）中，笃也。《郭店楚简·老子甲本》简24

金玉涅（盈）室，莫能獸（守）也。《郭店楚简·老子甲本》简38

夫是则獸（守）之以信。《上海博物馆藏战国楚竹书·从政甲》

简 1

　　道不可体也，能獸（守）弋曲安（焉）。《郭店楚简·六德》简 43

　　侯王女（如）能獸（守）之，万勿（物）将自宾。《郭店楚简·老子甲本》简 18—19

这不仅可旁证《说文》原本为"獸，守备也"，而且可证明《说文》"獸"字释义有文献依据。

二

　　散，妙也。从人，从攴，豈省声。《说文·人部》

段玉裁《说文解字注》、严可均《说文校议》、王筠《说文句读》皆认为应改"妙也"为"眇也"。《段注》："眇，各本作'妙'，今正。凡古言散妙者，即今之微妙字。眇者，小也，引伸为凡细之偁。"如今注释或引用《说文》者多依《段注》，释"散"之本义为微小。按，《说文》各版本皆作"妙也"，《广韵·八微》和《文选·文赋》李善注引、《篆隶万象名义》注也皆作"妙也"，是改"妙也"为"眇也"没有文献依据。《广雅·释诂一》："妙，好也。""好"即"美"，过去因传世文献没有用例，疑不能定，今查出土楚简文献，"散"字义皆为美，可证《说文》"妙也"不当改动。楚简用例列举如下：

　　生子，男必散（美）于人。《九店楚简》五六号墓简 35
　　天下皆智（知）散（美）之为媺（美）也，亞（恶）已。《郭店楚简·老子甲本》简 15
　　兴散（美）法（废）亚（恶）。《上海博物馆藏战国楚竹书·昔者君老》简 3
　　君子不帝（啻）明乎民散（美）而已，或（又）以智（知）其弋豆（矣）。《郭店楚简·六德》简 38

三

墫，舞也。从士，尊声。《诗》曰："墫墫舞我。"《说文·士部》

王念孙《王氏读说文记》："《系传》作'墫舞也。从士尊声'，注云：'臣锴按，《周礼》舞者皆士也。'《经典释文》引此作'士舞也'。按，墫为士舞，故从士。今但云'舞也'，则从士之义不明，当从《释文》作'士舞也'，《系传》'墫舞也'，疑是'士舞也'之讹。"按，王氏此校，后人多未采纳，如张舜徽《说文解字约注》、汤可敬《说文解字今释》仍以大徐本"舞也"为释。其实王氏此校，甚为精到，试以论之：战国、秦汉简帛及敦煌卷子等抄本文献皆有各种省代符号，最常见的是重文符号和合文符号，重文符号一般是指代前一个字，合文符号是指代前一个字的某个成字构件，重文符号如《郭店楚简·老子甲本》："智（知）之者弗言＝之者弗智（知）。"即是"智（知）之者弗言，言之者弗智（知）"。《郭店楚简·缁衣》："上帝板＝，下民卒担（疸）。"即是"上帝板板，下民卒担（疸）"。《郭店楚简·六德》："古（故）夫＝、妇＝、父＝、子＝、君＝、臣＝。"即是"古（故）夫夫、妇妇、父父、子子、君君、臣臣"。《睡虎地秦墓竹简·效律》："官啬夫免，县令＝人效其官。"即是"官啬夫免，县令令人效其官"。合文符号如《上海博物馆藏战国楚竹书·孔子诗论》："孔＝曰：此命也夫。"《上海博物馆藏战国楚竹书·子羔》："子羔昏（问）于孔＝曰。""孔＝"即"孔子"。《郭店楚简·缁衣》："吾夫＝共（恭）且俭。"《银雀山汉墓竹简·孙膑兵法》："都夫＝孰为不识事？""夫＝"即"大夫"。唐写本《说文》木部残卷也有省代符号，例如：

械，＝窬，裛器也。从木，威声。
桻，＝双也。从木，夆声。读若鸿。
梱，＝斗，可以射鼠。从木，固声。
枥，＝㯕，柙指也。从木，历声。

以上"="皆指代前一字，说明唐以前《说文》抄本也同其他抄本一样，有重文符号和合文符号，进入大小徐宋刻本后，指代符号已转换为文字，不见踪迹，但是在转换的过程中，多出现丢失或误换的现象。《说文》抄本"墫"字原当作"墫=舞也。""="为合文符号，指代"士"，大徐本"墫，舞也"，是误漏合文符号；小徐本"墫，墫舞也"，则是误将合文符号当成了重文符号。

四

替，废也。一偏下也。从竝，白声。《说文·竝部》

清代学者对"一偏下也"一句，有两种解释，一种认为是另一意义，如严可均《说文校议》："疑此当言'废也。一曰偏下也。'"段玉裁《说文解字注》于"一偏下也"注曰："此又为一义。"另一种认为是"废也"的补充说明，如徐灏《说文解字注笺》："此当读废字逗句，谓一偏下之废也。"王筠《说文解字句读》："替，废也，《释言》文。然其所谓废者，如《诗》'勿替引之'、《左僖廿四年传》'王替隗氏'之类，皆全废，无复立者。许君以其与替字正义未合，故申之曰'一偏下'，一偏下者，一边下也。一边下，仍有一边不下。"刘钊在《谈考古资料在〈说文〉研究中的重要性》一文中指出，"'一偏下'是指替字的结构"，《慧林音义》卷一"隆替"条引《说文》："废也。两并立，一偏下曰替。"甲骨文、战国中山王鼎铭"替"字作 ，正是两并立，一偏下之形，以此观之，"一偏下"确是指字形而言。但是《说文》篆文作 ，是两并立，但没有一偏下，以"一偏下"为字形解释，与被释字形不合。我们认为，《说文》小篆字形当是甲骨文、战国文字字形的发展，是在原字形基础上增加了声符"白（鼻字）"，《说文》篆文原形当作 ，这样的字形在传抄中极易抄误，同时也是汉字字形发展过程中象形性渐趋消失规则下的改造对象，在这两种因素作用下，一高一低的两"立"，变成了平齐的两"立"。字形传误后，与字形解释不合，又修改字形解释，成了现在的样子。《说文》此字原文当为："废也。两并立一偏下也，白声。"

参考文献

[1] 许慎：《说文解字》，中华书局1963年版。
[2] 荆门市博物馆：《郭店楚墓竹简》，文物出版社1998年版。
[3] 马承源：《上海博物馆藏战国楚竹书（一）》，上海古籍出版社2001年版。
[4] 马承源：《上海博物馆藏战国楚竹书（二）》，上海古籍出版社2002年版。
[5] 马承源：《上海博物馆藏战国楚竹书（三）》，上海古籍出版社2003年版。

（原载《说文学研究》第三辑，江西教育出版社2008年6月）

《说文》古文与楚简文字合证

《说文》古文的主体是战国文字，今所见楚简文字也是战国时期文字，我们曾以《说文》古文与楚简文字进行对比，共发现120余字字形相同，说明《说文》古文与楚简文字是可以互证的。《说文》古文本是战国经书和钟鼎文字的实录，字形应无错讹，但历经传抄转刻，难尽保真，以下所述多为楚简文字可校正《说文》古文的字例。

一

君，𠄎尊也。从尹。发号，故从口。𠁁古文。象君坐形。（《说文·口部》）

按，《上博简二·昔者君老》简4："君卒，大（太）子乃亡闻、亡圣（听）。"《上博简一·缁衣》简22："《诗》员（云）：'君子好逑。'"《郭店楚简·六德》简42："生民斯必又（有）夫妇、父子、君臣。""君"作𠄎，从尹从口。楚简"尹"作𠂆（《郭店楚简·穷达以时》简8："出而为命（令）尹，遇楚庄也"）。《说文》古文形体上部从中间断开当是笔画残损所致，其字形解释也误。

二

诰，𧥣告也。从言，告声。𧥲古文诰。（《说文·言部》）

按，《说文》古文字形左"月"，中"言"，右"又"。《上博简一·缁衣》简15："《康𧥣（诰）》员（云）：'敬明乃罚。'"《郭店楚简·成之问之》简 38："《康叀（诰）》曰：'不还大暊。'""叀"作 🔲，从言从廾，与《说文》古文形近，疑《说文》古文左旁"月"为误抄。

三

友，🔲 同志为友。从二又。相交友也。🔲 古文友。🔲 亦古文友。（《说文·又部》）

按，《信阳楚简》简 2-019："一友罢🔲 絵襲又盍，一长羽翣。"《信阳楚简》简 2-024："二友□屯又盍，四宫□。""友"作 🔲，与《说文》第一古文形同。《郭店楚简·语丛三》简 6："友，君臣之道也。""友"作 🔲，从古文友从自（鼻）。《郭店楚简·语丛一》简 87："君臣、朋友，丌（其）翠（择）者也。""友"作 🔲，《郭店楚简·六德》简 29-30："为宗族𠂇朋友，不为朋友𠂇宗族。""習"作 🔲，从友从自（鼻），与《说文》第二古文形似。《说文》第二古文从羽从自（鼻），乃是"習"字，疑"羽"为古文"友"之误。

四

臤，🔲 坚也。从又，臣声。读若铿锵之铿。古文以为贤字。（《说文·臤部》）

按，今所见出土楚简帛，"臤"皆用作"贤"，与《说文》所言相合，而无"贤"字。如《郭店楚简·唐虞之道》简 21："受（授）臤（贤）则民举教而化乎道。"《郭店楚简·五行》简 35："亓（其）止（等）尊臤（贤），义也。"《郭店楚简·缁衣》简 17："大人不新（亲）亓（其）所臤（贤）。"《郭店楚简·语丛三》简 52-53："膳（善）日过我，我日过膳（善），臤（贤）者隹（唯）亓（其）止也㠯（以）异。"《上博简一·孔子诗论》简 10："童而皆臤（贤）于丌（其）初者也?"《楚文字编》① 所列"贤"字实是"掔"字。字形作🙵，隶作"掔"，《龙龛手鉴·子部》："掔，俗，正作掔。"《集韵·先韵》："掔，牵也。"《史记·郑世家》："楚王入自皇门，郑襄公肉袒掔羊以迎。"《郭店楚简·成之闻之》简16："可御也，而不可掔也。"义正为牵。

五

閒，隟也。从门，从月。𨳇 古文閒。(《说文·门部》)

按，《上博简二·容成氏》简6："昔尧凥于丹府与藋陵之阅(閒)。""閒"作🙵，《上博简二·容成氏》简9："会才(在)天地之阅(閒)，而橐(包)才(在)四海之内。""閒"作🙵，《包山楚简》简220："死(恒)貞(贞)吉，庚辛又列(閒)。""閒"省"门"作🙵，与《说文》古文形近。段玉裁《说文解字注》改《说文》古文字形为从门从外，曰："此篆各本体误，《汗简》等书皆误，今考正。与古文恒同，中从古文月也。"《说文·二部》"恒"下："死，古文恒，从月。《诗》曰:'如月之恒。'"《段注》："盖古文月字略似外字，古文恒直是二中月耳。"以楚文字对照，段氏所言正确。《说文》古文字形中的"人"当是"夕"的讹写。楚简文字"夕"、"月"不分，"夕"即"月"。

六

法，灋 刑也。平之如水，从水；廌，所以触不直者；去之，从去。佱 古文。(《说文·廌部》)

按，《上博简一·缁衣》简14："隹(惟)作五疟之型(刑)曰金(法)。""法"作🙵。《说文》古文形体，徐锴、王筠等认为是从人从正会意，"人"即"集"字。楚简此形疑为从全从正会意，"正"之上笔与

---

① 李守奎:《楚文字编》，华东师范大学出版社2003年版，第847页。

"全"之下笔互借。

七

近，䢍附也。从辵，斤声。🔣古文近。(《说文·辵部》)

按，《上博简一·性情论》简18："哀、乐，亓（其）眚（性）相近也。"

《上博简一·性情论》简34："□（爱）頪（类）七，唯眚（性）□（爱）为近悳（仁）。""近"作🔣，《郭店楚简·性自命出》简36："从亓（其）所为，䢍（近）㝵（得）之豆（矣）。""近"作🔣，楚简"近"上从"斤"下从"止"。《说文》古文似亦为从斤从止，只是构件组合位置不同，但古文字中"止"位于字形顶部的字例罕见。楚简文字"族"作🔣（《郭店楚简·语丛三》简14），"遊"作🔣（《郭店楚简·语丛三》简51），字形中构件"㫃"形近"止"。楚简"旂"作🔣（《曾侯乙墓竹简》简68），金文"旂"作🔣（邾公釛钟）、🔣（齐侯敦），以此例之，《说文》古文当是"旂"字，而非"近"字，《说文》以之为"近"，可能是因"旂"借用为"近"而据辞例推断所得。

八

讼，䚯争也。从言，公声。曰：謌讼。🔣古文讼。(《说文·言部》)

按，《上博简二·容成氏》简22："叠（禹）乃肂（建）鼓于廷，曰（以）为民之又（有）詥（讼）告者䛇（鼓）焉。"原释文隶定字"詥"原形作🔣，此字右旁虽形近"去"而实非"去"，当是"谷"，与《说文》古文形同，皆是从言从谷。《说文》"容"字正篆作🔣，从谷，古文作🔣，从公，与此正同，皆属于声符互换的异体字，"谷"、"公"都是见母字，韵为屋东对转。

九

游，▨旌旗之流也。从㫃，汓声。▨古文游。(《说文·㫃部》)

按，《上博简二·子羔》简12："又（有）㑊（邰）是（氏）之女也，遊于串咎之内。"《包山楚简》简188："壬晨（辰），上鄎邑人周乔儀，遊郲、瘅亚夫。""遊"作▨，《郭店楚简·语丛三》简51："悬（仁），遊于▨（艺）。""遊"作▨，皆从辵从㫃，与《说文》古文同从"辵"。

十

旅，▨军之五百人为旅。从㫃，从从。从，俱也。▨古文旅。古文以为鲁卫之鲁。(《说文·㫃部》)

按，《包山楚简》简4："遽昜（阳）公㠯（以）楚帀（师）逡（后）輂奠（郑）之岢（岁）。"《曾侯乙墓简》简119："遞（旅）公三䡅（乘）迯（路）车。""遞"作▨，从辵，另一偏旁与《说文》古文旅形同，说明《说文》古文旅也是从㫃从从。

十一

旨，▨美也。从甘，匕声。▨古文旨。(《说文·旨部》)

按，《郭店楚简·尊德义》简26："不㠯（以）旨（嗜）谷（欲）（害）亓（其）义。""旨"作▨，与《说文》古文形同，只是上部构件方向相反。《郭店楚简·缁衣》简10："晋（资）夅（冬）旨（祁）沧（寒），少（小）民亦隹（惟）曰悁（怨）。""旨"作▨，从口不从甘。

段玉裁认为《说文》古文是从千从甘，据楚文字看，此说恐非。楚文字"千"皆作 🔣，与"旨"字上部构件形体不类，楚简"卓"字上部构件形体与"旨"字相同，而"卓"字上部小篆也从"匕"。《上博简一·缁衣》简17："古（故）言则虑丌（其）所冬（终），行则旨（稽）丌（其）所蔽（敝）。""旨"作 🔣，从匕从口。由此可见，《说文》古文及上列楚简前两个"旨"字上部为"匕"之别体。

十二

容，🔣盛也。从宀、谷。🔣古文容。从公。（《说文·宀部》）

按，《郭店楚简·语丛一》简109："虖（号）牙（邪）容牙（邪），夫丌（其）行者。"《郭店楚简·语丛二》简24："🔣（肆）生于易，容生于🔣（肆）。""容"作🔣，与《说文》古文形同。《说文》古文"公"形下不封口，与古文字形体不符，当是传讹。

十三

徵，🔣召也。从微省，壬为徵。行于微而文达者，即徵之。🔣古文徵。（《说文·壬部》）

按，《上博简二·容成氏》简41："汤于是虖（乎）徵九州之帀（师）。""徵"作🔣，《郭店楚简·性自命出》简22："帀帛，所㠯（以）为信与徵也。""徵"作🔣。以楚简文字和《说文》古文对照，楚简文字从"言"而《说文》古文从"口"，从"言"与从"口"意同。《说文》古文形体多"攴"，楚简可能是省"攴"形体。与《说文》正篆对照，《说文》古文乃从口从𢽳，但"𢽳"的左下部不从"壬"而从"升"（与楚简文字相同），是为声符。

十四

搉，⿰首至地也。从手、𡴋。⿱古文拜。（《说文·手部》）

按，《郭店楚简·性自命出》简 21："拜，所㠯（以）□□□。""拜"作⿰，与《说文》古文形同，《说文》古文形体有残损。

十五

直，⿰正见也。从乚，从十，从目。⿰古文直。（《说文·乚部》）

按，《上博简一·缁衣》简 2："静龏（恭）尔立（位），纾（好）是正直。"《郭店楚简·缁衣》简 3："情（靖）共尔立（位），好氏（是）贞（正）直。"《郭店楚简·五行》简 34："敗（辩）肰（然）而正行之，直也。""直"作⿰，从直从木。《说文·眉部》"省"，正篆作⿰，古文作⿰，《说文·目部》"睦"，正篆作⿰，古文作⿰，我们怀疑，包括"直"字在内，三个《说文》古文中的"囧"，是"目"的不同写法，而非"读若犷"的"囧"字。

十六

觀，⿰谛视也。从见，雚声。⿰古文观。从囧。（《说文·见部》）

按，《上博简一·孔子诗论》简 3："邦风，丌（其）内（纳）勿（物）也，尃（溥）观人谷（俗）安（焉）。"《郭店楚简·性自命出》简 25："观《坴（赉）》、《武》，则齐女（如）也异疷（斯）复（作）。""观"作⿰，从目，雚声。参阅上列第十五条，《说文》古文观字中的

"囧",也当是"目"的不同写法,"从囧"说法有误。

参考文献

[1] 河南省文物研究所:《信阳楚墓》,文物出版社1986年版。

[2] 湖北省博物馆:《曾侯乙墓》,文物出版社1989年版。

[3] 湖北省荆沙铁路考古队:《包山楚简》,文物出版社1991年版。

[4] 荆门市博物馆:《郭店楚墓竹简》,文物出版社1998年版。

[5] 马承源主编:《上海博物馆藏战国楚竹书(一)》,上海古籍出版社2001年版。

[6] 马承源主编:《上海博物馆藏战国楚竹书(二)》,上海古籍出版社2002年版。

(原载《中国文字研究》2008年第2辑,总第11辑,大象出版社)

《说文解字》中的"词"

——中国最早的词类划分理论探微

东汉许慎《说文解字》中的"词"一般认为是表示虚词,如《八部》:"尔,词之必然也。"①《只部》:"只,语已词也。"若全面分析,可以发现,其"词"之所指与现今虚词范畴并不完全对等。这反映了汉代人对汉语成分和分类标准等重要问题的认识,值得深入探讨。

《说文·司部》:"词,意内而言外也。""意内而言外"究竟何意?历代注家众说纷纭,段玉裁《说文解字注》:"意即意内,词即言外,言意而词见,言词而意见。意者文字之义也,言者文字之声也,词者文字形声之合也。凡许之说字义皆意内也,凡许之说形说声皆言外也。"②观段氏之所言,似乎"词"是指汉语中所有的词,显然理解有误。我们知道,《说文解字》中的"意"一般是指意图,与"义"是不同的,如《说文·裘部》:"裘,皮衣也。从衣,求声。一曰象形,与衰同意"。《说文·衣部》:"衰,艸雨衣。秦谓之萆。从衣,象形。""裘"是毛在外的皮衣,"衰"是草编的雨衣。"裘"小篆作𧘝,"衰"小篆作𧝣,"一曰象形,与衰同意"。是说"裘"与"衰"的构形意图相同,都是以象形形体(二字小篆形体中间部分)为本,以"衣"表类。又如《说文·囗部》:"图,画计难也。从囗,从啚。啚,难意也。""啚,难意也。"是说"图"字构形中有"啚",意图是用它表示难。因此,"意内"的"意"当也指意图,"意内"即意图之内,也就是内心想表达的意思之内。它所表明的是凡"词"表示的是一种意图,而非一般词语表示的"义"。王筠《说文解字句读》:"意内言外者,谓不直说其意,而于词露之也。是曰

---

① 本文《说文解字》引文皆据王贵元《说文解字校笺》,学林出版社2002年版。

② 段玉裁:《说文解字注》,丁福保《说文解字诂林》(第十册),中华书局1988年版,第9003页。

是，非曰非，其意如此，其言亦如此也。至于语助之词，则如曰是邪非邪，意不定其为是非，而言故曰是非，加两邪字以为助句之词，而其意见。"① 所谓"言外"即在"言"之外，是说"词"不属于"言"，与"言"为不同的两类东西。《说文·白部》："白，此亦自字也。省自者，词言之气，从鼻出，与口相助也。"在此释语中，"词"与"言"并列，显然二者不同。《说文·口部》："哉，言之间也。"表明"哉"不属于"言"。徐锴《说文解字系传》："言之外者，直言曰言，又一字曰言，惟、思、曰、兮、斯之类，皆在句之外为助。"② "词"表"意"，"言"表"义"，此乃汉代人语言成分的分类标准。也就是说，《说文》以表"意"还是表"义"为标准，把汉语词汇分为"词"与"言"两类。《说文·八部》："㒸，从意也。""从"义为跟随，段玉裁《说文解字注》："随从字当作㒸，后世皆以遂为㒸矣。"③《玉篇·八部》："㒸，从意也。今作遂也。"④《左传·僖公四年》："春，齐侯以诸侯之师侵蔡，蔡溃，遂伐楚。"杜预注："遂，两事之辞也。"⑤ 伐楚是随着蔡溃而发生的，前事的状况决定着后事的状况，也即后事跟随前事而产生，所以《说文》以"从（跟随）"释"㒸（遂）"。而《说文》释语不是"从"而是"从意"，这是表明"㒸"不是"言"而是"词"，字义不是"义"而是"意"，即不是"跟随"而是"表示跟随的意图"。与释语中用"词"相对，《说文》释语中也有用"言"者，例如：

嘖，野人之言。（依小徐本）（《说文·口部》）

唐，大言也。（《说文·口部》）

咶，咶异之言。（《说文·口部》）

话，合会善言也。（《说文·言部》）

詡，大言也。（《说文·言部》）

諓，善言也。（《说文·言部》）

---

① 王筠：《说文解字句读》，丁福保《说文解字诂林》（第十册），中华书局 1988 年版，第 9004 页。

② 同上书，第 9001 页。

③ 同上书，第 1964 页。

④ 顾野王：《宋本玉篇》，中国书店 1983 年版，第 524 页。

⑤ 阮元：《十三经注疏》，中华书局 1980 年版，第 1792 页。

这些用"言"释语与"只,语已词也"、"皆,俱词也"、"鲁,钝词也"、"者,别事词也"、"粤,亏词也"、"宁,愿词也"等用"词"释语显然不同,有明显的区别意向。

那么,《说文》用"词"表示的到底有哪些类词语?是否等同于后代的虚词概念?仍需进一步分析。

据大徐本,《说文》全书释语中用"词"者共33例,其中,《言部》:"诞,词诞也"。《原本玉篇残卷》引作"調诞也",①《篆隶万象名义》作"調也"。② 桂馥《说文解字义证》:"'词诞也'者,当为'詷也'本书'詷,譀也'。"③ 按,《说文·言部》:"詷,共也。一曰:譀也。"又曰:"譀,诞也。"《说文》同类用"词"之释语,皆曰"某词",不言"词某","词诞也"。不合《说文》语例,《原本玉篇残卷》及《篆隶万象名义》的"調"当是"詷"之误抄。《说文·兮部》:"粤,惊辞也。"段玉裁《说文解字注》改"惊辞"为"惊词",曰:"词,各本作'辞',误,今依《篇》、《韵》正。"④ 桂馥《义证》、王筠《句读》、朱骏声《通训定声》皆改"辞"为"词",当据改,《说文·辛部》:"辞,讼也。"《说文·言部》:"誒,可恶之辞。"桂馥《说文解字义证》:"'可恶之辞'者,辞,当为'词',《广韵》引作'词'。《庄子·达生篇》'公反,誒诒为病',《释文》亦引作'词'。"⑤ 按,以《说文·旡部》"㱚,㫃恶惊词也"、《说文·鬼部》"魖,见鬼惊词"例之,当据改。依此校勘,则《说文》全书释语中用"词"者共34例。

34例中,有9例释语中的"词"义为文辞,这9例是:

1. 祝,祭主赞词者。(《说文·示部》)
2. 菩,艸也。从艸,吾声。《楚词》有菩萧艸。(《说文·艸

---

① 顾野王:《原本玉篇残卷》,中华书局1985年版,第20页。
② 空海:《篆隶万象名义》,中华书局1995年版,第83页。
③ 桂馥:《说文解字义证》,丁福保《说文解字诂林》(第四册),中华书局1988年版,第3081页。
④ 段玉裁:《说文解字注》,丁福保《说文解字诂林》(第六册),中华书局1988年版,第5079页。
⑤ 桂馥:《说文解字义证》,丁福保《说文解字诂林》(第四册),中华书局1988年版,第3055页。

3. 颡，白皃。从页，从景。《楚词》曰："天白颡颡。"南山四颡，白首人也。（《说文·页部》）

4. 攓，拔取也。南楚语。从手，寒声。《楚词》曰："朝攓批之木兰。"（《说文·手部》）

5. 嬃，女字也。《楚词》曰："女嬃之婵媛。"贾侍中说：楚人谓姊为嬃。从女，须声。（《说文·女部》）

6. 婞，很也。从女，幸声。《楚词》曰："鲧婞直。"（《说文·女部》）

7. 彈，躲也。从弓，毕声。《楚词》曰："弓焉彈日。"（《说文·弓部》）

8. 祠，春祭曰祠。品物少，多文词也。从示，司声。仲春之月，祠不用牺牲，用圭璧及皮币。（《说文·示部》）

9. 卙，词之卙矣。（《说文·十部》）

例9 段玉裁《说文解字注》："词，当作辞。"① 徐锴《说文解字系传》："臣锴曰：此《诗》云'辞之卙矣，民之绎矣'。"② 徐灏《说文解字注笺》："《说文》往往用经句以解字，如《黾部》'蝇'之'营营青蝇'，《男部》'甥'之'谓我舅者吾谓之甥也'。"③

余25例中的"词"，应当皆属同一范畴，即表示汉语中的一类词，多同于后代的虚词，细分则有语气词、助词、副词、连词、叹词等，其例如下：

10. 尔，词之必然也。《说文·八部》）

徐锴《说文解字系传》："尔词者，言之助也。《礼》曰'鼎鼎尔'、'悠悠尔'，是必然。"④

---

① 段玉裁：《说文解字注》，丁福保《说文解字诂林》（第四册），中华书局1988年版，第2886页。

② 同上。

③ 同上。

④ 徐锴：《说文解字系传》，丁福保《说文解字诂林》（第三册），中华书局1988年版，第1959页。

11. 曾，词之舒也。(《说文·八部》)

徐锴《说文解字系传》："《诗》言'曾是掊克'，缓气言之，故曰舒。"①

12. 只，语巳词也。(《说文·只部》)

王引之《经传释词》卷九："《说文》：'只，语巳词也。'《诗·燕燕》曰：'仲氏任只。'《邶·柏舟》曰：'母也天只，不谅人只。'字亦作'軹'，《庄子·大宗师》篇曰：'而奚来为軹。'《楚辞·大招》句末皆用'只'字。"②

13. 皆，俱词也。(《说文·白部》)

14. 者，别事词也。(《说文·白部》)

徐锴《说文解字系传》："凡文有者字者，所以为分别隔异也。"③ 王引之《经传释词》卷九："《说文》：'者，别事词也。'或言其事，或指其物，或指其人；或言'者'，或言'也者'，皆常语也。"④

15. 曰，词也。(《说文·曰部》)

徐锴《说文解字系传》："凡称'词'者，虚也，语气之助也。"⑤ 段玉裁《说文解字注》："《释诂》'粤、于、爰，曰也'，此谓《诗》、《书》古文多有以'曰'为'爰'者，故粤、于、爰、曰四字可互相训。"⑥

16. 曶，出气词也。(《说文·曰部》)

17. 乃，曳词之难也。(《说文·乃部》)

18. 粤，亏词也。(《说文·亏部》)

---

① 徐锴：《说文解字系传》，丁福保《说文解字诂林》(第三册)，中华书局1988年版，第1960页。
② 王引之：《经传释词》，岳麓书社1984年版，第204页。
③ 徐锴：《说文解字系传》，丁福保《说文解字诂林》(第五册)，中华书局1988年版，第3928页。
④ 王引之：《经传释词》，岳麓书社1984年版，第195页。
⑤ 徐锴：《说文解字系传》，丁福保《说文解字诂林》(第六册)，中华书局1988年版，第5036页。
⑥ 同上书，第5067页。

段玉裁《说文解字注》："粵亦语词也。"①

19. 寍，愿词也。（《说文·丂部》）

徐锴《说文解字系传》："今人言寍如此，是愿如此也。"②

20. 粵，亏也。审慎之词者。从亏，从宷。《周书》曰："粵三日丁亥。"（《说文·亏部》）

徐锴《说文解字系传》："凡言'粵'，皆在事端句首，未便言之，驻其言以审思之也，'粵三日'是也。心中暗数其日数，然后言之，宷审字也。"③ 段玉裁《说文解字注》"审慎之词者"下："此说'从宷'之意，粵、亏皆训'於'，而'粵'尤为宷度慎重之词，故从宷。"④

21. 矤，况也，词也。（《说文·矢部》）

段玉裁《说文解字注》："今俗所云'已如是，况又如是'也，《尚书》多用矤字，俗作矧。"⑤

22. 矣，语已词也。（《说文·矢部》）

徐灏《说文解字注笺》："语词之'矣'恒在句末，故曰语已词。"⑥

23. 知，词也。（《说文·矢部》）

---

① 段玉裁：《说文解字注》，丁福保《说文解字诂林》（第六册），中华书局1988年版，第5036页。
② 徐锴：《说文解字系传》，丁福保《说文解字诂林》（第六册），中华书局1988年版，第5068页。
③ 同上书，第5091页。
④ 段玉裁：《说文解字注》，丁福保《说文解字诂林》（第六册），中华书局1988年版，第5091页。
⑤ 同上书，第5496页。
⑥ 徐灏：《说文解字注笺》，丁福保《说文解字诂林》（第六册），中华书局1988年版，第5499页。

《尚书·周书·召诰》："知今我初服，宅新邑。"① 俞樾《群经评议》："孙氏星衍曰：'知，或语辞。'此说是也。《说文·矢部》：'知，词也。'次'𥎒'、'矣'两篆之间，然则古人固用'知'为语助。"②

24. 㠱，众词，与也。从乑，自声。《虞书》曰："㠱咎繇。"（《说文·乑部》）

《史记·夏本纪》："淮夷蠙珠㠱鱼。"司马贞索隐："㠱，古暨字。㠱，与也。"③

25. 欥，诠词也。从欠，从曰，曰亦声。《诗》曰："欥求厥宁。"（《说文·欠部》）

徐灏《说文解字注笺》："戴氏震曰，'诠词'者承上文所发端诠而释之也。"④ 王引之《经传释词》卷二："《说文》曰：'欥，诠词也。'字或作'聿'，或作'遹'，或作'曰'，其实一字也……今考之，皆承明上文之辞耳，非空为辞助，亦非发语辞。而为'遂'为'述'为'自'，缘辞生训，皆非也。《说文》'欥，诠词也。从欠，从曰，曰亦声'。引《诗》'欥求厥宁'。然则'欥'盖本文，同声假借用'曰'、'聿'、'遹'三字。"⑤

26. 㱩，屰恶惊词也。（《说文·旡部》）
27. 𩴱，见鬼惊词。（《说文·鬼部》）
28. 弓，惊词也。（《说文·兮部》）
29. 䜣，可恶之词。（《说文·言部》）

---

① 阮元：《十三经注疏》，中华书局1980年版，第213页。
② 俞樾：《群经平议》，续修四库全书编撰委员会《续修四库全书》（第178册），上海古籍出版社2002年版，第86页。
③ 司马迁：《史记》（第一册），中华书局1982年版，第58页。
④ 徐灏：《说文解字注笺》，丁福保《说文解字诂林》（第九册），中华书局1988年版，第8763页。
⑤ 王引之：《经传释词》，岳麓书社1984年版，第30—31页。

另有几例较特殊，其中有 3 例为形容词：

30. 㑒，惫词。(《说文·人部》)

王筠《说文解字句读》："惫，今作憊，谓疲极之词曰㑒也。"① 朱骏声《说文通训定声》："谓疲憊之词也。"② "㑒"义为疲憊，为形容词。

31. 魯，钝词也。从白，鮺省声。《论语》曰："参也魯。"(《说文·白部》)

《左传·文公十五年》："魯人以为敏。"孔颖达疏："魯人，魯钝之人。"③ "魯"义为魯钝，为形容词。

32. 𥏫，识词也。(《说文·白部》)

徐灏《说文解字注笺》："'知'、'𥏫'本一字，𥏫，隶省作'智'，智慧者，知识之谓也，古书多以'知'为'智'，又或以'智'为'知'。王氏念孙曰：《广雅》'觉、叡、闻、晓、哲，智也'，叡、哲为智慧之智，觉、闻、晓为知识之知。"④ "𥏫"义为智慧、聪明，为形容词。

形容词表示性质状态，有主观判断、主观认定之意，故也是一种意图，《说文》归入"词"的范畴，符合其自身的定义。

33. 嚳，词也。(《说文·白部》)

---

① 王筠：《说文解字句读》，丁福保《说文解字诂林》（第九册），中华书局 1988 年版，第 8175 页。

② 朱骏声：《说文通训定声》，丁福保《说文解字诂林》（第九册），中华书局 1988 年版，第 8175 页。

③ 阮元：《十三经注疏》，中华书局 1980 年版，第 1855 页。

④ 徐灏：《说文解字注笺》，丁福保《说文解字诂林》（第五册），中华书局 1988 年版，第 3933 页。

王引之《经传释词》卷六："《尔雅》曰：'畴，谁也。'《书·尧典》'帝曰：畴咨若时登庸'，《史记·五帝纪》作'谁可顺此事'。字本作䵣，又作䎧。《说文》：'䵣，谁也。'又曰：'䎧，词也。《虞书》：'帝曰：䎧咨。'"① 严章福《说文校议议》："'词也'上有脱文，'皆'下云'俱词也'，'鲁'下云'钝词也'，'者'下云'别事词也'，'矫'下云'识词也'，据上下文语例，不当但言'词也'，段氏谓当作'谁词也'，疑近是焉。"② 如果此种解释正确，那么《说文》的"词"还包括代词。杨伯峻先生在《古汉语虚词·前言》中说："但究竟哪些词类是实词，哪些是虚词，各家还没有一致的看法。名词、动词是实词，这是没有争论的；介词、连词、语气词、助词是虚词，也是没有争论的。然而代词和副词呢，就有不同意见。笔者过去写了一本《文言虚词》，曾经认为，一部分代词和副词，尤其是表示指示和疑问的词，在初学古汉语者看来，是比较难懂的，而它们也该属于虚词范畴。"③

34. 白，此亦自字也。省自者，词言之气，从鼻出，与口相助也。（《说文·白部》）

此例释语中的"词"用于解释字形，无关被释词的归类。

由以上分析可知，《说文》的"词"除包括语气词、助词、连词等后代所谓虚词外，还包括后代归属于实词的部分副词、叹词、形容词、代词。说"部分"是因为个体字词的归类，如哪些属于形容词，《说文》归属与今天的归类可能不同。由于《说文》不是每个属于"词"范畴的字的释语中都用"词"，故其"词"的详细涵盖很难考察。同样属于"词"范畴的字，《说文》释语有时也用"语"，如《说文·兮部》："兮，语所稽也。"《说文·亏部》："吁，惊语也。"④《说文》释语用不用"词"，有时与释形有关，《说文》"鲁，钝词也"，王筠《说文解字句读》："孔注

---

① 王引之：《经传释词》，岳麓书社1984年版，第137—138页。
② 严章福：《说文校议议》，丁福保《说文解字诂林》（第五册），中华书局1988年版，第3929页。
③ 杨伯峻：《古汉语虚词》，中华书局1981年版，第1页。
④ 这可能是后来用"语词"指虚词语助的缘由。

《论语》:'鲁,钝也。'比加'词'者,为其从'白'也。"① 按,"白"即"自"字,"自"即"鼻"的古字,鼻乃语气之通道。故从"白"的"皆"、"鲁"、"者"等《说文》训语中都有"词"。《说文》"皆,俱词也",王筠《说文解字句读》:"《人部》'俱,皆也',不言'词',是谓其意为俱,其词为皆也……盖许君之意,将隶'皆'于《比部》,则'比'易解,'白'难解,故不得已入之《白部》而以'词'说之。"②

(原载《辞书研究》2011 年第 4 期)

---

① 王筠:《说文解字句读》,丁福保《说文解字诂林》(第五册),中华书局 1988 年版,第 3926 页。

② 同上书,第 3925 页。

《说文解字》与同源字探索

同源字即记录同源词的汉字。它是同源词群的早期书面形式，其中一部分，是直接在词的派生推动下产生的，可以作为汉语单音节词分化派生成熟的标志。因此，汉语同源词的系联，总是以同源字的系联来实现的。《说文解字》贮存整理了词的本字，排除借字后，字与词在使用时的错综关系不复存在。因此，它又是用来系联同源字的最好材料。本文就运用《说文解字》系联同源字工作中的有关问题加以阐述。

一 重视同源字之间的意义联系

同源字在传统语言学中是一个提出已久但理论进展十分缓慢的老课题。从汉代声训的实践到清人"声近义通"说的提出，都没有把同源派生的原理彻底阐述清楚，因而在系联同源字的具体工作中，也始终没有找到一个可供操作的具体方法。

历来的系联同源字工作，都从音同与音近入手，在一堆同音近音词中寻找意义相关者。但是，由于词音有历史音变，也有方言音变和训诂音变，所以单独确立严密完整的声韵通变体系根本办不到。虽依据押韵、声符、音理等条件，可拟出主体音系及相近关系，但这远远不能满足长期历史性意义演变关系分析的需要。因此，大量的、具体的词际关系还需由意义方面确定。这一点章太炎先生是已经认识到并在实践中依次而行的，他著《文始》即以意义关系律及声音关系。《文始》的声韵标准"成均图"不可能是预先凭空设下的标准，而是在立足于意义系联词族的过程中完善而成。章太炎先生是明确以研究同源字为目的，并进行大范围词族系联的肇始者，他对语言文字的始与变有着明确的认识。首先，他首次提出了

"语根"的概念,认为"诸言语皆有根"①;其次,他讲明了语根与字根的差异,认为在语言中是表状态名称最早,而从文字看来却是表示实体的名称最早。他说:"语言之初,当先缘天官,然而表德之名最夥矣。然文字可见者,上世先有表实之名,以次桄充,而表德之名因之。"② 再次,他说:"一实之名必与其德若,与其业相丽。"③ 这一观点非常重要,既然"实"必与"德"、"业"相丽,那么从"文字可见者"显示的与语根的差异并不影响语言原始的认定,即语根与字根可以统一。这是他在《文始》中以初文、准初文为根,与其反对"拘牵形体"和系联中的不限形体并不矛盾,是"形体声类更相扶胥"④ 的反映;最后,他认为语言的发展过程是表实之语与表德业之语相互推演的过程,表现在词义上即是引申(他称"假借"),表现在文字上便是孳乳,《文始》就是循着引申孳乳,也即语言发展的本来面貌进行系联的。所以他在叙例中说:"独欲浚抒流别","讨其类物"。语有语根,而语言的发展就是各个语根引延的结果,若按顺流的方式系联词族,就必须首先确立语根,而后追索其发展脉络,因而他便建立虽与语根部同但并不矛盾的初文、准初文的根。在他先于《文始》的《语言缘起说》中,就有过同于《文始》的系联法说明,他说:"如立一'为'字以为根","如立'乍'字以为跟","如立'辡'字以为根"等,从这种表述中可以明显感觉到他的立根只是一种便于系联的方法,并不是分不清语言与文字差别的结果。与《文始》不公,王力先生的《同源字典》是完全从平面系联的角度分析同源字的,具体方法是在其既定的"音义皆近、音近义同或义近音同"即为同源字的理论前提下,依据古训,从音同音近的字中归纳。可以看出,章太炎先生追本溯源,循流而讨,是一种立足于意义的历史研究;王力先生则是按照同源发展所形成的共时平面的现象,在音韵严格规定的范围内,参照意义而定。这样做,排除不了音近而偶然义同义近的词,又难以反映同源关系的面貌和规律,这可以说是把声音标准定死的必然结果。《文始》虽立足于意义,正确地把住了大方向,但由于没有完全明确同源意义关系的实质,

---

① 《语言缘起说》,见《章氏丛书》。
② 同上。
③ 同上。
④ 《文始·叙》,见《章氏丛书》。

意义联系中不可避免地存在随意性，这也是导致"成均图"演引过泛的原因。

二　用义素分析法确定同源字的义通关系

同源意义关系的实质是义素关系，同根同源字有着共同的贯穿线核义素及相关核义素，核义素及相关核义素来源于人们在为事物命名时确认的不同事物的共有特点。①

核义素是抽取事物最具普遍性的特征形成的，因而它的意义具有形容词和形容动词的性质。例如：

> 鱻，《说文·鱻部》："二鱼也。"段玉裁注："《易》所谓'贯鱼'也。鱼行必相随也。"朱骏声《说文通训定声》"鱻"下："盖连行之皃。"

> 网，《说文·网部》："再也。"《易》曰："参天网地。"

> 麗，《说文·鹿部》："旅行也。鹿之性，见食急则必旅行，从鹿丽。《礼》：'丽皮纳聘。'盖鹿皮也。丽，古文。"段玉裁注："此麗之本义，其字本作'丽'，旅行之象也。后乃加'鹿'耳。"《周礼》："'麗马一圉。八麗一师。'注曰：'麗，耦也。'《礼》之'儷皮'，《左传》之'伉麗'，《说文》之'驪驾'，皆其义也。两相附则为麗，《易》曰：'离，麗也。日月麗乎天，百谷草木麗乎土。'是其义也。"

> 流，《说文·水部》："水行也。"朱骏声《说文通训定声》"流"下："《孟子》：'流连荒亡。'《淮南·本经》：'愚夫憃妇，皆有流连之心。'"

> 沥，《说文·水部》："漉也。从水，历声。一曰：水下滴沥也。"朱骏声《说文通训定声》"沥"下："《思元赋》：'漱飞泉之沥液兮。'旧注：'流也。'"

> 溇，《说文·水部》："雨溇溇也。从水，娄声。"段玉裁注："溇

---

① 详见拙著《汉语同源字（词）意义关系研究》，《学术之声》1989年第3期。

溇犹缕缕也。不绝皃也。"朱骏声《说文通训定声》"溇"下:"不绝之皃。"

连,《说文·辵部》:"员连也。从辵车,会意。"段玉裁注:"'连'即古文'辇'也。人与车相属不绝,故引伸为连属字。"

为醒目起见,依训列表分析其意义如下:

义素\同异	字 音韵	网 疑鱼	丽 来阳	流 来支	沥 来幽	溇 来锡	连 来侯	来元
鱼		+	-	-	-	-	-	-
双		+	+	-	-	-	-	-
鹰		-	-	+	-	-	-	-
水		-	-	-	+	+	+	-
雨		-	-	-	-	-	+	-
车		-	-	-	-	-	-	+
连缕		+	+	+	+	+	+	+

说明:"+"表同,"-"表异。

上属七字的字义都含有"连缕"义素,"连缕"是诸字字义所反映事物的共有特征,是这些事物的命名所因,它即是表示形容性状态的核义素。

核义素是同源字的贯穿线,体现了人们对客观事物集分的认识和方法,它像一把权衡一切的标尺,把现有的和将来产生的词义编织在不同类别中,并依此赋予它们不同的语音形式。词的派生形式大体分为引申造词和新生造词两种。引申造词指为引申义创制字形或引申义发生音变的情况下产生新词;新生造词指为新出现的事物命名造词。本义与引申义及引申义与引申义之间是因义素的相同相关而形成联系的,因而引申造词形式下产生的新旧词之间,也表现为义素的联系。为新生事物造词是寻找新事物的某一特征,而后依据与由词所反映事物具有同一特征的这种联系命之以同一之名,所以,就意义关系而言,这两种造词形式立意相同,都以核义素为其联系纽带。

核义素主要在词义发展中发挥作用,而在词的使用中一般处于隐性状态,多数只有在对词义的专门解释中才偶或出现。所以,核义素的同异不应先义位的同异及使用。如《说文·言部》:"语,论也。从言,吾声。""语"与"论"义位相同,但核义素不同。論,《释名·释典艺》:"論,倫也。有倫理也。"《经典释文》卷二十四:"論,倫也,輪,理也,次也。"《诗·大雅·灵台》:"于論鼓钟。"郑玄笺:"論之言倫也。"段玉裁《说文解字注》"論"下:"論以侖会意。《亼部》曰:'侖,思也。'《侖部》曰:'侖,理也。'此非两义。'思'如《玉部》'鰓理,自外可以知中'之'鰓'。《灵台》:'于論鼓钟。'毛曰:'論,思也。'此正许所本。《诗》'于論'正'侖'之假借。凡言语循其理,得其宜谓之論。故孔门师弟之言谓之《论语》。当云从言侖,侖亦声。"以"侖"为声符的字还有:

淪,《说文·水部》:"小波为淪。从水,侖声。《诗》曰:河水清且淪猗。"《释名·释水》:"淪,倫也。水文相次有倫理也。"

輪,《说文·車部》:"有辐曰輪,无辐曰軨。从車,侖声。"段玉裁注:"輪之言倫也。从侖,侖,理也。三十辐两两相当而不迆,故曰輪。"

綸,《说文·糸部》:"纠青丝绶也。从糸,侖声。"《释名·释采帛》:"綸,倫也。作之有倫理也。"

掄,《说文·手部》:"择也。从手,侖声。"朱骏声《说文通训定声》"掄"下:"《广雅·释言》:'掄,贯也。'按:有条理次叙也。"

倫,《说文·人部》:"辈也。从人,侖声。"《尚书·虞书·舜典》:"八音克谐,无相夺倫。"伪孔传:"倫,理也。八音能谐理不错。"按:倫本指人的尊卑辈分。

論、淪、輪、綸、掄、倫都以"侖"为声符,共有的核义素是"条理"。侖,《说文·亼部》:"思也。从亼册。"段玉裁注:"凡人之思必依其理,倫、論字皆以侖会意。聚集简册必依其次第,求其文理。"核义素条理来源于"侖"。

"语"从吾声,"吾"从五声。五,《说文·五部》:"五行也。从二,阴阳在天地间交午夜。×,古文五省。"以"五"、"吾"为声符的字另有:伍,《说文·人部》:"相参伍也。"齬,《说文·齿部》:"齿不相值也。"双音词为"龃龉"。圄,《说文·口部》:"守之也。"敔,《说文·攴部》:"禁也。"牾,《说文·午部》:"逆也。"可见五、伍、龉、圄、敔、牾有共同的核义素"对交"。语,《说文·言部》:"言,直言曰言,论难曰语。"《诗·大雅·公刘》孔颖达疏:"直言曰言,谓一人自言;答难曰语,谓二人相对。"《周礼·春官·大司乐》郑玄注:"发端曰言,答述曰语。"《楚辞·七谏》王逸注:"出口为言,相答为语。"可见"语"得名于相互答对,核义素也是"对交"① 与"論"具有不同的核义素。

核义素与语音有相应关系,有数的音素生成了无数的词音,而有数的核义素贯穿着无数的词义。词义是在核义素支配下被赋予词音的,因此,核义素与词音存在直接的对应关系。

由于同源意义关系是义素关系,核义素来源于被命名事物的特征,因此词义特点的分析就成了同源意义关系分析的重要一环,在这方面,《说文解字》具有独特的价值。

三 《说文解字》为系联同源字提供的线索

汉字是据义绘形的构义性文字,字形依据它所表示的词义来构造,在字形上要体现出其所表示的词义来。尤其是小篆以前的汉字,字形的一点一画都有一定的用意。因此字形与字义可以相互解释,特别是字形能为字义的考究提供有力依据。许慎正是根据这一原理,用以形释义,以义证形,追求形义统一的标准来编著《说文》的。《说文》并不仅仅是一部字典,只要深入研究就会发现,它还是一部贯穿、体现着一定语言文字原理的理论著作,在其字形编排及形音义说解中蕴含着作者用原理、理论控制个体字词的良苦用心。正因如此,《说文》在各个方面为同源字探索提供了有利线索。

(一)汉字在作为单字使用和被解释时,难以发现更多的义素,但在它作为成字构件构成其他字时,暗含的义素却往往显现,这种情况下,《说文》多出现旁见说解,为同源字的探索提供了条件。例如:

---

① 沈兼士先生曾在《右文说在训诂学上之沿革及其推阐》一文中讲到语、敔、圄、牾、龉等字,认为它们都有"逆义"。

曾，《说文·八部》："词之舒也。从八从曰，囪声。"《亼部》："會，合也。从亼从曾省。曾，益也。"

譄，《说文·言部》："加也。从言，曾声。"

層，《说文·尸部》："重屋也。从尸，曾声。"

增，《说文·土部》："益也。从土，曾声。"

由旁见说解"曾，益也"可知，譄、層、增等字以从声符"曾"为带义声符。其核义素都是"增加"。又如：

豐，《说文·豐部》："豆之豐满者也。从豆，象形。"同部："豑，好而长也。从豐。豐，大也。盍声。"

寷，《说文·宀部》："大屋也。从宀，豐声。《易》曰：寷其屋。"

"豐"的旁见说解"大也"，正与"大屋"之义素"大"相应。表明豐、寷核义素是"大"。

圥，《说文·中部》："菌圥，地蕈，丛生田中。"《夊部》："麦，越也。从夊从圥。圥，高也。"

坴，《说文·土部》："土块坴坴也。从土，圥声。"段玉裁注："坴坴，大块之皃。"

陸，《说文·𨸏部》："高平地。从𨸏从坴，坴亦声。"

由"圥"的旁见说解"高也"，可知圥、坴、陸同源，都以"高"为核义素。

至，《说文·至部》："鸟飞从高下至地也。从一，一犹地也，象形。不上去而至下来也。"《宀部》："室，实也。从宀从至。至，所止也。"

窒，《说文·穴部》："塞也。从穴，至声。"

庢，《说文·广部》："碍止也。从广，至声。"

桎，《说文·木部》："足械也。从木，至声。"

由"至"的旁见说解可知，室、座、桎等核义素都为"止"。它们同源。

申，《说文·申部》："神也。七月阴气成体自申束。从臼，自持也。"《大部》："奄，覆也。大有余也。又欠也。从大从申。申，展也。"
𣕦，《说文·申部》："击小鼓引乐声也。从申，柬声。"
𠬶，《说文·又部》："从又、𦥔声。𦥔，古文申。"
呻，《说文·口部》："吟也。从口，申声"

绅，《说文·糸部》："大带也。从糸，申声。"段玉裁注："古有革带以系佩。而后加之大带。绅则大带之垂者也。玉藻曰。绅长制士三尺。子游曰。参分带下、绅居二焉。……许但云大带。亦是浑言不析言。"《说文通训定声》"绅"下："按：大带束腰，垂其余以为饰，谓之绅。"

由"申"的旁见说解可知，𣕦、𠬶、呻、绅的核义素都是"延"。

（二）《说文》收"重文"一千一百六十三，这批异体字许多与其正篆相同，都是形声字，只是声符不同，这种现象表明，两个声符声音相同或相近；并有互换的可能。这是考察同源字的可靠线索。如《说文·肉部》："脾，牛百叶也。从肉、𣬉声。胇，脾或从比。""脾"与"胇"为异体字，区别是声符不同。梐，《说文·木部》："梐也。从木，𣬉声。"段玉裁注："梐之言比叙也。"𣬉，《说文·囟部》："人脐也。从囟。囟，取气通也。从比声。"显然"𣬉"的意义与"梐"无涉。比，《说文·比部》："密也。二人为从，反从为比。"段玉裁注："其本义谓相亲密也。余义俌也、及也、次也、校也、例也、频也……皆其所引伸。"《说文·土部》："坒，地相次比也。从土，比声。"可见"比"有"比次"义，"梐"之名源于"比"，二字同源。《说文·鱼部》："鱷，海大鱼也。从鱼，畺声。鯨，鱷或从京。"《说文·鹿部》："麠，大鹿也。牛尾，一角。从鹿，畺声。麖，或从京。""鯨"与"鱷"、"麖"与"麠"为异体字。畺，《说文·畕部》："界也。从畕。三，其界画也。疆，畺或从彊土。""畺"义与"鱷"、"麠"无涉。京，《说文·京部》："人所为绝高丘也。从高省，丨象高形。"段玉裁注："《释诂》云：'京，大也。'其引伸之义也。凡高者必大。"鱷训大鱼，麠训大鹿，可见都源于"京"，与京同源,"畺"乃"京"之借符。

（三）核义素来源于被命名事物的特点,每个事物都有众多特点,而某一特点之所以在命名中被确认,是因为它在同一事物的众特点中显得比较突出。因此,来源于这一突出特点的核义素,在词义的众义素中也会显得突出。所以它有时会出现在词义的解释中。许慎对字义的解释与《尔雅》等有着很大的不同,他不满足于对字义的概念性笼统说明,而是常常有意地揭示词义的特点,这为核义素的确认提供了便利条件。例如:

篿,《竹部》:"圜竹器也。从竹,專声。"
桹,《木部》:"圜案也。从木,睘声。"
鏇,《金部》:"圜炉也。从金,旋声。"

以上诸字,许慎并不只是解释为"竹器也"、"案也"、"炉也",而是要加上"圜"字,圜,《说文·囗部》:"天体也。从囗,睘声。"古有天圆地方之观念,见《楚辞·天问》、《吕氏春秋·圜道》等篇。许慎在解释中加上"圜"字,意在表明这些事物都有圆形的特点。下同:

梡,《木部》:"梱木薪也。从木,完声。"
梱,《木部》:"梡木未析也。从木,困声。"
搏,《手部》:"以手圜之也。从手,專声。"
囷,《囗部》:"廪之圆者。从禾在囗中。圜谓之囷,方谓之京。"
紃,《糸部》:"圜采也。从糸,川声。"
军,《车部》:"圜围也。四千人为军。从包省,从车。"
韗,《韋部》:"井垣也。从韋,取其匝也。軍声。"
丸,《丸部》:"圜,倾侧而转者。从反仄。"
叁,《廾部》:"搏饭也。从廾,采声。"
豢,《豕部》:"以谷圈养豕也。从豕,叁声。"
寏,《宀部》:"周垣也。从宀,奐声。院,寏或从阜,完声。"

据,《说文》可知,以上诸字皆以"周圜"为核义素。

覞,《見部》:"外博众多视也。从见,員声。"

贠，《員部》："物数纷贠，乱也。从員，云声。"
員，《員部》："物数也。从贝，口声。"
宭，《宀部》："群居也。从宀，君声。"
莙，《艸部》："艸多皃。从艸，狃声。"

以上诸字核义素皆为"多"。

喧，《口部》："大口也。从口，軍声。"
暉，《目部》："大目出也。从目，軍声。"
䁝，《目部》："大目也。从目，爰声。"
覮，《見部》："大视也。从见，爰声。"
𥄮，《目部》："大目也。从目，旱声。"
橺，《木部》："大木皃。从木，閒声。"
頵，《頁部》："头頵頵大也。从頁，君声。"
奊，《大部》："奢奊也。从大，亘声。"
莙，《艸部》："牛藻也。从艸，君声。"
翬，《羽部》："大飞也。从羽，軍声。"
澐，《水部》："江水大波谓之澐。从水，雲声。"
混，《水部》："丰流也。从水，昆声。"
浑，《水部》："混流声也。从水，军声。"
殷，《月部》："作乐之盛称殷。从月从殳。《易》曰：殷薦之上帝。"

以上诸字核义素为"大"。

爰，《受部》："引也。从受从于。"
援，《手部》："引也。从手，爰声。"
媛，《女部》："美女也。人所欲援也。从女，爰声。爰，引也。《诗》曰：邦之媛兮。"
瑗，《玉部》："大孔璧。人君上除阶以相引。从玉，爰声。"
蝯，《虫部》："禺属。善援。从虫，爰声。"
引，《弓部》："开弓也。从弓丨。"
靷，《革部》："引轴也。从革，引声。"
紖，《系部》："牛系也。从糸，引声。"

牵，《牛部》："引前也。从牛，象引牛之縻也。玄声。"
傿，《人部》："引为贾也。从牛，焉声。"
乾，《乙部》："上出也。从乙。乙，物之达也。倝声。"
延，《廴部》："长行也。从廴，丿声。"
遄，《辵部》："行皃。从辵，开声。"

以上诸字核义素是"前延"。

袁，《衣部》："长衣皃。从衣，叀省声。"
梴，《木部》："长木也。从木，延声。"
挻，《手部》："长也。从手从延，延亦声。"
嫣，《女部》："长皃。从女，焉声。"
騚，《馬部》："马毛长也。从马，倝声。"
咺，《口部》："朝鲜谓儿泣不止曰咺。从口，宣省声。"
恒，《二部》："常也。从心舟在二之间上下。心以舟施，恒也。
𦩎，古文恒，从月。《诗》曰：如月之恒。"

以上诸字核义素皆为"久长"。

根据声符、其他古训及历史文化背景，证明核义素"周圜"、"多"、"大"、"前延"、"久长"为相关核义素。① 现配以音韵列表如下：

核义素 \ 声韵字	元			文		真
	喉牙	齿	舌	喉牙	齿	喉牙
周圜	楥圜梡韓丸羿豢奂	鏇	篿摶	楯困军	紃	
多				喗暉頵莙𦕈澐混浑殷		
大	晖觀睅楦査					
前延	爰援媛瑗蝯傿乾延					引鞇紖牵遄

---

① 详见拙著《汉语同源字（词）意义关系研究》，《学术之声》1989 年第 3 期。

续表

声韵 核义素 字	元			文		真
	喉牙	齿	舌	喉牙	齿	喉牙
久长	袁梴挺嫣 鹑峘恒					

说明：本表齿音只含邪纽。邪与喉牙音的匣为近纽，邪又与舌音定、喻为近纽，由此舌音与喉牙音出现在同一词族中。

从以上《说文》释义可以看出，据义绘形的汉字往往把词义的重要特点体现在字形上，而《说文》为了解释字形，便往往在释义中揭示出词义的重要特点来。同时，《说文》是以形义关系来分别部居的，形义与音的关系不能系统显现，但是，因为《说文》不仅仅是一部解释字义的字典，所以它要尽可能地显示形义与音的关系。《车部》："军，圜围也。四千人为军。从包省，从车。"段玉裁注："于字形得'圜'义，于字音得'围'义。"段注正说出了《说文》释义的特点。表中诸字所含声符有睘、完、專、爰、亘等，这些声符字音近义通，《说文》对以它们为部件组成的字的释义，既精练而又突出了认同点，这种惊人的统一，不是有意为之的话，是难以做到的。前举诸字中，"韇"下："从韋，取其匝也。""媛"下："人所欲援也。""瑗"下："人君上除阶以相引。""蝯"下："善援。"等，一般对字义的解释不会涉及，《说文》如此做，就是为了体现形义音的密切关系。在有些字义的解释中，《说文》甚至在训释语中直接出现声符字，以此显示形音义关系。例如：

《骨部》："骿，并胁也。从骨、并声。"
《艸部》："茁，艸初生出地皃。从艸，出声。"
《肉部》："臄，无骨腊也。从肉，无声。"
《骨部》："髖，骨擿之可會发者。从骨，會声。"
《玉部》："珩，佩上玉也。所以节行止也。从玉，行声。"

当然，《说文》在释义中有时也直接说出名源，如《竹部》："笙，十三簧，象凤之身也。笙，正月之音，物生故谓之笙。从竹，生声。"《艸部》："芋，大叶实根骇人，故谓之芋也。从艸，于声。"

《说文》追求形义统一的特殊释义体系及蕴含其中的显示形音义密切关系的统一,对同源字的探索有着重要意义,在正确认识同源字音义关系的前提下,充分利用《说文》,相信同源字这一历久难题将会有新的突破。

(原载许慎与说文学国际学术研讨会论文集《说文解字研究》第一辑,中国许慎研究学会编,河南大学出版社1991年9月)

"物"字本义辨

本义是能够直接解释字形并在实际语言中被使用的某一义项。引申义是在本义的基础上产生的意义，它或者是本义某一特点的扩散，或者是本义某一特点的发展。总之，任何引申义都不是孤立的，自然本义也不是孤立的，它与诸多引申义形成内部有着密切联系的引申义列。在具有同一本义的引申义列中，本义的特点分存于引申义中，我们既可以在本义中找到引申义的由来，又可以在引申义中发现本义的端倪。因此考订本义应该遵循一条原则，那就是参依引申义列的原则。如果仅就一形一义孤立地探求，就容易使结论失于偏颇。研究诸家对"物"字本义的探讨过程与结论，会明显地感觉到这种差别。

对"物"字本义的解释有：（一）杂色牛；① （二）州里所建之旗；②（三）即"犁"字，耕也。③

（一）所指的"物"实为"勿"、"牛"两字的合体。甲骨文有合文现象，如"黄尹"作"？"、"黄牛"作"？"，"物"有时也写作"？"；有的卜辞"勿"、"牛"相次而"勿"在前一行结尾，"牛"在后一行开头；甲骨文还有勿马、勿牡、勿牝、勿宰等词组，显然"勿牛"也是词组而不是一字。④

（二）（三）两种解释哪种正确？这就要看哪种解释可以切合引申规律地统帅"物"字的众多义项。本义及其所表示的事物之任何一个特点都可能引申出引申义，而本义与本义之间、事物与事物之间又都存在着种种差异，因此由不同本义引申出的引申义列也会各不相同，只有真正是本

---

① 王国维：《观堂集林》卷六，商承祚《殷墟文字类编》"物"字条。
② 陆宗达、王宁：《训诂方法论》，中国社会科学出版社1983年版，第83页。
③ 《郭沫若全集·考古编（一）》"释勿勿"。
④ 详见《中国文字》第七卷"释物"。

引申义列来源的那个本义才能完满地统帅本义列。

从早期文献看，"物"字有如下义项：

（1）类也

《左传·昭公元年》："言以知物。"杜预注："物，类也。"《左传·昭公九年》："事有其物。"杜预注："物，类也。"《国语·晋语》："如草木之产也，各以其物。"韦昭注："物，类也。"

（2）色也

《周礼，犬人》："用牷物。"郑玄注："物，色也。"《周礼·保章氏》："以五云之物。"郑玄注："物，色也。"《国语·楚语》："毛以视物。"韦昭注："物，色也。"

（3）万物

《荀子·正名》："物也者，大共名也。"《文选·幽通赋》："浑元运物。"曹大家注："物，万物也。"

（4）事也

《左传·襄公三年》："建一官而三物成。"杜预注："物，事也。"《左传·宣公十五年》："《周书》所谓'庸庸祇祇'者，谓此物也夫？"杜预注："物，事也。"《礼记·文王世子》："行一物而三善皆得者，唯世子而已。"郑玄注："物犹事也。"

（5）观察选择

《左传·昭公三十二年》："物土方。"杜预注："物，相也，相取土之方面远近之宜。"《周礼·遂师》："物之可以封邑者。"郑玄注："物之谓相其土地可以居民立邑。"

先看（二），"物"之本义为州里所建旗。

先秦共有九种旗，即《周礼·司常》所述"九旗"，军众不同，旗也不同，旗帜成为官兵分类的标志，即孔颖达说的"百官尊卑不同，所建各有其物"（《左传·宣公十二年》疏）。因此"物"引申训"类"。《左传·宣公十二年》："百官象物而动，军政不戒而备。"杜预注："物犹类也。"正文的"物"泛指旗帜而杜氏释为"类"，可见作为旗帜的"物"，本身就有"类"的意思；九旗的区别，有的是画以不同图像，"物"没有图像，只以绛白两色相杂为特点，即以颜色区别于同类，所以"物"又引申训"色"，"万物"一词早期就是"诸色"之意；古人是以颜色表示空间众物的，这是因为空间众物都以色为表象。《左传·宣公二年》："五色比象，昭其物也。"杜预注："车服器械之有五色，皆以比象天地四方以示器物不虚设。"孔疏："昭其物者，以示物不虚设，必有所象。其物皆象五色，故以五色明之。"由此，"物"又引申训"物品"、"物体"；"万物"一词也引申为"诸物体"之意；旗是古代战争的重要指挥工具，官兵看旗帜的变化而决定进退左右，即所谓"百官象物而动"（《左传·宣公十二年》）。"师之耳目，在吾旗鼓，进退从之。"（《左传·成公二年》）所以"物"引申训"观察选择"；事与物的区别在古代不甚严格，往往统称为"物"，所以《礼记·中庸》："诚者物之终始。"郑玄注："物，万物也，亦事也。"有时则以"物"单指"事"。可见以"州里所建旗"为"物"字本义，能够切合引申规律地统帅"物"的所有义项。

再看（三），"物"的本义为"耕也"。

在农业社会，"耕"是最主要的事，引申泛指一切事是可能的，但是自然之物久已存在，并且在牛耕之前已有人耕，所以"万物起于牵牛"的说法比较牵强，至于"物"字别的义项就很难与"耕"义联系起来，因此可以确信"物"的本义为州里所建之旗。

甲骨文"勿"字作"彡"或"彡"，象用刀起土之形，但甲骨文的"勿"全用在祭祀文辞中的兽类名词前，作这类名词的修饰语，如勿牛、勿马、勿牡、勿牝等，这说明"勿"的本义并不是"耕"。"用刀起土"只是"勿"的造意，即造形意图，而"勿"的实义应是"杂色"，即耕植之土的颜色。耕植之土有杂草与禾根等杂陈其中，土色是杂色。"勿"字与"黑"字的造形取义相似，"黑"篆文作"鄏"，"囱"是古文"卤"字，义为灶窗，"黑"的造意是"从炎，上出囱，而实义是火所熏之色也"，甲骨文中的"勿牛"、"勿马"就是"杂色牛"、"杂色马"。甲骨文记及牛及其颜色的还有黄牛、戠牛、幽牛、白牛、堇牛等。所以说前述（一）释"物"为"杂色牛"是误把"勿牛"词组的意义归之于"物"一字。

州里所建之旗是用杂帛做的，因与"勿"同色，所以从㫃勿、勿亦声造"旸"字来表示它。"㫃"（九旗之字皆以它为形符，声符也都带义）金文作"🔲"，"牛"金文作"🔲"，由于两字形十分相像，"旸"后来讹变为"物"，也即"㫃"变成了"牛"，所以《说文》"旸"字下段玉裁注："经传多作'物'盖'旸'之讹也。"《周礼·司常》："杂帛为物"、

"大夫士建物"。《仪礼·乡射礼》："旌各以其物。"《仪礼·士丧礼》："为铭各以其物。"《周礼·大司马》："乡遂载物"，诸"物"字都是"旍"之讹体。以后就"物"行而"旍"废了。由"旍"讹变为"物"，"物"字才真正产生，它的本义当然是州里所建之旗。

可见参依引申义列考订本义的原则，对于正确地探求本义有着不可忽视的作用。遵循这一原则既可以在引申义列中获得本义的各种信息，又可以矫正探求过程的途径和方向。

因为有假借义的存在，所以一个字的所有义项并不是都能联系到引申义列中的，因此不能认为只有把一个字的所有义项都统帅起来的义项才是这个字的本义。但是假借义毕竟是为数不多的现象，所以不会影响此原则的应用。

（原载《辽宁教育学院学报》1987年第2期）

吐鲁番出土古注本《急就篇》研究

西汉元帝时史游撰集的《急就篇》，罗列了大量的秦汉时期名物材料，为历代所重视，秦汉简牍出土后，又成为汉简研究的重要参考书。王国维先生曾撰写《校松江本急就篇》，就《急就篇》用字进行校勘，可见对《急就篇》的重视。出土文献中，敦煌汉简、居延汉简、居延新简、汉代画像砖文等都有《急就篇》残简，吐鲁番出土的《急就篇》，与上述几种不同，是古注本。据史志等文献记载，《急就篇》古注本有后汉曹寿的解《急就章》一卷①、北魏崔浩的解《急就章》二卷②、北魏刘芳的《急就篇续注音义证》三卷③、北周豆庐氏的解《急就章》三卷④、北齐颜之推的《急就章注》一卷⑤。唐颜师古《急就篇注》一出，前有古注本尽佚，留存至今的清以前注本只有颜师古《急就篇注》和宋王应麟的《急就篇补注》两种。吐鲁番出土的《急就篇》古注本是北魏写本，撰者是谁？据尊师周祖谟先生分析，可能就是崔浩之书。这个注本有三个特点：一是多出方语作解，如"青徐言琐"、"吴会言屡"等；二是多引用典籍用例，有《诗经》、《尔雅》、《春秋传》等；三是注释比较简略。凡此皆与颜师古注大不相同。古注对《急就篇》字词的解释及相关语词，也与传世字书和古代训诂材料的解释多不相同，如"十忽为毛，十毛为豪"、"曰惨，已生䄛"、"言袴，青徐言琐"、"人服曰段"、"豨实曰獩"等，这些或与方语有关，或是古代诂训的存留，很值得珍视。

吐鲁番《急就篇》古注本共存十一纸，另有残片三枚，原书是纸本

---

① 《旧唐书·经籍志》："《急就章》一卷，史游撰，曹寿解。"
② 《隋书·经籍志》："《急就章》二卷，崔浩撰。"
③ 《北史·刘芳传》："芳撰《急就篇续注音义证》三卷。"
④ 《隋书·经籍志》："《急就章》三卷，豆庐氏撰。"
⑤ 《旧唐书·经籍志》："《急就章注》一卷，颜之推撰。"

一卷，不记章数。纸面《急就篇》原句大字单行，注文小字双行，大字单行间有界栏，上下有边栏。第一、第二、第三纸皆只残存中部。第四、第五纸为同一面纸的上下，中缺，上纸存上边栏，下纸存下边栏。第六、第七纸为同一面纸的上下，中缺，上纸存上边栏，下纸存下边栏。第八、第九纸为同一面纸的上下，中缺，上纸存上边栏，下纸下部亦残缺。第十、第十一纸为同一面纸的上下，中缺，上纸存上边栏，下纸存下边栏，此当为纸卷末端。

《急就篇》全本共三十四章，宋王应麟认为最后两章（第三十三、三十四章）是后汉人续作，王国维进一步断定乃后汉人钟繇所作。吐鲁番出土《急就篇》古注本，于第三十四章首句"山阳昌……"前有"……年作此章"一句，是说明第三十三章创作时间的，可惜关键的年份残缺。古注本第三十四章字句与传世本差异较大，显然经过了改作。

吐鲁番古注本《急就篇》残断严重，不经整理，难以卒读。唐长孺先生主编的《吐鲁番出土文书》作了很不错的释文，可惜没有校注，也无标点，其释文文字依原字形书写，究竟是何字，仍需考释。本文依据纸卷照片以如今通行的简帛文献整理方式，作了新的释文，酌加标点。释文条例如下：

1. 缺字可知字数者用□表示（一字一□），不知字数者用……表示。
2. 依据注文及其他文献补出的缺文用〔　〕表示。
3. 假借字于字后在（　）号中注明本字。
4. 原文之重文符号保留，在符号后用（　）注明重文。

第一纸（60TAM337：11/1之一）

〔帔敝囊橐不直钱〕……也……衣囊也……帛以为囊橐……〔服〕琐服，衣服也。琐，弊……言袴，青徐言琐。……徼……襦。投帒与缯〔连〕……〔贯〕贷卖买贩肆〔便〕……洑贩也。肆，市也。孔子……市估，居肆贩卖者。……货物有余利者也。今……也，亦货物者，众多非一也。……十忽为毛，十毛为豪，十豪〔为氂〕……

〔校释〕

琐、弊：《周易·旅》："旅琐琐，斯其所取灾。"陆德明《释文》引马云："琐琐，疲弊貌。"李鼎祚《集解》引虞翻曰："琐琐，最蔽之貌。"

投帒：《急就篇》传世本或作"緰帒"，或作"俞此"，或作"俞帒"。"投"与"繪"音同。

洑："復"的俗字。

巿：原释文作"布"，误。

估：通"沽"。

十忽为毛，十毛为豪，十豪［为氂］：《慧琳音义》卷一"毫氂"注引《九章筭经》："凡度之法，初起于忽，十忽为丝，十丝为毫，十毫为氂。"《慧琳音义》卷二十五"毫氂"注引《孙子筭经》："十忽为一丝，十丝为一毫，十毫为一氂，十氂为一分，十分为一寸，十寸为一尺，十尺为一丈，十丈为一引。"按，"豪"与"毫"通，但文献多"豪氂"连用，如《礼记经解》："差以豪氂，缪以千里。"《汉书·律历志上》："度长短者不失豪氂，量多少者不失圭撮。"颜师古注引孟康曰："豪，兔豪也。十豪为氂。"是本字当作"豪"。以此观之，远古是以动物不同粗细的体毛的直径为度量标准的，忽、毛、豪、氂依次增粗。《说文·氂部》："氂，犛牛尾也。"《广雅·释器》："氂，毛也。"《说文·豕部》："豪，豕鬣如笔管者。"段玉裁注："本是豕名，因其鬣如笔管，遂以名其鬣。"比较而言，"十忽为毛，十毛为豪"比"十忽为丝，十丝为毫"更符合原始状态。

第二纸（60TAM337：11/1 之二）

……者曰……［鍼缕补缝绽袱］缘……言……［履舄鞜哀絾缎紃］……为履，腹下为舄。几 =（几几）……人服曰段，履名紃……［䩕鞮印角褐韈巾］……史。䩕，沙，韦蔍也。京师……言蔍，吴会言屦，《诗》言［履］。……［裳］韦不借为牧人……为裳共里，不借是蒻……富商韦蕃衣健也。［完坚耐事踊比伦］……蒻蕿放牧之人学……于野则人伦踊是。跂［蹻秝纇婆贫］……水也。蹻亦履。许是说……草纇胃营䩕履也，胃纇……［旆裘索择蛮夷民］……索择，长翁……

［校释］

腹下为舄：腹，通"複"。《周礼·天官·屦人》："屦人掌王及后之服屦。"郑玄注："複下曰舄。"《释名·释衣服》："複其下曰舄。舄，腊也。行礼久立，地或泥湿，故複其下使干腊也。"

几几：《诗经·豳风·狼跋》："公孙硕肤，赤舄几几。"毛传："几几，絇貌。"几几，指舄头尖上翘的样子。

人服曰段：段，通"缎"。《急就篇》传世各本皆作"缎"。桂馥

《札朴》卷六:"《古诗》:'美人赠我锦绣段。''段'当为'緞'。《说文》:'緞,履后帖也。或从糸。'"

沙:通"靸"。马王堆帛书《战国纵横家书·谓燕王章》:"反宋,归楚淮北,燕、赵之所利也;并立三王,燕、赵之所愿也。夫实得所利,尊得所愿,燕、赵之弃齐,说(脱)沙也。"按,《战国策·燕策一》有类似记载,曰:"夫反宋地,归楚之淮北,燕、赵之所同利也;并立三帝,燕、赵之所同愿也。夫实得所利,名得所愿,则燕、赵之弃齐也,犹释弊靸。"是"沙"即"靸"。鞍、靸皆为无后跟之鞋,类似今之拖鞋。《六书故·动物二》:"鞍,今人以履无踵直曳之者为鞍。"《说文·革部》:"靸,小儿履也。"桂馥《义证》:"小儿履也者,履之无跟者也。"《汉书·地理志下》:"女子弹弦跕躧。"颜师古注:"躧字与屣同,屣谓小履之无跟者也。"

韦蘸:《释名·释衣服》:"靸,韦履深头者之名也。""蘸"当是"藨"字俗写。《急就篇》:"屐屩麤蠃窭贫。"颜师古注:"麤,一作蘸。"王应麟补注:"麤,黄本作蘸。"王国维《校松江本急就篇》:"麤,宋太宗本作蘸,亦与麤之草书相似而误。"按,"蘸"有"艹"头,当非"麤"字草写。《说文·艸部》:"藨,艸履也。"王筠《句读》:"《广雅》、《释名》、《急就篇》皆作麤。"段玉裁注:"按,《礼》注、《方言》、《急就》之麤字,皆藨字之省。"是《急就篇》之"麤"本当作"藨"。《方言》卷四:"扉、屦、麤,履也。……丝作之者谓之履,麻作之者谓之不借,粗者谓之屦,东北朝鲜洌水之间谓之壶角,南楚江沔之间总谓之麤。"《释名·释衣服》:"履,礼也。……荆州人曰藨,丝麻韦草皆同名也。"是"藨"也可为鞋之总名,故可言"韦蘸"。

言蘸:即言藨,"言"前应是方言区域名,《释名》曰"荆州",《方言》曰"南楚江沔之间",是称鞋为"藨",乃古楚地方言。

吴会言屡:屡,通"屦"。《墨子·尚贤中》:"民生为甚欲,死为甚憎,所欲不得,而所憎屡至。"孙诒让《间诂》引毕云:"屡即屦字省文,《史记》或作屦。"

富商韦蕃衣楗也:韦蕃,皮制的车篷。衣楗,当作"木楗",木制肩舆。此句当引自《国语》,《国语·晋语八》:"夫绛之富商,韦藩木楗以过于朝,唯其功庸少也,而能金玉其车,交错其服,能行诸侯之贿,而无寻尺之禄,无大绩于民故也。"韦昭注:"韦藩,蔽前后。木楗,木檐也。

言无功庸，虽富不得服尊服过于朝。"

跂：《急就篇》传世本皆作"屐"。《字汇补·足部》："跂，与屐同。"

蹻：据注补。《急就篇》传世本多作"属"。《庄子·天下》："使后世之墨者，多以裘褐为衣，以跂蹻为服。"郭庆藩集释："李云：麻曰属，木曰屐。屐与跂同，属与蹻同。"

许是：疑即"许氏"，指许慎，《说文·尸部》："属，屐也。"又"屐，属也。""是"与"氏"同，古籍常见，如《战国策·齐策三》："魏取伊氏。"黄丕烈注："是、氏同字。"

草麤：麤，原字"鹿"上无"丶"而有"="，为"麤"字俗写，"="为省略号。

菅蒯：蒯，原字左从"蕢"右从"刂"，为"蒯"字异体。《左传·成公九年》："《诗》曰：'虽有丝麻，无弃菅蒯。'"汉王逸《九思·遭厄》："菅蒯兮䖝莽，藿䓞兮仟眠。"

索择：《急就篇》颜师古注本、宋太宗本作"𬘓繹"。王先谦《释名疏证补》卷五："孙诒让曰：《说文》无𬘓繹二字，皇象碑本《急就篇》作'索择'，较为近古，疑汉人本如此作也。"

第三纸（60TAM337：11/1之三）

……鮒耳也。妻妇娉嫁［赍臜僮］……池……也。奴婢私隶枕［床杠］……［蒲蒻蔺席］帐帷幢帐或……拖张……［承尘户帘绦繢緫］……尘一名芘。青徐亦升绦……［繢］者绣画之文焉。［镜篦疏比各异工］……也。《春秋传》曰公之户……胃之蜜。疏胃柿……［芳薰脂粉膏泽筩］香脂，面脂也。粉……粉，胡粉耳。……［豫］䬼刲……

［校释］

［繢］者绣画之文焉：《礼记·曲礼上》："饰羔鴈者以繢。"孔颖达疏："画布为云气以覆羔鴈为饰。"《汉书·食货志下》："乃以白鹿皮方尺，缘以繢，为皮币。"颜师古注："繢，绣也。绘五綵而为之。"

蜜：用同"密"。

䬼："饰"字俗体，颜师古注本作"饰"。《玉篇·食部》："䬼，同饰，俗。"

刲：纸本原字不从"刂"而从"刃"，乃"刲"的异体字，在此通"刻"，《急就篇》传世本皆作"刻"。

第四、第五纸（60TAM337：11/1 之四）

茸鞊色……也。革菌［髤漆］油黑仓，室……色……仓也。宅庐舍楼壁堂此皆室宅之名也。……［门户井灶］廉菌京屋为廉，墙为菌，又为疆，此皆方语也。櫋橑槫櫨［瓦屋梁］，［泥］塗恶既壁垣墙，幹桢板材度［圆方］筑具也。题曰桢，旁［曰榦］，……曰等及幹桢也。屏［厕］清溷粪土壤屏、［厕、清、溷］、浑，皆厕名也。或宜後，或口，或轩……京师曰溷。清除厕轩臭口後附壤土伤也。神垒廥厩库［东箱］廥厩库东箱……扇［隤舂簸扬］……

［校释］

茸：颜师古注本《急就篇》作"鞲"。

鞊：颜师古注本、宋太宗本作"鞛"。

油：颜师古注本、宋太宗本同，松江本、皇象本、敦煌汉简残本作"犹"，乃借字。

仓：松江本同，颜师古注本、宋太宗本、敦煌汉简残本作"苍"。

壁：松江本、皇象本、敦煌汉简残本同，颜师古注本、宋太宗本作"殿"。王国维《校松江本急就篇》："案，壁是本字，殿训击声，世多借殿为壁。《说文》复遗壁字，钮氏校本遂以作殿为是矣。"

菌：《急就篇》传世本皆作"囷"，是。

恶：》"恶"字俗写，敦煌遗书中多见。"恶"、"垩"同音，在此借为"垩"，也可能是形近误书。《急就篇》传世本皆作"垩"。

既：》"墍"的借字，颜师古注本、宋太宗本作"墍"。

材：《急就篇》传世本皆作"栽"。

筑：原释文作"祭"，误。

题曰桢，旁［曰榦］：《尚书·周书·费誓》："峙乃桢榦。"伪孔安国传："题曰桢，旁曰榦。"《广韵·清韵》："题曰桢，旁曰榦。"《史记·鲁周公世家》："桢榦。"裴骃集解引马融曰："桢榦皆筑具，桢在前，榦在两旁。"

清溷：颜师古注本同，宋太宗本、空海本作"圊"，松江本作"溷浑"。《释名·释宫室》："厕，杂也。言人杂厕在上非一也。或曰溷，言溷浊也。或曰圊，言至秽之处宜常修治使洁清也。或曰轩，前有伏以殿轩也。"王先谦《释名疏证补》："毕沅曰：圊亦俗字。据《一切经音义》、《御览》引皆作'清'，《说文》：厕，清也。"

壤土伤也:《春秋繁露·王道》:"观乎楚灵,知苦民之壤。"卢文弨注:"壤犹伤也。"

第六、第七纸（60TAM337：11/1 之五）

[六畜蕃息豚豖] 猪……之六畜。……吴会言……其……[豭豶狡狗野鸡] 雏豨实曰豶。胃□□也。《易》曰……为狡狗鸡也。而云野者本……野而……雏者胃翟雏野。犙牭特犅四者牛……曰犙,已生牭。特,牡也,牛也。特,[牛]公也。《尔疋》曰:"以體长为犉。"羔犊驹小羊曰羔,牛子曰[犊]。《诗》云:"乘我乘驹。"雄雌牝牡相随趛飞曰雄雌,走曰牝牡。《诗》[云]:"鵙之朝驹,尚求其雌。"又曰:"并驱从[两牡兮]。"趛者也。糟糠汁淬橐垔蒻,凤[爵鸿鹄鵰]鸶鵙凤=（凤,凤）皇,灵也。《诗》云:"凤皇于飞,翔其羽。"孔子曰:"凤鸿不……羽。"《尔疋》曰:"舒鵞,鳧。"言鵞……也。鹰鶍鴒鸹[鷖貉]尾,鸠鸽……似鹰,鸹似鶍=（鶍,鶍）之物不……《诗》云……

[校释]

豨实曰豶:豨,"豨"字异体,纸本原字右旁写作"布",乃省写。《广韵·尾韵》:"豨,亦作豨。"《集韵·微韵》:"豨,或从犬。"《方言》卷八:"豬,北燕朝鲜之间谓之豭,关东西或谓之彘,或谓之豖,南楚谓之豨。"豶,"豶"字异体,《集韵·支韵》:"豶,或从犬。"实,疑读为"羠",二字音近。《说文·豕部》:"豶,羠豕也。"桂馥《义证》:"赵宧光曰:羠训犗羊,骟训犗马,犗训犗牛,豶训羠豕,豶、羠、骟、犗,皆割势异名。"

《易》曰:引《易》缺文当是"豶豕之牙"。《周易·大畜》:"六五,豶豕之牙,吉。"

翟雏野:翟,长尾野鸡。《说文·隹部》:"雏,鸡子也。"《说文·羽部》:"翟,山雉尾长者。"《玉篇·羽部》:"翟,山雉也。"

《尔疋》曰"以體长为犉":此引文有误,体长为牬,而非犉。《尔雅·释畜》:"体长,牬。"邢昺疏:"凡牛之身长为牬。"《玉篇·牛部》:"牬,牛体长。"

《诗》云"乘我乘驹":原纸"乘我"作"乘马",其"马"旁写"我",为抄错改正。引文为《诗经·陈风·株林》文,今本《诗经》同。

趛:"趋"字俗写。《广韵·虞韵》:"趋,走也。趛,俗。"

《诗》[云]"鸠之朝驹,尚求其雌":引文为《诗经·小雅·小弁》文,今本《诗经》作"雉之朝雊,尚求其雌"。纸本"驹"当是写误。

"並驱従[两牡兮]":引文为《诗经·齐风·还》文,今本《诗经》作"并驱从两牡兮,揖我谓我好兮"。

《诗》云"凤皇于飞,翔其羽":引文为《诗经·大雅·卷阿》文,今本《诗经》作"凤凰于飞,翙翙其羽"。

《尔疋》曰"舒鶩,鳬":引文为《尔雅·释鸟》文,今本《尔雅》作"舒鳬,鹜",纸本当是抄误。

鸱:"鸨"字异体,颜师古注本、宋太宗本作"鸨"。

第八、第九纸（60TAM337：11/1 之六）

者里官当有以察……迺肯[省]察讽[谏读]……省察之。……读其事也。江水泾渭街术曲……[笔研筹]筭爇火烛筹筭,所以数也。爇火烛,今时官家所以治文书也。[赖赦救解贬秩]禄言史之罪过者得赦救。史解长史,则贬损其[秩]禄也。邯郸河涧沛[巴蜀,颍川临]淮集课录邯郸、河涧,[郡]名也。沛=（沛,沛）[郡]名也。汜,郡名也。颍川临淮,郡名……有廉洁平端……集课……[依溷汙]染贪者辱人行□依溷□污秽,又扰乱不靖□行贪……也。既不课……表格

[校释]

爇:《急就篇》各本作"膏"。

筭,"算"字俗写。

汜:疑为"巴"字异体。汉巴郡治所在江州巴水北。

第十、第十一纸（60TAM337：11/1 之七）

……四表康宁咸来……年作此章。……下之训也。山阳昌……云中定襄与[朔]方,雁门上……广川河内温,[涿]群（郡）勃海右北平,……[滨]西上平刚,张[夜]摠（酒）泉及敦煌,……备胡羌。

延昌八年戊子岁……写

遍一卷笔儜祇……嘆

[校释]

下之训也:训,原释文作"词",误。

群:通"郡",敦煌遗书、吐鲁番文书中多见。

摠:"總"字异写,敦煌遗书常见。"總"又写作"摠",进一步写为"摠"。"摠"通"酒",二字音近。

哭：笑字异体。

参考文献

［1］唐长孺主编：《吐鲁番出土文书（贰）》，文物出版社 1994 年版。

［2］周祖谟：《记吐鲁番出土急就篇注》，《敦煌吐鲁番文献研究论集第二集》，北京大学出版社 1983 年版。

［3］颜师古：《急就篇注》，四库全书本。

［4］王应麟：《急就篇补注》，清光绪五年福山王氏刻本。

［5］孙星衍：《急就章考异》，清光绪十六年江苏书局刻本。

［6］王国维：《校松江本急就篇》，《王国维遗书》，上海古籍书店 1983 年版。

（原载《语言论集》第五辑，中国人民大学文学院编，中国社会科学出版社 2008 年 9 月）

从出土文献看汉语词汇研究的问题与前景

汉语词汇研究过去多是依据传世文献和古代训诂材料进行的，由于传世文献，特别是中古之前的传世文献存在数量较少、文体单一、多为书面语、经历代传抄难以保真等问题，而传统训诂材料又多属于随文释义性质，致使传统词汇研究理论上多为笼统述说，现象上理解和解释又存在诸多误差。20世纪70年代以后，战国、秦、两汉、魏晋简帛文献大量出土，铜器、石刻文献等也已集中整理出版，应当说词汇研究的材料基础已大为改观，但词汇研究延续传统者仍不在少数，本文主要以出土简牍文献为例，反观传统研究结论，从词汇的阶段差异与文献使用词汇的多样性、词语用例的补充与含义的概括、词汇发展史研究的突破三个方面来揭示出土文献对汉语词汇研究的重要性。

一 词汇的阶段差异与文体差异

汉语词汇具有系统性，但词汇系统是复杂的，从大的方面说，词汇系统有阶段性差异和地域、方言性差异，前一方面是词汇系统随时代、社会的发展而更新发展，反映的是历时的差异；后一方面一般是指共时状态下的空间差异。从小的方面说，即使是在同阶段同区域，由于有兼职兼类和过渡现象等存在，词汇系统并不是十分严谨和单纯。以上说的是词汇系统本身的差异，就反映词汇系统的材料而言，还有文本差异，即同时代的文献，其所用词汇不一定就是同时代的词汇。虽然以上所言应是词汇研究者皆知晓的道理，但在具体词汇研究中往往被忽略，这是需要注意的，下面所说的"甗"、"甑"二词即是如此。

1. 甗、甑

"甗"、"甑"是古代蒸煮器名称，全器分上下两部分，下部置水，上部置食物，以蒸气蒸熟食物。依传统认识，"甗"指上下整器，"甑"指放食物的上器，放水的下器则早期为"鬲"，后期为"釜"。无论是专业著作、教材，还是辞书，都是这样释说的，比如重要辞书《辞源》、《汉语大词典》和《汉语大字典》对此解释如下：

《辞源》：

甗，古炊器。以青铜或陶为之，分两层，上可蒸，下可煮。

甑，瓦制煮器。后世以竹木制者称蒸笼。字亦作䰝。《孟子·滕文公上》："许子以釜甑爨，以铁耕乎？"

《汉语大词典》：

甗，古代一种炊器。以青铜或陶为之，分为两层，上部是透底的甑，下部是鬲，上可蒸，下可煮。外形上大下小。

甑，蒸食炊器。其底有孔，古用陶制，殷周时代有以青铜制，后多用木制。

《汉语大字典》：

甗，古代炊器。青铜制或陶制，上部是透底的甑，下部是鬲，中置一有孔的箅，也有上下部可分开的。

甑，蒸食炊器。古代的甑，底部有许多透蒸气的小孔，置于鬲或鍑上蒸煮，有如现代的蒸笼。

以上所引观点统一，都是"甗"指上下整套蒸煮器，"甑"指蒸器的上器。但是从汉代墓葬出土的简牍上我们看到了不同，甚至是相反的情况。汉墓竹简、木牍遣策是随葬品的记录清单，是当时语言的真实记录，往往可与随葬品相互印证。迄今为止出土的汉墓遣策中有两例"甑"的记录，分别是萧家草场二六号汉墓遣策和凤凰山八号汉墓遣策：

（1）甑一具。（萧家草场二六号汉墓二八号简）

（2）甑二。（凤凰山八号汉墓一二一号简）

《萧家草场二六号汉墓发掘报告》说："甗，一件。由上器甑、下器釜相套合而成……二八号简记'甑一具'，当指甗的上器。"① 按，遣策中没有下器的单独记录，一套器具怎么可能只记录上器不记录下器呢？报告显然是依据传统认识作出的解释。"具"作为量词，汉简遣策常见，义同"套"，"一具"即"一套"。如马王堆一号汉墓遣策二四三号简"疏比一具"，即梳和篦一套。尹湾六号汉墓一三号木牍"手衣一具"，指手套一副。凤凰山八号墓遣策一六五号简"博、箄、萘、楇、博席一具"，"一具"即"一套"，云梦大坟头汉墓遣策"博一具"义同。所以，萧家草场二六号汉墓的"甑一具"即"甑一套"，"甑"这一名称涵盖上器和下器，并非如报告所言甑只指上器。

图 1　萧家草场二六号汉墓出土的甗

据《湖北江陵凤凰山西汉墓发掘简报》，凤凰山八号墓出土一陶灶，灶上置两釜，釜上有甑（见图 2）。② 凤凰山八号墓遣策简一二〇简是

图 2　凤凰山八号墓出土的二甗，位灶上

"灶一"、相邻的一二一简是"甑二"，未有"釜"等记录下器的文字，

---

① 湖北省荆州市周梁玉桥遗址博物馆：《关沮秦汉墓简牍》，中华书局 2001 年版，第 178 页。
② 长江流域第二期文物考古工作人员训练班：《湖北江陵凤凰山西汉墓发掘简报》，《文物》1974 年第 6 期。

说明遣策"甑二"的"甑"是指上下一套器而言。

这说明，迄今为止发现的汉简遣策中的"甑"都是指上下成套器，与我们传统的研究结论相反。

迄今为止出土的汉墓遣策中有七例"甗"的记录，原文如下：

（3）金鬲、甗各一。（云梦大坟头一号汉墓木牍）①
（4）甗、鍑各一。（张家山二四七号汉墓三一号简）
（5）甗、口各一。（凤凰山九号汉墓四二号简）
（6）甗一枚。（凤凰山一六七号汉墓四六号简）
（7）甗一。（凤凰山一六九号汉墓三〇号简）
（8）瓦簪、甗，各钖涂。（马王堆一号汉墓二二二号简）②
（9）瓦雍、甗一具。（马王堆三号汉墓二九七号简）

七例中，除例（6）（7）凤凰山一六七、一六九号墓遣策简外，其他简"甗"与鬲、鍑、簪、雍等相配。如前所言，早期的古代蒸器下器是鬲，后期下器为釜。陈振裕就云梦大坟头一号汉墓说："出土的一件铜釜也有四个矮足，正与《方言》郭注的'三脚釜'相类似，当即木方所记的'鬲'。《方言五》又曰：'甑，自关而东谓之甗，或谓之赞。'所以木方所记的'甗'，就是釜上的一件铜甑。"③陈说是正确的。

图3　云梦大坟头汉墓出土的甗

---

① 云梦大坟头汉墓遣策"金鬲"的"鬲"原图版字形不清，也可能是"釜"字，其形制也象釜。

② 簪，原释文隶定作"晋"，此字原形作▇，有竹旁。朱德熙、裘锡圭《马王堆一号汉墓遣策考释补正》改释为簪，是正确的。释文中与本文研究不相关的字形皆用宽式隶定。

③ 陈振裕：《云梦西汉墓出土木方初释》，《文物》1973年第9期。

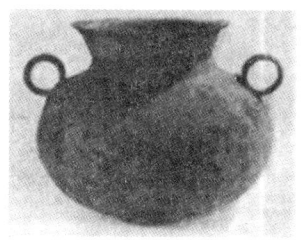

图4　云梦大坟头汉墓出土的釜

"鍑",《说文·金部》:"鍑,釜大口者。"《方言》卷五:"釜,自关而西或谓之釜,或谓之鍑。"郭璞注:"鍑亦釜之总名。"《急就篇》卷三:"铁鈇钴锥釜鍑鍪。"颜师古注:"釜所以炊煮也。大者曰釜,小者曰鍑。"据此,鍑同釜,指下器。

"簪",读为"鬵",《说文·鬲部》:"鬵,大釜也。"簪也指下器。《长沙马王堆一号汉墓》:"墓中南边箱出土陶釜甑一套,有锡箔,即简文所记。"①

图5　马王堆一号汉墓出土的甗

图6　马王堆一号汉墓出土的簪

"雍",对照满城汉墓出土的铜甗及铭文(详后),也是指下器。

---

① 湖南省博物馆、中国科学院考古研究所:《长沙马王堆一号汉墓(上集)》,文物出版社1973年版,第125页。

综上，七例中除例（5）字形不明外，例（3）（4）（8）（9）四例中的"甗"皆是指上器。

下面看剩余的两例，据《江陵凤凰山西汉简牍》，凤凰山一六九号墓出土"陶甗一"、"陶釜二"，① 一六九号汉墓遣策简三〇是"甗一"，相邻的简三二是"釜二口"，则"甗一"指报告所言的出土物"陶甗一"，②因此凤凰山一六九号汉墓的"甗"也指上器。

凤凰山一六七号汉墓遣策四五号简："釜一枚"，相邻的四六号简："甗一枚"，据《江陵凤凰山一六七号汉墓发掘简报》，出土"甗1"、"大小釜各1，实物多1"，③《凤凰山一六七号汉墓遣策考释》也于"简四十五釜一枚"下注"随葬明器陶釜二"，于"简四十六甗一枚"下注"随葬明器陶甗一"。④《江陵凤凰山一六七号汉墓发掘简报》在介绍出土陶灶时说："灶上二釜一甗，前后放置。"简报所附照片如图7所示。

图7　凤凰山一六七号墓出土的甗

图7中，灶上前部是一釜，后部是下釜上甗一套放置，因此，简文的"甗一枚"的"甗"有两种可能，一种是指上甗下釜一套炊器，即包含简报所述实物多出的一个釜。另一种可能是只指上器。凤凰山一六七、一六九号墓都是西汉文景时期的墓葬，地域又相同，以一六九号墓"甗一"例之，当是后一种可能，即"甗"指上器。

为了进一步求证，我们查阅了汉代出土的其他文字材料，迄今为止，汉代铜器铭文中有"甑"、"甗"名称的共有四例，含两件出土器和两件

---

① 湖北省文物考古研究所：《江陵凤凰山西汉简牍》，中华书局2012年版，第224页。
② 出土报告中的"甗"皆指上器。
③ 凤凰山一六七号汉墓发掘整理小组：《江陵凤凰山一六七号汉墓发掘简报》，《文物》1976年第10期。
④ 吉林大学历史系考古专业：《凤凰山一六七号汉墓遣策考释》，《文物》1976年第10期。

传世器。

据《陕西茂陵一号无名冢一号从葬坑的发掘》，出土甗一套，有釜、甑、盆，盆是蒸器的盖。①

釜肩外侧刻铭文：

> 杨信家鏖复（鍑），容一斗，并重三斤六两，五年奉主买邯郸，弟二。

甑口沿下刻铭文：

> 杨信家鏖甗，容一斗，并重三斤六两，五年奉主买邯郸，弟二。

也是"甗"指上器。

据《满城汉墓发掘报告》，满城汉墓出土蒸煮器一套，有釜、甑，并备有一盆。② 釜的肩部刻有铭文：

> 御铜金雍甗一，容十斗，盆备。卅七年十月，赵献。

甑的口沿下鎏金带上刻有铭文：

> 御铜金雍甗、甑一具，盆备。卅七年十月，赵献。

盆的口沿下鎏金带上有镌刻和墨书铭文各一处，内容一致：

> 御铜金雍甗盆，容十斗。卅七年十月，赵献。

对比汉简，"雍甗"指蒸煮炊器上下器，"雍"为下器，"甗"为上

---

① 咸阳地区文管会、茂陵博物馆：《陕西茂陵一号无名冢一号从葬坑的发掘》，《文物》1982年第9期。

② 中国社会科学院考古研究所、河北文物管理处：《满城汉墓发掘报告》上册，中华书局1980年版，第52页。

器,加上后言的"盆备",则三器俱全。"雍甗、甑一具,盆备",则是以"甑一具"复指"雍甗",加"盆备",也是三器俱全。"雍甗盆"也是三器俱全。满城汉墓雍、甗、盆器形见图8。

图8　满城汉墓出土雍甗盆

传世器中有"孝文庙甗鍑"和"平阳甗",孝文庙甗鍑铭文如下:

渔阳郡孝文庙铜甗、鍑,重四斤七两。

平阳甗铭文如下:

平阳共廛甗一,容二斗八升,重七斤六两。

图9　平阳甗

孝文庙甗鍑铭文"甗"、"鍑"相对,"甗"为上器。平阳甗从图9看,无疑也是上器。

综上所述,从迄今为止出土的汉代简牍、铜器铭文等材料看,都是"甑"指上下成套器,而"甗"仅指上器。上属材料,地区涵盖今湖南、湖北、山西、陕西、北京等地,说明并非区域性、方言性称谓。

但是在汉代传世文献中"甑"皆指上器,例如:

《史记·项羽本纪》:

项羽乃悉引兵渡河,皆沈船,破釜甑,烧庐舍,持三日粮,以示士卒必死,无一还心。

《汉书·陈胜项籍传》:

羽乃悉引兵渡河。已渡,皆湛舡,破釜甑,烧庐舍,持三日粮,视士必死,无还心。

《淮南子·泰族训》:

太王亶父处邠,狄人攻之,杖策而去,百姓携幼扶老,负釜甑,踰梁山而国乎岐周,非令之所能召也。

那么,是否传世文献中的"釜甑"的"甑"是指成套蒸器?我们认为可能性不大,原因一是缺乏历史依据。如果汉代文献是这一词义,历代训诂家不可能只字不提,如宋代王昭禹《周礼详解》:"甗,先儒谓无底甑,鬲献其气,甗能受焉。甑有底而为七穿,所以达气也……鬲用以烹煮,所以通水火之气也,甑则加于上焉,甑以通火气而熟物,故其底为七穿。"原因二是不符合现实。蒸器的下器是可以同时单用于煮食的,现在的北方农村地区仍是这样,煮食、炒食时单用,蒸食时用于下器,上述汉代文献讲的都是一般士兵和一般百姓,试想那时的用器应更简陋。凤凰山汉墓也有灶上只有陶釜者,可以说明陶釜既可单用,也可作为下器使用。

图10 凤凰山九号汉墓出土的陶釜

蒸器甗在新石器时代即已出现,商代至汉代流行,西周晚期以前,基本为上下合体,春秋以后则多为上下分体套装式。查商代至战国铜器铭文,属于蒸器的铭文中西周和春秋有自名,皆名为"甗",字作"獻",

无有自名"甗"者,例如:

1993年山西曲沃县曲村镇北赵村晋侯墓地出土一件西周晚期铜甗,上器内壁铸铭文15字:

叔钊父乍(作)柏姞宝献(甗),子子孙孙永宝用。

图11 西周晚期叔钊父甗

1977年山东曲阜鲁国故城望父台春秋墓出土一件春秋早期铜甗,上器内壁铸铭文18字:

鲁中(仲)齐乍(作)旅献(甗),其万年眉寿,子子孙孙永宝用。

图12 春秋早期鲁仲齐甗

《周礼·考工记·陶人》:"陶人为甗,实二鬴,厚半寸,唇寸。盆实二鬴,厚半寸,唇寸。甑实二鬴,厚半寸,唇寸,七穿。鬲实五觳,厚半寸,唇寸。庾实二鬴,厚半寸,唇寸。"郑玄注:"郑司农云:甗,无底甑。"《周礼》这一段叙述的应都是蒸器,计有甗、盆、甑、鬲和庾五件。据郑注,"甗"、"甑"皆是上器。据前述满城汉墓及陕西茂陵无名冢出土器物,"盆"为上器之盖。"鬲"为下器没有问题,"庾"疑即汉简遣策中的下器"雍",古音"庚"疑母侯韵,"雍"影母东韵,声为邻纽,韵合对转。《说文·瓦部》:"甗,䰝也。""䰝,甗也。一曰穿也。""一曰穿也",清代段玉裁、桂馥等皆认为当改为"一穿",一穿即是无底。《释名·释山》:"甗,䰝也。甗一孔者甗。"

我们认为,甗、䰝名实的变化起始于蒸器的分体铸造。甗无底则必须用箅,《说文·竹部》:"箅,蔽也。所以蔽甑底。"甑有有孔的底,不必用箅,直接和下器套合在一起,故其名更易向整套器名发展。甗必用箅,使其与下器分隔,故其名更易单指上器,包括有底和无底。

图13　马王堆一号汉墓出土的簪甗,底有五孔

由此可以推断,甗、䰝名实的变化可能经历了如下三个阶段:

献(甗)(整套)

⇩

甗(上器无底)、䰝(上器有底)、釜甗(整套)

⇩

甗(上器)、䰝(整套)

从出土青铜器自名可知,第一阶段是春秋以前。战国时期的《孟子》有"釜甑"用语,《孟子·滕文公上》:"'许子以釜甑爨,以铁耕乎?'曰:'然。'"结合《周礼》的记载,① 第二阶段是战国时期。第三阶段是秦汉时期。

由此看来,《史记》、《汉书》等汉代传世文献中的"釜甑"一词非汉代语言,乃是战国语言的沿用。洪诚先生曾撰《关于汉语史材料运用的问题》,论述史书保存前代语言的现象,但他认为这种现象只存在于晋以后,说:"晋以后的人写史书和写历史小说不同,写历史小说,作者可以完全用自己的语言表达故事的内容;修史书,一般是利用原有的史料,

---

① 《周礼》的著作年代虽有争议,但主流观点是战国时期。

作者用文言文把它串联组织起来，其中有旧史文，有作者的仿古文言文。"又说："王力先生规定的原则，^① 只适用于《史记》、《汉书》、《三国演义》等书，不适用于范晔的《后汉书》、唐代修撰的《晋书》；只适用于著者用自己的语言记述的史料，不适用于著者编撰的史料。"通过上述出土文献的考证，可以发现，即使是晋以前，文献使用前代语言的现象也是存在的。

二　词语用例的补充与含义的准确概括

　　字词的准确含义，或者说逻辑含义往往需要综合多种用例而概括，传世文献由于数量有限，文体单一，有时难以获得全面的信息。而传统的注疏等训诂材料，除注疏者由于时代相隔而误释外，对字词的解释往往有特定的背景，多是针对特定的文章和具体的语句做出的，属于随文释义。由于上述原因，我们对古代一些字词含义的理解和解释往往存在着误差。如"大车"等词的解释即是如此。

　　1. 大车

　　《辞源》"大车"条：

　　　　古时指大夫所乘坐的牛车。《易·大有》："大车以载。"疏："大车，谓牛车也。"《诗·王风·大车》："大车槛槛，毳衣如菼。"笺：^②"大车，大夫之车。"

　　《汉语大词典》"大车"条：

　　　　古代乘用的牛车。亦特指大夫所乘之车。《诗·王风·大车》："大车槛槛，毳衣如菼。"毛传："大车，大夫之车。"《论语·为政》："大车无輗，小车无軏，其何以行之哉？"何晏《集解》引包咸曰："大车，牛车……小车，驷马车。"

---

① 指书中语言不应该以书中叙述的时代为标准，而应该以著书的时代为标准。
② 应为毛传，非郑笺。

上述二辞典对"大车"的释义显然是依据《毛传》、孔颖达《疏》和何晏《集解》做出的，从出土文献看，其解释存在重要误差。迄今为止，出土的汉代简牍遣策中有三例"大车"用例：

(10) 大车一乘，驾六马。(马王堆三号汉墓六一号简)
(11) 大车一乘，驾四马。(马王堆三号汉墓六四号简)
(12) 大车、轺车各一，有盖。(云梦大坟头一号汉墓木牍)

从马王堆三号汉墓遣策看，大车与牛无关，同时，马王堆三号汉墓是侯王级别的墓，也与大夫用车无关。云梦大坟头西汉墓木牍"大车、轺车各一，有盖"，其下是：

(13) 黑马二。
　　 白马五。
　　 黄马一。

显然大车也是配马，而与牛无关。
在睡虎地秦简和西北汉简中，大车确实是多与牛相配，例如：

(14) 官府叚（假）公交车牛者□□□叚（假）人所。或私用公交车牛，及叚（假）人食牛不善，牛瘠（膌）；不攻闲车，车空失，大车轱鳌；及不芥（介）车，车蕃（藩）盖强折列（裂），其主车牛者及吏、官长皆有罪。（《睡虎地秦简·司空》）
(15) 官长及吏以公交车牛稟其月食及公牛乘马之稟，可殹（也）。官有金钱者自为买脂、胶，毋（无）金钱者乃月为言脂、胶，期。为铁攻（工），以攻公大车。（《睡虎地秦简·司空》）
(16) 牛大小八头，大车一两，皆与大卿，令为子息之。(居延新简22.341)
(17) 訾产，诩、宗各有大车一两，用牛各一头。(居延新简22.657)
(18) 大车一两，用牛各一头。(居延新简22.752)

肩水金关汉简 73EJT1：45：

（19）牛一，青，特。
大车一两。

肩水金关汉简 73EJT5：61：

（20）大元郡中都县阴角里陶史：
大车一两。
黄犗牛一。

肩水金关汉简 73EJT5：64：

（21）隧长转关中夫持马四匹，畜牛八，用牛一，轺车一乘，牛车一两。

肩水金关汉简 73EJT6：41A：

（22）　　　　后起隧长逢尊妻居延广地里逢廉年卅五
广地　子小女君曼年十一岁　　　　大车一两。
葆聟居延龙起里王都年廿二　　用马二匹。
用牛二。

肩水金关汉简 73EJT7：111：

（23）宿里高君至　　大车二两。
用牛四。
用马一匹。

肩水金关汉简 73EJT8：84：

（24）茂陵修获里宋殷年卅　大车一两。

牛二。

但是，其中的牛车是用于载物，而非乘人，所以，牛车的量词多是"两"，而乘人的车的量词多为"乘"，因为量词"乘"来源于乘坐的"乘"。如上引肩水金关汉简73EJT5：64："轺车一乘，牛车一两。"牛车载物的记载如：丶

（25）男子，字游，为丽戎㝅。以牛车就载，藉田仓为事。（居延新简43.92）
（26）发牛车各载一百☐（居延汉简268.39）
（27）牛车不载谷，诣官具对。光叩死罪死罪。（居延汉简324.10）
（28）出牛车转绢，如牒，毋失期信。（敦煌汉简1383）

所以，《辞源》、《汉语大词典》"乘用的牛车"、"大夫所乘之车"等皆不是"大车"的逻辑词义。马王堆三号汉墓遣策简记大车驾六马、四马，显然不会是小车。我们认为"大车"的本来意义应是大型车，指车型宽大的车，"大"乃大小之"大"。载物的牛车相比于大多数日常乘人车而言，车型要大得多，所以牛车也可称大车，实际上当牛车称大车时，还是由于其车型大，而不是因为其牛拉还是马拉。东汉末年以后，由于马匹的缺乏，人乘牛车开始流行，从魏晋南北朝出土的牛车看，多仅坐一人，车型不大，已不太用"大车"称谓。所以大车的逻辑词义应是"大型车，也特指载物的牛车"。

2. 安车

对于"安车"，《辞源》和《汉语大词典》是这样解释的：

《辞源》：

用一马拉之可以坐乘的小车。

《汉语大词典》：

古代可以坐乘的小车。

二辞书之释义应来源于古注疏，《礼记·曲礼上》："大夫七十而致仕，若不得谢，则必赐之几杖，行役以妇人，适四方，乘安车。"郑玄注："安车，坐乘，若今之小车也。"孔颖达疏："古者乘四马之车，立乘。此臣既老，故乘一马小车，坐乘也。"《释名·释车》："安车，盖卑，今吏所乘小车也。"

迄今为止，出土的汉代简牍遣策中有二例"安车"用例：

（29）安车一乘，驾六马。（马王堆三号汉墓六〇号简）
（30）案车一乘，马四匹，有盖，御一人，大奴。（凤凰山一六八号汉墓一号简）

"案车"即"安车"。从竹简遣策看，驾六马或四马，其车不一定小，则安车重在安坐，而不在大小。秦始皇陵出土的二号铜马车金属辔绳末端有"安车第一"文字，即是"安车"，车形即很大。车身分御室和乘室，乘室前部和左右两侧有三个车窗，后部为车门，门窗都可以灵活启闭，窗上的小孔可以调节空气和瞭望。车顶有椭圆形伞状车盖。车长3.17米，高1.06米。

图14 始皇陵出土的二号铜马车

前引《礼记》注疏，郑笺"若今之小车也"犹可理解为和现在的小车一样，都是坐乘。到孔疏演绎为"一马小车"，则误矣。汉代的安车多驾驷马，为尊贵身份的象征，如《史记·儒林列传》："于是天子使使束帛加璧，安车驷马迎申公，弟子二人乘轺传从。"《汉书·儒林传》："于是上使使束帛加璧，安车以蒲裹轮，驾驷迎申公。"《汉书·彭宣传》："使光禄大夫曼赐将军黄金五十斤、安车驷马。"既如此，车身窄小可能性不大。

其实清代学者已指出过孔疏的疏漏，只是未被重视，俞正燮说：

《曲礼》："大夫七十而致事，不得谢，行役以妇人，适四方，乘安车。"注云："安车，坐乘，若今小车。"正义云："四马之车立乘，一马之车坐乘。"按妇人之车坐乘，亦有御，所谓进左手，后右手，不必是小车……又，以郑注"小车"为一马车，亦非也。《尚书大传》云："古之帝王，必有命民，得命，然后得乘饰车骈马；未有命者，大车单马。"则大夫不乘单马车明矣。①

3. 竖

迄今为止，出土的汉代简牍遣策中有六例"竖"用例：

（31）大奴甲，车竖。（凤凰山八号汉墓四一号简）
（32）牛车一两，竖一人，大奴。（凤凰山一六八号汉墓九号简）
（33）马竖五十人，衣布。（马王堆三号汉墓四一号简）
（34）甾车一乘，牛一，竖一人。（马王堆三号汉墓七一号简）
（35）牛、牛车各十，竖十人。（马王堆三号汉墓七二号简）
（36）右方车十乘，马五十匹，附马二匹，骑九十八匹，甾车一两，牛车十两，牛十一，竖十一人。（马王堆三号汉墓七三号简）

马王堆三号汉墓遣策的"竖"，原释文皆作"竖"，此字原形如下，是"竖"字。

彭浩说：

"竖"字在此似借作仆字，两字音近可通假。仆则可释作御（御车）。《左传》文公十八年："而使獒仆。"杜预注："仆，御也。"《诗·出车》："召彼仆夫。"毛传："御夫也。"九号墓也有一简："大奴周牛仆操□。""牛仆"是牛车的御者，在前面列举的简中则称作"竖"，可证仆、竖二字音义相通。据此，八号墓和一六八号墓的

---

① 俞正燮：《俞正燮全集》（贰），黄山书社2005年版，第75—76页。

"豎"是指牛车的御者。①

按，凤凰山八号汉墓遣策相邻简排列如下：

简36：軺车一乘，盖一。
简37：豹首车緹。
简38：马二匹。
简39：大奴贤，御。
简40：大奴坚，从车。
简41：大奴甲，车豎。

整体看，凤凰山八号汉墓遣策的"豎"是马车豎而非牛车豎，马王堆三号汉墓也言"马豎五十人"，是则"豎"不一定唯指牛车。其次，大奴贤为御者，则"大奴甲，车豎"定非御者。"豎"应指打理马车、牛车及马牛的人。

《长沙马王堆二、三号汉墓（第1卷）——田野考古发掘报告》注释："竖（当作豎），未成年男仆。马竖即马童。"《汉语大词典》"豎"下有"童子，未成年的人"、"僮仆，家中供役使的未成年人"、"宫中供役使的小臣"等义项，皆是未成年人，不符合简文。凤凰山八号汉墓和一六八号汉墓遣策皆言"豎"为大奴，大奴汉简常见，为成年男子，所以包括马王堆三号汉墓在内，汉简"豎"是成年男仆，负责打理车及驾车。也说明传世文献中的"豎"不一定就是未成年人。

4. 附马

《汉语大词典》对"附马"是这样解释的：

副车之马；驾辕之外的马。

迄今为止，出土的汉代简牍遣策中有四例"附马"用例：

---

① 彭浩：《凤凰山汉墓遣策补释》，《考古与文物》1982年第5期。

(37) 附马二匹。(马王堆 3 号汉墓 67 号简)

(38) 胡人一人,操弓矢、赎观,牵附马一匹。(马王堆 3 号汉墓 68 号简)

(39) 胡骑二匹,匹一人,其一人操附马。(马王堆 3 号汉墓 69 号简)

(40) 右方车十乘,马五十匹,附马二匹,骑九十八匹,甾车一两,牛车十两,牛十一,壁十一人。(马王堆 3 号汉墓 73 号简)

"附",《说文》作"驸",《说文·马部》:"驸,副马也。从马,付声。"段玉裁注:"副者,贰也。《汉百官公卿表》:'奉车都尉掌御乘舆车,驸马都尉掌驸马,皆武帝初置。'师古曰:'驸,副马也,非正驾车皆为副马。'"《汉语大词典》所释大概源于颜师古注。但从遣策"胡骑二匹,匹一人,其一人操附马"看,"附马"指坐骑的备用马,与驾车无关。所以"附马"仅指备用马,可能包含坐骑和驾车在内,其实《说文》只言"副马也",也未言驾车与否,颜师古注仅是随文释义,非逻辑含义。

三 词汇发展史研究已具备进一步细化的条件

科学的汉语词汇发展史研究,首先应该找到词汇系统自然演化的各个阶段及其界限,而后进行断代系统及其递变的分析。迄今为止,无论是汉语史还是汉语词汇史,其分期的研究仍处于讨论中,尚无定论。汉语史的分期应综合考虑语音、词汇、语法等多方面因素,但语音史、词汇史和语法史则不一定同步。所以这里只讨论汉语词汇发展史的分期问题。关于汉语词汇史分期问题,潘允中在《汉语词汇史概要》中分为四个时期:从殷周至秦为上古期,西汉至唐为中古期,晚唐至 19 世纪鸦片战争后为近代期,五四运动至今为现代期。[①] 史存直在《汉语词汇史纲要》中分为五个阶段:甲骨文时代、周秦时代、汉魏六朝时代、隋唐宋时代、元明清时代。[②] 徐朝华在《上古汉语词汇史》中分上古汉语词汇史为前期、中期、

[①] 潘允中:《汉语词汇史概要》,上海古籍出版社 1989 年版,第 2—11 页。
[②] 史存直:《汉语词汇史纲要》,华东师范大学出版社 1989 年版,第 38 页。

后期三个阶段：上古前期是殷商时期到春秋中期，上古中期是春秋后期到战国末期，上古后期是秦汉时期。①管锡华在《古汉语词汇研究导论》中说："目前，在没有一个现成可依的古汉语词汇史分期的情况下，本讲义采取折衷汉语史的办法：以五四为分界线把汉语词汇史大分为'古代汉语词汇'和'现代汉语词汇'，五四前统称为'古代汉语词汇'，与五四后'现代汉语词汇'相对。古代汉语词汇内部的分期是，西汉以前为'上古汉语词汇'，东汉至隋唐为'中古汉语词汇'，晚唐五代至五四为'近代汉语词汇'。"②王云路在《中古汉语词汇史》中说："我们认为，'中古汉语'不妨暂定为东汉魏晋南北朝隋，秦和西汉可以看作是从上古汉语到中古汉语的过渡时期，初唐、中唐可以看作是从中古汉语到近代汉语的过渡时期。"③徐时仪在《近代汉语词汇学》中说："按照古白话由微而显、由始附属于文言到终于取而代之的发展线索分为露头、发展、成熟三个时期，即秦汉到唐的早期白话（白话挤入书面语）、唐到明的中期白话（白话书面语系统形成）和明到清的晚期白话（白话与文言并存）。"④由此可见，汉语词汇史的分期不仅没有统一结论，而且差异较大。词汇系统发展阶段与历史王朝时代并不一定契合，所以按历史王朝时代为界进行的所谓分期研究，还不是真正的词汇发展史的分期研究，依据专书词汇的研究就更是点的研究而非段的研究了。此前汉语词汇史的研究基本上依据的是传世文献，我们认为，这是汉语词汇史研究难以深入和统一的重要原因。现存中古之前的传世文献有如下特征：（1）多为史论体，文体单一；（2）多为书面语，不能全面反映口语字词变化；（3）经历代传抄，难以保持时代原貌；（4）数量较少。因此基于传世文献的汉语词汇史研究不得不笼统述说，很难精细化。如今，出土文献已数量庞大，且形成了不间断序列，所以词汇发展史精细化的研究当是今后努力的目标。下面略举数例以示：

1. "種"与"稺"

"種"与"稺"有历史替代关系，这是我们早已知道的。但是何时发

---

① 徐朝华：《上古汉语词汇史》，商务印书馆2003年版，第13页。
② 管锡华：《古汉语词汇研究导论》，台湾学生书局2006年版，第5页。
③ 王云路：《中古汉语词汇史》，商务印书馆2010年版，第2页。
④ 徐时仪：《近代汉语词汇学》，暨南大学出版社2013年版，第18—19页。

生的变化？也就是变化的节点在哪里？出土文献有明确的答案。《说文·禾部》："種，先種后孰也。从禾，重声。"《说文·禾部》："穜，埶也。从禾，童声。""埶"即播种。"種"本指先種后孰的庄稼，"穜"本指播种。后期字书如《玉篇》、《广韵》、《集韵》等二字释义多互换，段玉裁《说文解字注》"穜"下："《丮部》曰'埶，穜也。'小篆埶为穜，之用切。種为先種后孰，直容切。而隶书互易之，详张氏《五经文字》。種者以谷播于土，因之名谷可種者曰種，凡物可種者皆曰種。"王念孙《广雅疏证》"穜"下："经传皆作种。"隶书横跨战国至三国魏晋，所以段氏"隶书互易之"仍嫌笼统。查战国末至秦代出土文献，"穜"未有替代为"種"之例，例如：

（41）穜：稻、麻亩用二斗大半斗，禾、麦亩一斗，黍、荅亩大半斗，叔（菽）亩半斗。利田疇，其有不尽此数者，可殹（也）。其有本者，称议穜之。《睡虎地秦简·仓律》

（42）县遗麦以为穜用者，毄禾以臧（藏）之。《睡虎地秦简·仓律》

（43）居赀赎责（债）者归田农，穜时、治苗时各二旬。《睡虎地秦简·司空律》

（44）禾忌日，稷龙寅、秋丑。稻亥，麦子，菽、荅卯，麻辰，葵癸亥，各常□忌，不可穜之及初获出入之。辛卯不可以初获禾。《睡虎地秦简·日书甲种》

（45）五穜忌，丙及寅禾，甲及子麦，乙巳及丑黍，辰麻，卯及戌叔（菽），亥稻，不可以始穜及获赏（尝），其岁或弗食。《睡虎地秦简·日书甲种》

（46）五谷良日，己□□□□出穜及鼠（予）人。壬辰乙巳，不可以鼠（予）。子，亦勿以穜。《睡虎地秦简·日书乙种》

（47）五穜忌日，丙及寅禾，甲及子麦，乙巳及丑黍，辰麻，卯及戌叔（菽），亥稻，不可以始穜获、始赏（尝），其。岁或弗食。凡有入殹（也），必以岁后；有出殹（也），必以岁前。《睡虎地秦简·日书乙种》

（48）黔首或始穜即故出。（龙岗秦简一七六号简）

（49）贷穜食弗请。（岳麓书院藏秦简七七号简正）

（50）到明出穜，即囗邑最富者，与皆出穜。即已，禹步三，出穜所，曰："臣非异也，农夫事也。"（周家台三〇号秦墓竹简三四九、三五〇号简）

（51）取户旁朘黍，裹臧（藏）到穜禾时，燔冶，以穀穜。穜，令禾毋閒（稂）。（周家台三〇号秦墓竹简三五四号简）

汉代出土简牍全部用例如下：

（52）大荠穜一斗，卅五。凡直七千三百五十二。戎介穜一半，直十五。囗钱五千五百。（居延汉简262.34）

（53）穜田作，必毋后时。（居延新简53·158B）

（54）囗黄穜，小石廿五石。●凡穜小石卌三石。
临渠官穜簿：囗囗沙穜，小石三石。
秭囗囗，小石十五石。（居延新简56·29）

（55）葵穜五斗，布橐一。（马王堆一号汉墓一四八号简）

（60）赖穜三斗，布囊一。（马王堆一号汉墓一四九号简）

（61）莵穜五斗，布囊一。（马王堆一号汉墓一五〇号简）

（62）麻穜一石，布囊一。（马王堆一号汉墓一五一号简）

（63）五穜十囊，盛一石五斗。（马王堆一号汉墓一五二号简）

（64）右方穜五牒，布囊十四。（马王堆一号汉墓一五三号简）

（65）麻穜一石，布囊一。（马王堆三号汉墓二〇〇号简）

（66）葵穜五斗，布囊。（马王堆三号汉墓二〇一号简）

（67）赖穜五斗，布囊。（马王堆三号汉墓二〇二号简）

（68）莵穜五斗，布囊。（马王堆三号汉墓二〇三号简）①

（69）五穜五斗，囊各盛三石，其三石采。（马王堆三号汉墓二〇四号简）

（70）仓穜及米厨物五十八囊。（罗泊湾一号汉墓木牍背第一栏）

（71）五種橐。（邗江胡场五号汉墓木牍）

---

① 原释文脱"穜"，今据图版补。

上例中"種"、"穜"皆为种子义，只有邗江胡场五号汉墓作"種"。居延简多为武帝前材料，马王堆汉墓和罗泊湾汉墓墓葬时代皆是西汉早期，邗江胡场五号汉墓墓葬时代是西汉宣帝本始四年（公元前70年），由此我们可以确定，以"種"代"穜"始于西汉后期。

2. "常"与"裳"

《说文·巾部》："常，下帬也。从巾，尚声。裳，常或从衣。"《说文》标"常"、"裳"为异体字。查出土文献，战国末至秦皆用"常"，例如：

(72) 秀日，利以起大事。大祭，吉。寇〈冠〉、制车、折衣常、服带吉。生子吉，弟凶。《睡虎地秦简·日书甲种》

(73) 秀，是胃（谓）重光，利野战，必得侯王。以生子，既美且长，有贤等。利见人及畜畜生。可取妇、家（嫁）女、制衣常。《睡虎地秦简·日书甲种》

(74)【轸】，□乘车马、衣常。取妻，吉。以生子，必驾。可入货。《睡虎地秦简·日书甲种》

(75) 则光门，其主昌，柂衣常，十六岁弗更，乃狂。《睡虎地秦简·日书甲种》

(76) 丁酉裚衣常，以西有（又）以东行，以坐而饮酉（酒），矢兵不入于身，身不伤。《睡虎地秦简·日书甲种》

(77) 盖绝纪之日，利以裚（制）衣常、说孟（盟）诈（诅）。《睡虎地秦简·日书乙种》

(78) 轸，乘车、衣常、取妻，吉。《睡虎地秦简·日书乙种》

(79) 凡五丑，利以裚（制）衣。丁丑在亢，裚（制）衣常，丁巳衣之，必敝。《睡虎地秦简·日书乙种》

(80) 壬辰生，必善医，衣常。《睡虎地秦简·日书乙种》

汉代简牍有如下用例：

(81) 素常二。（马王堆三号汉墓三七四号简）
(82) 缇襌便常一。（马王堆三号汉墓四〇五号简）
(83) 下常一。（尹湾六号汉墓木牍一二反）

(84) 丸下常一。(尹湾六号汉墓木牍一二反)
(85) 禅裳一领。(胥浦一〇一号汉墓木牍)
(86) 复裳二领。(胥浦一〇一号汉墓木牍)

上述简牍中只有胥浦一〇一号汉墓木牍用"裳"。尹湾六号汉墓墓葬时代上限是汉成帝元延三年（公元前 10 年），胥浦一〇一号汉墓墓葬时代是西汉末期平帝元始五年（公元 5 年）。由此我们可以确定，"裳"当是改"巾"旁为"衣"旁生成的后出字，其替代"常"始于西汉晚期。

3. "合"与"袷"

《说文·衣部》："袷，衣无絮。从衣，合声。"《急就篇》："襜褕袷复褶袴裈。"颜师古注："衣裳施里曰袷，褚之以绵曰复。"《汉书·匈奴传》："服繡袷绮衣、长襦、锦袍各一。"颜师古注曰："袷者，衣无絮也。""袷"为表里双层而无絮的衣。衣表、里相合，故也用"合"。汉代简牍用例如下：

(87) 青绮禅合衣，素掾。(马王堆三号汉墓三五〇号简)
(88) 生绮禅合衣一，素掾。(马王堆三号汉墓三五七号简)
(89) 连缍合衣襂一。(马王堆三号汉墓三五八号简)
(90) 霜丸合衣一领。(尹湾二号汉墓木牍一正)
(91) 缥丸合衣一领。(尹湾六号汉墓木牍一二正)
(92) 雪丸合衣，出□绛（绔）繟上禅衣各一领。(侍其繇汉墓木牍)
(93) 枝縠合衣、缕上禅各一。(侍其繇汉墓木牍)
(94) 缥丸合衣一领。(西郭宝汉墓木牍甲)
(95) 相谷合衣一领。(西郭宝汉墓木牍甲)
(96) □黄冰合衣一领。(西郭宝汉墓木牍甲)
(97) 绿袷一领。(胥浦一〇一号汉墓木牍)

上述简牍中只有胥浦一〇一号汉墓木牍用"袷"，余皆用"合"。马王堆汉墓墓葬时代皆是西汉早期，尹湾六号汉墓墓葬时代上限是汉成帝元延三年（公元前 10 年），胥浦一〇一号汉墓墓葬时代是西汉末期平帝元始五年（公元5年）。由此我们可以确定，"袷"当是"合"的基础上增"衣"旁而生成的后出字，其替代"合"始于西汉晚期。

以上各例表明的是词汇的合并与派生，其时间皆在西汉后期，这是否说明西汉后期是汉语词汇系统发展的阶段性节点？当然仅据上述材料还只能说是一种猜想。真正的结论需要综合词汇系统变化的各个方面做出，且以上例证也不一定能全面反映现状。但是，上述材料和分析，至少为我们展示了借助出土文献对汉语词汇系统精细化研究的前景。

[原载《复旦学报》（社会科学版）2016年第3期]

释汉简中的"木关"及"关戾"

迄今为止,汉简中"木关"一词共出现5次,相关简文如下:

(1) 广地南部言永元五年六月官兵釜磑月言簿①
承五月余官弩二张,箭八十八枚,釜一口,磑二合。
今　　　　　余官弩二张,箭八十八枚,釜一口,磑二合。
　　赤弩一张,力四石,木关。
　　陷坚羊头铜鍭箭卅八枚。
　　故釜一口,鍉有锢,口呼长五寸。
　　　磑一合,上盖缺二所,各大如踝。
●右破胡燧兵物
　　　●赤弩一张,力四石五,木破,起缴往往绝。
　　盲矢铜鍭箭五十枚。
　　磑一合,敝尽不任用。
●右涧上燧兵物
●凡弩二张,箭八十八枚,釜一口,磑二合。　毋入出
……
●广地南部言永元五年七月见官兵釜磑月言簿
承六月余官弩二张,箭八十八枚,釜一口,磑二合。
今　　　　余官弩二张,箭八十八枚,釜一口,磑二合。

---

① 本文居延汉简、居延新简、敦煌汉简释文皆据中国简牍集成编辑委员会编《中国简牍集成》(敦煌文艺出版社2001年版),并据《居延汉简甲乙编》(中华书局1980年版)、《居延新简——甲渠候官与第四燧》(文物出版社1990年版)、《敦煌汉简》(中华书局1991年版)所附图版核对,据图版校正字词附注说明,据图版校正格式及标点改动不再说明。为印刷方便,与本文论题无关的释文一般用通行字。

●赤弩一张，力四石，木关。

陷坚羊头铜鍭箭卅八枚。

故釜一口，錭有锢，口呼长五寸。

硙一合，上盖缺二所，各大如踝。

●右破胡燧兵物

●赤弩一张，力四石五，木破，起缴往往绝。

盲矢铜鍭箭五十枚。

硙一合，敝尽不任用。

●右涧上燧兵物

●凡弩二张、箭八十八枚、釜一口，硙二合。　毋入出

……

●广地南部言永元六年七月见官兵釜硙月言簿

承六月余官弩二张、箭八十八枚，釜一口，硙二合。

●赤弩一张，力四石，木关。

陷坚羊头铜鍭箭卅八枚。

故釜一口，錭有锢，口呼长五寸。

硙一合，上盖缺二所，各大如踝。

●右破胡燧

赤弩一张，力四石五，木破，起缴往往绝。

盲矢铜鍭箭五十枚。

硙一合，敝尽不任用。

●右涧上燧

●凡弩二张、箭八十八枚、釜一口，硙二合。　毋入出

……

●广地南部言永元七年正月尽三月见官兵釜硙四时簿

承六年十二月余官弩二张，箭八十八枚，釜一口，硙二合。

●赤弩一张，力四石，木关。

陷坚羊头铜鍭箭卅八枚。

故釜一口，錭有固，口呼长五寸。[1]

---

[1]　固，原释文作"锢"，今据图版改。

砲一合，上盖缺二所，各大如踈。

●右破胡燧

赤弩一张，力四石五，木破，起缴往往绝。

盲矢铜鍭箭五十枚。

砲一合，敝尽不任用。

●右涧上燧

……

●广地南部言永元七年四月尽六月见官兵釜砲四时簿

承三月余官弩二张，箭八十八枚，釜一口，砲二合。

●赤弩一张，力四石，木关。

陷坚羊头铜鍭箭卅八枚。

故釜一口，鋗有固，口呼长五寸。①

砲一合，上盖缺二所，各大如踈。

●右破胡燧

赤弩一张，力四石五，木破，起缴往往绝。

盲矢铜鍭箭五十枚。

砲一合，敝尽不任用。

●右涧上燧（居延汉简 128.1）

　　以上是广地候官下属的南部候长上报的财物及保存状况的月报表和季报表，财物共有官弩两张、箭八十八枚、一口锅和两盘石磨，分别存放于破胡燧和涧上燧两处。关于"木关"，孙机（1990：141）解释为弩臂上用来加固弓的小短木，说："自战国至汉，弩臂都在前端留出承弓之凹槽，将弓固定于臂前。与宋以后在臂上打眼穿弓的方式不同。但在发射时，弩弓和弩臂的接合必须稳妥而牢固，所以又在弩臂前部贯一短横木，此物或即居延简所记'弩一张……木关'（128·1）之弩关。关训门闩，与此横木的形状和作用均相合。"迄今为止，学术界皆依用孙说，无异议，如李天虹《居延汉简簿籍分类研究》、《中国简牍集成》注释等。但此说有如下疑点：（1）如果是弩的部件，依据汉简的物品表述惯例，一

---

① 固，原释文作"锢"，今据图版改。

定是核心的、重要的部件，不然不会单独言及。但起加固作用的短木显然只是次要的附加性部件，专门提及不合逻辑；（2）依常理，"木关"之说意在提示关乃木制，但简文未见"铜关"、"铁关"之语；（3）典籍对弩的部件有详细说明，未见有名"关"及相应部件名称者，汉刘熙《释名·释兵》："弩，怒也，有势怒也。其柄曰臂，似人臂也。钩弦者曰牙，似齿牙也。牙外曰郭，为牙之规郭也。下曰县刀，其形然也。含括之口曰机，言如机之巧也，亦言如门户之枢机，开阖有节也。"弩有弓，弓的部位名称也无"关"，汉刘熙《释名·释兵》："弓，穹也，张之穹隆然也。其末曰箫，言箫梢也；又谓之弭，以骨为之滑弭弭也。中央曰弣，弣，抚也，人所抚持也。箫弣之间曰渊，渊，宛也，言宛曲也。"

上列月言簿和四时簿，报告的内容分两方面，首先是物名和数量，其次是物品的完损情况。"故釜一口，鍉有锢，口呼长五寸。"前一句属第一方面，后两句属第二方面。"故釜"即旧釜。"鍉有锢，口呼长五寸。"即釜的上边沿有修补的铸塞，口部裂开五寸长。"碻一合，上盖缺二所，各大如疎。"前一句属第一方面，后两句属第二方面。"碻"即石磨。"上盖缺二所，各大如疎。"即石磨的上扇有两处破损，两处缺口都像梳子一样大。"疎"即"疏"字，通"梳"。①"碻一合，敝尽不任用。"前一句属第一方面，后一句属第二方面。"敝尽不任用。"即损坏殆尽已不能使用。简只言名称数量，说明没有损坏，这种情况西北汉简有时以"完"字表示，如居延新简5.63A："甲渠鄣六石具弩一，完。"居延新简51.90："受六月余石碻二合，完。"前一句属第一方面，后一句属第二方面。现在看弩，涧上燧的弩是"赤弩一张，力四石五，木破，起缴往往绝"。前两句属第一方面，西北汉简述说弩都要言明力度。后两句属第二方面。"木破，起缴往往绝。"即弩木破损，其上缠束的生丝带多处断裂。古弩臂与弩弓皆为木制，起缴，弩上缠束生丝带。对比破胡燧的弩，"赤弩一张，力四石，木关"。前两句属第一方面，后一句"木关"显然应是描写物品的完损情况，而非弩的部件名。我们认为，"木关"即木弯，指弩木已弯曲。"关"可通"弯"。《左传·昭公二十一年》："城怒而反之，将注，豹则关矣。"杜预注："关，引弓。"陆德明《释文》："关，乌环

---

① 详见于豪亮《于豪亮学术文存》，中华书局1985年版，第167—168页。

反。本又作弯。"《诗经·小雅·小弁》毛传:"《孟子》曰:'固哉,夫高叟之为诗也。有越人于此关弓而射之,我则谈笑而道之。无他,疏之也。'"陆德明《释文》:"关,乌环反。下同。本亦作弯。"《集韵·删韵》:"弯,《说文》:'持弓关矢也。'《左氏传》作'关'。"《韩诗外传》卷六:"昔者楚熊渠子夜行,见寝石以为伏虎,弯弓而射之。"《新序·杂事四》同样语句"弯"作"关"。

西北汉简中还有一个与此相关的词"关戾",汉简中出现 4 例,简文如下:

（2）坐候史齐行塞,官奴（弩）二关戾……①
坐令史奉光行塞,弩三关戾……（居延汉简 14.6，213.21）

（3）☐长甲,坐君行塞,弩五关戾☐缓,适车☐（居延汉简 403.15）

（4）兵弩各有数。檄到,严教吏卒,谨敬持兵弩,毋弛大黄弩、六石、五石弩,更☐日复张,谨敬持处,盖毋令暴露关戾,边兵重兵（敦煌汉简 1373、1374）

《中国简牍集成》注:"关戾,关,弩臂前端贯一横木,用于固定捆缚弩弓,此横木即关,简一六·一称'木关';戾,扭曲。"若依此注,则"盖毋令暴露关戾"一句不辞。"关戾"应是近义词联用,义谓弯曲。"盖毋令暴露关戾"即不要让弩暴露在外而弯曲。弩为木制,放在外边风吹日晒雨淋会扭曲变形。"弩三关戾"即有三张弩皆已弯曲。西北汉简中还有"扁戾"、"边戾"两个近义词描写弩的状况,可为旁证。简文如下:

（5）☐行塞,兵弩多边戾,上下蜚渊有彊瑅,胜负一分☐☐（居延新简 5.84）

（6）署第十七部候长,主亭燧七所,兵弩扁戾,不檠持,毋鞍马。（居延新简 22.399）

---

① 奴,原释文作"弩",今据图版改。

"扁戾"、"边戾"即"偏戾",义为歪曲。汉代,扁,帮母真韵;偏,滂母真韵;边,帮母元韵,元、真两韵韵尾相同,元音相近。居延新简ESC：106A："☐无扁无党,王道汤汤;无党无扁,王道☐☐。《论语》曰："不患寡,患不均。圣朝至仁,哀闵……""无扁无党,王道汤汤;无党无扁,王道☐☐。"出自《尚书·洪范》,今本《尚书》"扁"作"偏"。

那么,"木关"是指弩弓还是弩臂？"木破,起缴往往绝",应是指弩弓,因为古代弩弓上缠有生丝或皮条,秦始皇陵兵马俑坑出土的弩,弩臂和弩弓皆为木质,"弓背,木质。全长 125、杆粗 3.2 厘米。杆上有皮条缠札纹和髹丹漆遗留"。① 弩臂上有凹槽放箭,臂上多不缠东西。若"木关"是指弩弓,则应是指弩弓弯曲而不能返直,弹力已减弱。汉简中有弩弓弹力减弱的精细描述,如居延汉简 36.10："官第一六石具弩一,今力四石二斤,射百八十五步,完。"弹力原是六石,今已减为四石多。敦煌汉简 2075："成柳六石具弩一,完。今力四石六十八斤。"但汉简中也有讲弩臂弯曲的,居延汉简 127.24："烽不可上下,连梃庌解,斧多随折,长斧梃皆檐桮咩呼,糇色不鲜明,奚索币绝,弩长臂曲戾,不可。"上述"扁戾"、"边戾"当是指弩臂。

传世文献仅反映了在"射箭"这一词义上"弯"、"关"可以通用。从汉简我们知道,在弯曲意义上,"弯"、"关"皆可通用,也就是"关"有弯曲义项。

参考文献

[1] 陈直：《居延汉简研究》,中华书局 2009 年版。
[2] 孙机：《汉代物质文化资料图说》,文物出版社 1990 年版。
[3] 于豪亮：《于豪亮学术文存》,中华书局 1985 年版。
[4] 中国简牍集成编委会：《中国简牍集成》(1—12 卷),敦煌文艺出版社 2001 年版。

（原载《中国语文》2014 年第 3 期）

---

① 刘占成：《秦俑坑弓弩试探》,《文博》1986 年第 4 期。

释汉简中的"行胜"与"常韦"

一 行幐(行胜)

已发表的西北汉简中,含"行幐(行胜)"一词的有如下数简:①

1. 穰邑西里张贤。见。
□复□一领。　　□□□一两。　□□□□领。
白布襌一领,毋。面衣一枚。　　行幐一枚。已
四月甲午,同隧卒吕为取橐。(居延新简52·92)

2. 西里张镇。见。
皂□一领。　　布□一枚。　　□□□一枚。　□一枚。
布襌褕一领。　布袜二两。　□袜一两。　　黄布襌衣一领。
已。钱七百。
布襌绔一领。　行幐二枚。　　　黄布绔一枚。已(居延新简52·93)

3. 穰邑长安里房□。见。
白布单衣一领。　面衣一枚。　黄单绔一枚。已
白布单□一领。　白布袜二两。　白韦绔一枚。已
白布单二枚。　　　　　　　　行幐帻二枚。已(居延新简

---

① 本文居延汉简、居延新简、敦煌汉简释文皆据中国简牍集成编辑委员会编《中国简牍集成》(敦煌文艺出版社2001年版),并据《居延汉简甲乙编》(中华书局1980年版)、《居延新简——甲渠候官与第四燧》(文物出版社1990年版)、《敦煌汉简》(中华书局1991年版)所附图版核对,据图版校正字词附注说明,据图版校正格式及标点改动不再说明。居延汉简补编释文据台湾中央研究院历史语言研究所《居延汉简补编》。为印刷方便,与本文论题无关的释文一般用通行字。

、52·94)

4. 长襦一。　　皁布单衣一，毋。　　行胜帻、面衣各一，毋。羊皮绔一，毋。

白练绔一。皁布单绔一。(居延新简52·141)

5. 右县官

犬袜二□。

常韦一两。

缇绩一□。

缇行胜二□。(居延新简51·457)

6. 戍卒河东北属东邑里张奉上。

皁布袍一领，出。　　缇行幐一，出。

白练袌袭一领，出。　　尚韦二两，一出。□一。

皁布单衣一领，出。　　狗皮袜二两，一出。

皁布绔一两，出。(敦煌汉简1686)

7. 　　　　　　常〔韦〕二两。

□□袭一领。Ħ　　行〔胜〕一□。Ħ

戍卒淮阳　　皁布复袍一领。　　布三緟橐一。

〔苦〕闰宜里　　皁布复绔一两。Ħ　黑布□〔一〕。Ħ

皁布〔章〕衣一两 Ħ　布〔袜二两〕Ħ

处贤　　　　　□一领　　□Ħ

年廿四　　　〔犬〕袜二两 Ħ　　葛袜二两 Ħ

枲屦一两　　　·右卒私装

·右县官所给

　　　　　　　〔缇〕绩一 Ħ　　　诚北(居延汉简补编8.2)

"行幐"，又作"行胜"，一般认为通"行縢"，即绑腿。① 我们知道，西北汉简凡成双的衣物，其量词皆用"两"，如袜、鞋等。绑腿是成双的，依例其量词当用"两"，但"行幐"的量词皆用"枚"，无用"两"

---

① 详见萧璠《关于额济纳河流域发现的八点二号汉代封检》，《居延汉简补编》，第15页；陈练军《居延汉简词语二则》，《陇东学院学报》(社会科学版) 2005年第12期。

者。其次，据我们统计，西北汉简鞋、袜等成双衣物的发放、领取及记录没有出现单只者，而"行縢"则可单一出现。由此"行縢"为绑腿的说法基本可以否决。

简 52·141"行胜帻、面衣各一"，有断句为"行胜、帻、面衣各一"的，以"行胜"和"帻"为二物。以简 52·94"行縢帻二枚"例比，后一种断句显然是错误的，若为二物，则"二"前当有"各"字，作"行縢帻各二"。简 52·92、简 52·93、简 52·94 格式相同，物品相近，为相同性质文书，简 52·92、简 52·93 作"行縢"，简 52·94 作"行縢帻"，当为同实异名，那么，"行縢"应是"帻"之一种。"帻"为汉代头巾总名，《说文·巾部》："帻，发有巾曰帻。"蔡邕《独断》卷下："帻者，古之卑贱执事不冠者之所服也。"据我们统计，西北汉简有两处单用"帻"，都见于居延新简，具属统言性质。简 22·530："获望见第一白衣骑，以为大卿。获衣帻，使吏张业下亭言小病。"简 49·12B："燧长当着帻。"西北汉简中凡合并计数的物品一般是相类或是配套的物品，如居延新简 43·49："计斤、斧各二。"居延新简 51·68："兰、冠各一。""兰"是箭筒，"冠"是箭筒盖。居延新简 51·188："不侵燧大积、小积薪各四，皆坏。止北燧大积、小积薪各一，坏。"居延新简 ES（T119）·2："鼓、枎各一。""枎"即鼓槌。因为头巾与面衣都是头部饰物，所以简 52·141"行胜帻、面衣各一"，才将二者合并计数。又，甘肃武威旱滩坡十九号晋墓木牍：

8. 故白练尖一枚。
故巾帻一枚。
故练面衣一枚。
故练褕一领。
故枚绵四斤。

其中，"巾帻"也与"面衣"相续排列。汉刘歆《西京杂记》卷一："赵飞燕为皇后，其女弟在昭阳殿遗飞燕书曰：'今日嘉辰，贵姊懋膺洪册，谨上襚三十五条，以陈踊跃之心，金华紫轮帽、金华紫轮面衣、织成上襦、织成下裳。'"帽与面衣显然也是配套用品。

"胜"在汉代即有头饰之义，《释名·释首饰》："胜，言人形容正等，一人着之则胜，蔽发前为饰也。""幋"，字书不见，当是改"胜"而成的专用字，因是头巾，故改为"巾"旁。面衣是古代出行时防寒、防风头饰，《晋书·惠帝记》："行次新安，寒甚，帝坠马伤足，尚书高光进面衣，帝嘉之。"因此与其配套的"行幋"的"行"当指远行、出行，"行幋"即远行时戴的头巾。古代的帻有叠成帽子形状的，也有或向前，或向后捆扎的，种类多，名称也有多种。"行幋"是其中之一。

二 常韦（尚韦）

已发表的西北汉简中，"常韦"又作"尚韦"，含有此词的简除前例 5、6、7 外，还有如下数简：

9. 贵里淳于休衣橐：
阜布襦。
枲肥。
常韦。
犬袜二。（居延汉简 34.15A）
10. 袭八千四百领。●右六月甲辰，遣□□□□□
绔八千四百两。常韦万六千八百。（居延汉简 41.17）
11. □孙过，毋枲履、常韦、犬袜。（居延汉简 67.7）
12. 梁●国
睢阳戍卒西尉里玉柱。
□里袭一领。
阜布复袍一领。
阜布禅衣一领。
阜布复绔一两。
枲菲一两。
常韦二两。（居延汉简 179.2A）
13. 戍卒河东安邑□里。
□□□□一领。常韦二两。
阜布单衣一。（居延汉简 285.25）
14. □布复袍一领。赍县官袭一领……

皁布章襌衣一领。

□复褽袭一领。取。

皁布复绔一两。

犬袜二两。

常韦二两。一卩。

枲肥一两。车第十。（居延新简 19.12）

15. 尚韦□，出。（敦煌汉简 572）

"常韦"又作"尚韦"，对其解释迄今为止约有五说：一说为鞋类，陈直说："《急就篇》'裳韦不借为牧人'，是以常韦与不借连称。《盐铁论·散不足篇》云：'麤菲草芰，缩丝尚韦而已。'亦以常韦与草履并称，则常韦为草履之类无疑。"① 一说为加在鞋袜上防脏的皮罩，裘锡圭说："《盐铁论·散不足》谓'古者庶人鹿（麤？）菲草芰，缩丝尚韦而已'，'尚韦'与'缩丝'为对文。故知'尚韦'一词中的'尚'字本取其动词义，当是'加上'之意；'韦'字本取其韦革之义。由此推测，尚韦似是加在鞋袜上防脏的皮罩，故每与鞋袜之类并提，并可以'两'计。此物今日仍有用之者。"② 一说为围裙，于豪亮说："常韦在古代称为袚，又称袆，现在则称之为围裙。"③ 一说为皮绳，《中国简牍集成》注释："常韦一两，一种皮绳。"一说为做下裙的皮革，陈练军说："'常韦'就是'裳韦'，即做下裙的皮革。"④

正如裘锡圭先生所说，"常韦"用量词"两"，"两"是成双物品的量词，西北汉简中绳索、皮革不用"两"，所以，围裙、皮绳和皮革三说不符合实际。从所配量词和简文位置看，鞋履说和加在鞋袜上防脏的皮罩说最为符合。只是鞋履说的依据并非具有必然性，因为与鞋履名称并列的并不一定也是鞋履名称，且"常韦"二字无以解释。鞋袜上防脏的皮罩不见文献记载，是否为西北兵卒常用物品值得怀疑。我们认为"常韦"当是绑腿。从传世文献和出土秦汉兵俑服饰看，绑腿是士卒常用物品，西

---

① 陈直：《居延汉简研究》，中华书局 2009 年版，第 382 页。
② 裘锡圭：《〈居延汉简甲乙编〉释文商榷（续四）》，《人文杂志》1983 年第 1 期。
③ 于豪亮：《于豪亮学术文存》，中华书局 1985 年版，第 192 页。
④ 陈练军：《居延汉简量词研究》，西南师范大学硕士学位论文，2003 年。

北汉简中不当没有此物，以前人们认为"行胜"是绑腿，我们已证明"行胜"是头巾。"常韦"，《急就篇》作"裳韦"，《说文》"常"、"裳"为异体字，《说文·巾部》："常，下帬也。从巾，尚声。裳，常或从衣。""裳"当是"常"字改"巾"为"衣"形成的后出字。汉代简牍中多作"常"，如马王堆三号汉墓简牍374："素常二。"马王堆三号墓简牍407："缇禅便常一。"尹湾六号汉墓简牍12反："下常一，缥丸下常一。""常"皆是"裳"，简中指下衣。《说文·巾部》："常，下帬也。""帬，下裳也。"《左传·昭公十二年》："故曰黄裳元吉。黄，中之色也；裳，下之饰也。"《左传·桓公二年》："带、裳、幅、舃。"杜预注："衣下曰裳。"孔颖达疏："经传通例，皆上衣下裳，故云衣下曰裳。"绑腿在古代也应属于裳，因为它与属于裳的绔实质上形式不同而护体部位相近。"绔"字异体作"袴"。"古代的裤子没有裆，只有两个裤筒，套在腿上，上端有绳带以系在腰间。"①《说文·糸部》："绔，胫衣也。"段玉裁注："今所谓套袴也。左右各一，分衣两胫。"胫即小腿。《论语·宪问》："以杖叩其胫。"皇侃疏："胫，脚胫也。膝上曰股，膝下曰胫。"可见绔同绑腿一样，都是用在小腿上的服饰，所以西北汉简中的绔的量词也多用"两"。因此，常韦即作为裳的韦，也即作为下衣的柔皮。《急就篇》卷二："裳韦不借为牧人。"颜师古注："韦，柔皮也。裳韦，以韦为裳也。"颜说得之。皮绔是古代简朴艰苦的服饰，这在《后汉书》的描写中可以看出来，《后汉书·祭遵传》："遵为人廉约小心，克己奉公，赏赐辄尽与士卒，家无私财，身衣韦绔布被，夫人裳不加缘。"《后汉书·马援传》："后为郡督邮，送囚至司命府，因有重罪，援哀而纵之，遂亡命北地。遇赦，因留牧畜。宾客多归附者，遂役属数百家，转游陇汉间，尝谓宾客曰：'丈夫为志，穷当益坚，老当益壮。'因处田牧，至有牛马羊数千头，谷数万斛。既而叹曰：'凡殖货财产，贵其能施赈也。否则守钱虏耳。'乃尽散以班昆弟故旧，身衣羊裘皮绔。"相对于皮绔，绑腿形式更加简单，其简朴艰苦更甚一等，所以《急就篇》才与草鞋并列，有"裳韦不借为牧人"之说，《盐铁论·散不足》也曰："古者庶人鹿菲草芰，缩丝尚韦而已。"

古代绑腿有两种形式，一种是一幅上宽下窄的布或皮，用带子绑扎；

---

① 许嘉璐：《中国古代衣食住行》，北京出版社1988年版，第28页。

另一种是一条宽带梯形绑扎，后一种后代一直沿用。杨家山汉墓出土的彩绘士兵俑有绑腿，绑腿没有梯形扎痕，只有Z形绑绳，当是前一种。绑腿古称"邪幅"、"幅"，《诗经·小雅·采菽》："赤芾在股，邪幅在下。"毛传："诸侯赤芾邪幅。幅，偪也。所以自偪束也。"郑玄笺："邪幅，如今行縢也，偪束其胫，自足至膝，故曰在下。"《左传·桓公二年》"带、裳、幅、舄。"孔颖达疏："邪缠束之，故名邪幅。"从各种画像及出土陶俑看，梯形绑扎的绑腿似起源较晚，所以有人认为先秦的"邪幅"、"幅"并非如孔疏说的"邪缠束之"，而是属于第一种，即一幅布、皮用绳绑扎。①《说文·巾部》："幅，布帛广也。"《玉篇·巾部》："幅，布帛广狭。"《汉书·食货志下》："布帛广二尺二寸为幅，长四丈为匹。"《急就篇》："资货市赢匹幅全。"颜师古注："四丈曰匹，两边具曰幅。"是布帛宽度为幅。用于绑腿的布帛由于小腿上粗下细，所以是上宽下窄，从上下宽度看呈倾斜状，故称邪幅。所以，邪幅应指布帛本身，而不是使用后的状态，即缠束后的状态。

参考文献

[1] 陈练军：《居延汉简量词研究》，西南师范大学硕士学位论文，2003年。
[2] 陈直：《居延汉简研究》，中华书局2009年版。
[3] 裘锡圭：《〈居延汉简甲乙编〉释文商榷（续四）》，《人文杂志》1983年第1期。
[4] 孙机：《汉代物质文化资料图说》，文物出版社1990年版。
[5] 于豪亮：《于豪亮学术文存》，中华书局1985年版。

（原载《语言研究》2014年第4期）

---

① 详见赵树根《邪幅、行縢考辨》，《齐鲁艺苑》2000年第4期。

秦简字词考释四则

一 奴道

中及弩道绝驰道，驰道与弩道同门、桥及阪☒（265号简）①
劈弩道其故奥□□□□行之不□□☒（250号简）②
☒马弩□□☒（残1②）

《云梦龙岗秦简》34页注："弩道：未详，疑即下文'弋射甬道'（69号简）。"

按，以上三简中四个"弩"字皆为"奴"字误释，四字原形作 ，此为"奴"字异体，下加饰符" "。《马王堆帛书·战国纵横家书》44行："以奴自信，可。"与此同形。《战国纵横家书》32行："王怒而不敢强。"又137行："楚、赵怒而与王争秦，秦必受之。""怒"字上部所从亦此形。云梦龙岗秦简中，"弩"字出现两次，句例如下：

亡人捇弓弩矢居禁中者（269号简）
☒弩矢故□☒（135号简）

二"弩"字皆作 ，从奴从弓，与奴道之奴区别明显。

"奴"即"驽"的古字，《马王堆帛书·称》："两虎相争，奴犬制其余。"奴犬即驽犬，《战国策·秦策四》作"两虎相斗，而驽犬受其弊"。

---

① 刘信芳、梁柱编：《云梦龙岗秦简》，科学出版社1997年版，第34页。
② 同上书，第35页。

《墨子·鲁问》:"今有固车良马于此,又有奴马四隅之轮于此,使子择焉,子将何乘?"孙诒让《墨子间诂》引毕沅:"驽,古字只作奴。一本作弩。《说文》无驽字。"龙岗秦简残1②号简之"马奴"即"马驽"。秦简以"奴道"与"驰道"相对,"驰"指疾行,《广雅·释宫》:"驰,犇也。""驽"则以慢为特征,故有"驽缓"一词。驰道在古代特指君王车马行走的道路,也泛指供车马驰行的大道,奴道指路况不好的劣质道路。

二　间令

　　法律未足,民多诈巧,故后有间令下者。凡法律令者,以教道(导)民,去其淫避(僻),除其恶俗,而使之之于为善殹(也)。今法律令已具矣,而吏民莫用,乡俗淫失(泆)之民不止。①

　　《睡虎地秦墓竹简》注释:"间,读为干,《淮南子·说林》注:'乱也。'"按,"间令"当是一词,同类词有"间色"、"间祀"、"间维"、"间壤"等。《礼记·玉藻》:"衣正色,裳间色。"孔颖达疏:"皇氏云:'正谓青、赤、黄、白、黑五方正色也;不正谓五方间色也,绿、红、碧、紫、骝黄是也。'"陆德明《释文》:"间,间厕之间。"间色,指正色之间的颜色。《周礼·春官·司尊彝》:"凡四时之间祀追享、朝享,裸用虎彝、蜼彝,皆有舟。"郑玄注:"谓四时之间,故曰间祀。"间祀,《汉语大词典》:"谓四时正祭之间的祭祀。"《楚辞·远游》:"历玄冥以邪径兮,乘间维以反顾。"间维,《汉语大词典》:"指天地之间。"《管子·乘马数》:"郡县上臾之壤守之若干,间壤守之若干,下壤守之若干。"郭沫若等集校引陈奂曰:"间,犹中也。"间壤,指上等地与下等地之间的土地。"间令"之"间",与"间色"、"间祀"、"间维"、"间壤"之"间"义同,都用其本义间隙,间令即指补充法律不足(空隙)的命令。秦汉时代,令与法律具有同等效力,但法律是预先制定的,具有稳定恒久的特点,而令是应时的,是随时间、事件的需要而下达的,是对法律的补充,弥补法律滞后而又不能随时变更的缺陷。"法律未足,民多诈

---

① 睡虎地秦墓竹简整理小组编:《睡虎地秦墓竹简》,文物出版社1990年精装本,第13页。

巧，故后有间令下者"，义为"既定的法律不太完备，民众狡诈往往钻法律之空，所以后来就有补充法律未备的诏令的下达"。诏令具有同法律一样的效力，故下文并言"法律令"。法律未足与民多诈巧是"令"产生的原因，所以原文用"故"字。同时在引文所在的《语书》全部叙述中，"故后有间令下者"一句之前用"法律"一词，之后六用"法律令"，不再用"法律"，无疑可以证明此句讲的正是"令"的产生。陈伟武先生在《睡虎地秦简核诂》① 一文中提出，"间"引申有阻挠、扰乱义，不必读为"干"，"'间令下者'即指阻挠、扰乱法令传达的人"。此解虽似比原注更显合理，但仍未解决根本问题：其一，若依此说，简文"故后有"的"后"字不当有，也就是"后"字解释不通；其二，若依此说，则"法律未足，民多诈巧，故后有间令下者"一句与"今法律令已具矣，而吏民莫用，乡俗淫失（泆）之民不止"等句语意矛盾，前句说令不行是因为法律未备，后句却明言法律令已完备了，恶习仍未停止。

三　挢

"侨（矫）丞令"可（何）殹（也）?②

按，此简照片清晰，"侨"字误释，是乃"挢"字无疑，其字左旁为睡虎地秦简、马王堆帛书等常见的"扌"旁写法，只是第一横画略粗，第二横画略细，致此误释。

《说文·手部》："挢，擅也。"段玉裁注："擅，专也。凡矫诏当用此字。"王筠《说文句读》："《众经音义》：'挢，擅也，假诈也。'字从手，今皆作'矫'也。……《汉书·高五王传》之'挢制'，即'矫诏'也。""挢"指假托，先秦典籍常见。《周礼·秋官·士师》："五曰挢邦令。"郑玄注："称诈以有为者。""挢丞令"与"挢邦令"同，是用本字"挢"。而侨字早期典籍未见用为"矫"者。《汉语大字典》"侨"下有"通'矫'。假托"一项，引文即睡虎地秦简此简文，是延续此误。另，

---

① 参见《胡厚宣先生纪念文集》，科学出版社1988年版。
② 睡虎地秦墓竹简整理小组编：《睡虎地秦墓竹简》，文物出版社1990年精装本，第13页。

文物出版社和湖北人民出版社出版的两部《睡虎地秦简文字编》也皆沿袭此误。

四 差休

《国学研究》第六卷①李零先生《秦骃祷病玉版的研究》一文，公布了近年出土于陕西的秦玉牍照片。秦玉牍叙述了秦惠文王因病而向神祈祷，希冀病体痊愈的事情。② 现录第一段释文如下：

又（有）秦曾孙小子骃曰：孟冬十月，氒（厥）气痼（戕）周（凋），余身曹（遭）病，为我戚忧。忳忳（呻呻）反昃（侧），无间无瘳。众人弗智（知），余亦弗智（知）。而靡又（有） 休。吾穷而无奈之可（何），永（咏）歎（叹）忧𢡚（愁）。

《秦骃祷病玉版的研究》曰："休"前一字"可能是'息'字，上半似从自，下半不清，好像与秦文字的'心'不太一样"。按，此字原形下半部中间略有磨损，当是"𨗷"字，从长从左会意，为差字异体，笔者曾在《马王堆帛书汉字构形系统研究》③ 中对此字作过解释。马王堆帛书《称》："失君不危者，臣故𨗷也。"马王堆帛书《五行》："能𨗷跎（池）其羽，然笱（后）能至哀。"二形皆与秦玉牍"𨗷"字形相类。

"差"有病愈之义，为"瘥"的本字。《方言》卷三："差，愈也。南楚病愈者谓之差。"《广韵·卦韵》："差，病除也。"曹操《追称丁幼阳令》："昔吾同县有丁幼阳者，其人衣冠良士，又学问材器。吾爱之。后以忧恚得狂病，即差愈，往来故当共宿止。"差愈即痊愈，差休与差愈同。

（原载《中国语文》2001 年第 4 期）

---

① 《国学研究》第六卷，北京大学出版社 1999 年版。
② 详见李学勤《秦玉牍索引》，《故宫博物院院刊》2000 年第 2 期。
③ 广西教育出版社 1999 年版，第 304 页。

张家山汉简字词释读考辨

《张家山汉墓竹简（二四七号墓）》（以下简称《张家山汉简》）[①] 的出版，为我们提供了一份久已盼望的研究资料。该书质量很高，然也有一些可商之处，今就阅读所记，整理编次，以就正于方家。

一 其疕痛，为蟦食。（《脉书》简二、简三）

"蟦"字乃"贼"字误释。贼，一种专食苗节的害虫，《尔雅·释虫》："食苗心，螟。食叶，蟘。食节，贼。食根，蟊。"《诗经·小雅·大田》："去其螟螣，及其蟊贼，无害我田稺。"毛传："食根曰蟊，食节曰贼。"孔颖达疏引陆玑云："贼，似桃李中蠹虫，亦头身长而细耳。"贼食即"贼蚀"，清·方苞《书〈辨证周官戴记尚书〉后》："然后知舍莽政之符验，《周官》可无疵者；舍莽事之比类，古圣无见诬者。循是以讨去之，然后读经之贼蚀，一旦而廓然。"

二 在肠中，痛，为血叚（瘕）殹。（《脉书》简七）

释文"殹"字衍。

三 脾（髀）不可运。（《脉书》简一八）

释文"可"后脱"以"字。

[①] 张家山二四七号汉墓竹简整理小组：《张家山汉墓竹简（二四七号墓）》，文物出版社2001年版。

四　稻禾一石为粟廿斗，舂之为米十斗，为毁（毇）粲米六斗泰（大）半斗。(《算数书》简八九)

《张家山汉简》注释说："对照《仓律》，可知简文'粲'为衍文。"

今按，《说文·米部》："粲，稻重一秅，为粟二十斗，为米十斗曰毇，为六斗太半斗曰粲。"据此则"粲"字非衍，汉简与《说文》所述相同。《竹简》释文标点应改为"稻禾一石，为粟廿斗，舂之为米十斗为毁（毇），粲米六斗泰（大）半斗"。若以"粲"为衍文，则与《说文》和《睡虎地秦墓竹简》相比，少粲米一项，故"粲"字定非衍文。《睡虎地秦墓竹简》此文为"稻禾一石，为粟廿斗，舂为米十斗；十斗粲，毁（毇）米六斗大半斗"，疑睡虎地秦简"粲"、"毇"二字误倒。

五　凰鸟下之。(《盖庐》简四)

释文"凰"字误，原字形从鸟从凡，为"鳳"字。

六　左太岁、右五行可以战。(《盖庐》简一七)

释文"太"，图版作"大"，释文应与《盖庐》简一九"大（太）白人月"例同，作"左大（太）岁"。

七　适（敌）人且归，我勿用追，使之半入，后者则榣（摇）。(《盖庐》简四三)

释文"榣"字误，图版作"摇"。

八　居里不正直，强而不听□正，出入不请者，攻之。(《盖庐》简四七)

《张家山汉简》注释说："缺字当为'里'字"。

今按：细审图版，缺字犹可看出，乃"瀍"字，与《盖庐》简六"其法曰"、简四八"狂（枉）法式"之"法"写法同。法正，义为礼法规矩。《荀子·性恶》："凡禹之所以为禹者，以其为仁义法正也。"《孔子家语·七十二弟子解》："高柴，齐人，高氏之别族，字子羔，少孔子四十岁。为人笃孝而有法正。""听"字义为服从。《国语·周语下》："神是以宁，民是以听。"韦昭注："听，从也。"

九　凫沃者，反昔（错）手北（背）
　　而挥头。（《引书》简一五）

十　凫沃卅。（《引书》简六三）

十一　凫沃卅……凫沃五十。（《引书》简六四）

十二　凫沃十。（《引书》简八一）

十三　凫沃。（《引书》简九九）

上述释文中诸"凫"字，原字形皆上从鸟下从力，不从几，乃是"鳨"字。《玉篇·鸟部》："鳨，音力。鸟，似凫而小。鳨，同上。"《广韵·职韵》："'鳨，似凫而小。亦作鳨。"《集韵·职韵》："鳨，鸟名，小凫也。"此导引术式似鸟跷翅洗头状，故名。

十四　梟栗者，反昔（错）手北（背）而宿（缩）
　　颈垔头。（《引书》简一六）

《张家山汉简》注释说："'梟栗'，疑应作'枭栗'。栗，《汉书·杨恽传》注：'竦缩也。'或说'栗'为'垔'字之误。"

今按:"臬"字误释,图版此字作上从鸟头下从木,就是"枭"字,与《说文》"从鸟头在木上"之释形相合。秦汉简帛鸟头与"自"字写法严然有别,睡虎地秦简、马王堆帛书皆然。栗,疑为"裂"之借字,《诗经·豳风·东山》:"有敦瓜苦,烝在栗薪。"郑玄笺:"栗,析也……古者声栗、裂同也。"《周礼·考工记·弓人》:"茍栗不迤,则弓不发。"郑玄笺:"栗,读为裂繻之裂。"枭栗即枭裂,指有身无首。应劭《风俗通·正失·王阳能铸黄金》:"亦旋枭裂。"

十五 取木善削之,令其大把,长四尺。（《引书》简四〇、简四一）

释文"把"字误,依图版为"杷"字,这里指器物之柄,《晋书·外戚传·三门濛》:"临殡,刘桜以犀杷尘尾置棺中。"犀杷,《世说新语·伤逝》作"犀柄"。

十六 两手奉尻,傴头,楯之,头手皆下至躔（踵）。（《引书》简五一）

《张家山汉简》注释以为"傴"为讹字,误。傴乃"区"之借字①,义为弯曲。《庄子·天道》:"万物化作,萌区有状。"区即弯曲。

十七 益阴气,恒坐夸（跨）股,勿相悔食,左手据地,右手把饭,垂到口,因吸饭气,极,因饭之。（《引书》简五三）

《张家山汉简》注释说:"恒,《说文》:'常也。'悔,疑读作'梅',《楚辞·天问》注:'贪也。'"

---

① 高亨:《古字通假会典》,齐鲁书社1989年版,第335页。

今按："悔"字不应改读，在此义为改变。《玉篇·心部》："悔，改也。""勿相悔"，意即坚持，不要改变，正与上字"恒"相应。释文应于"悔"字后断句，作"益阴气，恒坐夸（跨）股，勿相悔。食，左手据地，右手把饭，垂到口，因吸饭气，极，因饭之"。如按原释，则此句当在讲完进食方式后。

十八 危坐，手操左棺（腕）而力举手，信（伸）臂，以力引之。（《引书》简六八）

释文"棺"误，图版作"揎"，与《引书》简八七"右手把左揎（腕）而前后摇（摇）之"、"左手把右揎（腕）"，《引书》简八八"左手杷（把）右揎（腕）"同。

十九 在右颊，引之如左，皆三而已。（《引书》简八一）

释文中"在"字，图版作"左"，可能是原简误写。

二十 黄卷□棺中。（遣策简六）

"黄卷"下一字当是"隐"字，为包藏黄卷之物，《广韵·隐韵》："隐，藏也。"释文"隐"下脱"一"字。棺中，"中"字乃"巾"字误释，原字形下不封口，与该书遣策简二八"澡巾一"之"巾"写法同。棺，当是"绾"之借字，《广韵·潸韵》："绾，系也。"指隐上系有巾。此简释文应为："黄卷隐一，棺（绾）巾。"

二十一 盐一莆（箁）。（遣策简一六）

"一"字后原字形上从竹，不从艹，就是"箁"字。

二十二　□土二。(遣策简三九)

"二"前"□土"是一个字，即"甕"字，所从"缶"之下笔稍直，误认为"土"。《说文·缶部》："甕，汲缾也。"凤凰山八号墓竹简遣策："汲甕二。"① 所指当与此同物，字作"甕"。

(原载《盐城师范学院学报》2003 年第 4 期)

---

① 金力:《江陵凤凰山八号汉墓竹简试释》,《文物》1976 年第 6 期。

沅陵虎溪山一号汉墓竹简字词考释

湖南沅陵虎溪山一号汉墓于1999年6月至9月发掘，墓中出土竹简1,336枚（段），内容分黄簿、日书和美食方三类。《文物》2003年第1期发表了发掘报告《沅陵虎溪山一号汉墓发掘简报》，简报中公布了日书《阎氏五胜》的部分图版（见图）和释文，此书不见于传世文献，文中论述了五行相克的辩证关系及所涉举事时日宜忌。今录发掘简报所附释文如下：

  五胜：金胜木，木胜土，土胜水，水胜火，火胜金。衡平力钧则能相胜，衡不平力钧则不能相胜。水之数胜火，万石之积燔，一石水弗能胜；金之数胜木，一斧之力不能辟一山之林；土之数胜水，一索壤不能止一河之原（源）；火之数胜金，一燋之火不能熛千钧之金；木之数胜土，[一]围之木不能任万石之土。是故十火难一水，十木难一金，十水难一土，十金难一火。十土难一木。阎昭曰：举事能谨顺春秋冬夏之时，举木水金火之兴而周环之，万物皆兴，岁乃大育，年雠益徙，民不疾役，强国可以广地，弱国可以柳（抑）强敌。故常以良日支干相宜而顺四时举事，其国日益。所谓顺四时者，用春甲乙、夏丙丁、秋庚辛、冬壬癸。常以困罚日举事，其国日秏（耗）。所谓罚日者，干不胜其支者也；所谓困日者，春戊己，夏庚辛壬癸，秋甲乙，冬丙丁。是故举事日加喜数而福大矣，日加忧数而祸大矣。祸福之来也，迟亟（疾）无常，故民莫之能察也。故残国亡家常好用困罚日举事，故身死国亡，诸侯必加之矣。

此段释文中，尚有若干字词需进一步讨论。

一　金之数胜木，一斧之力不能辟一山之林

释文中"辟"字，图版作〔图〕，此乃"跌"字，字形左部"足"下的"止"为草写，汉隶常见，例如：

〔图〕马王堆汉墓帛书《老子》甲本及卷后古佚书 216 行"路"字①

〔图〕马王堆汉墓帛书《战国纵横家书》228 行"距"字②

〔图〕银雀山汉墓竹简 916 行"跋"字③

字形右部"戋"的写法也为隶写，马王堆汉墓帛书《战国纵横家书》251 行"浅"字作〔图〕，写法完全相同，故此字为"践"字无疑。

践与"剪（翦）"通，义为灭除。朱骏声《说文通训定声》"践"下："践，叚借又为剪。"《尚书·周书·蔡仲之命》："成王东伐淮夷，遂践奄。"孔颖达疏："郑玄读践为翦，灭也。"《吕氏春秋·古乐》："成王立，殷民反，王命周公践伐之。"高亨新笺："践，读为《诗·甘棠》'勿翦勿伐'之翦，践、翦古通用。"

二　火之数胜金，一燎之火不能爍千钧之金

今按，释文中"爍"字乃"燥"字误释。原字形右旁"樂"下不从"木"而从"大"，此为楚文字常形，例如：

〔图〕曾侯乙墓楚简 176④

---

① 国家文物局古文献研究室：《马王堆汉墓帛书（壹）》，文物出版社 1980 年版。
② 马王堆汉墓帛书整理小组：《马王堆汉墓帛书（叁）》，文物出版社 1983 年版。
③ 银雀山汉墓竹简整理小组：《银雀山汉墓竹简（壹）》，文物出版社 1975 年版。
④ 湖北省博物馆：《曾侯乙墓》（上、下），文物出版社 1989 年版。

▨信阳楚简 2·018①

▨新蔡葛陵楚简甲三 298②

沅陵虎溪山为古楚地，汉简字形乃楚文字写法的遗留，马王堆汉墓帛书《老子》甲本及卷后古逸书 200 行的"樂"字作▨，下从"大"，当出于同一原因。

"爍"与"鑠"通，义为销熔。《周礼·考工记序》："爍金以为刃。"陆德明释文："爍，义当作鑠。"孙诒让正义："爍即鑠之俗。"《论衡·奇怪》："爍一鼎之铜，以灌一钱之形，不能成一鼎，明矣。"《玄应音义》卷九："爍，字与鑠同，销鑠也。"反观"熛"字，查《汉语大字典》，其有"火星迸飞"、"迅疾"、"光"、"赤色"四义，皆与句义不协。据，量词，一据即一把，《玉篇·手部》："据，持也。""持，握也。"

三 [一] 囲之木不能任万石之土

今按，释文"囲"字，原字形作▨，此乃"围"字。古文字"韋"常常省写，例如：

▨侯马盟书 16：3③

▨《古玺汇编》344④

"围"字常从省写之"韋"，例如：

▨（▨）包山楚简 5⑤

---

① 河南省文物研究所：《信阳楚墓》，文物出版社 1986 年版。
② 河南省文物考古研究所：《新蔡葛陵楚墓》，大象出版社 2003 年版。
③ 山西省文物工作委员会：《侯马盟书》，文物出版社 1976 年版。
④ 罗福颐主编：《古玺汇编》，文物出版社 1981 年版。
⑤ 湖北省荆沙铁路考古队：《包山楚简》，文物出版社 1991 年版。

🔲 马王堆汉墓帛书天文杂占末·上①

虎溪山汉简此字和包山楚简字形相比，仅是两右撇变为一中竖。

围，量词，常用于树木，《庄子·人间世》："匠石之齐，至于曲辕，见栎社树。其大蔽数千牛，絜之百围。"《文选·枚乘〈上书谏吴王〉》："夫十围之木，始生而蘖。"魏源《默觚下·治篇二》："一围之木持千钧之厦，五寸之键而制阖开者，所居要也。"据文献句义，比较而言，一围之木是指小木，合于虎溪山汉简句义。

四　岁乃大育，年雠益徿

今按，释文"徿"字，原字形作 🔲，此乃"延"字。《马王堆汉墓帛书·九主》："汤乃延三公。""延"字作 🔲（《马王堆汉墓帛书（壹）》老子甲本及卷后古佚书 358 行），与虎溪山汉简字形右旁相同，至于左旁"彳"与"廴"，本是一形，都源于甲骨文的"🔲"。

因上有"岁乃大育"一句，年雠之"年"定非指岁收、谷熟，年雠当即"年寿"，"雠"与"寿"通，《左传·文公十三年》"魏寿馀"，《史记·秦本纪》、《史记·晋世家》作"魏雠馀"。"年寿"一词古已有之，曹丕《典论·论文》："年寿有时而尽，荣乐止乎其身。二者必至之常期，未若文章之无穷。"《墨子·明鬼下》："若无鬼神，彼岂有所延年寿哉！"这一句例不仅说明古有"年寿"一词，而且说明了"年寿"与"延"的搭配关系。《方言》卷一："延、永，长也。凡施于年者谓之延，施于众者谓之永。"《文选·嵇康〈养生论〉》："熏之使黄而无使坚，芬之使香而无使延哉。"李善注："《方言》曰：延，年长也。"

（原载《语言研究的务实与创新——庆祝胡明扬教授八十华诞学术论文集》，中国人民大学中文系编，外语教育与研究出版社 2004 年 12 月）

---

① 汉语大字典字形组：《秦汉魏晋篆隶字形表》，四川辞书出版社 1985 年版。

马王堆一号汉墓竹简字词考释

一 定

简二〇八 髤画其末一，长二尺六寸，广尺七寸，盛芝①

简二一四 髤画卑虒桱八寸册，其七盛乾芝，郭首。卅一盛膺（脍）载（截）。

简二〇八下原注："芝，疑为'定'字，或释'肉'字。"

按，释文二"芝"字，原形作𡧏，此是"定"字无疑。《马王堆帛书·九主》："[法] 君分明，诎（法）臣分定。"（《老子甲本》及卷后古逸书图版382行）②"定"字作𡧏。《马王堆帛书·战国纵横家书》："奉阳君鸷臣，归罪于燕，以定其封于齐。"（《战国纵横家书》图版35行）③"定"字作𡧏。《马王堆帛书·十大经》："刑（形）恒自定，是我俞（愈）静。"（《老子》乙本及卷前古逸书图版141行上）④"定"字作𡧏。形体与竹简此字完全相同。

"定"与"奠"通用。《周礼·地官·司市》："奠贾。"郑玄注："奠

---

① 释文据湖南省博物馆、中国科学院考古研究所《长沙马王堆一号汉墓》（上、下），文物出版社1973年版。标点为本文作者所加，下同。

② 国家文物局古文献研究室：《马王堆汉墓帛书（壹）》，文物出版社1980年线装本，第30页。

③ 国家文物局古文献研究室：《马王堆汉墓帛书（叁）》，文物出版社1978年线装本，第47页。

④ 国家文物局古文献研究室：《马王堆汉墓帛书（壹）》，文物出版社1980年线装本，第79页。

读为定,杜子春云:'奠当为定。'"《周礼·考工记·弓人》:"寒奠体。"郑玄注:"奠读为定。"《国语·齐语》:"定三革。"韦昭注:"定,奠也。"今人犹有"奠定"之语。上二简之"定"即借为"奠"。《说文·丌部》:"奠,置祭也。"《释名·释丧制》:"丧祭曰奠。"也引申指丧事所用祭品,《周礼·地官·牛人》:"丧事,共其奠牛。"郑玄注:"丧所荐馈曰奠。"简二〇八下原注:"汉代二尺六寸,约合59.8厘米;尺七寸,约合39.1厘米。382号漆案长60.2厘米,宽40厘米,与此相近,案上又放置杯盘食物,当即简文所记之器。"是上二简之"定"即指案上用于丧祭之食物。

二 绞绪

简二四六　绞绪巾二,缋掾(缘)。
简二四七　绞绪巾一,素掾(缘)。
简二八四　绞绪巾一。

释文"纹"字原形作🔲,此当为"绞"字,《居延汉简甲乙编》:"☐下茭屋柎解随☐"(乙图版六九78.11)。① "茭"字作🔲,二形"交"旁写法相同,皆为"交"之草写体。《礼记·玉藻》:"绞衣以裼之。"郑玄注:"绞,苍黄之色也。"《集韵·爻韵》:"绞,苍黄色。""绪"通"纻",《墨子·非命下》:"强乎纺绩织纴,多治麻䍜丝葛绪。"孙诒让《间诂》引毕沅曰:"绪,纻字假借。"纻为麻类植物,可织布,其所织布也曰纻。《玉篇·糸部》:"纻,麻属,所以缉布也。"《汉书·高帝纪下》:"贾人毋得衣锦、绣、绮、縠、絺、纻。"颜师古注:"纻,织纻为布及疏也。""绞绪巾"即苍黄色纻布巾,其下二四九简"绪巾一",则指巾颜色为纻原色,故不言"绞"。江陵凤凰山八号汉墓竹简"皁绪禪衣一"②,即皁色纻布单衣一件,此与上简"绞绪巾二"等叙丝相同。马王堆一号汉墓遣策叙丝麻织品多言颜色,如下简"白绡乘云绣"、"绀绮信

---

① 《居延汉简甲乙编》(下册),中华书局1980年版,第58页。
② 金立:《江陵凤凰山八号汉墓竹简试释》,《文物》1976年第6期。

期绣"、"青丝履"等。又，此墓所出纺织品颜色以各类黄色为主，可见黄色为当时贵族服饰流行色。

三 䌲印旅

简二五一 郭（椁）中䌲印縠帷一，缋掾（缘），素校。袤二丈二尺，广五尺。青绮帬，素里、掾（缘）。①

释文"䢅"字似用唐兰先生释，但唐兰先生说："䢅字右旁似从邑，未详。"② 按，此字当是"䌲"字，只是"龍"之左旁写作"冃"，颇少见，然《居延汉简甲乙编》："南部燓六所狗笼一。"（甲图版壹柒陆2460）③ 其笼字所从"龍"之左旁也写作"冃"，可见汉代"龍"有此种写法。《龙龛手鉴·糸部》："䌲，直也。""直"乃古"值"字，洪颐煊《读书丛录·论〈说文〉》："直本作值。"《集韵·志韵》："值，《说文》：'措也。'或作直。"《说文》以措释值，措、置互训，"䌲"在此义为措置，"䌲印縠帷"即措置印花的縠纱帷幔。一号墓出土"泥金银印花纱"和"印花敷彩纱"两类多种印花丝织品，印花由小型刻板措置，以泥金银印花纱标本为例，"图案外廓略作菱形，每个单位长6.1厘米，宽3.7厘米，错综连续排列，通幅共有图案13个单位"。④

"素校"之"校"原形作 ，此当是"旅"字，《马王堆帛书·春秋事语》："夫共中（仲）鵠（圉）人骈旅其 （抶）以犯尚民之众。"（春秋事语图版89行）⑤ "旅"字作 ，字形相近。正因为隶书"旅"字左旁有时写的像"扌"，所以产生了"捄"、"抳"等俗体，《广韵·语

---

① 释文"縠"、"袤"二字依朱德熙、裘锡圭先生释，见《马王堆一号汉墓遣策考释补正》，《文史》1980年第十辑。
② 《长沙马王堆汉轪侯妻辛追墓出土随葬遣策考释》，《文史》1980年第十辑。
③ 《居延汉简甲乙编》（下册），中华书局1980年版，第162页。
④ 湖南省博物馆、中国科学院考古研究所：《长沙马王堆一号汉墓》（上集），文物出版社1973年版，第56—57页。
⑤ 马王堆汉墓帛书整理小组：《马王堆汉墓帛书（叁）》，文物出版社1978年线装本，第27页。

韵》：" 旅，俗作捛。"《康熙字典·手部》："捛，《篇海》音义同旅，又《篇韵》姓也。按，《广韵》：'旅，俗作捛。'此又讹从衣，更谬。"简二五三："素乘云绣枕巾一，缋周掾（缘），素裧。""素裚"与"素裧。"相似，皆在"缋掾"后叙述，当指纺织品边缘外接续之物，处物品之末端，《方言》卷十三："裔、旅，末也。"符合文义。

四　辟

简二八七　滑辟席一，广四尺，长丈。生缯掾（缘）。
简二八八　滑辟席一，绪掾（缘）。

释文"辟"原形作 ![字形]，按，"辟"字从䇂从辛，䇂从中从自，字形无从口者，此乃"辟"字。《睡虎地秦简·秦律十八种》："书廷辟有日报。"（图版185行）①"辟"字作 ![字形]。又"岁䜊辟律于御史"（图版199行）。②"辟"字作 ![字形]。字形完全相同。《马王堆帛书·老子甲本》："攘臂而乃（仍）之。"（《老子甲本》及卷后古逸书图版2行）③"臂"所从辟作 ![字形]，帛书"𨸏"、"自"多不分。辟在此读为蒲，辟、蒲古音同为并母，辟属锡部，蒲属鱼部，韵可旁对转。《集韵》蒲有"白各切"音，古韵属铎部，则与辟旁转。《说文·草部》："蒲，水草也。可以作席。"《周礼·春官·司几筵》："诸侯祭祀席：蒲筵、缋纯。加莞席，纷纯。"上二简之下二八九、二九〇简正言莞席。

（原载《简帛研究二〇〇二、二〇〇三》，广西师范大学出版社2005年版）

---

① 睡虎地秦墓竹简整理小组：《睡虎地秦墓竹简》，文物出版社1990年精装本，第61页。
② 同上书，第64页。
③ 国家文物局古文献研究室：《马王堆汉墓帛书（壹）》，文物山版社1980年精装本，第3页。

马王堆一号汉墓竹简的"牒"

马王堆一号汉墓遣策小结简中有时有"牒",如"右方苴(菹)五牒、资五"、"右方种五牒、布囊十四"、"右方鮆、脂十牒、资九、坑五"等。其中的"牒",《长沙马王堆一号汉墓》注释:"《说文·竹部》:'简,牒也。'又《片部》:'牒,札也。'各组小结简凡言牒者,均系总计本组简数。"即认为"牒"在这里是记录随葬品的竹简的量词,对此结论,向无异议。然我们仔细分析就会发现,这一说法是有问题的。首先,既然是竹简的统计,为什么有的小结有而有的没有?马王堆一号汉墓遣策既有严密的分类,又有详尽的小结,相比其他墓葬遣策,记录相当严格,不应该出现这种情况,而且有的一组简简数很多而小结没有"牒",有的一组简简数很少而小结有"牒"。其次,以"牒"为简数统计,绝大多数与实有简数不符,如小结简六八"右方牛、犬、豕、羊、肩载(胾)八牒",正如原注所说"小结言八牒而实际只七牒"。又如小结简一〇二"右方鮆、脂十牒",而本组简共有十二简,原注说"本组牒数十二……与小结对照,牒数多二"。再如小结简二二四"右方七牒",而本组共有四简,所以原注说"案本组简文,共四牒,比小结少三牒"。最后,遣策简是对随葬品的记录,小结简是对本组随葬品的总计,竹简是记录者,而非被记录者,它本身不是送给死者的生活用品,它也被统计不合情理。马王堆三号汉墓遣策与一号汉墓大体相同,三号汉墓遣策也有小结简,而无竹简数统计就是明证。我们认为,一号墓遣策小结简中的"牒"是量词无疑,但不是竹简的量词,而是部分随葬品的量词,不是所有随葬品都能用"牒"作量词,所以小结简有时候用"牒",有时候不用"牒"。试看下面的用例分析:

简六一 牛肩一器,笥一。
简六二 牛载(胾)一笥。

简六三 犬肩一器，与载（胾）同笥。

简六四 犬载（胾）一器。

简六五 豕肩一器，与载（胾）同笥。

简六六 豕载（胾）一笥。

简六七 羊肩载（胾）各一器，同笥。

简六八 右方牛、犬、豕、羊、肩载（胾）八牒，华一，笥四合，卑虒五。

原注："小结'华一'，当指盛牛肩的'华圩'（参看简二〇一），本组简文缺记，故小结言八牒而实际只有七牒。"朱德熙、裘锡圭先生说："本组中，牛、犬、豕的肩和胾都是分简记的，独有羊的肩、胾合记于一简。书写遣策的人在写小结简的时候，大概误认为羊的肩、胾也是分简记的，所以把本组简数误计为八牒，比实际数字多出了一牒。并不是由于本组缺记盛牛肩的'华圩'，'故小结言八牒而实际只有七牒'。六一号简说'牛肩一器，笥一'，'一器'就指'华圩'。"① 按，二位先生正确地指出了原注的误释，但对小结"八牒"与七枚简的不符的解释仍有问题，因为前一简（简六七）刚刚合记写完，写后一简（简六八）时就会误认为是分记两简的，这不太合情理。我们认为，"八牒"就指牛肩、牛载、犬肩、犬载、豕肩、豕载、羊肩、羊载八份肉食，"牒"是这些肉食的量词，"牛、犬、豕、羊、肩载（胾）八牒"，即牛肩、牛载、犬肩、犬载、豕肩、豕载、羊肩、羊载共八份。小结简实际是既总结了食物，又附带说明了食物的放置方式，而总结食物是重点，这一点看一下其他小结简就可以知道，如简一〇"右方酪羹九鼎"、简三七"右方脯三笥"。若依原有解释，就成了竹简和器具的总结。本小节随葬品肉食八份，其中六份是先放在卑虒（盘子）和华圩（盂）中，再一起放到笥中，有两份是直接放到笥中。

简九〇 鱼一资。　　简九一 肉一资。

简九二 鱼脂一资。　　简九三 肉酱一资。

---

① 参见朱德熙《朱德熙古文字论集》，中华书局1995年版，第125页。

简九四　爵（雀）酱一资。
简九五　离然一资。　　　简九六　强脂一资。
简九七　孝糏一资。　　　简九八　马酱一坑。
简九九　鲂一坑。　　　　简一〇〇　鳢一坑。
简一〇一　䜴（豉）一坑。
简一〇二　右方鱿、脂十牒、资九、坑五。

按，本组简为调味品，共十二种。鱿与脂都属肉酱。鱿，原注："疑当读蓝。《说文·皿部》：'蓝，醢血也。'《说文·酉部》："醢，肉酱也。"脂，原注："脂即鮨字。《尔雅·释器》：'鱼谓之鮨，肉谓之醢。'"十二种调味品中，鱼鱿、肉鱿、鱼脂、肉酱、爵（雀）酱、强脂、马酱、鲂、鳢九种是肉酱没有问题，"离然"，朱德熙、裘锡圭先生说："我们怀疑简文'然'字应该读为'臡'，'难'、'然'古音极近，《说文》'然'字或体作'䕼'，可证。《尔雅·释器》：'肉谓之醢，有骨者谓之臡。'"①是"离然"也属肉酱，其他两种孝糏和䜴（豉）则不属肉酱，这样以鱿、脂为代表的肉酱是十种，故小结言"鱿、脂十牒"。本组简的小结简和其他记载食物的简一样，也是先言食物有多少，即"右方鱿、脂十牒"，后言放食物的器物是多少，即"资九、坑五"。小结简只言主要物品，不言孝糏和䜴（豉），也是惯常做法。

简二二〇　熏卢，皆画。
简二二一　瓦器三贵（簋），锡涂，其六鼎盛羹，钫六盛米酒、温酒。
简二二二　瓦簪甗，各锡涂。
简二二三　瓦鍐二，皆画。
简二二四　右方七牒瓦器，锡涂。

原注："案本组简文，共四牒，比小结少三牒。"按，"七牒瓦器"，"牒"乃瓦器量词，本组简有三贵（簋）瓦器、一个簪、一个甗、两个

---

① 参见朱德熙《朱德熙古文字论集》，中华书局1995年版，第125页。

鍐,正好是七。

综合一号汉墓竹简用"牒"的物品,计有肩载肉、肉酱、粮种、榨菜、木器、瓦器、竹器、泥塑。

参考文献

［1］湖南省博物馆中国科学院考古研究所:《长沙马王堆一号汉墓》,文物出版社1973年版。

［2］湖南省博物馆湖南省文物考古研究所:《长沙马王堆二、三号汉墓》第一卷,文物出版社2004年版。

(原载《语文研究》2008年第2期)

马王堆三号汉墓竹简字词考释

湖南长沙马王堆三号汉墓于1973年11月19日至12月12日发掘，墓中出土了大量简牍和帛书，简牍内容包括遣策和医书两类，其中医书部分已于1985年整理出版，而遣策部分却迟迟未予公布。2004年7月，马王堆二、三号汉墓田野考古发掘报告《长沙马王堆二、三号汉墓》出版，书中完整公布了三号墓遣策简牍照片，并附有释文和注释，本文是依据此书照片和释文进行的字词考释。

一 羊车

简五 宦者九人，其四人服牛车。①
简六 牛车，宦者四人服。

上二简释文"牛"原形作半，此是"羊"字，非"牛"字。马王堆出土简帛"牛"字皆作二横，无作三横者，而"羊"字多作三横，少数作四横，无作二横者。《释名·释车》："羊车。羊，祥也；祥，善也。善饰之车。"《晋书·舆服志》："羊车，一名辇车，其上如轺，伏兔箱，漆画轮辄。"《南齐书·舆服志》："漆画牵车，御及皇太子所乘，即古之羊车也。"可见羊车是一种装饰精美的车。《隋书·礼仪志五》："羊车，一名辇。其上如轺，小儿衣青布裤褶，数人引之。时名羊车小史。汉氏或以人牵，或驾果下马。"此说正与上二简内容相合。服，义为驾。辇是用人拉挽的车，羊车也是用人拉的，所以羊车也可称辇车。

---

① 湖南省博物馆、湖南省文物考古研究所：《长沙马王堆二、三号汉墓》第一卷，文物出版社2004年版。以下马王堆三号汉墓简牍遣策释文皆引自此书。

二 羽

简九　建鼓一，羽栓饰卑二，鼓者二人操抡。

按，释文"栓"原形作𣎴，此是"𣎴"字。羽𣎴疑即羽翻，𣎴，书母鱼韵，翻，定母幽韵，声类同为舌音，韵部旁转。《经籍籑诂·号韵》："《礼记·杂记》'匠人执羽葆御柩'，《周礼·乡师注》作'匠人执翻以御柩'。"南朝梁王筠《昭明太子哀册文》："羽翻前驱，云旐北御。"据汉代画像石，建鼓鼓顶一般装饰有羽葆，如河南方城东关汉画像石上的大型建鼓，鼓顶饰一羽葆①。徐州铜山汉画像石上的建鼓，鼓顶饰有羽葆②。山东沂南汉画像石上的建鼓，鼓顶有羽葆和旒苏③。"羽𣎴饰"义为用羽葆装饰。

三 卑 抱

简九　建鼓一，羽栓饰卑二，鼓者二人操抡。
简一四　大鼓一，卑二。

"卑二"，指建鼓上装的两面小鼓，据汉代画像石，建鼓旁常设小鼓，如河南南阳汉画像石的建鼓，两侧鼓面下各设一小鼓，河南方城东关汉画像石墓中室东面石刻上的大型建鼓，建鼓下左右各设一与建鼓形制相同的小鼓，河南新野"鼓舞"画像砖上建鼓的筍虡上下悬挂有四面小鼓④。"卑"假为"鞞"，《诗经·周颂·有瞽》："应棘县鼓。"郑玄注："棘，小鼓，在大鼓旁，应、鞞之属也。"《文选·丘迟〈旦发鱼浦潭〉》："鸣鞞响沓障。"李善注引《字林》："鞞，小鼓也。"

---

① 南阳市博物馆、方城县文化馆：《河南方城东关汉画像石墓》，《文物》1980 年第 3 期。
② 王黎琳、李银德：《徐州发现东汉画像石》，《文物》1996 年第 4 期。
③ 华东文物工作队山东组：《山东沂南汉画像石墓》，《文物参考资料》1954 年第 8 期，图二十七。
④ 详见孙机《汉代物质文化资料图说》，文物出版社 1990 年版，第 378 页。

释文"抢"原形作 抱，此是"抱"字，其右旁"包"的写法，与简七五、八〇的"鲍"和简二三五的"炮"的右旁写法相同。"抱"假为"枹"，《说文·木部》："枹，击鼓杖也。"

简九释文和标点应修订为：

简九　建鼓一，羽轹（翿）饰，卑（鞞）二，鼓者二人操抱（枹）。

四　盾　李縠

　　简三四　角弩一具，象几一，斿（游）豹盾缇里缋椽（缘）。
　　简三六　柧（弧）弩一具，象几一，越邦盾缇里孝（绢？）繻椽（缘）。

　　按，游豹是纹锦的一种，上有飞跃腾空的豹形，故名。越邦当也是纹锦的一种。敦煌、居延汉简中与"弩"并列的常有"幡"，例如：

居延新简 51·68①：

　　四石具弩一。　　　稾矢五十。
　　弩幡一。　　　　　兰、冠各一。

居延新简 51·112：

　　六石具弩一，完。　兰、冠各一，完。
　　弩幡一。　　　　　稾矢铜镞五十，完。

居延新简 56·150：

　　五石具弩一。
　　弩幡一。

---

① 甘肃省文物考古研究所等：《居延新简》，中华书局1994年版。下同。

弩幨即装弩的袋子。《说文·巾部》："幨，载米甈也。从巾，盾声。"幨本是盛米的袋子，大概与装弩的袋子形制相似，故也用它来表示盛弩袋。"盾"显然是"幨"的借字，"游豹盾"即用游豹纹锦做的装弩的袋子。

释文"孝"原形作㚔，此是"李"字，与马王堆帛书《春秋事语》93行的"李"字、马王堆帛书《战国纵横家书》272行的"李"字写法相同。"李"通"理"，段玉裁《说文解字注》："古李、理同音通用。"理即"纹理"，《广韵·止韵》："理，文也。"《荀子·正名》："形体、色理以目异。"杨倞注："理，文理也。"

释文"椽"原形作㯮，从"扌"，是"掾"字，马王堆一号汉墓竹简遣策同，三号汉墓遣策原释文作"椽"者，皆当改为"掾"。

简三四、三六释文和标点应修订为：

简三四　角弩一具，象几（机）一，斿（游）豹盾（幨），缇里，缋掾（缘）。

简三六　柧（弧）弩一具，象几（机）一，越邦盾（幨），缇里，李（理）繻掾（缘）。

五　绣

简五三　琴一，青绮绣，素里菜（彩）缋掾（缘）

简五五　瑟一，绣绣，素里缋掾（缘）

简五六　竽一，锦绣，素里缋掾（缘）

按，遣策简对于相关的物品、人，常变换主角重复叙述，如简五"宦者九人，其四人服羊车"与简六"羊车，宦者四人服"。简三八一作"青绮琴囊一，素里蔡（彩）缋掾（缘）"，与上列简五三内容完全相同，很可能简三八一与简五三所指为同一物品，而一处以乐器为主叙述，另一处以囊为主叙述。"绣"疑是"橐"字异体，从糸，秃声。秃、橐皆透母字，秃为屋韵，橐为铎韵，韵可旁转。《说文·木部》："橐，囊也。"这里指乐器套。

六　䪅观

简六八　胡人一人，操弓矢、䪅观，率附马一匹。

按，居延旧简28·19："出弓楑丸七，付都尉库。"① 又87·12："弓一，楑丸一，矢十二。"② 楑丸是藏弓矢器，《左传·昭公二十五年》："公徒释甲，执冰而踞。"杜预注："冰，楑丸盖。或云楑丸是箭筩，其盖可以取饮。"。"楑丸"又作"韇丸"，《方言》卷九："弓藏谓之鞬，或谓之韇丸。"（依周祖谟师校改）③ 也作"韇丸"，《仪礼·士冠礼》："筮人执策抽上韇。"郑玄注："今时藏弓矢者谓之韇丸也。""䪅观"即"楑丸"，"䪅"与"楑"同从"賣声"，"观"、"丸"皆是元部字，声类又都属牙音。居延简有"弓楑丸"，说明《方言》楑丸为弓藏的说法是正确的，但马王堆三号汉墓此简言一个胡人带着弓矢、䪅观，又牵着一匹马，显然不可能单独拿矢，则楑丸也可装箭，楑丸应是以藏弓为主，也兼藏箭的器具。

本简释文"率"字是误释，原形作牽，下从"牛"，是"牵"字。

七　縣埶

简二二四　鱐縣埶一器。

《长沙马王堆二、三号汉墓》注释："縣埶，不可解。"按，"埶"前一字原释文隶为左从"枭"、右从"玄"，误。此乃"縣"字，其写法与马王堆汉墓帛书《战国纵横家书》141行"縣"字写法完全相同④，我们

---

① 谢桂华、李均明、朱国炤：《居延汉简释文合校》（上册），文物出版社1987年版，第44页。
② 同上书，第153页。
③ 周祖谟：《方言校笺》，中华书局1993年版，第58页。
④ 马王堆汉墓帛书整理小组：《马王堆汉墓帛书（叁）》，文物出版社1978年版。

曾经在《马王堆帛书汉字构形系统研究》中对此字形进行过考释①。縣䵗，是肉与粮食合蒸的一种食物，后作"悬熟"，《北堂书抄》卷一四五引谢讽《食经》："作悬熟，以猪肉和米三升，豉五升，调味而蒸之。""鲭縣䵗"即用鲭肉做的縣䵗。

八 蕙

简一八五　蕙一钧，一笥。

按，释文"蕙"原形作🔲，此是"蕙"字。马王堆帛书《春秋事语》20 行："鲁文公卒，叔中（仲）惠伯□□□佐之。""惠"字作🔲②，马王堆帛书《战国纵横家书》205 行："伐仇国之齐，报惠王之耻。""惠"字作🔲③，与此简写法相同。马王堆一号墓遣策简一五八"蕙一笥"，《长沙马王堆一号汉墓》注释："蕙乃蕙字的讹别。《广雅释草》：'薰草，蕙草也。'"一号墓和三号墓竹简字形的差别是字形上部由"屮"变"艸"，一号墓字形是"蕙"字简写，三号墓"惠"是"蕙"的借字。

九 桮

简二六〇　叄画大桮，容四升十。

按，释文"桮"原形作🔲，从"禾"，此是"桮"字。三号墓出土大漆耳杯 10 件，杯内黑漆书"君幸酒"三字，杯外底朱书"四升"，即简文所指。耳杯是汉代常用器，马王堆三号墓出土耳杯 148 件，马王堆一号墓出土 90 件，器形相似，皆为斫木胎，椭圆形，圆唇，两侧为月牙形耳，平底。依杯上漆书，分酒杯和食杯两类。酒杯分大、中、小三种，最大的就是四升大桮，中等的是外底朱书"一升"的杯，可见大桮确实很

---

① 王贵元：《马王堆帛书汉字构形系统研究》，广西教育出版社 1999 年版，第 77 页。
② 马王堆汉墓帛书整理小组：《马王堆汉墓帛书（叁）》，文物出版社 1978 年版。
③ 同上。

大。马王堆一号墓遣策有与三号墓遣策内容相同的简，曰："鬃画大桋，容四升十。"只是"桋"作"桵"，对于"桵"，《长沙马王堆一号汉墓》注释说："桵与酒杯同组，亦应为饮酒器。桵，疑为觯或觚之变音。桵歌部字，觚元部字，歌元阴阳对转。觯支部字，支歌音近。觯本元部单声，亦以阴阳对转变入支部。"① 唐兰先生则以为"桵匜音同"，"桵"即"匜"。②《长沙马王堆二、三号汉墓》注释："桵，即匜。"大概用的就是唐先生的说法。按，前一说似嫌迂曲，后一说也不确，因为一号墓另有匜出土，其遣策写作"杝"。汉李尤《杯铭》："小之为杯，大之为閜，杯閜之用，无施不可。"《方言》卷五："閜，梧也。其大者谓之閜。"《急就篇》卷三："椭杅槃案梧閜盌。"颜师古注："閜，大杯也。"《急就篇》是汉代黄门令史游编撰的，我们知道，其所述名物多与汉简相合。"梧"即"杯"字异体，《集韵·灰韵》："梧，盖今饮器。或作杯。"马王堆一号墓和三号墓遣策对漆耳杯有两种称谓，除"桋（桵）"外，皆称"杯"，正与上述汉代著述的"杯（梧）、閜"相应。一号墓遣策简一八四至小结简一八七最为明显：

简一八四　鬃画大桋，容四升十。
简一八五　鬃画龚中幸酒杯十五。
简一八六　鬃画龚中幸酒杯十五。
简一八七　右方鬃画桋十，幸酒杯卅枚。

汉代其他墓葬遣策也多以大杯、小杯对应记录，如江陵高台十八号汉墓木牍：③

画杯三双。
鬃杯二双一奇。
閜一双。

---

① 湖南省博物馆、中国科学院考古研究所：《长沙马王堆一号汉墓》，文物出版社1973年版，第144页。
② 唐兰：《长沙马王堆汉軑侯妻辛追墓出土随葬遣策考释》，《文史》1980年第十辑。
③ 湖北省荆州地区博物馆：《江陵高台18号墓发掘简报》，《文物》1993年第8期。

又如萧家草场二六号汉墓遣策：①

  简六　柯一双。
  简七　小酱杯十。
  简八　黑杯十。

江陵凤凰山八号汉墓遣策：②

  简一〇七　柯二双。
  简一〇八　伤杯卌。
  简一〇九　黑杯廿。
  简一一〇　酱杯廿。
  简一一一　食赤杯十。

江陵凤凰山一六七号汉墓遣策：③

  简十八　柯二枚。
  简十九　酱杯卅枚。

"簡"、"柯"与"移"、"桋"显然是指同一种器具，"移"、"桋"和"簡"古韵皆为歌部，"移"、"桋"所属的喻四声母的古音归类和拟音尚有争议，但与"簡"所属的牙音有关系是没问题的，周祖谟师曾依据银雀山竹简和马王堆帛书材料说明喻四与喉牙音的密切关系，如"谷"与"浴"、"举"与"与"、"畜"与"育"等。④ "移"、"桋"当是"簡"的借字。用"移"可能也与其意义有关，《集韵·寘韵》："移，大也。"

---

① 湖北省荆州市周梁玉桥博物馆：《关沮秦汉墓简牍》，中华书局2001年版，第138页。
② 金立：《江陵凤凰山8号汉墓竹简试释》，《文物》1976年第6期。
③ 吉林大学历史系考古专业：《凤凰山一六七号汉墓遣策考释》，《文物》1976年第10期。
④ 周祖谟：《周祖谟语言学论文集》，商务印书馆2001年版，第134页。

十　旐

简三三四　鳌机巾一，素里缋掾（缘），素[字]　[字]。

简三八九　椁中绣帷一，褚缋掾（缘），素[字]　[字]。

按，简三八九与马王堆一号汉墓遣策简二五一基本相同，素[字]，一号墓遣策作"素旒"（原释文作"素校"，误），① 指周缘外又续的素帛缘，马王堆一号汉墓出土的机巾和枕巾之一就是这种形态，② 如439号机巾，长寿绣绢面，周边镶有宽10.8厘米的起毛锦，起毛锦外又镶着宽5.8厘米的素绢。《方言》卷十三："裔、旒，末也。"故以"旒"表示巾的末边。"[字]"当是"旒"字异体，"旒"为从㫃、从从的会意字，"[字]"为从㫃、来声的形声字。"来"、"旒"同为来母字，来，之韵，旒，鱼韵，之鱼旁转。[字]是"来"的上一横与"㫃"重合的借笔形体。

（原载《中国语文》2007年第3期，收入本书时有增补）

---

① 详见王贵元《马王堆一号汉墓竹简字词考释》，《简帛研究二〇〇二、二〇〇三》，广西师范大学出版社2005年版。

② 湖南省博物馆、中国科学院考古研究所：《长沙马王堆一号汉墓》（下册），图版八六、一〇九，文物出版社1973年版。

安徽天长汉墓木牍初探

　　安徽天长西汉墓木牍2004年出土于安徽天长市安乐镇纪庄村十九号汉墓，共出木牍34枚，约2500字，内容以书信为主，兼有户口簿、算簿等。2006年，《文物》第11期刊发了天长市文物管理所、天长市博物馆撰写的《安徽天长西汉墓发掘简报》（以下简称"发掘简报"），公布了10枚木牍的照片，并附有释文。"简帛"网2006年12月19日刊登了何有祖《安徽天长西汉墓所见西汉木牍管窥》（以下简称"何文"）一文，对已公布简牍进行了进一步释读，本文对上述二文或有是正，或有补充。

一　户口簿（图版二三）

　　户口簿
　●户凡九千一百六十九少前。
　口四万九百七十少前。
　●东乡户千七百八十三，口七千七百九十五。
　都乡户二千三百九十八，口万八百一十九。
　杨池乡户千四百五十一，口六千三百廿八。
　鞠（？）乡户八百八十，口四千五。
　垣雍北乡户千三百七十五，口六千三百五十四。
　垣雍东乡户千二百八十二，口五千六百六十九。

　　按，细审图版，释文"鞠（？）"，原字字形清晰，作"鞫"，《说文》有"鞫"字，"鞫"或是其省体。"鞠"《说文》或体从"幸"，所以也可能是"鞫"字异体。

二 算簿（图版二四）

算簿
●集八月事算二万九，复算二千四十五。
都乡八月事算五千四十五。
东乡八月事算三千六百八十九
垣雍北乡八月事算三千二百八十五。
垣雍东乡八月事算三千二千九百卅一。
鞠（？）乡八月事算千八百九十
杨池乡八月事算三千一百六十九
●右八月
●集九月事算万九千九百八十八，复算二千六十五。

按，"事算"即实际交纳的算赋，"复算"即按规定免除的算赋。《汉书·贾山传》："九十者一子不事，八十者二算不事。"颜师古注："二算不事，免二口之算赋也。""不事"之"事"与此义同。长沙走马楼三国吴简多有"算四事三"（简4994）、"算五事四"（简4950）、"算二事一"（简7813）等语，① "算四事三"即算赋应当交纳四，而实际交纳三。其"事"与"事算"之"事"义同。三国吴简又有"算一复"（简10516）、"算一事复"（简2990）、"算二事复"（简10243）等语，"复"、"事复"皆指免除，其"复"与"复算"之"复"义同。"事复"即实行复、奉行复。

三 书信一（图版二五）

丙充国谨伏地再拜请：孟马足下，丧气始至，愿孟马侍前强幸酒食，道出入。谨伏地再拜言，充国所厚善□吏，充国愿孟友，厚赒左右，充国伏地幸甚。有□□，充国愿得奉闻。孟绥急毋恙，□伏地

---

① 走马楼简牍整理组：《长沙走马楼三国吴简·嘉禾吏民田家莂》，文物出版社1999年版；走马楼简牍整理组：《长沙走马楼三国吴简·竹简〔壹〕》，文物出版社2003年版。

再拜。

按,"孟",指收信人,发掘简报:"墓主人姓谢,名或字为孟。"按,古人自称称名,对上或同辈称字,"孟"是字无疑,司马迁《报任安书》:"太史公牛马走司马迁再拜言:少卿足下。""少卿"即任安字,与此同。

"马足下",是汉代书信常用尊称,《敦煌汉简》有"长卿马足下"(简 TH·1612A),① 《居延汉简甲乙编》有"子蒐马足下"(简 14·27A)、"子卿马足下"(简 182·4),② 《尹湾汉墓简牍》有"君兄马足下"(YM6D16 反)。③

"丧气","丧"字,发掘简报释为"寒",何文改释为"丧",正确。但何文认为"'丧气'在典籍中可指情绪低落"、"牍文中当形容丙充国沮丧的情绪,以烘托其对'孟'病情的强烈反应",则是误解。"丧气"即"阴气",与"寒气"近似,《周易·乾·文言》:"知得而不知丧。"李鼎祚集解引荀爽曰:"丧,阴。"

"马侍前",何文认为"'愿孟马侍前',指愿意服侍在谢孟的马的左右,实际上指愿意服侍孟马",误。"马侍前"义同"马足下",亦为书信尊称。长沙东牌楼东汉墓木牍书信:"督邮侍前:别亭易迈忽尔,令缥磨年朔,不复相见。"(牍三五)"陈掾侍前:久不相见,中心常有感。"(牍三八)④ "侍前"之与"马侍前",如同"足下"之与"马足下"。

"强幸酒食",强,勉力、努力。《集韵·養韵》:"强,勉也。""幸",爱好,《字汇·干部》:"幸,好也。"长沙马王堆一号汉墓出土的漆耳杯内面,用黑漆书写有"君幸酒"、"君幸食",同墓遣策有"幸酒杯"、"幸食杯",⑤ 可见"强幸酒食"乃是祝愿的话。《居延汉简甲乙编》也有"强幸酒食"(简 202·12、简 495·4B、乙附 55),其"幸"字原

---

① 甘肃省文物考古研究所:《敦煌汉简》,中华书局 1991 年版。
② 中国社会科学院考古研究所:《居延汉简甲乙编》,中华书局 1980 年版。
③ 连云港市博物馆、东海县博物馆、中国社会科学院简帛研究中心、中国文物研究所:《尹湾汉墓简牍》,中华书局 1997 年版。
④ 长沙市文物考古研究所、中国文物研究所:《长沙东牌楼东汉简牍》,文物出版社 2006 年版。
⑤ 湖南省博物馆、中国科学院考古研究所:《长沙马王堆一号汉墓》,文物出版社 1973 年版。

或释"律",或释"进",或释"奉",皆误。此类句子在汉简中有时作"强食"、"强饭"等,如《敦煌汉简》有"近衣裘,强饭食"(简MC·174)、"强餐饭"(简MC·243B),《居延汉简甲乙编》有"愿幼孙少妇足衣、强食"(简10·16A)、"愿子长强饭"(简157·25A)。

"道出入",使出入顺畅。道,动词,疏通。《尚书·夏书·禹贡》:"九河既道,雷夏既泽,灉沮会同。"蔡沈传:"既道,既顺其道。"《睡虎地秦墓竹简·秦律十八种·徭律》:"卒岁而或憧(决)坏,过三堵以上,县葆者补缮之;三堵以下,及虽未盈卒岁而盗憧(决)道出入,令苑辄自补缮之。"①

"所厚善",交情深厚的人。厚善,交情深厚。《汉书·韦玄成传》:"(玄成)坐与故平通侯杨恽厚善,恽诛,党友皆免官。"

"友",发掘简报未释,何文释为"有",误。《广雅·释诂二》:"友,亲也。"《周礼·地官·师氏》:"教三行:一曰孝行,以亲父母;二曰友行,以尊贤良;三曰顺行,以师师长。"

"厚鹰",极力推荐。厚,大力、极力,同"厚爱"的"厚"。鹰,通"荐"。

"绶急毋恙",绶,发掘简报未释,何文释作"能",误。"绶急毋恙"一语不见于其他简牍,但在本批简中多次出现,当是书信尾惯用的祝愿语。敦煌汉简、居延汉简同类语句作"善毋恙"、"万年毋恙"等,如"□□足下善毋恙"(敦煌汉简TH·2266A)、"□□叩头善毋恙"(敦煌汉简TH·2278A)、"君足下善毋恙"(敦煌汉简TH·2300A)、"子卿足下善毋恙"(居延汉简甲乙编34·7A)、"足下善毋恙"(居延汉简甲乙编132·37)、"谊叩头言游君容万年毋恙"(居延汉简甲乙编81·5A、B)、"董房冯孝卿坐前万年毋恙"(居延汉简甲乙编502·14A,505·38A,505·43A)。

四 书信二(图版二六、二七)

贲且伏地再拜请:孺子孟马足下,贲且赖厚德到东郡,幸毋恙。

---

① 睡虎地秦墓竹简整理小组:《睡虎地秦墓竹简》,文物出版社1990年版。

贲且行守丞，上计以十二月壬戌到洛阳，以甲子发兵广陵，长史卿俱口。以贲且家室事羞辱左右，贲且诸家死有余罪，毋可者，各自谨而已。家毋可鼓者，且完而已。贲且西，故自巫为所以请谢者，即事近大急，幸遗贲且记。孺子孟通亡桃事，愿以远。谨为故书，不能尽意，幸少留意志。归至未留东阳，毋使归大事，寒时幸进酒食。遵察诸贲且过孟故县，毋绶急。以支亡劾，毋它事。伏地再拜，孺子孟马足下。

按，"孺子"，当是收信者孟的号。

"鼓"，疑通"顾"，指出钱雇人服役。《诗经·商颂·长发》："韦顾既伐。"《汉书·古今人表》作"韦鼓"。《篇海类编·身体类·页部》："顾，与雇同，佣也。"《汉书·晁错传》："敛民财以顾其功，而民不恨者，知与而安已也。"颜师古注："顾，雠也，若今言雇赁也。"

"完"，不伤肢体、罚作劳役之刑。《汉书·刑法志》："刖者使守囿，完者使守积。"颜师古注："完，谓不亏其体，但居作也。"

"近"，发掘简报释为"复"，何文从之，误。

"记"，书信。《敦煌汉简》："伏地再拜请：时伏愿翁系有往来者便赐记，令时奉闻翁系口急严教。"（简HH·1448）《居延汉简甲乙编》："充伏地再拜：中卿足下，辱幸赐记，教以属，幸甚幸甚。"（简34·22）又"谨叩头，唯时卿即有来者，幸寄一记来。"（简140·4A）与此义同。《后汉书·陈重传》："陈重，字景公，豫章宜春人也。少与同郡雷义为友，俱学《鲁诗》、《颜氏春秋》，太守张云举重孝廉，重以让义，前后十余通记，云不听。"李贤注："记，书也。"

"通"，发掘简报释为"通"，何文改为"归"，误。

"遵"，发掘简报未释，何文释为"归"，误。

"支"，抵御，这里指避免诬告。《战国策·西周策》："若魏不讲而疾支之，是君存周而战秦、魏也。"高诱注："支，犹拒也。"此字何文改释为"吏"，误。

五　书信三（图版二八、二九）

卿体不便，前日幸为书属宋掾使横请，东阳丞莞横宜身至牀下，敢不给？谨请司空伏非（罪）幸谒，伏地再拜谢，因伏地再拜请病，□马□足下。

　　进，谢卿。

按，"掾"，二文皆释为"椽"，误。"牀"，二文皆未释。

六　书信四（图版三〇）

　　赖幼功病少愈，中月且尽胜。愿幼功为少孙家中故，慎出入，事事不可不慎也。有来者愿幼功时赐余教，绶急毋恙，伏地再拜，以闻幼功马足下。

按，"胜"，指月中病将痊愈。"愿幼功时赐余教"之"愿"，原文作"願"，二文皆释为"赖"，误。

七　书信五（图版三二）

　　□伏地再拜
　　进书
　　孟马足下
　　金玄子
　　谢汉
　　进
　　东阳
　　谢孟

按，"金玄子"，二文皆释为"□□孟"，误。

八 药方（图版三三）

桔梗一两
乌喙三果（颗）
甘草三尺，白□一两
尢一升
□百枚
饴五升
枝五升
茰四两

按，"尢"，发掘简报未释，"尢"为汉代常用药，《居延汉简甲乙编》："伤寒四物：乌喙十分，细辛六分，尢十分，桂四分。"（简89·20）《武威汉代医简》："尢、方（防）风、细辛、薑、桂、付（附）子、蜀椒、桔梗，凡八物，各二两。"（简8）①

"枝"，发掘简报释为"杖"，误。

九 书信六（图版三五、三六）

孟脾不安善，少谕（愈），被宜身数至状视病，不宵（肖）伏病，幸毋重罪，幸甚幸甚。贱弟方被宜身至前，不宵（肖）伏病，谨使使者奉书，伏地再拜请，孟马足下，寒时少进酒食，近衣、炭慎，病自愈以还，被幸甚幸甚。

米一石，鶏一只。

贱弟方被谨使使者伏地再拜。

进孟外厨　　野物，辛卯逆，被幸甚幸甚。

按，"脾"，发掘简报释为"体"，何文释为"瘦"，皆误。此字原形

---

① 甘肃省博物馆、武威县文化馆：《武威汉代医简》，文物出版社1975年版。

与马王堆一号汉墓竹简"脾"写法同,在此用同"髀",大腿。《集韵·荠韵》:"髀,股也。或作脾。"

"数",迅速。

"状",通"床"。此字发掘简报释为"疟",何文释为"北",皆误。

"伏病",患病。

"外",发掘简报释为"外",何文改为"北",误。

"逆",二文皆释为"廷",误。"逆"为下奉上,这里义为进献。《周礼·天官·宰夫》:"宰夫之职……叙群吏之治,以待宾客之令、诸臣之复、万民之逆。"郑玄注:"于朝廷奏事,自下而上曰逆,逆谓上书。"

(原载《古文字学论稿》,张光裕、黄德宽主编,安徽大学出版社2008年版)

周家台秦墓简牍释读补正

周家台秦墓简牍 1993 年出土于湖北省沙市区关沮乡清河村周家台三十号秦墓，共出土竹简 381 枚、木牍 1 枚。简牍内容以《日书》和病方为主，病方部分多含有古代祝由术成分，其内容与前此出土的马王堆帛书《五十二病方》、武威汉简医方等皆不同，非常珍贵。2001 年，由湖北省荆州市周梁玉桥遗址博物馆整理的《关沮秦汉墓简牍》出版，书中公布了周家台秦墓简牍的全部照片，并附有释文和注释。本文主要针对原书未释或已释而尚可商榷者进行探讨。

一 去黑子方：取橐本小弱者，齐约大如小指。取東（朿）灰一升，渍之。沫（和）橐本東（朿）灰中，以靡（摩）之，令血欲出。因多食葱，令汗出。椢（恒）多取櫌桑木，燔以为炭灰，而取牛肉剡（劙）之，小大如黑子，而炙之炭火，令温勿令焦，即以傅黑子，寒辄更之。①

"齐约"一词不见于传世文献，义当为剪削捆束。齐，剪削，《集韵·霁韵》："前，《说文》：'齐断也。'或作齐，俗作剪。"约，捆束，《说文·糸部》："约，缠束也。"《玉篇·糸部》："约，缠也。"橐本，又名"藁草"，根茎细弱，用时常捆为一束，《武威汉代医简》的医方中，两次出现"藁草"，皆言"藁草二束"。②

東（朿），原注："'東'为'朿'之讹字。"按，战国秦汉出土文献"朿"字常写作"東"，为"朿"字隶写，可视为"朿"字变体，直接隶定为"朿"。《郭店楚简·五行》："又（有）大辠（罪）而大弢（诛）之，朿也。"又"朿之为言犹练也"，又"朿，义之方也"，③"朿"皆写

---

① 本文释文引文、原注皆据湖北省荆州市周梁玉桥遗址博物馆《关沮秦汉墓简牍》，文物出版社 2001 年版。

② 甘肃省博物馆、武威县文化馆：《武威汉代医简》，文物出版社 1975 年版。

③ 荆门市博物馆：《郭店楚墓竹简》简 38、简 39、简 40，文物出版社 1998 年版。

同"柬"。《严窟藏镜》所收《吾作明镜》中的"柬"也写同"東"。另外，马王堆帛书《经法》、《系辞》中的"练"，其右旁也写同"東"。

释文"剌"乃"剥"字误释，马王堆帛书《五十二病方》："即以刀剥其头。"又，"先剥之。"① 其"剥"字写法与此字写法全同。剥，切割。《说文·刀部》："剥，裂也。从刀，从录。录，刻割也。"《左传·昭公十二年》："君王命剥圭以为鍼柲。"杜预注："破圭玉以饰斧柄。"②

二 ……干者，令人孰（熟）以靡（摩）之，令欲出血，即以并傅，彼（被）其上以口枲絮。善布清席，东首卧到晦，朔复到南卧。晦起，即以酒贲（喷），以羽渍，稍去之，以粉傅之。

孰，"執"字误释。執，拿也。马王堆三号汉墓竹简："執革盾八人。"③ 其"執"字字形与此字字形全同。

并，通"瓶"，小盆。《方言》卷五："缶谓之瓿甊，其小者谓之瓶。"郭璞注："缶，即盆也。"《慧琳音义》卷七十八"瓶瓮"注引《字书》云："瓶，小缶也。"本批简下文有"即斩豚耳，与腏以并涂困廇下"句，其中的"并"义同。

布，陈设。《广雅·释诂一》："布，列也。"

"东首卧到晦，朔复到南卧。晦起"，断句有误，当改为"东首卧，到晦。朔复到，南卧，晦起"，晦，傍晚。朔，清晨。全句义为头朝东躺下，一直躺到傍晚。第二天清晨到来时，再头朝南躺下，一直到傍晚。

三 已龋方：见东陈垣，禹步三步，曰："皋！敢告东陈垣君子，某病龋齿，笱（苟）令某龋已，请献骊牛子母。"前见地瓦，操；见垣有瓦，乃禹步，已，即取垣瓦貍（埋）东陈垣止（址）下。置垣瓦下，置牛上，乃以所操瓦盖之，坚貍（埋）之。所谓"牛"者，头虫也。

东陈垣，东边的旧墙。龋齿而求助东陈垣，可能是因为牙齿排列，其

---

① 马王堆帛书整理小组：《马王堆汉墓帛书（肆）》图版第19页112行、26页246行，文物出版社1985年版。

② 阮元：《十三经注疏》，中华书局1980年版。

③ 湖南省博物馆、湖南省文物考古研究所：《长沙马王堆二、三号汉墓》，文物出版社2004年版。

形如墙。

骊牛子母，黑色母牛。《周易·说卦》："坤为地，为母，为布，为釜，为吝啬，为子母牛。"高亨注："子读为牸。《广雅·释兽》：'牸，雌也。'牸母牛即牝牛之俗称也。"①"牛子母"与"子母牛"同。

地瓦，疑即地面排水用瓦，也可能是指牝瓦。

"所谓'牛'者，头虫也"。此方是以虫代牛，进献东陈垣。头虫，不详何物，似指天牛，《本草纲目·虫部》"天牛"条下："此虫有黑角如八字，似水牛角，亦有一角者。"又曰："色黑，背有白点。"又曰："天牛，处处有之。"② 天牛色黑，可以说明为什么要用黑色（骊）的母牛。

四 病心者，禹步三，曰："皋！敢告泰山，泰山高也，人居之，□□之孟也。人席之，不智（知）岁实。赤隗独指，搨某叚（瘕）心疾。"即两手搨病者腹；"而心疾不智（知）而咸戴"，即令病心者南首卧，而左足践之二七。

孟，排行最大的。《说文·子部》："孟，长也。"

岁实，"岁"字乃"幾"字误释。幾实，隐微的实情。《说文·丝部》："幾，微也。"《论语·里仁》："事父母幾谏，见志不从，又敬不违。"何晏集解引包曰："幾，微也。"③《国语·周语上》："赋事行刑，必问于遗训，而咨于故实。"韦昭注："故实，故事之是者。"④ "不知幾实"指心病不知道前面说的这些道理。

释文"搨"原形作拾，乃"擅"字。《说文·手部》："擅，举手下手也。"徐灏注："举手下手者，言举其手俯而下之耳。"

五 操杯米之池，东乡（向），禹［步三］步，投米，祝曰："皋！敢告曲池，某痈某波（破）。禹步揽房楚，令某痈数去。"

波，原注："'波'，借作'破'"，《庄子·列御寇》："秦王有病招医，破痈溃痤者，得车一乘。"按，"波"之本义是水涌流，"某痈某波"即某痈是某波，义谓痈源于曲池之波，故求助于曲池。"波"用本义，不

---

① 高亨：《周易大传今注》，齐鲁书社 1979 年版。
② 李时珍：《本草纲目》，中国书店 1988 年版。
③ 《诸子集成》第一册《论语正义》，上海书店 1986 年版。
④ 《国语》，上海古籍出版社 1978 年版。

必假借。

攒，《集韵·文韵》："攒，拭也。"此义与句义不符。《睡虎地秦简·诘咎》："鬼婴儿恒为人号曰：'予我食。'是哀乳之鬼。其骨在外者，以黄土渍之，则已矣。"又，"杀虫豸，断而能属者，渍以灰，则不属矣。"①"渍"义为扬撒。"攒"义同"渍"，疑为此义专字。"禹步攒房桊"说的就是上文"禹［步三］步，投米"，意思是我已做了这些事。"攒"与"投"所指为同一动作。

房桊，既然"禹步攒房桊"与"禹［步三］步，投米"讲的是同样的事，"房桊"对应的是"米"。《龙龛手镜·木部》有"桊"，为"麓"字异体，"麓"与"禄"古音同，故"漉"字又作"渌"、"籢"字又作"箓"。"麓"在此假借为"禄"。《周礼·春官·天府》："若祭天之司民司禄。"郑玄注："禄之言谷也。"②《礼记·王制》："王者之制禄爵。"郑玄注："禄，所受食。"孔颖达疏："禄者，谷也。"③《吕氏春秋·怀宠》："求其孤寡而振恤之，见其长老而敬礼之，皆益其禄。"高诱注："禄，食。"④《九店楚简》祝祷辞中有"芳粮"，如"君昔受某之聶币、芳粮。"⑤"房"通"芳"，"房桊"即"芳禄"，与"芳粮"义同。

治痈而求之于曲池，可能是因为痈含浓血水，与弯型水池有共同特点。

六　禹步三，汲井，以左手袤〈牵〉繘，令可下免瓮，□下免繘瓮，左操杯，鯖瓮水；以一杯盛米，毋下一升。前置杯水女子前，即操杯米，禹步〔三步〕，祝曰："皋！敢告鬻。"□步，投米地，祝投米曰："某有子三旬，疾生。"即以左手挢杯水歆（饮）女子，而投杯地，杯□□

免，原注："免，《广雅·释诂四》：'脱也。'"按，此释不合原句文意，免，通"挽"，义为牵拉。"免"、"挽"皆明母元部字。《玉篇·手部》："挽，引也。"

---

① 睡虎地秦墓竹简整理小组：《睡虎地秦墓竹简》，文物出版社1990年版。
② 阮元：《十三经注疏》，中华书局1980年版。
③ 同上。
④ 陈奇猷：《吕氏春秋校释》，学林出版社1984年版。
⑤ 湖北省文物考古研究所、北京大学中文系：《九店楚简》，中华书局2000年版。

鲭，原注："鲭，疑读作'清'，《考工记·慌氏》注：'澄也。'"按，瓮水是从井中打出的水，不必澄清，而且若释为"清"，则与前一句"左操杯"语意不能连贯。鲭，疑通"倩"，借取也。"左操杯，鲭瓮水"，即左手拿杯从瓮中取一杯水。

疾，急速。《广韵·质韵》："疾，急也。"段玉裁《说文解字注》："疾，经传多训为急也、速也。"①

本批简有"女杯复产□□之期曰益若子乳"句，推想此方为女子下奶水方，"某有子三旬，疾生"，即生子已一月，快点产生奶水。

七　先农：以腊日，令女子之市买牛胙、市酒。过街，即行捧（拜），言曰："人皆祠泰父，我独祠先农。"到囷下，为一席，东乡（向），三腏，以酒沃，祝曰："某以壶露、牛胙，为先农除舍。先农苟（苟）令某禾多一邑，先农椸（恒）先泰父飤。"到明出种，即□邑最富者，与皆出种。即已，禹步三，出种所，曰："臣非异也，农夫事也。"即名富者名，曰："某不能肠（伤）其富，农夫使其徒来代之。"即取腏以归，到囷下，先侍（持）豚，即言囷下曰："某为农夫畜，农夫苟（苟）如□□，岁归其祷。"即斩豚耳，与腏以并涂囷廥下。恒以腊日塞祷如故。

"人皆祠泰父，我独祠先农"，泰父，即大父，祖父。古代腊祭，确是以祭祀祖先为主的，《礼记·月令》：孟冬"天子乃祈来年于天宗，大割祠于公社，及门闾，腊先祖、五祀，劳农以休息之。"②

三腏，原注："腏，即'餟'，祭饭。"按，此处的"腏"义为祭祀，《汉书·郊祀志上》："其下四方地，为腏，食群神从者及北斗云。"颜师古注："腏字与餟同，谓联续而祭也。"③"三腏"疑即多次祭祀。

除舍，原注："除舍，清扫居处。"按，《汉书·赵敬肃王彭祖传》："是以每相、二千石至，彭祖衣帛布单衣，自行迎除舍。"颜师古注："至除舍迎之也。除舍，谓初所至之舍。"④"初所至之舍"即新的居舍。《史记·五宗世家》对此事的记载是："是以每相、二千石至，彭祖衣帛布

---

① 段玉裁：《说文解字注》，上海古籍出版社1986年版。
② 阮元：《十三经注疏》，中华书局1980年版。
③ 王先谦：《汉书补注》，中华书局1983年版。
④ 同上。

衣，自行迎，除二千石舍。"① 据此可知，"除舍"乃动词，义为安排新的居处。试想彭祖作为赵王，不可能亲自为二千石清扫居处，只可能是亲自过问或安排新居处。"除舍"有安排新居处义，源于"除"有除旧生新之义，段玉裁《说文解字注》："殿陛谓之除，因之凡去旧更新皆曰除，取拾级更易之义也。"②《诗经·小雅·小明》："日月方除。"毛传："除，除旧生新也。"③《诗经·小雅·天保》："何福不除。"朱熹集传："除，除旧生新也。"④ "为先农除舍"即为先农安排新的住处，联系下文看，是要把原住在富人家粮仓中的先农，请到自家的粮仓中，这也就意味着自己会代替原来的富人而成为新的富人。

农夫，农神。农夫本为古田官名，其有功者死后即为神。先农和农夫都是农神，但先农是始教民耕种的神，农夫则是负责农作管理的神。

事，役使。《广韵·志韵》："事，使也。"《类篇·史部》："事，令也。"

"农夫使其徒来代之"，义谓自己是农神的从者，农神让自己来代替富人。

侍，原释文以为通"持"，误。马王堆帛书《五十二病方》："先侍白鸡、犬矢。发，即以刀剥其头，从颠到顶，即以犬矢之。"⑤ "侍"的用法与此同，《马王堆汉墓帛书（肆）》注释以为通"偫"，曰："偫，储备。"此注近是，但也不是十分确切。侍，这里是准备好、待用的意思，不必通假。《仪礼·士昏礼》："媵侍于户外，呼则闻。"郑玄注："今文侍作待。"⑥《六书故·人一》："侍，陪侧也。"此乃用于人和用于物的差别。

斩豚耳，祭祀者只是割下小猪的耳朵用于祭祀，而小猪则说是先为农夫饲养，农夫满足了自己的要求后再送给农夫，这有盟誓的意思，斩豚耳当是源于古代的盟誓，只不过古代盟誓是用牛耳而已。

---

① 司马迁：《史记》，中华书局1985年版。
② 段玉裁：《说文解字注》，上海古籍出版社1986年版。
③ 阮元：《十三经注疏》，中华书局1980年版。
④ 朱熹：《诗集传》，中华书局1958年版。
⑤ 马王堆帛书整理小组：《马王堆汉墓帛书（肆）》，文物出版社1985年版。
⑥ 阮元：《十三经注疏》，中华书局1980年版。

八　甲子亡马牛，求西北方；甲戌旬，求西方；甲申旬，求南方；甲午旬，求东南方；甲辰旬，求东方；甲寅旬，求北方。

这是指导寻找失盗牛马方向的，属于《日书》的一部分，应该放到《日书》部分。"甲子"应作"甲子旬"。同批简有推算孤虚表：

甲子旬，戌亥为孤，辰巳为虚，道东南入。
甲戌旬，申酉为孤，寅卯为虚，从西南入。
甲申旬，午未为孤，子丑为虚，从南方入。
甲午旬，辰巳为孤，戌亥为虚，从西北入。
甲辰旬，寅卯为孤，申酉为虚，从南方〔入〕。
甲寅旬，子丑为孤，午未为虚，从北方入。

又有地支方位图：

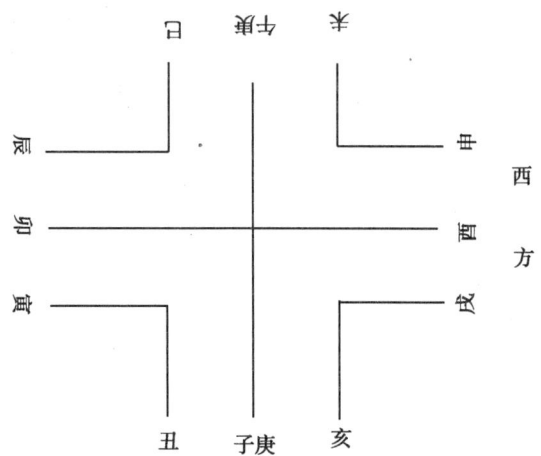

上图的方位是下北上南、左东右西。对照可知，确定失盗方向是以孤为标准的，甲子旬，戌亥为孤，戌亥位于西北，故从西北方向寻求；甲戌旬，申酉为孤，申酉位于西方，故从西方寻求；甲申旬，午未为孤，午未位于南方，故从南方寻求。那么，为什么失盗应求诸孤所在方向呢？所谓孤，是由于十天干和十二地支相配造成的，在一轮相配中，必有两个地支多出，这多出的两个地支即为孤，如甲子旬是甲子、乙丑、丙寅、丁卯、戊辰、己巳、庚午、辛未、壬申、癸酉十日，剩余两个地支戌和亥只能在下一轮相配，成甲戌、乙亥，这也就是说本来应该在第一轮中的戌和亥，却孤立地出现在第二轮中，古人即以此与盗物不在自家联系起来，判断盗物藏处。

（原载《考古》2009年第2期）

读孔家坡汉简札记

孔家坡简牍2000年出土于湖北随州孔家坡八号汉墓,该墓墓葬年代是汉景帝后元二年(前142年)。经过湖北省文物考古研究所、随州市考古队艰辛而卓有成效的整理,2006年《随州孔家坡汉墓简牍》出版,全部公布了该批简牍的照片,并附有释文和注释。本文是依据是书所作的以字词释读为主的札记。

一 简三三:唯(虽)雨,齐(霁)①

简三五:以雨,齐(霁)。

按,上属释文中的"齐"原形作 ▨ ,上从"齐"下从"雨",乃"霁"字异体。简一〇五有一个上从"竹"下从"齐"的字作 ▨ ,可资比较。简四五一有六个"霁"字,皆"雨"旁在下,与此同。

二 简三六:三徙官,自如,其后乃昌

按,释文"徙"原形作 ▨ ,乃"從"字,字形与简三三"以徙官"、简一一四壹"不可南徙"、简一二〇"北徙"的"徙"写法不同,而与简一三六壹"從戍先行"、简一一七叁"毋從孤之虚"的"從"写法同。可能是误写。

---

① 本文释文引文、原注及图版皆据湖北省文物考古研究所、随州市考古队《随州孔家坡汉墓简牍》,文物出版社2006年版。

三　简五三：而可杀□，可以齍史

简五四：不可杀□。

按，上属释文中的未识字图版字形较清晰，作 ，此字上从"美"、下从"牢"，当是"犧"字异体。银雀山汉简"美"字作 ，其下部本是"大"的隶变写法，后变为"灬"。

四　简六七：以生子，徍

原注："徍，疑读为'眚'，《说文》：'目病生翳也。'"

按，"徍"为"往"字隶变体，不可能通"眚"。睡虎地秦简《日书》甲种简八六正壹作"生子，症"。细审图版，简六七此字也是"症"字无疑。"症"，《龙龛手鉴》和《篇海》皆标为"瘠"字异体。《集韵·梗韵》："瘠，瘦谓之瘠。"《新唐书·李百药传》："侍父母丧还乡，徒跣数千里，服虽除，容貌癯瘠者累年。"

五　简一三五壹：反支：

简一二三贰：[子朔，巳、亥反]支
简一二四贰：[丑朔，午、子反]支
简一二五贰：寅朔，午、子反支
简一二六贰：[卯]朔，未、丑反支
简一二七贰：辰朔，未、丑反支
简一二八贰：巳朔，申、寅反支
简一二九贰：午朔，申、寅反支
简一三〇贰：未朔，酉、卯反支
简一三一贰：申朔，酉、卯反支
简一三二贰：酉朔，戌、辰反支
简一三三贰：戌朔，戌、辰反支

简一三四贰：亥朔，亥、巳反支

原注说"睡虎地秦简《日书》甲种有'反支'一篇，其对反支日的规定与本篇略有差异"。按，睡虎地秦简《日书》甲种《反枳（支）》："子、丑朔，六日反枳（支）；寅、卯朔，五日反枳（支）；辰、巳朔，四日反枳（支）；午、未朔，三日反［枳（支）］；申、酉朔，二日反枳（支）；戌、亥朔，一日反枳（支）。"

实际上两者并无差异，只是叙述的方面和方法不同，孔家坡汉简是标出了每个反支日的地支，即以地支指出反支日；睡虎地秦简则是只说明了第一个反支日的时间，即第几天是第一个反支日。例如：寅朔，第一日是丙寅，二日是丁卯，三日是戊辰，四日是己巳，五日是庚午，据上引孔家坡汉简反支表，寅朔的反支是午、子，则庚午为寅朔的第一个反支日；卯朔，第一日是丁卯，第二日是戊辰，第三日是己巳，第四日是庚午，第五日是辛未，据上引孔家坡汉简反支表，卯朔的反支是未、丑，则辛未为卯朔的第一个反支日，这正符合睡虎地秦简"寅、卯朔，五日反枳（支）"的说法。下面是两类叙述的对比：

朔日	反支日地支	第一个反支日
子朔	巳、亥	己巳（第六日）
丑朔	午、子	庚午（第六日）
寅朔	午、子	庚午（第五日）
卯朔	未、丑	辛未（第五日）
辰朔	未、丑	辛未（第四日）
巳朔	申、寅	壬申（第四日）
午朔	申、寅	壬申（第三日）
未朔	酉、卯	癸酉（第三日）
申朔	酉、卯	癸酉（第二日）
酉朔	戌、辰	甲戌（第二日）
戌朔	戌、辰	甲戌（第一日）
亥朔	亥、巳	乙亥（第一日）

依据孔家坡汉简此反支叙述，在首个反支日之后，不论朔日为谁，都

是以六天为单位确定反支日，例如：子朔的第一个反支日是第六日，则第二个反支日是第十二日，第三个反支日是第十八日；午朔的第一个反支日是第三日，则第二个反支日是第九日，第三个反支日是第十五日，皆以增加六天来确定。依此类推，其结果与陈梦家先生《汉简缀述·汉简年历表叙》所列反支表完全相合。

六 简一三五壹、一三六壹：求反支日，先道朔日始，数其雌也。从亥始数，右行雄也。从戌先行前□其□□□□□□□□

按，释文"雄"图版为"谁"。释文"从戌"后脱"始"。

七 简一七六贰：癸丑、戊午、己未以取（娶）妻，妻死，不必弃

原注："睡虎地秦简《日书》甲种云：'癸丑、戊午、己未，禹以取梌山之女日也，不弃，必以子死。'"

按，"不必弃"，"不"后应断句，不，否也。"不，必弃"义谓不死则一定休弃。

八 简一八五贰：五辰利翠（？）枲及入臣妾

按，释文"翠"原形作 ，此乃汉代简帛"澤"字常见写法，马王堆简帛"澤"字皆如此作，其右上部构件"罒"为竖写，非横写。《尔雅·释草》："枲，麻也。"《说文·木部》："枲，麻也。""泽枲"即"沤麻"，《诗经·陈风·东门之池》："东门之池，可以沤麻。"

九 简二三四：……南方□，以北□□□。从东方□，以西以土

按，释文"南方"后的一个未识字和"东方"后的一个未识字写法相同，原形作 ![字], 此是"乃"字。秦汉简帛"乃"字有略存差异的两种写法，此种写法是其中之一，马王堆简帛有些"乃"字与此写法完全相同，如《战国纵横家书》九五行"寡人已举（与）宋讲矣，乃来诤得"的"乃"，又五〇行"孝如增（曾）参，乃不离亲"的"乃"等。

上简释文应改为：……南方，乃以北□□□。从东方，乃以西以土。

十　简二三四、二三五：胃去□吏发者有央（殃），域郭不居，家人如此

按，释文未识字疑是"廷"字，其写法与《居延汉简甲乙编》乙图版拾陆20.9"廷尉受制曰"的"廷"相同。

十一　简二六〇：各皇□

按，释文未识字乃"神"字。皇神，天神。《国语·楚语下》："有不虞之备，而皇神相之。"晋傅玄《晋天地郊明堂歌·天郊飨神歌》："整泰坛，祀皇神。"

十二　简二七五贰：寡门：不寡，日□兴，兴毋所定处

按，释文未识字原形作 ![字]，此当是"沂"字。沂，通"昕"，《说文·日部》："昕，旦明，日将出也。"

十三　简二七六贰：仓门：富门。困居西南而北向膺，毋绝县肉，绝县肉必有经死焉

原注："绝县，吊挂之义。"

按，"绝"字如果释读正确，则"绝县"义为高高吊起，"绝"表示高程度、极限，晋张协《七命》："于是登绝巘，溯长风。""绝巘"即极高的山峰。睡虎地秦简《日书》甲种"盗者"篇此句确是"绝县"，但

细审图版，孔家坡汉简释为"绝"的此字原形作▨，如果不是误写，则此为"糺"字，马王堆竹简《十问》简六七有此字，其文曰："今四枝（肢）不用，家大糺，治之奈何？""糺"即"纠"字，《集韵·黝韵》："纠，《说文》曰：'绳三合也。'或作糺。"《字汇·糸部》："糺，同纠。"《后汉书·张衡传》："螣蛇蜿而自纠。"李贤注："纠，缠结也。""糺县"即"捆绑吊起（不是放在盛器中吊起）"，正与后面的"经死（人上吊死亡）"相应。

十四　简二七八贰：辟门：掩之盖，廿岁其主必□仆属，吉

按，释文未识字原形作▨，上从"宀"下从"鸟"。汉简帛字形构件"穴"常换作"宀"，如马王堆简帛"窬"字不从"穴"而从"宀"、"窾"字或从"穴"或从"宀"等，以此例之，上列未识字当是"寫"字。寫义为远，明李实《蜀语》："远曰寫。"宋杨泽民《倒犯·蓝桥》："琴剑度关，望玉京人，迢迢天样寫。""寫仆属"即远仆属，脱离仆属身份，成为富人。此句睡虎地秦简《日书》甲种一七正贰作"辟门，或之即之盖，廿岁必富，大吉"。

十五　简三〇〇叁：以死者室为死者月，来子□之

按，释文未识字为"擊"字，与简七九至简八九的"擊"写法相同。

十六　简三六七：子：鼠也。盗者兑（锐）□，希（稀）须，善□，□有黑子焉。臧（藏）安内中粪蔡下。女子也，其盗在内中

原注："安，《经传释词》卷二：'犹于也。'"

按，本组简自题"盗日"，以十二生肖配十二地支以占卜盗者，每一地支一段话、一枚简，共十二段十二枚简。其中有一段没有"臧（藏）某某"句，有"臧（藏）某某"句的十一段中，除上引的一段外，言

"藏"处共有两种方式：一是没有介词，如"臧（藏）囷中坏垣下"、"臧（藏）瓦器下"等，共五段；另一种是"臧"后有"之"，如"臧（藏）之草木下"、"臧（藏）之园中草木下"等，共五段。无"臧"后为"于"或"安"者，"安"非"于"。睡虎地秦简《日书》甲种有"盗者"篇，内容字句与此大体相同，彼作"臧（藏）于垣内中粪蔡下"，以此比较，可知"安"乃"垣"之借字，"安"、"垣"同为元部字，声纽"安"为影母、"垣"为匣母，属喉牙邻纽。

十七　简三七三：午：鹿也。盗者长颈，细胻，其身不全

简三七五：盗者曲身而邪行，有病，足胻。

原注："胻，胫骨的上部。《说文》：'胻，胫耑也。'段注：'耑犹头也，胫近膝者胻。'"

细胻，睡虎地秦简《日书》甲种作"小胻"，王子今《睡虎地秦简日书甲种疏证》说："观察'盗者'嫌疑人体貌，似应首先注意最显著特征，未必可能细看'小腿上部接近膝盖部分'，'胻'，可以直接解释为'胫'。"① 按，王说是。细胻、小胻，皆指小腿细瘦。《广雅·释亲》、《广韵·唐韵》、《集韵·唐韵》皆曰："胻，胫也。"《说文·肉部》："胫，胻也。"足胻也指小腿，《春秋繁露·五行逆顺》："民病疥搔、温体足胻痛。"《素问·脉要精微记》："其耎而散色不泽者，当病足胻肿若水状也。""有病"后不当断句。

十八　简三七六：臧（藏）之园中草木下。其盗男子也，禾白面，閒，在内中

原注："閒，文雅。《史记·司马相如列传》："相如之临邛，从车骑，雍容閒雅甚都。""

---

① 王子今：《睡虎地秦简〈日书〉甲种疏证》，湖北教育出版社2003年版，第454页。

按，此句与简三六七语句相类，彼作"臧（藏）安内中粪蔡下。女子也，其盗在内中"。"在内中"应指盗贼，而非赃物。似应以"閒在内中"为句，"閒"义为间或、有时，梁沈约《棋品序》："是以汉魏名贤，高品閒出。"即用此义。盗为女子，故常在内中；盗为男子，则或外或内了。

十九　简四一九：从西方，五日不更，是胃（谓）䕩风，大旱，百姓皆流

按，释文"胃"后脱一字，原形作▨，乃是"䕩"字。《说文·艸部》："䕩，楚谓之蘺，晋谓之䕩，齐谓之茝。从艸，䟽声。"䕩，当通"䟽"，本书简三九八："正月甲乙雨，雨膏；丙丁雨，田䟽；戊己雨，禾饶；庚辛雨，田多蒿；壬癸雨，禾消。"原注："䟽，疑读作'槁'，干枯的意思。"西风，《尔雅·释天》称作"泰风"，《山海经·大荒经》称作"韦风"，《史记·律书》、《淮南子·天文训》称作"阊阖风"，《吕氏春秋·有始》称作"飂风"，皆与此名称不同。

二十　简四三○壹：卯朔，大亡小为司岁，百资不食，兵起，民盈街谷

刘乐贤先生说："与古书'大荒落'相当的岁名，整理者释作'大亡小为'。古书为三字，这里为四字，差异较大。我们认为，所谓'亡'、'小'二字，原来是一个字，即'㡿'字。抄写者将其上下两个部件写得较远，看起来确实像是两个字。但据文义推断，仍当看作一字。'荒'从"㡿"得声，故简文的'㡿'可以读作古书的'荒'。所以，简文的岁名只有三个字，和古书的岁名为三字一致。从照片看，其后面的字释'为'应无问题，只是'为'与'落'的古音不甚接近，还需再作研究。"[1] 按，刘说是，至于"为"字，当是"骆"字误写，下面是传世文献岁名对照表：

---

[1] 刘乐贤：《孔家坡汉简〈日书〉"司岁"补释》，简帛网，2006年10月10日。

	尔雅·释天	淮南子·天文训	史记·历书	史记·天官书	汉书·天文志
寅	摄提格	同左	同左	同左	同左
卯	单阏	同左	同左	同左	同左
辰	执徐	同左	同左	同左	同左
巳	大荒落	同左	同左	大荒骆	大荒落
午	敦牂	同左	同左	同左	同左
未	协洽	同左	同左	叶洽	协洽
申	涒滩	同左	同左	同左	同左
酉	作噩	作鄂	作噩	作鄂	作詻
戌	阉茂	掩茂	淹茂	阉茂	掩茂
亥	大渊献	同左	同左	同左	同左
子	困敦	同左	同左	同左	同左
丑	赤奋若	同左	同左	同左	同左

孔家坡汉简《司岁》篇有"骆"字，与上说"为"字形体极近，易误。

二十一　简四三九贰：午未朔多雨

简四四〇贰：申朔蚤（早）杀。
简四四一贰：酉朔莫（暮）杀，有岁。
原注："杀，收割。"

按，本篇皆言自然现象，"杀"应指（植物）枯死，"蚤杀"即当年寒气早临，植物枯死得早。《吕氏春秋·应同》："凡帝王之将兴也，天必先见祥乎下民，……及禹之时，天先见草木秋冬不杀，禹曰：'木气胜'，木气胜，故其色尚青，其事则木。"

二十二　简四五九、四六〇：于是纪胃（谓）而定四鄉（嚮），和阴阳，雌雄乃通

按，释文"纪"字原形作 ，其右旁与独用的"己"和作为他字偏

旁的"己"的写法都差别明显。此是"糺"字,"糺"即"纠"字异体。"纠"即矫正,拨乱反正;"胃"即称谓。《左传·昭公二十年》:"仲尼曰:'善哉,政宽刚民慢,慢则纠之以猛,猛则民残,残则施之以宽。'"《周礼·夏官·大司马》:"治国诘禁,以纠邦国。"郑玄注:"纠,犹正也。"《尚书·周书·冏命》:"绳愆纠缪。"《慧琳音义》卷十六引《玄应音义》曰:"孔注《尚书》:纠,正也。""纠胃",即正名定位,此正《论语·子路》所谓"必也,正名乎","名不正,则言不顺;言不顺,则事不成;事不成,则礼乐不兴;礼乐不兴,则刑法不中;刑法不中,则民无所措手足"。《荀子·正名》:"故王者之制名,名定而实辨,道行而志通。"其意皆同。

二十三 简四六二、四六三:于是令火胜金,令水胜火,令土胜水,令木胜土,令金胜木,是胃(谓)五胜以占强弱,各居而鄉(嚮),必和阴阳,结解必当

按,原释文"鄉"后标注"嚮",误。"各居而乡"指前面讲的五行、五方、五色等各自待在自己应该待的地方,"而"即"尔",《小尔雅·广诂》:"而,汝也。"《诗经·大雅·桑柔》:"嗟尔朋友,予岂不知而作?"郑玄笺:"而,犹女也。""乡"指处所,《诗经·小雅·采芑》:"薄言采芑,于彼新田,于此中乡。"毛传:"乡,所也。"陈奂传疏:"所,处也。"

二十四 简四六四、四六五:春以徼秋,夏以徼冬,秋以徼春,冬以徼夏,是胃(谓)四时。春徼戌也,是胃(谓)伍(吾)且生,子毋敢杀,尽春三月解于戌

按,徼,疑通"缴",即纠缠、有影响。朱骏声《说文通训定声·小部》:"徼,叚借为缴。"《广雅·释诂四》:"繁,缠也。"王念孙疏证:"《汉书·司马相如传》:'名家苛察缴绕。'如淳注云:'缴绕,犹缠绕也。'缴与繁同。"依据孔家坡汉简的地支十二月方位表,戌配九

月，为秋季最后一月，上文的意思是秋的影响一直到春季，但是春季是阳气成长之时，所以秋气不能扼杀，到春季结束时，就彻底摆脱了秋的影响，即"解于戌"。下文曰："结解不当，五谷不成，草木不实，兵革且作，六畜脊，民多不丰，刑，正（政）乱。结解句（苟）当，五谷必成，草木尽实，兵革不作，刑，正（政）尽治。""徼"与"结"意思相当。

二十五　简四六八：结解不当，五谷不成，草木不实，兵革且作，六畜脊，民多不丰，刑，正（政）乱

原注："丰，《诗·郑风·丰》传'丰满也'，郑笺：'面貌丰丰然丰满。'"

按，释文"丰"原形作 ![字形]，此字中竖画未出头，非"丰"字，乃是"羊"字，训"祥"。睡虎地秦简《日书》甲种简十一正贰："利以兑（说）明（盟）诅（诅）、百不羊（祥）。"睡虎地秦简《日书》甲种简五正贰："害日，利以除凶厉，兑（说）不羊（祥）。"与此用法同。

二十六　简四六九：正月并居寅，以谋春事，必温，不温，民多疾，草木、五谷生不齐

按，齐，通"济"，成也。《荀子·王霸》："齐其信。"王先谦集解："《群书治要》'齐'作'济'。"俞樾《群经平议·大戴礼记二》"是故昔者先王学齐大道以观于政"下按："齐，当读为济。"

参考文献

[1] 睡虎地秦墓竹简整理小组：《睡虎地秦墓竹简》，文物出版社1990年版。

[2] 马王堆汉墓帛书整理小组：《马王堆汉墓帛书》（叁），文物出版社1978年版。

（原载《语言论集》第六辑，中国人民大学文学院编，中国社会科学出版社2009年3月）

谢家桥一号汉墓《告地策》字词考释

荆州博物馆编著的《荆州重要考古发现》公布了谢家桥一号汉墓出土的一组三枚木牍，内容为"告地策"，今就读后的一些想法写出，以就正方家。为讨论方便，先将释文列出：

牍一：五年十一月癸卯朔庚午，西乡辰敢言之：郎中【五】大夫昌自言，母大女子恚死，以衣器、葬具及从者子妇、偏下妻、奴婢、马牛、物、人一牒，牒百九十七枚。昌家复毋有所与，有诏令。谒告地下丞以从事。敢言之。

牍二：十一月庚午，江陵丞匰移地下丞，可令吏以从事。／臧手。

牍三：郎中五大夫昌母家属当复毋有所与。①

一 郎中

牍文中"郎中"一词，让笔者联想到马王堆三号汉墓遣策木牍的"主赗（葬）郎中"，原文如下：

十二年二月乙巳朔戊辰，家承（丞）奋移主赗（葬）郎中，移赗（葬）物一编，书到先（光）逅，具奏主赗（葬）君。②

"主赗（葬）郎中"所指争议颇大，有人认为乃虚拟的地下官吏，如

---

① 荆州博物馆：《荆州重要考古发现》，文物出版社2009年版，第191页。
② 湖南省博物馆、湖南省文物考古研究所：《长沙马王堆二、三号汉墓》，文物出版社2004年版，第43页。

林剑鸣先生说："'主簪君'、'主簪郎中'也并非实有其官，而是当时人们想象中的、在阴间管理物品的官吏。"① 而陈松长先生则力主为主持葬仪之官②。从木牍文句整体看，缺乏现知"告地策"的上传文书要素，如"敢言之"、"书到为报"、"受数毋报"等，其性质非告地策是可以肯定的，自然"主簪（葬）郎中"也非地下官吏，而是主持葬仪之人。

谢家桥一号汉墓木牍"郎中"一词所在位置，依现已出土的"告地策"，有地名者，如荆州高台十八号汉墓《告地策》：

> 七年十月丙子朔庚子，中乡起敢言之：新安大女燕自言，与大奴甲、乙、大婢妨徙安都，谒告安都受名数，书到为报，敢言之。③

新安为县地名。也有职官者，如随州孔家坡八号汉墓《告地策》：

> 二年正月壬子朔甲辰（当为甲辰朔壬子），都乡燕佐戎敢言之：库啬夫辟，与奴宜马、取、宜之、益众，婢益夫、末众，车一乘，马三匹。
> 正月壬子，桃侯国丞万移地下丞，受数毋报。定手④

《随州孔家坡汉墓简牍》注："库啬夫，似指管理县邑库的官吏。""郎中"一语地名的可能性不大，当是职官。"郎中"乃"主簪（葬）郎中"的省语，它可能表明的是至少在秦汉时期，主持葬仪之职务名曰"郎中"。为什么主持葬仪之人称"郎中"？"郎中"之官，始于战国，秦汉延置，据《汉书·百官公卿表上》，郎中"掌守门户，出充车骑"⑤，出充车骑即负责出行之事，而人死下葬是出行到另外一个世界，以"郎中"命名其主持之职也顺理成章。

---

① 林剑鸣所：《简牍概述》，陕西人民出版社1984年版，第88页。
② 陈松长：《马王堆三号汉墓纪年木牍性质的再认识》，《文物》1997年第1期。
③ 荆州博物馆：《荆州高台秦汉墓》，科学出版社2000年版，第222页。
④ 湖北省文物考古研究所、随州市考古队：《随州孔家破汉墓简牍》，文物出版社2006年版，第197页。
⑤ 见王先谦《汉书补注》，中华书局1983年版，第298页。

二　匦移

牍二"十一月庚午，江陵丞匦移地下丞，可令吏以从事。ノ 臧手"。与湖北江陵凤凰山一六八号汉墓出土告地策文句近似，彼文曰："十三年五月庚辰，江陵丞敢告地下丞，市阳五大夫隧自言，与大奴良等廿八人，与大婢益等十八人，轺车二乘，牛车一两，骑马四匹，駠马二匹，骑马四匹，可令吏以从事，敢告主。"① 牍文"匦移"即"递移"，义谓传递。"匦"即"□"字，《字汇·匸部》："匦，同□。"在此用为"遰（即今"递"字）"，二字同声符。《增韵·荠韵》："遰，传遰也。"《说文·辵部》："遰，更易也。"也含传递义。

三　楪

"以衣器、葬具及从者子妇、偏下妻、奴婢、马牛，物，人一楪，楪百九十七枚"一句，胡平生先生标点为"以衣器、葬具及从者子、妇、偏下妻、奴婢、马、牛、物，人一楪，楪百九十七枚"，并说"所谓'人一楪'，实际上是说'每一种类写一枚楪'。"② 胡先生这一说法涉及"楪"这一量词含义的理解。马王堆一号汉墓遣策有许多量词"楪"，原先一直理解为竹简量词，一楪即一枚。笔者曾撰《马王堆一号汉墓竹简的"楪"》③，指出"楪"并不只是竹简量词，如一号墓竹简：

简二二〇　熏卢二，皆画。
简二二一　瓦器三贵（簀），锡垲，其六鼎盛羹，钫六盛米酒、温酒。
简二二二　瓦簪甗，各锡垲。
简二二三　瓦鋉二，皆画。

---

① 见于纪南城凤凰山一六八号汉墓发掘整理组编写《江陵凤凰山一六八号汉墓发掘简报》，《文物》1975 年第 9 期。
② 见胡平生《谢家桥汉简〈告地书〉释解》，简帛网，2009 年 4 月 15 日。
③ 见拙作《马王堆一号汉墓竹简的"楪"》，《语文研究》2008 年第 2 期。

简二二四　右方七牒瓦器，锡垺。

原注："案本组简文，共四牒，比小结少三牒。"① 原注把"牒"看作一枚简的量词，故有此注。"七牒瓦器"，实际是指有七组瓦器或七种瓦器，本组简有三贵（簣）瓦器、一个瓦簪、一个瓦甂、两个瓦鋀，正好是七。所以，"牒"作为量词，类似"组"、"类"、"份"等，并不限于竹简。至于谢家桥木牍的"物、人一牒"，"牒"可理解为"编"，指记录随葬物、人的遣策。类似语句居延汉简多见，用"编"，例如：

元康四年六月丁巳朔庚申，左前候长禹敢言之。谨移戍卒赍卖衣财物爰书名籍一编，敢言之。(简10·34A)②

元凤元年十一月己巳朔乙未，骓马农令宜王、丞安世敢言之。谨速移卒名籍一编，敢言之。(简19·34)③

阳朔元年十一月甲辰朔戊午，第廿三候长赦之敢言之。谨移钱出入簿一编，敢言之。(简28·4)④

（原载《古汉语研究》2010年第4期）

---

① 湖南省博物馆、中国科学院考古研究所编：《长沙马王堆一号汉墓》，文物出版社1973年版，第147页。
② 见谢桂华、李均明、朱国炤《居延汉简释文合校》，文物出版社1987年版，第17页。
③ 同上书，第31页。
④ 同上书，第43页。

广西贵县罗泊湾一号汉墓木牍字词考释

广西贵县罗泊湾一号汉墓1976年发掘，该墓为大型竖穴土坑木椁墓，有车马坑、殉葬坑和器物坑，发掘报告认为墓主人可能是南越国桂林郡的最高官吏，墓葬时代是西汉早期。墓中出土木牍5枚、木简9枚和封泥匣5枚。木牍3枚有字，2枚无字，有字木牍中，牍1内容为遣策，自题"从器志"，义为随葬器物的记录。牍2、牍3内容为农具记录，牍3自题"东阳田器志"，是农具出入的登记薄，类似居延汉简、敦煌汉简的器物"出入薄"。木简皆为器物标牌，封泥匣文字内容亦同。1988年，广西壮族自治区博物馆编著的《广西贵县罗泊湾汉墓》由文物出版社出版，书中公布了木牍、木简和封泥匣照片，并作了释文和注释。李均明、何双全编著的《散见简牍合辑》收录了此墓简牍释文，其释文与《广西贵县罗泊湾汉墓》释文不尽相同。

一　洽缴具一囊[①]

《散见简牍合辑》"洽"作"治"。按，此字原形作▨，其字左旁中竖下部左边犹有一笔，是"柗"字无疑。出土木牍的墓葬属西汉墓，此时简牍中文字的"水"旁已基本写为三横或三点，如马王堆简帛、银雀山汉简等皆是，同牍的"温"字作▨，"水"旁亦为三横，可证。《说文·木部》："柗，剑柄也。"[②] 马王堆一号汉墓遣策有"漆画具杯柗二

[①] 首引释文据广西壮族自治区博物馆《广西贵县罗泊湾汉墓》，文物出版社1988年版。
[②] 王贵元：《说文解字校笺》，学林出版社2002年版，第239页。

合",① 马王堆三号汉墓也有"□杯柙二合"②语,"柙"指盛杯之盒。《广雅·释器》:"柙,剑削也。"王念孙疏证:"柙之言合也。《说文》:'柙,剑柙也。'椑亦柙也。《玉篇》引《庄子·刻意篇》:'有干越之剑者,柙而藏之。'今本作椑。"③《庄子》"柙而藏之"之"柙"为动词,上简"柙缴具"之"柙"同之,义为收藏,"柙缴具"即收藏缴的器具。"椑"有帘轴之义,用以卷收帘幔,北周庾信《咏画屏风诗二十四首》之十二:"玉椑珠帘卷,金钩翠幔悬。"④ 柙缴具当是类似东西,应与弓箭等放于一处。墓中出土收线工具多种,但由于墓葬数经盗扰,出土物位置记录不全,无法确指其物。

二　中土瓿卅

《散见简牍合辑》释文同,《广西贵县罗泊湾汉墓》注:"中土指中原,对边远地区而言。"⑤ 按,释文"土",原形作 、 ,此是"出"字。贵县罗泊湾一号汉墓规模庞大,墓主地位高贵,"中出"当指墓主宫中所出,同一木牍还有"金人二,在中"语,同墓《东阳田器志》有"发□十八,其九在中"⑥ 语,其"中"所指相同。

三　荚戟三

《散见简牍合辑》"荚"作"菜",按,此字原形作 ,当释作"荚",隶书"束"常写作"夹",马王堆帛书的"策"即写作"筴"。《颜氏家训·书证》:"简策字,竹下施束,末代隶书,似杞宋之宋,亦有

---

① 湖南省博物馆、中国科学院考古研究所:《长沙马王堆一号汉墓》,文物出版社1973年版,第145页。
② 湖南省博物馆、湖南省文物考古研究所:《长沙马王堆二、三号汉墓》,文物出版社2004年版,第73页。
③ 王念孙:《广雅疏证》,中华书局1983年版,第264页。
④ 许逸民:《庾子山集注》,中华书局1980年版,第357页。
⑤ 广西壮族自治区博物馆:《广西贵县罗泊湾汉墓》,文物出版社1988年版,第83页。
⑥ 同上。

竹下遂为夹者，犹如剌字之旁应为束，今亦作夹。"① 萊戟即装有矛刺的戟，出土物亦自名"棘戟"。②

四　横戟三

《广西贵县罗泊湾汉墓》注："横，植立之物平置之谓。横戟则与横槊、横刀同。"③ 按，此注误。横戟当指汉代常用的卜字形铁戟，是带刺戟的简化形式，其戟无内，刺与代替援的横出之枝合铸。因普通戟的援呈上弧形，此种戟则代之以横平之枝，故名。1954 年至 1955 年，广西贵县曾发掘一百多座汉墓，其中出土过一件横戟，如下图。④

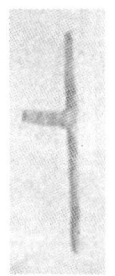

五　□戟二

《广西贵县罗泊湾汉墓》注："□当为柲。"⑤《散见简牍合辑》释文作"柲"，按，此字原形作▨，与同墓出土木牍 3 "入柲卅"的"柲"形同，该字原形作▨，二书皆释为"柲"是正确的。因而"□戟二"当作"柲戟二"。汉代空心砖上有一种戟，其援部颇似两刃柲，⑥ 两刃柲在汉代

---

① 王利器：《颜氏家训集解》，中华书局 1993 年版，第 445 页。
② 孙机：《汉代物质文化资料图说》，文物出版社 1990 年版，第 124 页。
③ 广西壮族自治区博物馆：《广西贵县罗泊湾汉墓》，文物出版社 1988 年版，第 80 页。
④ 广西省文物管理委员会：《广西贵县汉墓的清理》，《考古学报》1957 年第 1 期。
⑤ 广西壮族自治区博物馆：《广西贵县罗泊湾汉墓》，文物出版社 1988 年版，第 80 页。
⑥ 见周到等《河南汉代画像砖》图 4，上海人民美术出版社 1985 年版。

画像石上常见，专名是"朿"，《说文·木部》："朿，两刃臿也。"①

六　仓穜及米厨物五十八囊

《散见简牍合辑》释文同，《广西贵县罗泊湾汉墓》注："仓为粮仓，穜为种子。"② 按，牍文此条上为"厨瓿十一"、"中出瓿卅"，下为"中出食物五笥"，皆为厨具和厨用食物，不当出现"种子"，释文"穜"原形作󰀀，当是"稷"字，同属西汉的马王堆帛书"稷"字作󰀀，马王堆帛书"穜"字作󰀀，显然此字与前者近似而与后者不类。

七　□三囊细布囊各一

"三"前一字，《广西贵县罗泊湾汉墓》曰"不识"，《散见简牍合辑》释作"挫"。按，此字原形作󰀀，其右旁与本牍"五"字󰀀近似，而与汉隶"坐"形不类，本牍有"坐"字，作󰀀。此当是"枑"字，应为"梧"字异体。

八　鑽一

《散见简牍合辑》漏收此简，释文"鑽"原形作󰀀，此是"鐇"字。

九　入桮卅·正月甲申中侍□□

《散见简牍合辑》"入"作"人"（《广西贵县罗泊湾汉墓》注语也作"人"）、"卅"作"州"，误，余同。《广西贵县罗泊湾汉墓》注："'人桮'当是一种农具的名称。"③ "'正月甲申'记时，但不知何意。"④ 按，

---

① 王贵元：《说文解字校笺》，学林出版社2002年版，第239页。
② 广西壮族自治区博物馆：《广西贵县罗泊湾汉墓》，文物出版社1988年版，第83页。
③ 同上书，第85页。
④ 同上。

"楋"前一字是"入"字无疑,"入楋"即新收到的楋,其后"正月甲申"乃收楋的时间,"中侍"后两字,图版隐约可见,为"所用","中侍所用"是讲新调入楋的用途。敦煌、居延汉简中此类句子常见,例如:"入粟大石廿五石,十二月乙亥令史□受阳里王宣。""入荥十束,第十日付屯君。""入糜小石十四石五斗,始元三年正月丁酉朔丁酉,第二亭长舒受代田仓监。"①

十　□□十八其九在中

第一字图版较清晰,是"發"字。

十一　化盖一

《散见简牍合辑》"化"作"大"。按,此字原形作 ,而本牍"大"字作 ,笔道不同,更不是"化"字,此字乃"火"字。本句原释文"盖"原形作 ,乃"盌"字,本牍有"盖"字作 ,显然与此不同。"火盌"当是取暖器。墓中出土一件由铜鼓改制而成的三足盆,盆内有烧烤痕迹,发掘报告认为"估计原来是用来作烤火的炭盆的",② 疑"火盌一"即指此器。

另外,《广西贵县罗泊湾汉墓》和《散见简牍合辑》两书释文尚有一些差异及并误之处,如《广西贵县罗泊湾汉墓》"张帷柱及丈一囊",③《散见简牍合辑》"丈"作"丁"。《广西贵县罗泊湾汉墓》"有实笥廿一",④《散见简牍合辑》"廿"作"卅",实是"冊",只是中竖稍重。但这些问题不必多论。今核证图版,改符号为文字,酌加标点,新定木牍释文如下:

---

① 谢桂华、李均明、朱国炤:《居延汉简释文合校》,文物出版社1987年版,第51、122、248页。
② 广西壮族自治区博物馆:《广西贵县罗泊湾汉墓》,文物出版社1988年版,第38页。
③ 同上书,第83页。
④ 同上。

■从器志

衣袍五十领二笥，笥皆缯缘。

有州二小䋺一，一笥，缯缘。

冠十、金簸一，一笥，缯缘。

比梀（疏）二，一笥，缯缘。

缯六十三【四】，匹三丈，绪三衣，一笥，缯【缘】。

布十七卷，一笥，缯缘。

被甲、鞪督各一，缯缘。

丹画盾各一，各一缯囊。

菜戟三。

横戟三。

楯戟二。

锬二。此皆以缯缠矜。

矛一。

七尺矛二，缯囊。

金人二，在中。

金朦一，缯囊。

象齿四。

大斧二，斤一，缠其架。

熏盖三。

線絮廿斤，丝二斤，一笥，缯缘。

大䋺二，一笥，缯缘。

丹杯百，一笥，缯缘。

研、笔、刀二，椟，一笥，缯缘。

博具一笥，缯缘。

小大斤，曲削栢，栢缯缘【一】笥。

柧三囊，细布囊各一。

柖机一，木狗三，缯囊。

笠一，缯缘。

坐絪一囊。

炭四篮。

布囊。

擁石引索一笥，笥缯缘。
簟席五十六，缯缘。
簟长席十。
角弩三。
弓一。
柧二。
缴四栝，栝十发。
栝缴具一囊
角曾一，缯囊。
柧三囊，二缯、一布缘。
越服矢一笥，缯缘。
金壶，缯缘其篮。
瓦盂二，各一布囊。
小笠十，皆缯缘。
大画鼓一，一缯囊。
焞捡、越筑各一。
火銎一。
张帷一笥。
张帷柱及丈一囊。
□三罋胥□。
厨瓿十一。
中出瓿卅。
仓稷及米厨物五十八囊。
中出食物五笥。
大方籢一。
杯及卑虍西靡笥各一。
厨酒十三罋。
·有实笥卌一。
仓器志●
鼎二。
金斗。
金鍑一。

温督一。

金方一。

锁一。

烛徵一。

楄卌十八具，一郒。

柤一百廿具。

杭十五具。

□□□□具。

□具一十二。

□□□杭一百二棺。

楄五十三。

柤一百一十六。

东阳田器志

入楄卅·正月甲申中侍所用。

发□十八，其九在中。

参考文献

[1] 广西壮族自治区博物馆：《广西贵县罗泊湾汉墓》，文物出版社1988年版。

[2] 李均明、何双全：《散见简牍合辑》，文物出版社1990年版。

（原载《西北大学学报》2011年第1期）

《上博五》札记二则

一

《三德》简9："高昜（阳）曰：'毋凶備（服）以臺祀，毋裣（錦）衣交袒。'傒子是胃（谓）忘神……"

原注："'傒子'不详。"

按，"子"前一字，原释有误，此字当释为"僕"，其右旁"奚"的写法与马王堆帛书"奚"字写法相同。帛书《明君》："臣以明君者必有实矣，明君之实奚若才（哉）？"又"君奚得而尊？"帛书《战国纵横家书》："危弗能安，亡弗能存，则奚贵于智矣。""奚"字皆作奚。马王堆帛书虽是西汉墓葬出土，但由于是原楚地文献，其字形与用字多与楚文字相同，其最为突出者是《篆书阴阳五行》。李学勤先生在《古文字学初阶》中说过："最有趣的是帛书中最早的一件，暂名为《篆书阴阳五行》。这卷帛书许多字保留着楚国'古文'的写法。"

古文献"奚"与"僕"常通用，《左传》"祁奚"，《史记·晋世家》作"祁僕"。《孟子》"百里奚"，《史记·秦本纪》作"百里僕"。由此推断，"僕子"即"奚子"，就是传说中的造车者"奚仲"，《左传·定公元年》："薛之皇祖奚仲居薛，以为夏车正。"高阳为夏之古帝，奚仲为夏之车正，连举二人，正在情理之中。

二

《季庚子问於孔子》简1："季庚（康）子（问）於孔子曰：

'肥，纵又（有）司（事）之后，翟不智（知）民务之安（焉）才（在）。'"

翟，原注："本句读为'抑'，表转折。"

按，本句与上句并无转折之意，查楚简"翟"字，其义皆与表示高程度的"一"相同，如《郭店简·五行》简16"㝬（淑）人君子，亓（其）义（仪）翟（一）也"，《郭店简·缁衣》简39作"㝬（淑）人君子，其义（仪）弌（一）也"。《庄子·大宗师》："固无其实而得其名者乎？回一怪之。"《晏子春秋·内篇谏上第九》："寡人一乐之。是欲禄之以万钟，其足乎？"以上两例的"一"皆表高程度，是"极"、"甚"的意思。"翟不智"的"翟"，与此同，可译为"全不知"。另，《包山楚简》和《望山楚简》有"翟祷"一语，如《包山简》简205："翟祷於邵王。"《包山简》简206："翟祷於文坪夜君。"《望山一号墓简》简112："翟祷先君东癯公。"《望山一号墓简》简119："翟祷王孙枭。"其"翟"也表示高程度，可释为全心、专心。

（原载简帛网，2006年3月3日）

"十二生肖"来源新考

古以十二禽与十二地支相配记日,十二禽在后代演化用以纪年,是为十二生肖。现存传世文献中最早系统记载十二禽的是东汉王充的《论衡》,《论衡·物势》:"曰:寅,木也,其禽虎也;戌,土也,其禽犬也;丑、未亦土也,丑禽牛,未禽羊也。木胜土,故犬与牛羊为虎所服也。亥,水也,其禽豕也;巳,火也,其禽蛇也;子亦水也,其禽鼠也;午亦火也,其禽马也;水胜火,故豕食蛇;火为水所害,故马食鼠屎而腹胀。曰,审如论者之言,含血之虫,亦有不相胜之效。午,马也,子,鼠也,酉,鸡也,卯,兔也;水胜火,鼠何不逐马?金胜木,鸡何不啄兔?亥,豕也,未,羊也,丑,牛也;土胜水,牛羊何不杀豕?巳,蛇也,申,猴也;火胜金,蛇何不食猕猴?猕猴者,畏鼠也,啮猕猴者,犬也。鼠,水也,猕猴,金也;水不胜金,猕猴何故畏鼠也?戌,土也,申,猴也;土不胜金,案猴何故畏犬?"这段记述中缺记地支"辰",但在同书《言毒》篇有载,曰:"辰为龙,巳为蛇,辰巳之位在东南。"另外,东汉蔡邕的《月令问答》也有记载,只是不全,其文曰:"凡十二辰之禽,五时所食者,必家人所畜。丑牛、未羊、戌犬、酉鸡、亥豕而已,其余龙、虎以下,非食也。……寅虎非可食者……冬水王,水胜火,当食马,而礼不以马为牲,故以其类而食豕也。"《论衡》十二禽名及与十二地支的相配关系,和后代的十二生肖已基本相同,只是有"犬"与"狗"、"豕"与"猪"的古今变化。

对于十二生肖的研究,有两个关键问题尚需探讨,一是十二生肖起源地问题,二是十二生肖的原始形态问题,即十二生肖的原始形态是否是十二种动物。第一个问题学界讨论较多,清代赵翼《陔余丛考》卷三十四说:"盖北俗初无所谓子丑寅之十二辰,但以鼠牛虎兔之类分纪岁时,浸寻流传于中国，遂相沿不废耳。"① 这是认为十二生肖起源于我国北方的游牧民族。郭沫若先生则认为十二生肖起源于古巴比伦，他在《甲骨文字研究·释支干》中说："此肖兽之制不限于东方，印度、巴比伦、希腊、埃及均有之，而其制均不甚古，无出于西纪后百年以上者。意者此殆汉时西域诸国，仿巴比伦之十二宫而制定之，再向四周传播者也。"② 其后又有起源于印度、起源于彝族等说。对于十二生肖的原始形态是否是十二种动物的问题学界则鲜有讨论，倒是十二生肖起源于动物崇拜的观点颇为流行。

2006年，由湖北省文物考古研究所和随州市考古队整理的《随州孔家坡汉墓简牍》出版，全部公布了该批简牍。孔家坡汉简于2000年出土，其中有自题"盗日"的篇章，为十二生肖来源的研究提供了珍贵的最新研究材料。孔家坡汉简"盗日"篇曰："子：鼠也"、"丑：牛也"、"寅：虎也"、"卯：鬼也"、"辰：虫口也"、"巳：虫也"、"午：鹿也"、"未：马也"、"申：玉石也"、"酉：水日（也）"、"戌：老火也"、"亥：豕也"。类似的内容此前出土过三批，即睡虎地秦简、放马滩秦简和张家山汉简，但材料完整公布的只有睡虎地秦简。③ 睡虎地秦简《日书》甲种"盗者"篇曰："子：鼠也"、"丑：牛也"、"寅：虎也"、"卯：兔也"、"巳：虫也"、"午：鹿也"、"未：马也"、"申：环也"、"酉：水也"、"戌：老羊也"、"亥：豕也"。此篇"辰"下漏记禽名。放马滩秦简《日书》甲种只公布了释文，未公布照片，其释文曰："子：鼠也"、"丑：牛也"、"寅：虎也"、"卯：兔也"、"辰：虫也"、"巳：鸡也"、"午：马也"、"未：羊也"、"申：猴也"、"酉：鸡也"、"戌：犬也"、"亥：豕也"。④ 放马滩秦简《日书》乙种和张家山汉简《日书》的相关内容都是只公布了数枚简的照片。⑤ 放马滩秦简《日书》乙种公布的有："丑：牛也"、"巳：鸡也"、"午：马也"、"未：羊也"、"申：石也"、"酉：鸡

---

① 赵翼：《陔余丛考》，中华书局1963年版，第727页。
② 郭沫若：《郭沫若全集·考古编》第一卷，科学出版社1982年版，第332页。
③ 睡虎地秦墓竹简整理小组：《睡虎地秦墓竹简》，文物出版社1990年版，第219—220、254—255页。
④ 甘肃省文物考古研究所：《秦汉简牍论文集》，甘肃人民出版社1989年版，第2—4页。
⑤ 张家山汉简见《书法》1986年第5期，放马滩秦简乙种见《书法》1990年第4期封面和《文物》1989年第2期图版陆。

也"。张家山汉简《日书》公布的有:"寅:虎也"、"卯:象也"。睡虎地秦简和放马滩秦简的墓葬年代是战国末至秦代,孔家坡汉简的墓葬年代是西汉初年,张家山汉简的墓葬年代是西汉,都比《论衡》和《月令问答》早,其十二禽及与十二地支的相配关系皆不尽相同,现列表对照如下:

	子	丑	寅	卯	辰	巳	午	未	申	酉	戌	亥
睡虎地简	鼠	牛	虎	兔		虫	鹿	马	环	水	老羊	豕
放马滩简甲种	鼠	牛	虎	兔	虫	鸡	马	羊	猴	鸡	犬	豕
放马滩简乙种		牛				鸡	马	羊	石	鸡		
张家山汉简			虎	象								
孔家坡简	鼠	牛	虎	鬼	虫囗	虫	鹿	马	玉石	水	老火	豕
《论衡》	鼠	牛	虎	兔	龙	蛇	马	羊	猴	鸡	犬	豕
《月令问答》		牛	虎		龙		马	羊		鸡	犬	豕
后世	鼠	牛	虎	兔	龙	蛇	马	羊	猴	鸡	狗	猪

需要注意的是,睡虎地秦简和孔家坡汉简有"环"、"水"、"玉石"等非动物名称,以前人们的研究思路都是尽量通过音近假借的方式,把这些名称与该有的动物联系起来,如"环,读为猨,即猿字","水,以音近读为雉。雉,野鸡"。[①]饶宗颐先生说:"《日书》'酉,水也',最为难明。于豪亮读水为雉。然雉有十四种,名目繁多,《易·说卦》巽为鸡而离为雉,分明属于二卦。故水未必为雉。余按《说文》:'水,準也。'《释名》同。水于声训为準,以是例之,'酉,水也'之水,可能即隼。"[②]李零先生则说:"从读音和字义判断,也有可能是读为'隹'或'雉'(章母微部),即今所谓鹁鸪。"[③]然而,与"环"相对应的孔家坡汉简的"玉石"却怎么也通假不到猿猴名上。那么,"玉石"是不是误写呢?按,放马滩秦简《日书》乙种盗篇作"申,石殹(也)",睡虎地秦简《日书》甲种《十二支死咎》:"申,石也。"是"玉石"绝非误写。

---

① 睡虎地秦墓竹简整理小组:《睡虎地秦墓竹简》,文物出版社1990年版,第220—221页。

② 饶宗颐、曾宪通:《楚地出土文献三种研究》,中华书局1993年版,第428页。

③ 李零:《中国方术考》,东方出版社2000年版,第228页。

这就提醒我们，原来的思路是否正确。以睡虎地秦简的"老羊"为例，饶宗颐先生说："戌为老羊者，《古今注》：'狗一名黄羊。'是狗得称为羊之例。"① 刘乐贤先生说："《本草纲目》卷二十四云狗又名地羊，也说明古人可以羊名狗。"② 王子今先生说："《史记·项羽本纪》：'（宋义）下令军中曰："猛如虎，很如羊，贪如狼，强不可使者，皆斩之。"'对于所谓'很如羊'的解释，诸说纷纭，未能明朗。如果以'羊'可能是说'狗'的思路理解，或可较为接近司马迁这一记述的意义。"③ 我们认为这些说法都是有问题的，首先，狗名黄羊、狗名地羊，并不能证明"老羊"就是狗，而"老羊"与"羊"显然也不同。其次，睡虎地秦简对盗者体貌的叙述和赃物藏处的认定，一般与所配地支之禽的特征关联，这一点李学勤先生有过详细叙述，④ 如"子，鼠也"，其下"兑（锐）口，希（稀）须"，赃物"臧（藏）于垣内中粪蔡下"，符合鼠的体貌和习性。"丑，牛也"下，"盗者大鼻，长颈，大辟（臂）臑而偻"，赃物"臧（藏）藏牛廄中草木下"，与牛符合。但是，"戌，老羊也"，其下"盗者赤色，其为人也刚履，疵在颊。臧（藏）于粪蔡中土中"，却不符合狗的体貌和特征。因此，我们认为"老羊"并不是狗的别名，而是另有所指。《国语·鲁语下》："季桓子穿井，获土缶，其中有羊焉。使问之仲尼曰：'吾穿井而获狗，何也？'对曰：'以丘之所闻，羊也。丘闻之：木石之怪曰夔、蝄蜽，水之怪曰龙、罔象，土之怪曰羵羊。'"古人认为精怪是由修炼年久之物形成的，故《说文》云"魅，老精物也"，我们认为"老羊"即土之怪，"老羊"之"老"与"老精物"之"老"义同。这样与"盗者赤色，其为人也刚履，疵在颊。臧（藏）于粪蔡中土中"正相切合，南方多赤土，故言"赤色"，土性刚坚，故言"刚履"，赃物则"臧（藏）于粪蔡中土中"。再看"玉石"，依据睡虎地秦简和放马滩秦简，"玉石"也作"石"，玉本是石之一种，故"玉石"也即"石"。《国语·鲁语下》："木石之怪曰夔、蝄蜽。"韦昭注："夔，一足，越人谓之山缫，音骚，富阳有之，人面猴身，能言。""玉石"疑指木石之怪夔，"中：玉

---

① 饶宗颐、曾宪通：《楚地出土文献三种研究》，中华书局1993年版，第428页。
② 刘乐贤：《睡虎地秦简日书研究》，文津出版社1994年版，第275页。
③ 王子今：《睡虎地秦简〈日书〉甲种疏证》，湖北教育出版社2003年版，第458页。
④ 李学勤：《简帛佚籍与学术史》，江西教育出版社2001年版，第155—157页。

石也"下说："盗者曲身而邪行，有病足胻，依贩（阪）险，稷之。其盗女子也，秃，从臧（藏）西方，厭（压）以石。"木石之怪夔是一足，所以是"曲身而邪行，有病足胻"，足胻指腿，"有病足胻"指腿有病。因是石，所以藏在山崖，即"依贩（阪）险"，山石光秃，故言"秃"，赃物也"厭（压）以石"。由此我们推想，十二禽的来源，也就是十二地支所配物的原始面貌，并不是后世的样子，即不是十二种动物，而可能是十二种物怪，或是有动物、有物怪，后来才全部演化为十二种动物，"老羊"、"玉石"等则是化之未尽而遗留者。但其所以演化为某种动物，也是与原精怪有关联的，夔是"人面猴身"，故后来发展为猴。季桓子问孔子"穿井而获狗"，一般认为是季桓子故意测试孔子，这种观点值得商榷，因为打井获不明物，是令人惊骇的事情，古人又很迷信，对待这样的事情，季桓子不可能如此轻松。可能的事实是土之怪既像羊，又有狗的特征，且一般人看来更像狗，故后来发展为狗。

如果此说成立，那么，前文所述十二生肖的第一个关键问题，即十二生肖起源地问题，也可迎刃而解了，十二生肖就源于中国的古老文化。

（原载《学术研究》2008 年第 5 期）

《诗经·鱼丽》中的"偕"

《诗经·小雅·鱼丽》是燕飨宾客的乐歌。全诗为：

> 鱼丽于罶，鲿鲨。君子有酒，旨且多。
> 鱼丽于罶，鲂鳢。君子有酒，多且旨。
> 鱼丽于罶，鰋鲤。君子有酒，旨且有。
> 物其多矣，维其嘉矣。
> 物其旨矣，维其偕矣。
> 物其有矣，维其时矣。

其中的"偕"，郑玄笺和朱熹《诗集传》引苏氏都训为"齐等"①。王引之《经义述闻》训为"嘉"。高亨《诗经今注》并用二说，且对"齐等"作了进一步说明，曰："偕，合也。饮食物品能配合得很好。"②迄今为止，对"偕"的解释不外这两种。然综观《鱼丽》全诗，并结合"诗三百"篇内章句间经常倒用语序和改换同义词的特点来分析，两说皆不恰当。

闻一多先生说过，在《诗经》及别的诗歌中，鱼往往作为隐语，喻快乐幸福③。这是很正确的。《诗经》中描写欢乐生活的诗歌，以鱼起兴的不少。例如：

> 鱼在在藻，有颁其首。王在在镐，岂乐饮酒。

---

① 阮元：《十三经注疏》（上册），中华书局1979年影印本，第417页；朱熹：《诗集传》，中华书局1958年版，第109页。
② 高亨：《诗经今注》，上海古籍出版社1980年版，第236页。
③ 闻一多：《神话与诗》，古籍出版社1956年版，第117页。

鱼在在藻，有莘其尾。王在在镐，饮酒乐岂。
……

——《小雅·鱼藻》

南有嘉鱼，烝然罩罩。君子有酒，嘉宾式燕以乐。
南有嘉鱼，烝然汕汕。君子有酒，嘉宾式燕以衎。
南有樛木，甘瓠累之。君子有酒，嘉宾式燕绥之。
……

——《小雅·南有嘉鱼》

很明显，《鱼丽》前三章的首句也是全诗起兴部分，与后句没有必然联系，并不是作者的论述对象。清人马瑞辰已指出了郑笺以为"旨且多"、"多且旨"、"旨且有"兼指鱼酒二物的错误。他说："至笺且多、且旨、且有属鱼则非。旨且多、多且旨、旨且有自专指酒言之。"① 假如"旨且多"等兼指鱼和酒，那么，属于同类情况的《南有嘉鱼》第三章"樛木"又如何解释呢？

《鱼丽》后三章是承前三章末句而言的，由酒的旨且多，联想到人们对各种食品的需求，都是旨（味美）满足了，就希望其多；多满足了，就希望其旨。这里的"物"既然是由酒这个个体引发的，那么它就只能是某一种食品的意思，为非集合概念。把"偕"解释为"饮食物品配合得很好"，显然是错误的。

《鱼丽》前三章中，中间一章"多且旨"是前后两章"旨且多"、"旨且有"语序的倒置。朱熹《诗集传》："有，犹多也。"同样，后三章中，中间一章是前后两章语序的倒用，这符合《诗经》语句惯例。郑笺："旨、嘉，皆美也。"王引之《经义述闻》："尔殽既时，犹言尔殽既嘉也。以类推之，则维其时矣，犹言维其嘉也。"可见"嘉"、"旨"、"时"义同。"有"同于"旨且有"的"有"，"多"、"有"义同，则"偕"必然也是"多"的意思。

"偕"有"多"的意义，在《诗经》其他篇章中就可得到证明。《周颂·丰年》："降福孔皆"，《左传·襄公二年》引作"降福孔偕"。清人

---

① 《毛诗传笺通释》，见《皇清经解续编》第6册。

陈奂说:"偕与皆通。"① "降福孔偕"同《鲁颂·閟宫》"降福既多"、《周颂·执竞》"降福穰穰"(朱熹《诗集传》:"穰,多也")意义相同。《小雅·杕杜》:"期逝不至,而多为恤。卜筮偕止。"朱熹《诗集传》:"恤,忧。"高亨《诗经今注》:"止,语气词。"这描写的是家人期待在外应征的亲人归来的情形,大意是应征的期限早已满了,亲人还未回来,这就更加重了自己的忧虑,忧虑越重,得知吉凶的心情就越迫切,因此,卜筮吉凶的次数也就很多。

《经义述闻》训"偕"为"嘉",文章不顺,更不合本诗章句变换规律。

(原载《西北师大学报》(社会科学版)专辑,1999年6月)

---

① 《诗毛诗传疏》,见《皇清经解续编》第7册。

战国竹简遣策的物量表示法与量词

遣策是从墓葬中出土的记录随葬品的清单，包括随葬品品名、数量、质料、颜色、形状、馈赠人员等。迄今为止，已公布战国竹简遣策6批，计有湖北随县曾侯乙墓竹简、河南信阳长台关竹简、湖北江陵望山二号墓竹简、湖北荆门包山竹简、湖南长沙仰天湖竹简、湖南长沙五里牌竹简。简介如下：

1. 湖北随县曾侯乙墓竹简（以下简称"曾侯乙简"）。1978年出土于湖北随县（今随州市）擂鼓墩一号墓，墓主曾侯乙为曾国的一个君王。共出土竹简240枚，整理拼接后编为215号，共存6696字（包括竹签10字）。记载的随葬品有车马甲胄、兵器和木俑。书写时代是战国早期，估计在公元前433年至公元前400年之间。

2. 河南信阳长台关竹简（以下简称"信阳简"）。1957年出土于信阳长台关一号墓，墓主为楚国贵族。出土遣策竹简29枚，存957字。记载的随葬品有乐器、陶器、铜器、漆木器、丝织品等。书写时代是战国早期。

3. 湖北江陵望山二号墓竹简（以下简称"望山简"）。1965年出土于江陵望山二号墓，墓主为楚国贵族。出土竹简66枚，存900多字。记载的随葬品有车马器、兵器、陶器、铜器、漆木器、玉佩、木俑等。书写时代是战国中期。

4. 湖北荆门包山竹简（以下简称"包山简"）。1987年出土于荆门包山二号墓，墓主名邵佗，曾官居楚国左尹。出土遣策竹简27枚，存1180字。记载的随葬品有食品、食器、车马器、兵器、青铜礼器、漆木器、衣物等日常用品。书写时代是公元316年，属战国中期。

5. 湖南长沙仰天湖竹简（以下简称"仰天湖简"）。1953年出土于长沙仰天湖楚墓，墓主不详。出土竹简43枚，存313字。记载的随葬品有丝织品等日常用品。书写时代是战国晚期。

6. 湖南长沙五里牌竹简（以下简称"五里牌简"）。1952年出土于长沙五里牌四〇六号楚墓，墓主不详。竹简残存37段，整理拼接为18简，存89字。记载的随葬品有车马器、兵器、铜器等。书写时代是战国晚期。

遣策书写时间与墓葬时间相同，时代明确，又是当时口语的真实记录，对于汉语史的研究具有重要价值。遣策文献集中体现了当时语言的物量表示法和量词用法，为这两种语言现象的研究提供了可靠的材料。

一 物量表示法

（一）物量表示法模式

六批竹简未出现动量表示词句，表示物量的词句共885例，依组合关系的不同分四式。

A式：数名组合，即数词直接用在名词前，不用量词。例如：

一戟，二果，一翼之翮，一晋杸，二旆。（曾侯乙简37）①
二画盾．二戈，屯一翼之翼。（曾侯乙简91）
一狸聂，一狐白之聂。（曾侯乙简102）
二圆缶，二青方，二方监，四割匕，二圆鉴。（信阳简2-01）②
一迅缶，一汤鼎，纯有盖。二浅缶，二膚。（信阳简2-014）
一鸾刀，二鼎，一钩。（信阳简2-027）
一大房，四皇俎，四皇豆，二旂。（望山简45）③
四金匕，二金勺。（望山简47）
一大冠，一生丝之缕。（望山简49）

---

① 释文据裘锡圭、李家浩《曾侯乙墓竹简释文与考释》，见《曾侯乙墓》，文物出版社1989年版。以下所引曾侯乙墓竹简释文，凡未注明者，均据此文。为方便印刷，释文文字在非必要情况下一律采用宽式隶定，即用通行字。
② 释文据刘雨《信阳楚简释文与考释》，见《信阳楚墓》，文物出版社1986年版。以下所引信阳楚简释文，凡未注明者，均据此文。
③ 释文据朱德熹、裘锡圭、李家浩《望山一、二号墓竹简释文与考释》，见《江陵望山沙塚楚墓》，文物出版社1996年版。以下所引望山竹简释文，凡未注明者，均据此文。

一鼎，一金比，二刀。（包山简 254）①
一缶，一奠弓。（包山简 260）
二少勺，二椹钱，一盘，一鉈。（包山简 266）
一纺衣。（仰天湖简 1）②
一镐。（仰天湖简 10）
一结衣。（仰天湖简 38）

六批竹简中 A 式共 677 例，占物量表示词句总数的 76.5%。数名组合是先秦物量表示的最常见方式，楚简并无二致。

B 式：数量名组合，即数词在前，量词在中，名词在后，与现代汉语常见的物量表示法相同。例如：

三乘路车。（曾侯乙简 118）
一真吴甲。（曾侯乙简 123）③
三真楚甲。（曾侯乙简 127）
三匹馵。（曾侯乙简 187）
一瓶食酱。（信阳简 2-021）
一两丝紝屦。（信阳简 2-02）
一柜箟因。（信阳简 2-021）
一司齿珥。（信阳简 2-02）
一乘正车。（包山简 271）
一乘羊车。（包山简 275）
十格车戟。（包山简 269）
四筲飤。（包山简 256）
二真象臬。（包山简 270）

---

① 湖北省荆沙铁路考古队：《包山楚简》，文物出版社 1991 年版。以下所引包山楚简释文，凡未注明者，均据此书。
② 释文据商承祚《战国楚竹简汇编》，齐鲁书社 1995 年版，以下所引仰天湖楚简释文，凡未注明者，均据此书。
③ 文中量词的说明详后。

B式仅在曾侯乙简、信阳简、包山简中出现,共56例,占物量表示词句总数的6.3%。

C式:名数组合,即数词用在名词后,无量词。例如:

路车九。(曾侯乙简)
杯豆三十,杯三十。(信阳简2-020)
皇胫二十又五。(信阳简2-026)
小囊楔四十又八。(信阳简2-022)
緅与青锦之鞶囊七。(信阳简2-012)
席十又二。(望山简49)
号二十。(望山简45)
组之罾十又八。(望山简7)
黄弞之戟八。(仰天湖简20)①
鼎八。(五里牌简1)②
金戈八。(五里牌简7)
几一。(五里牌简8)
弩二。(五里牌简9)

C式共33例,占物量表示词句总数的3.7%。

D式:名数量组合,即名词在前,数词在中,量词在后。例如:

箙五秉。(曾侯乙简68)
路车二乘。(曾侯乙简115)
广车十乘又二乘。(曾侯乙简120)
遊车九乘。(曾侯乙简120)
所造十真又二真。(曾侯乙简140)
女乘一乘。(望山简2)

---

① 此句及下句释文依郭若愚《长沙仰天湖战国竹简文字的摹写和考释》,见《战国楚简文字编》,上海书画出版社1994年版。
② 释文据商承祚《战国楚竹简汇编》,齐鲁书社1995年版,以下所引五里牌楚简释文,凡未注明者,均据此书。

畋车一乘。（望山简 5）
雕杯二十合。（望山简 47）
甬车一乘。（包山简 267）
絑旌一百攸四十攸。（包山简 269）①
脩一簌。（包山简 255）
醓一弁。（包山简 256）
芰二笶。（包山简 257）
梼脯一筥。（包山简 258）
蜜某一瓵。（包山简 255）
疏布之茵二堉。（仰天湖简 13）
羽墠一堉。（仰天湖简 20）
也一禺。（五里牌简 14）
车一乘。（五里牌简 15）
杯十合。（五里牌简 10）
肝三双。（五里牌简 16）

D 式共 119 例（含"八益"等），占物量表示词句总数的 13.4%。

（二）物量表示规律探讨

1. A 式数词在前，名词在后；C 式名词在前，数词在后，皆无量词，二者相反。这两种表示法的运用有一定规律可寻，除时代最晚，处于战国末期的五里牌竹简外，两者的转换基本以十为界线，十以下数字（含十）用 A 式，十以上数字用 C 式，请看如下对比：

一圆□，二竹答，小囊糗四十又八，一大囊糗。 （信阳简 2 - 022）
杯豆三十，杯三十，一榀，五笶。（信阳简 2 - 020）
□□□笶四十又四，少笶十又二，四糗笶，二豆笶。（信阳简 2 - 06）

---

① "攸"字据何琳仪《包山竹简选释》，《江汉考古》1993 年第 4 期。

一房机，二居枭，一有，号二十。（望山简45）

三革带，一革带，一大冠，一生丝之缕，一纵□，䈂惜二十二，席十又二。（望山简49）

个别情况有二：一是七、八、九三数有时用C式，仅见四例；二是十以上整数（如二十、三十）合文（两字写成一字）有两例用A式。

2. 楚简物量表示以A式最为常见，这与传世先秦典籍的物量表示相同，① 但与汉代简牍遣策之物量表示法相反，从已公布的材料看，汉代简牍如西汉初年的湖北云梦大坟头一号墓遣策，马王堆一号、三号墓遣策，湖北江陵张家山二四七号墓遣策，湖北江陵凤凰山八、九、十、一六七号墓遣策，西汉中晚期的江苏连云港海州侍其繇墓遣策，江苏连云港尹湾简牍遣策等已全用C式，不用A式，② 例如：

金兵二，金小盂一，金□一，金□般一。（大坟头一号墓木方）③
酱栖十，绪栖廿，漆栖十。（大坟头一号墓木方）
弓矢十二。弩矢十二，象镞。（马王堆三号墓竹简）④
大烛庸二，萧二，其一赤。大镜一，小镜一，有衣。所以除镜一。（马王堆一号墓竹简）⑤
素信期绣熏囊一，沙素掾。红绮熏囊一，素掾。素娶一，罗一，红组带一。（马王堆一号墓竹简）
算囊一。笔一，有管。剑一。矛一。（张家山二四七号墓遣策）⑥
早緒神衣一，故布襌二，新白襌衣一。（凤凰山八号墓竹简）⑦
灶一，甑二，汲瓮二，菌一，熏卢一。（凤凰山八号墓竹简）

---

① 详见王力《汉语语法史》，商务印书馆1989年版，第24页。
② 目前秦代简牍遣策尚未发现，汉代简牍遣策大多尚未公布，准确结论尚须时日。
③ 引自陈振裕《云梦西汉墓出土木方初释》，《文物》1973年第9期。下句同。
④ 引自中国科学院考古所、湖南省博物馆《马王堆二、三号汉墓发掘的主要收获》，《考古》1975年第1期。此文也见湖南省博物馆《马王堆汉基研究》，湖南人民出版社1979年版。
⑤ 释文据湖南省博物馆、中国科学院考古所《长沙马王堆一号汉墓》，文物出版社1973年版。下句同。
⑥ 引自张家山汉墓竹简整理小组《江陵张家山汉简概述》，《文物》1985年第1期。
⑦ 释文据李均明、何双全《散见简牍合辑》，文物出版社1990年版。下两句同。

绣小橐一，盛豆。赤绣小橐一，盛豆。(凤凰山九号墓竹简)

竹司二，望笥一。布囊食一，缣囊米二。黑杯五。(凤凰山十号墓木牍)①

蓝器一。朼箸笥一。(凤凰山一六七号墓竹简)②

湅黄丸复绛一，白丸复绛一，白丸吉绛一，纱縠复袭一。(连云港侍其繇墓木牍)③

乡橐四，小巾一，手巾一，御（?）巾二，勋橐二。（尹湾简牍)④

绿丸绔一，羽青绔二，青素绔一。（尹湾简牍）

六批楚简中，时代最晚的五里牌竹简已全用C式，无一用A式，这是否说明就A、C两式而言，从先秦到两汉有用A式为主转换到运用C式的过程，而战国末期是转折点? 有待全面掌握材料后进一步探讨。

3. 整数尾数组合的表示，六批楚简共出现22例，其中，18例在尾数前加"又"，4例未加，例如：

组之资十又八。(望山简7)

筴四十又四，少筴十又二。(信阳简2-06)

小大十又三。小大十又九。(信阳简2-018)

皇胫二十又五，口胫二十又五。(信阳简2-026)

由此可见，整数与尾数间加"又"，在战国时期仍是主流。数词后有量词的共9例，是在整数后和尾数后都加量词，例如：

大凡四十乘又三乘。(曾侯乙简121)

---

① 引自裘锡圭《古文字论集》，中华书局1992年版，第540页。也见黄盛璋：《江陵凤凰山汉墓简牍及其在历史地理研究上的价值》，《文物》1974年第6期。释文略有不同。

② 引自吉林大学历史系考古专业《凤凰山一六七号汉墓遣策考释》，《文物》1976年第10期。

③ 南波：《江苏连云港市海州西汉侍其䌷墓》一文附有木方摹本，《考古》1975年第3期。此释文据此摹本而作。

④ 释文据连云港市博物馆等《尹湾汉墓简牍》，中华书局1997年版。下句同。

所造十真又二真。（曾侯乙简140）

只有一例整数后未加量词，此可视为偶或省略。

二　量词

六批楚简中量词分两类，一类是固定量词，包括度量衡单位和天然单位，另一类是借用名词充当的临时量词。

（一）固定量词

固定量词计有秉、轹、䈼、翌、真、匹、驷、两、合、禺、堣、隻、攸、條、坄、益、镒、朱18个，下面分别说明。

1. 秉

传世文献中"秉"一般为容量单位，十六斛为一秉。楚简中秉用作箭数单位，① 一秉是十枚箭。② 例如：

箙五秉。（曾侯乙简3）
羊五秉。（曾侯乙简95）
羊二秉又六。（曾侯乙简43）

"秉"有把义，《诗经·小雅·大田》："彼有遗秉，此有滞穗。"毛传："秉，把也。""秉"表箭数单位，可能就来源于把，十枚箭约合一把。箙为箭袋，曾侯乙简常言箙五秉，《荀子·议兵》也说"负服矢五十个"，可推知古代一个箭袋满装为五十支箭。

2. 轹

"轹"为车乘的乘的专字，《集韵·蒸韵》有此字，注："车一乘也。"与传世文献相反，车乘字楚简无用"乘"者。从楚简内容分析，此字有二义：一是指车一辆，不包括驾车的马，与传世文献"乘"的常用

---

① 金文中也有用秉作箭数单位的。
② 详见裘锡圭、李家浩《曾侯乙墓竹简释文与考释》注27，《曾侯乙墓》，文物出版社1989年版。

义不同，因为遣策记车时，在"甬车一𨍷"、"一𨍷羊车"等后，车的附加物和装载物都有详细记录，其中无马，马是单独记录的。二是专指驾车的四匹马，如曾侯乙简148号"凡新官之马六𨍷"，这是总结前142号至前147号六简内容的小结简，前六简每简都记录了左骖、左服、右服、右骖四匹马，故此六𨍷一𨍷指四马。用作此义时有时写作"騋"，不从车而从马。以形别义是楚简文字的重要特点，如包山简表行动的"上"和表方位的"上"即写法不同。

3. 朌

"朌"与"𨍷"同，如包山简"一𨍷正车"又作"一朌正车"。此字只在包山简中出现两次，也有可能就是"𨍷"字的省体。

4. 𢾰

包山简269号："一𢾰车戟。"《包山楚简》① 注："𢾰，读如格。《说文》：'格，长木貌。'……一格车戟即一件长柄车戟，出土实物中有长柄戟。"据此则𢾰为表长条型物体的个体量词。

5. 真

"真"是表人甲冑的量词，一真即一件。曾侯乙简"一真吴甲"、"三真楚甲"等，吴甲、楚甲都应指人甲。马的甲冑则曰"乘马画甲"、"乘马彤甲"、"匹马索甲"等。另外，曾侯乙简140号和141号，是对记录甲冑的122号至139号简的总结，140号曰："所造十真又五真。大凡六十又四真。"141号简曰："所造三十匹马之甲。大凡八十马甲又六马之甲。"显然前者指人甲，后者指马甲，人甲用"真"而马甲不用"真"。包山简"驭右二真象皋"，驭右即车右，象皋即用象牛皮做的甲，此也指人甲。

6. 匹 𩣡

"匹"为马的量词，曾侯乙简129："参𩣡漆甲。"注："从'马''匹'声，即马匹之'匹'的专字。"② 春秋金文曾姬无卹壶有此字。曾侯乙简131："三𩣡画甲。"

---

① 文物出版社1991年版。

② 裘锡圭、李家浩：《曾侯乙墓竹简释文与考释》注194，《曾侯乙墓》，文物出版社1989年版。

7. 两

楚简中指鞋，相当于"双"。信阳简 2－028："一两□屦。"又 2－02："一两丝紃屦。"

8. 合

楚简中指杯，相当于"对"，原形作"㱃"。望山简 47："雕杯二十合。"注："'合'字古训'配'，训'对'。二十合即二十对。"① 五里牌简有"□杯十合"语。

9. 禺　堣

"禺"为"偶"的古字，《管子·侈靡》："将合可以禺其随行以为兵，分其多少以为曲政。""禺其随行"即使其随行偶。用作量词相当于"对"，楚简指日用器物。五里牌简"也一禺"即匜一对。仰天湖简作"堣"，乃借字。

10. 隻

"雙"的省体。五里牌简 16："屯藏一，又□肝三复。"注："隻，同雙意。"《穆天子传》卷二："于是载玉万隻。"陈逢衡注："万隻之隻即古省雙字。"

11. 攸　條

二字皆通"条"，② 楚简中指旌旗。包山简 269："絑旌一百攸四十攸。"包山木牍作"絑旌百條四十攸"。

12. 坆

为古文梅字，用作量词通"枚"，仰天湖简："一坆韦之䵣"，饶宗颐《战国楚简笺证》③："坆通枚。……一坆殆即一枚。"

13. 益　鎰

"益"为"鎰"的古字，重量单位，一益二十四两。元周伯琦《六书正讹》卷五："益，二十四两为益。"信阳简 2－016："八益□，鎰一朱。"包山简文书中多见"益"，例如：

---

① 裘锡圭、李家浩：《曾侯乙墓竹简释文与考释》注 101，《曾侯乙墓》，文物出版社 1989 年版。

② 详见何琳仪《包山竹简选释》，《江汉考古》1993 年第 4 期。此二字汤余惠《包山楚简读后记》释作色、绝，见《考古与文物》1993 年第 2 期。

③ 见《金匮论古综合刊》第 1 期，香港亚洲石印局印行，1955 年版。

黄金三十益二益。（107 号）

黄金十益一益四两。（111 号）

鋁金一百益二益四两。（115 号）

14. 朱

用作"铢"，重量单位，二十四铢为一两。信阳简 2－016："鎰一朱。"

（二）临时量词

临时量词的用法有两种，即 B 式和 D 式。B 式如：

一瓶某酱。（信阳简 2－021）

一司翱珥。（信阳简 2－02）

四筥飤。（包山简 256）

D 式如：

传二人，拳一夫。（曾侯乙简 212）

樽脯一笃。（包山简 258）

嚣鱼二笼，栗二笼。（包山简 257）

充当临时量词的名词共两类：一类是盛物器具名词；另一类是统名名词。

（原载《古汉语研究》2002 年第 3 期）

汉代简牍遣策的物量表示法和量词

遣策是从墓葬中出土的登录随葬品的清单,其名源于《礼记·既夕礼》"书遣于策",即把随送死者的物品书写在策上,"遣"指随葬品。出土简牍自名有"从器志"、"小物疏"、"物疏"、"衣物疏"等,"疏"义为分条记录,甘肃玉门花海汉简有"所买布疏",《居延汉简》有"器疏",可见"疏"并非墓葬专用。遣策内容以品名、数量为主,兼述质料、颜色、形状、馈赠人等。对语言研究来说,遣策文献有如下优势:(1)遣策书写时间与墓葬时间相同,时代明确;(2)遣策都是墓葬时代的原始记录,没有传抄文献有意或无意窜改的疑虑;(3)古墓葬随葬品丰富,涵盖了所有生活用品,包括玩具、兵器等,能较全面地反映当时语言的物量表示法和量词用法。因此,遣策是汉语史研究,特别是汉语物量表示法和量词用法研究的最佳材料。

迄今为止,全部或部分公布的汉代简牍遣策共14批,简介如下:

1. 罗泊湾木牍。1976年出土于广西贵县罗泊湾一号汉墓,墓主为南越国桂林郡最高长官。木牍长38厘米、宽5.7厘米,正背两面书写,共372字,木牍自题"从器志",义为随葬品记录,内容有衣、食日常生活用具和兵器等。书写年代为西汉初期。

2. 马王堆一号墓竹简。1972年出土于湖南长沙马王堆,墓主为第一代轪侯、长沙国丞相利苍的妻子。墓中出土竹简312枚,简长27.6厘米、宽0.7厘米、厚0.1厘米,皆系遣策,内容有衣、食、日常生活用具等,共2063字。书写年代为西汉初期。

3. 马王堆三号墓木牍。1973年出土于湖南长沙马王堆,墓主为第一代轪侯、长沙国丞相利苍的儿子。墓中出土竹简600余枚、木牍7块,其中竹简遣策尚未公布,已公布的7块木牍中6块系遣策,内容有衣物、器用、车马、木俑等,共300字。书写年代为西汉初期。

4. 高台木牍。1972年出土于湖北江陵高台十八号汉墓,墓主名燕,拥有家奴，葬具为一棺一椁，属中小地主。此墓共出木牍4块，皆有文字，其中牍丙内容为遣策，牍长23.1厘米、宽5.5厘米至5.7厘米、厚0.4厘米，正面墨书文字2排12行，共43字，内容为日常生活用具。同墓所出牍乙有"七年十月丙子朔庚子"的时间记载，七年指西汉文帝前元七年，此当是木牍书写年代，为西汉初期。

5. 大坟头木牍。1972年出土于湖北云梦大坟头一号汉墓，墓主名遫，葬具为一棺一椁。木牍长24.6厘米、宽6.1厘米、厚0.3厘米，正背两面书写，共222字，内容为日常生活用具、车马、木俑、食物、玩具等。书写年代为西汉初期。

6. 凤凰山八号墓竹简。1973年出土于湖北江陵凤凰山八号汉墓，葬具为一棺一椁。共出竹简176枚，整简长22.4厘米至23.8厘米、宽0.55厘米至0.8厘米、厚0.1厘米，内容为遣策，包括日常生活用具、车马、木俑、粮食、玩具等，共780余字。书写年代为西汉初期。

7. 凤凰山十号墓竹简。1973年出土于湖北江陵凤凰山十号汉墓，葬具为一棺一椁。共出竹简170枚、木牍6块，其中6号木牍为遣策，包括实物器用等，共87字。书写年代为西汉初期。

8. 凤凰山一六七号墓竹简。1975年出土于湖北江陵凤凰山一六七号汉墓，葬具为一棺一椁。共出竹简74枚，简长23厘米、宽1厘米至1.5厘米、厚0.2厘米至0.3厘米，内容为遣策，包括日常生活用具、车马、木俑、粮食等，共350余字。书写年代为西汉初期。

9. 萧家草场竹简。1992年出土于湖北荆州市萧家草场二六号汉墓，葬具为一棺一椁，墓主属中小地主。墓中出土竹简35枚，简长23.7厘米至24.2厘米、宽0.6厘米至0.9厘米、厚0.1厘米至0.11厘米，内容为遣策，计有车马、木俑、日常生活用品、丝织品、食物等，共140字。书写年代为西汉初期。

10. 侍其繇墓木牍。1973年出土于江苏连云港市海州网疃庄汉墓，墓主名侍其繇，可能是郡守一类的地方官。墓中出土木牍两块，一块有字，牍长23厘米、宽7.5厘米、厚0.5厘米，正面墨书文字3排25行，共186字，内容为遣策，记录丝织品衣物30余件。书写年代为西汉中晚期。

11. 西郭宝墓木牍。1985年出土于江苏连云港市陶湾黄石崖一号汉墓，墓主姓西郭名宝，生前为东海郡太守。墓中出土木牍5枚，其中1枚为遣策，牍长21.5厘米、宽6.5厘米、厚0.8厘米，正反两面书写，共

323字，内容以衣物为主。墓葬年代为西汉中晚期。

12. 尹湾六号墓木牍。1993年出土于江苏连云港市东海县尹湾六号汉墓，墓主姓师名饶，字君兄，生前为东海郡功曹史。墓中出土竹简133枚、木牍23枚，其中12号和13号木牍为遣策，12号木牍长23厘米、宽7厘米、厚0.4厘米，正反两面书写，正面首题"君兄衣物疏"，共136字，内容为衣物。13号木牍长23厘米、宽7厘米、厚0.3厘米，正反两面书写，正面首题"君兄缯方缇中物疏"，共73字，内容为书籍及书写用具。背面首题"君兄节司小物疏"，共100字，内容为生活小用具。墓葬年代为西汉末期。

13. 胥浦木牍。1984年出土于江苏扬州市仪征县胥浦一〇一号汉墓，墓主名朱凌，为中小地主。墓中出土竹简木牍多枚，其中一块木牍为遣策，牍长23.6厘米、宽3厘米，内容是衣物，共88字。墓葬时间为西汉平帝元始五年，属西汉末期。

14. 尹湾2号墓木牍。1993年出土于江苏连云港市东海县尹湾二号汉墓，墓主不详。墓中出土木牍1枚，牍长18厘米、宽7厘米、厚0.6厘米，正反两面书写，内容为遣策，以衣物为主，共381字。书写年代为新莽时期或东汉初年。

一　物量表示法

14批简牍表示物量的词句共1068例，依组合关系的不同分三式。

A式：名数组合，即数词用在名词后，无量词。例如：

簟席五十六，缯缘。簟长席十，角弩三，弓一，柧二。（罗泊湾木牍）①

金兵二，金小盂一，金□一，金□般一。（大坟头木牍）②

酱柘十，绪柘廿，漆柘十。（大坟头木牍）

---

① 广西壮族自治区博物馆：《广西贵县罗泊湾汉墓》，文物出版社1988年版。下同。为方便印刷，释文文字在非必要情况下一律采用宽式隶定。本文所引释文，凡有图版者均进行了核对。

② 释文据陈振裕《云梦西汉墓出土木方初探》，《文物》1973年第9期。下同。

大烛庸二，芾二，其一赤。大镜一，小镜一，有衣。所以除镜一。（马王堆一号墓竹简）①

素信期绣熏囊一，沙素掾。红绮熏囊一，素掾。素娶一，罗一，红组带一。（马王堆一号墓竹简）

齐缘襌衣一，毋尊襌衣一，鲜衣襌衣一，縠掾。鲜支长襦一，素掾。（马王堆三号墓木牍）②

皂绪襌衣一，故布襌衣二，新白襌衣一，缘绮複襦一，故素襦一，新素襌襦一。（凤凰山八号墓竹简）③

竃一，甑二，汲甕二，菌一，熏卢一。（凤凰山八号墓竹简）

竹司二，望筍一。布囊食一，縑囊米二。黑杯五。（凤凰山十号墓木牍）④

紫盖一，蓝器一，札箸筍一。（凤凰山一六七号墓竹简）⑤

湅黄丸複绛一，白丸複绛一，白丸吉绛一，纱縠複袭一。（侍其䌛墓木牍）⑥

小酱杯十，黑杯十，大画脯检一，小脯检一。（萧家草场竹简）⑦

五角橐一，黄金橐二。（高台木牍）⑧

---

① 释文据湖南省博物馆、中国科学院考古所《长沙马王堆一号汉墓》（上、下），文物出版社1973年版。

② 释文据陈松长《马王堆三号汉墓木牍散论》，《文物》1994年第6期。所附摹本作出参考了《马王堆二、三号汉墓发掘的主要收获》，《考古》1975年第7期。下同。

③ 释文据金立《江陵凤凰山八号汉墓竹简试释》，《文物》1976年第6期。

④ 释文据裘锡圭《湖北江陵凤凰山十号墓出土简牍考释》，《文物》1974年第7期，也见《古文字论集》，中华书局1992年版，第540页。黄盛璋《江陵凤凰山汉墓简牍及其在历史地理研究上的价值》，《文物》1974年第6期，也有此释文，文字略有不同。

⑤ 释文据吉林大学历史系考古专业《凤凰山一六七号汉墓遣策考释》，《文物》1976年第10期。下同。

⑥ 南波：《江苏连云港市海州西汉侍其－墓》一文附有木牍摹本，见《考古》1975年第3期。此释文据此摹本而作。下同。

⑦ 释文据湖北省荆州市周梁玉桥遗址博物馆《关沮秦汉墓简牍》，中华书局2001年版。下同。

⑧ 释文据湖北省荆州博物馆《荆州高台秦汉墓》，科学出版社2000年版。下同。

青丝刀带一，备刀一，绶巾一，剑一。（西郭宝墓木牍）①

乡橐四，小巾一，手巾一，禦（？）巾二，勋橐二。（尹湾六号墓木牍）②

绿丸绔一，羽青绔二，青素绔一。（尹湾二号墓木牍）③

14批竹简中A式共490例，占物量表示词句总数的45.8%。

B式：名数量组合，即名词在前，数词在中，量词在后。例如：

衣袍五十领。（罗泊湾木牍）

卵一笥，羊昔一笥，昔兔一笥，右方卵、羊、兔昔笥三合。（马王堆一号墓竹简）

右方凡用笥六十七合，其十三合受中，五十四合临湘家给。（马王堆三号墓木牍）

壶一双，盛一双，针一双，检一合，卮一合，画杯三双。（高台木牍）

漆木检一合。（大坟头木牍）

杂锦缯一束，鱼五枚，芥一蕩，肉酱一蕩。（凤凰山八号墓竹简）

脯二束，柯一具，赤杯三具。（凤凰山十号墓竹简）

粱粺二石，稻粺米二石，扇一枚。（凤凰山一六七号墓竹简）

甑一具，浆器一枚，竹筒一合，器巾小大六枚。（萧家草场竹简）

练襌襦一领，白丸缘衣。白丸複绔一衣。（侍其繇墓木牍）

缣襌短襜褕一领，缣襌长襜褕一领。（西郭宝墓木牍）

帻三枚，故絮七枚，节衣一具，手衣一具。（尹湾六号墓木牍）

绿被一领，绣襦一领，红襦一领。（胥浦木牍）

---

① 释文据连云港市博物馆《连云港市陶湾黄石崖西汉西郭宝墓》，《东南文化》第三辑，江苏古籍出版社1988年版。下同。此文所附图版不清晰，图版可看石雪万《西郭宝墓出土木谒及其释义再探》，《简帛研究》第二辑，法律出版社1996年版。

② 释文据连云港市博物馆等《尹湾汉墓简牍》，中华书局1997年版。下同。

③ 释文据连云港市博物馆等《尹湾汉墓简牍》。

青绮手衣一具，渠如一具，五彩绢一橐。（尹湾二号墓木牍）

B式共568例，占物量表示词句总数的53.2%。

C式：数量名组合，即数词在前，量词在中，名词在后，与现代汉语常见的物量表示法相同，例如：

其八十人美人，廿人才人，八十人婢。（马王堆三号墓木牍）

其十五人吏，九人宦者，二人偶人，百九十六人从，三百人卒，百五十人奴。（马王堆三号墓木牍）

C式共10例，仅见于马王堆三号墓木牍，占物量表示词句总数的1%。《居延汉简》也有此种表示法，如"一人木工、一人守□，三人養。"①

二　量词

14批简牍中量词分两类，一类是固定量词，包括天然单位和度量衡单位；另一类是借用名词充当的临时量词。

（一）固定量词

固定量词计有乘、匹、领、领衣、两、合、智、束、双、只、奇、具、卷、物、枚、岁、发、支、石、斗、斤、丈、尺、寸等，下面分别说明。

1. 乘

"乘"为车的量词，仅指车而不包括驾车的马或牛。如凤凰山一六七号墓竹简简一为"轺一乘"，简二为"骝牡马二匹，齿六岁"，墓中出土轺车一辆，上套二马，② 简二之马显然是驾轺车之马。凤凰山八号墓竹简简三十六为"轺车一乘，盖一，绣坐巾一"，简三十七为"豹首车綱"，

---

① 谢桂华、李均明、朱国炤：《居延汉简释文合校》（上册），文物出版社1987年版，第81页。

② 详见《江陵凤凰山一六七号汉墓发掘简报》，《文物》1976年第10期。

简三十八为"马二匹，犬二"，此亦车马分述。八号墓竹简非拉车之马称"骑马"，如简四十二"骑马二匹"。另，凤凰山八号墓竹简简八十五为"牛车一乘，载□□三束"，简八十六为"牛一匹，名黑"。萧家草场竹简简一为"车一乘"，简二为"马一匹"。战国楚简遣策"乘"（有车旁）字作车的量词时也是仅指车，说明乘字此意义具有普遍性，但一般字词典未列此义，而以前把先秦两汉传世文献车乘之乘皆定义为"一车四马"也颇可疑。

2. 匹

匹有二义：a. 此批材料所见，匹为马和牛的量词，如马王堆三号墓木牍："马五十匹，付马二匹，骑九十八匹。"凤凰山八号墓竹简："牛一匹。"凤凰山一六七号墓竹简："騮牡马二匹。"萧家草场竹简："马一匹。"而凤凰山八号墓竹简："马二匹，犬二。"犬未用"匹"。b. 布帛量词，如罗泊湾木牍："缯六十三匹，匹三丈。"

3. 领　领衣

"领"本义为脖子，上衣的领部在脖子部位，因而也称领，由此"领"作为量词，最初应当是只指衣，而不指裳（裤、裙），尹湾二号墓木牍正是如此。二号墓木牍正面分四栏列衣物名称及数量，其中上衣皆言领，而裙、裤皆不言领，例如：

　　霜丸衣一领
　　帛剽衣一领
　　霜丸合衣一领
　　練霜衣一领
　　帛霜複襦一领
　　霜丸複襦一领
　　霜绮直领一领
　　帛霜裙一
　　帛剽裙一
　　羽青裙一
　　霜散合裙一
　　縑单裙一
　　绿丸绔一

羽青绔一
青素绔一

西郭宝墓木牍与此同，例如：

缥複襦一领
缥縠合襦一领
练禅襦三领
白丸大绔一
皂大绔一
练小绔一①

尹湾六号墓木牍也同，例如：

白布单衣一领
间青複襦一领
间青薄複襦一领
练皂大绔二
皂布大绔二
练小绔二
练单襦三领
剽丸下常一
剽下常一
裙二

此批简牍未见裳的专门量词，但晋墓出土简牍中以"要"和"立"为裳的量词，如1974年出土的江西南昌东湖区永外正街一号晋墓木牍：②

故白练长裙二要

---

① "练"字原释文作"缫"，误。
② 李均明、何双全：《散见简牍合集》，文物出版社1990年版。

故白練里衫二領
故白練複两当一要
故白練袷两当一要
故白練複袴一要
故白練複裙一要
故白練䶢袷裙一要
故白練襦一领

1985年出土的甘肃武威旱滩坡十九号晋墓木牍：

故白練襦一领
故白練福裙一立
故練裈一立
故練衫一领
故練袴一立

《居延汉简》有称裤为两者，如"袭一领，绔一两。"[①] 但胥浦木牍则裳也言领，例如：

襌衣二领
襌裳二领
红袍二领
複裳二领

领有时也言领衣，如侍其繇墓木牍："红野王绮複襦襜褕红丸缘一领衣。"尹湾六号墓木牍："皂丸襜褕一领衣。"
《说文解字·衣部》："被，寝衣，长一身有半。"又，"衾，大被。"有人认为被像现在的睡衣，尹湾六号墓木牍被言领而衾不言领，如"绣被一领。""剽绮衾一。"胥浦木牍被言领，如"绿被一领。"尹湾二号墓

---

① 谢桂华、李均明、朱国炤：《居延汉简释文合校》（上册），文物出版社1987年版，第32页。

木牍被不言领，如"绣被一，绔被一，白缕单被一，右被三。"西郭宝墓木牍被言领，如"红绣複被一领，缥绮複被一领。"

4. 两

"两"有二义：a. 表示手套、鞋和袜，相当于"双"。如凤凰山八号墓竹简："新素袜一两，勇袜一两，漆履二两。"马王堆一号墓竹简："素履一两，丝履一两，青丝履一两，扁楮掾。接纙一两。"① "纱绮尉一两。" "素信期绣尉一两。"尉即手套。② 西郭宝墓木牍："绶合袜一两，白布袜一两。"③ 尹湾六号墓木牍："糸履一两，缯履一两，袜三两。" b. 表示车，后作"辆"。如凤凰山一六七号墓竹简："牛车一两。"马王堆三号墓木牍："輻车一两，牛车十两。"

5. 合

"合"为有盖的盛物器具的量词，由合的"合拢"义引申而成，因为这种器具的特点是器盖与器身合拢。器具名称有笥、箧、盛、检，"检"即"奁"本字。马王堆一号墓竹简："右方食盛十四合，检二合。"墓中出土漆盒四件、漆具奁一件、陶盒六件，皆有盖。马王堆三号墓木牍："右方凡用笥六十七合，其十三合受中。"凤凰山八号墓竹简："竟检一合。" "肉箧一合。"凤凰山一六七号墓竹简："大盛一合。" "小盛二合。"萧家草场竹简："竹笥一合。"

6. 艘

"艘"为船的量词，《字汇·木部》："艘，同艘。"凤凰山八号墓竹简："船一艘。"

7. 束

"束"是乾肉、布帛和其他捆物的量词。凤凰山十号墓竹简："脯二束。"凤凰山八号墓竹简："缣缯一束，完素一束，杂缯一束，杂锦缯一束。"萧家草场竹简："桑新三束。"

8. 雙 隻

"雙"表示两件成套物品，与今义同。凤凰山八号墓竹简："一斗壺

---

① 纙字依朱德熙、裘锡圭先生释，见《马王堆一号汉墓遣策考释补正》，《文史》1980年第十辑。也见《朱德熙古文字论集》，中华书局1995年版。

② 唐兰：《长沙马王堆汉轪侯妻辛追墓出土随葬遣策考释》，《文史》1980年第十辑。

③ "袜"（从糸不从衣）字原释文作"緑"，误。

一雙，三斗壺一雙。"墓中出土小漆壺兩件、大漆壺兩件。蕭家草場竹簡："盛一雙，柯一雙。"墓中出土彩繪漆盒兩件、彩繪漆大耳環兩件。馬王堆一號墓竹簡："象疏比一雙。"指梳和篦一套各一件。有時省作"隻"，鳳凰山一六七號墓竹簡："緒卑虒一隻，食卑虒一隻。"墓中出土紵胎漆盤兩件、盛食品的漆盤兩件。

9. 奇

"奇"表示單數，常與"雙"搭配使用。高臺木牘："漆杯二雙一奇。"二雙一奇即五件。

10. 具

"具"是成套器物的量詞，一具即一套，呈偶數。大墳頭木牘："具器一具。"墓中出土一盒漆耳杯，共六件。鳳凰山十號墓竹簡："椟一具。"墓中出土木牘六塊。又"小于一具"，墓中出土漆碗二。又"欠卑虒一具"，墓中出土中漆盤二。蕭家草場竹簡："大卑虒一具。"墓中出土漆盤二。尹灣六號墓木牘："疏比一具。"墓中出土木梳篦六件。馬王堆一號墓竹簡"疏比一具，欠比二枚，象疏比一雙"，這是有意換用量詞，疏比一具為疏比各一件。

11. 卷

"卷"表示書和布，如羅泊灣木牘："布十七卷。"尹灣六號墓木牘："《記》一卷，《六甲陰陽書》一卷。""《列女傳》一卷。"

12. 物

"物"為物品總量的量詞，一般在小結時用。馬王堆三號墓木牘："右方羹凡卅物。"又，"乙笥凡十五物。"鳳凰山八號墓竹簡："大凡百廿三物。"鳳凰山十號墓竹簡："瓦器凡十三物。"

13. 枚

"枚"是涵蓋範圍最廣的量詞，似可指所有日常小用具。馬王堆一號墓竹簡："欠比二枚。"鳳凰山一六七號墓竹簡："柯二枚，醬杯卅枚，盂四枚，炙卑虒四枚。""盆盂一枚，一石缶二枚，漿罌二枚，竈一枚，囷一枚，盤二枚，酒罌二枚，釜一枚，甗一枚。"蕭家草場竹簡："大瓦于（盂）一枚。""器巾大小六枚，食卷一枚，米卷一枚。"尹灣六號墓木牘："刀二枚，筆二枚。""幘三枚，故絮七枚。"

14. 歲

鳳凰山一六七號墓竹簡："齒六歲。"

15. 發

"发"为"箭"的量词。罗泊湾木牍："缴四栝，栝十發。"

16. 支

西郭宝墓木牍："籴（？）一支。"

17. 石

马王堆一号墓竹简："黃粱二石，布囊二。白粱二石，布囊二。"凤凰山一六七号墓竹简："粱秫二石，稻稗米二石，粱稗二石，稻稗米二石。"凤凰山八号墓竹简："縑橐稻米一石三斗，縑橐白稻米一石三斗。"

18. 斗

马王堆一号墓竹简："五种十囊，囊盛一石五斗。"凤凰山八号墓竹简："纯橐稻秫米一石一斗，縑橐粱米一石三斗。"

19. 斤

罗泊湾木牍："丝二斤。"马王堆1号墓竹简："土金二千斤。"

20. 丈

马王堆一号墓竹简："非衣一，长丈二尺。""滑薛席一，广四丈。"

21. 尺

马王堆一号墓竹简："漆画平盘，径二尺。""木五菜画并风一，长五尺，高三尺。"

22. 寸

马王堆一号墓竹简："漆画大盘，径三尺一寸。"

（二）临时量词

临时量词计有牒、栝⋂、篮、罌、鼎、笱、器、器盛、资、坑、箧、筹‰、笿、橐、駐采、衣、人等，例示如下：

1. 牒

"牒"为竹简量词，《说文解字·竹部》："简，牒也。"马王堆1号墓竹简："右方魷、脂十牒。"十牒即十简。又："右方种五牒。""右方漆画木器八十牒。"

2. 栝⋂

指盛缴盒套。罗泊湾木牍："缴四栝，栝十發。"

3. 篮

篮即大笼，《说文解字·竹部》："篮，大篝也。"罗泊湾木牍："炭四篮。"

4. 䉛

罗泊湾木牍："厨酒十三䉛。"

5. 鼎

马王堆一号墓竹简："牛白羹一鼎，鹿肉鲍鱼笋白羹一鼎，鹿肉芋白羹一鼎，鸡白羹一鼎。"

6. 笥

罗泊湾木牍："比疏二笥。""中土食物五笥。"马王堆一号墓竹简："豕炙一笥，鹿炙一笥，炙鸡一笥。"

7. 器

马王堆一号墓竹简："羊脍一器，鹿脍一器，鱼脍一器。"凤凰山一六七号墓竹简："肉酱一器，酤酒一器。"

8. 器盛

"器盛"表示祭祀用谷物的数量，《说文解字·皿部》："盛，黍稷在器中以祀者也。"马王堆一号墓竹简："黄粱食四器盛，白粱食四器盛，麦食二器盛。"

9. 瓷

瓷，带釉硬陶罐，后作"瓷"。① 马王堆一号墓竹简："鱼脂一瓷，肉酱一瓷，䊋然一瓷，强脂一瓷。"

10. 坑

"坑"即"缸"。马王堆一号墓竹简："马酱一坑，鲂一坑，鳢一坑。"②

11. 箧

凤凰山八号墓竹简："脯一箧。"

---

① 详见唐兰《长沙马王堆汉轪侯妻辛追墓出土随葬遣策考释》，《文史》1980年第十辑。

② "坑"字依唐兰先生释，见《长沙马王堆汉轪侯妻辛追墓出土随葬遣策考释》，《文史》1980年第十辑。

12. 箺

《说文解字·竹部》:"箺,大竹筩也。"凤凰山八号墓竹简:"肉酱一箺,甘酒一箺。"①

13. 答

凤凰山一号墓竹简:"熏篝一答。"

14. 橐

尹湾二号墓木牍:"五彩糸一橐。"

15. 䪢

"䪢"似为器名,唐兰先生认为此字是"斟"字,义为集。马王堆一号墓竹简:"梅十䪢。"墓中出土一迭用竹签串起来的梅子。又,"白魚五䪢,右方紫魚七䪢。"

16. 衣

"衣"为上衣量词。侍其繇墓木牍:"白丸複绛一衣。"

17. 人

大坟头木牍:"臣子七人。"萧家草场竹简:"御者一人,从者四人。"凤凰山十号墓竹简:"大奴一人,大婢一人。"凤凰山一六七号墓竹简:"御者一人,谒者二人。"

(原载《简帛语言文字研究》第一辑,巴蜀书社2002年版)

---

① 字依彭浩《凤凰山汉墓遣策补释》,《考古与文物》1982年第5期。

后　记

本没有出版论文集的计划，是学校统筹支持一流大学和一流学科建设促成了此论文集的出版。

本论文集收入了我二十多年语言文字研究的主要论文，虽然自酌还算勤奋，但论文并不算多。

回顾我的语言文字学习、研究和教学历程，始于在兰州大学中文系读本科阶段，那时的兰州大学中文系还是名家云集之地，以语言方面来说，古代汉语有参编王力先生主编《古代汉语》教材的祝敏彻先生，现代汉语有全国最流行的《现代汉语》教材主编黄伯荣先生，我的走上语言文字教学和研究之路，无疑是他们影响的结果。记得我的本科毕业论文是《〈诗经〉中的"是"与"之"》，是在祝敏彻先生指导下完成的。

北京师范大学汉语言文字学专业的传统是潜心读书，强调精读、通读经典文献，急于发表论文是不提倡的。在北师大读硕士期间，导师陆宗达先生讲《说文解字》和《左传注疏》，导师王宁先生讲《说文段注》和《毛诗注疏》等，伴随着讲课的进行，是自己通读全书，颇为紧张。当时读注疏还很吃力，往往是读着读着就不明所以了，还得返回去重读。读博士期间的前半段依然是徜徉在传统典籍中，只是到了后半段才开始关注出土文献。我的博士生导师周祖谟先生曾参与整理过银雀山汉简，而导师王宁先生的汉字构形学理论那时也已基本成型，于是我的博士论文就定位为马王堆帛书汉字构形系统研究，从此开始了简帛文献字词研究和汉字理论及汉字发展史的研究。本论文集收入的论文正可大致分为三大类：一是传统文字音韵训诂的研究，二是出土文献释读与字词研究，三是汉字理论和汉字发展史研究。第一类研究一直伴随我走到今天，特别是《说文解字》研究，我曾用六年时间校刊《说文》，写出《说文解字校笺》，对《说文》有很深的感情，即使在研究出土文献时也不忘时时与《说文》对比。相对来说，第二类研究早期做得多一些，近些年则更多的是研究第三类问题。然而细观近几年的第三类文章内容，不难发现许多重要观点在博士论文《马王堆帛书汉字构形系统研究》中即已有苗头。周祖谟先生曾说，本书"立论新颖，材料充实，方法细密。其中有关汉字构形的发展阶段的论述精义颇多，为汉字发展史的研究提供了有力的佐证"（见《马王堆帛书汉字构形系统研究·序》）。这分明是指明了我的研究发展道路。后记写到此，各位导师对我精心指导的情形一幕幕闪现，在此，表示深深的谢意。

友生郭照川、李昕皓、刘寒青、张凡、张翔在论文收集整理、校改辨误中多有帮助，照川出力尤多，在此表示衷心感谢。

中国社会科学出版社任明先生是我的老同学、老朋友，由他出任责编，深感荣欣。

王贵元

2016 年 11 月 16 日

于中国人民大学人文楼教授工作室